Educação Ambiental

E21   Educação ambiental : abordagens múltiplas / organizador, Aloisio
       Ruscheinsky. – 2. ed., rev. e ampl. – Porto Alegre : Penso, 2012.
       312 p. ; 23 cm.

       ISBN 978-85-63899-86-6

       1. Educação ambiental. I. Ruscheinsky, Aloisio.

                                                              CDU 37:502

Catalogação na publicação: Fernanda B. Handke dos Santos – CRB 10/2107

Aloisio Ruscheinsky
organizador

Educação Ambiental
Abordagens múltiplas

2ª edição

Revista e ampliada

2012

© Penso Editora Ltda., 2012

Capa: *Ângela Fayet*

Ilustrações: *Dreamstime*

Preparação de originais: *Lara Frichenbruder Kengeriski*

Leitura final: *Jonas Stocker*

Coordenadora editorial: *Mônica Ballejo Canto*

Editoração eletrônica: *Formato Artes Gráficas*

Reservados todos os direitos de publicação à
PENSO EDITORA LTDA., uma empresa do GRUPO A EDUCAÇÃO S.A.
Av. Jerônimo de Ornelas, 670 – Santana
90040-340 Porto Alegre RS
Fone (51) 3027-7000 Fax (51) 3027-7070

É proibida a duplicação ou reprodução deste volume, no todo ou em parte,
sob quaisquer formas ou por quaisquer meios (eletrônico, mecânico, gravação,
fotocópia, distribuição na Web e outros), sem permissão expressa da Editora.

SÃO PAULO
Av. Embaixador Macedo Soares, 10.735 – Pavilhão 5 – Cond. Espace Center
Vila Anastácio – 05095-035 – São Paulo SP
Fone (11) 3665-1100 Fax (11) 3667-1333

SAC 0800 703-3444
IMPRESSO NO BRASIL
PRINTED IN BRAZIL
Impresso sob demanda na Meta Brasil a pedido do Grupo A Educação.

Autores

Aloisio Ruscheinsky (org.). Doutor em Sociologia pela USP. Professor Titular do Programa de Pós-Graduação em Ciências Sociais da Universidade do Vale do Rio dos Sinos. Tem experiência de pesquisa na área de Sociologia, com ênfase em Sociologia Urbana e Meio Ambiente, educação, desigualdades, movimento sociais, conflitos ambientais, consumo e sociedade de risco.

Adriane Lobo Costa. Médica Veterinária. Mestre em Educação Ambiental. Extensionista Rural da Emater/RS, atualmente cedida ao Ministério da Pesca e Aquicultura, onde exerce o cargo de Superintendente Federal de Pesca e Aquicultura no Rio Grande do Sul.

Carlos Hiroo Saito. Biólogo e Analista de Sistemas. Mestre em Educação pela UFF. Doutor em Geografia pela UFRJ. Professor Associado do Departamento de Ecologia da Universidade de Brasília.

Cleusa Helena Peralta Castell. Professora Adjunta Aposentada do Instituto de Letras e Artes da FURG e do Programa de Pós-Graduação em Educação Ambiental da FURG. Formação em Interdisciplinaridade pelo Instituto Leibniz, Universidade de Kiel, Alemanha. Mestre em Educação Ambiental pela FURG. Doutora em Educação pela UFRGS.

Dione Kitzmann. Oceanógrafa. Mestre e Doutora em Educação Ambiental pela FURG. Professora Adjunta do Instituto de Oceanografia da FURG. Especialização em Educação Ambiental (Universidade Aberta do Brasil). Mestrado em Gerenciamento Costeiro.

Ivane Almeida Duvoisin. Mestre em Educação Ambiental pelo MEA/FURG. Doutoranda no programa de Pós-Graduação Educação em Ciências PPGEC/FURG. Professora colaboradora na Secretaria de Educação a Distância SEAD/FURG. Pesquisadora na área de Currículo e Formação de Professores na EaD.

Luiz Augusto Passos. Filósofo. Bacharel em Teologia. Mestre em Educação Pública pela UFMT. Doutor em Educação Pública pela UFMT e Currículo pela PUCSP. Professor Associado do Programa de Mestrado e Doutorado da UFMT. Coordenador do Grupo de Pesquisa Movimentos Sociais e Educação (GPMSE) e do Grupo de Estudos Educação e Merleau-Ponty (GEMPO), colaborador do Grupo Pesquisador Educação Ambiental (GPEA). Membro da RMTEA.

Martha Tristão. Professora na Universidade Federal do Espirito Santo (UFES). Coordenadora do Núcleo de Estudo e Pesquisa em Educação Ambiental (NIPEEA). Mestre em Educação pela UFES. Doutora em Educação pela USP. Pós-Doutorado na Universityof Regina, Canadá.

Michèle Sato. Líder do Grupo Pesquisador em Educação Ambiental, Comunicação e Arte (GPEA) da Universidade Federal de Mato Grosso (UFMT). Tem licenciatura em Biologia (São Paulo, SP). Mestrado em Filosofia (Norwich, Inglaterra). Doutorado em Ciências (São Carlos, SP) e Pós-Doutorado em Educação (Montréal, Canadá).

Milton L. Asmus. Oceanógrafo. Mestre em Oceanografia Biológica pela Universidade Federal do Rio Grande (FURG). Doutor em Ciências do Mar pela Universidade da Carolina do Sul (USA). Professor Titular do Instituto de Oceanografia da Universidade Federal do Rio Grande (FURG).

Nágila Caporlíngua Giesta. Professora Aposentada da Universidade Federal do Rio Grande. Pedagoga. Especialista em Reeducação da Linguagem pela FURG. Mestre em Educação pela UFRGS. Doutora em Educação pela UFRGS.

Sérgio Hiandui Nunes de Vargas. Professor na Escola Técnica Estadual Canguçu. Especialista em Educação pela UFPel. Mestre em Educação Ambiental pela FURG.

Sirio Lopez Velasco. Filósofo. Pós-Doutor em Filosofia pelo Instituto de Filosofia do CSIC (Madrid,Espanha). Doutor em Filosofia pela UCL (Bélgica).Professor Titular no IE e Doutorado e Mestrado em Educação Ambiental da Universidade Federal do Rio Grande (FURG).

Sumário

Apresentação à 2ª edição 9
Aloisio Ruscheinsky

Introdução 11
Aloisio Ruscheinsky

1 Estética da Carta da Terra: pelo prazer de
(na tensividade) com-viver com a diversidade! 17
Luiz Augusto Passos e Michèle Sato

2 Querer-poder e os desafios socioambientais do século XXI 42
Sirio Lopez Velasco

3 Política Nacional de Educação Ambiental e Construção
da Cidadania: revendo os desafios contemporâneos 54
Carlos Hiroo Saito

4 As rimas da ecopedagogia: perspectiva ambientalista e crítica social 77
Aloisio Ruscheinsky

5 A educação ambiental a partir de Paulo Freire 93
Aloisio Ruscheinsky e Adriane Lobo Costa

6 Visão sistêmica e educação ambiental: conflitos
entre o velho e o novo paradigma 115
Ivane Almeida Duvoisin e Aloisio Ruscheinsky

7 Experimentos educacionais: eventos heurísticos
transdisciplinares em educação ambiental 136
Cleusa Helena Peralta Castell

viii Sumário

8 Agroecologia e reforma agrária: integração possível, educação necessária.............. 161
Aloisio Ruscheinsky e Sérgio Hiandui Nunes de Vargas

9 Do treinamento à capacitação: a integração da
educação ambiental ao setor produtivo.. 187
Dione Kitzmann e Milton L. Asmus

10 Histórias em quadrinhos: recursos da educação ambiental formal e informal.......... 207
Nágila Caporlíngua Giesta

11 As dimensões e os desafios da educação ambiental na contemporaneidade............ 233
Martha Tristão

12 Os desafios contemporâneos da Política de Educação Ambiental:
dilemas e escolhas na produção do material didático....................................... 250
Carlos Hiroo Saito

13 Paradigma da cultura de consumo: novas linguagens decorrentes
e implicações para o campo da educação ambiental.. 267
Aloisio Ruscheinsky

14 A educação ambiental na transição paradigmática e os contextos formativos 289
Martha Tristão e Aloisio Ruscheinsky

Apresentação à 2ª edição

Aloisio Ruscheinsky

O contexto para esta nova edição é que a educação ambiental efetivamente está se constituindo como um campo de abordagens múltiplas, com uma diversificada reflexão multidisciplinar em consonância com o intuito de dar conta da complexidade implicada nas questões ambientais postas pelas relações sociais. Todavia, há longas controvérsias sobre o propósito de instituir a educação ambiental distanciando-se de um novo recorte disciplinar nas práticas sociais, nos territórios acadêmicos e nas articulações de poder e institucional. Ao contrário, progressivamente existe uma razoável trajetória consolidada em favor de um diálogo transfronteiriço entre os distintos atores sociais afeitos às práticas de gestão ambiental, às experiências alternativas ou de resistência, entre as diferentes transições paradigmáticas e tradições dos campos teóricos.

Nessas circunstâncias, após anos foi realizada a proposta à editora para uma nova edição atualizada e ampliada. É fácil imaginar que em uma revisão sejam muitas as possibilidades – até porque cada autor representa múltiplas senão infinitas possibilidades. Nos contatos com todos os coautores, ressoou um otimismo e pronta aceitação. Esta edição reúne, além dos títulos originais dos capítulos, mais alguns capítulos elaborados por respeitados pesquisadores e educadores brasileiros que, de campos distintos, abordam sob seus respectivos focos a educação ambiental.

Assim sendo, o leitor encontrará novidades nesta edição, pelas quais se recomenda embarcar nessa leitura e abrir novos horizontes. Este livro possui como tarefa teórica e metodológica primar por abordagens que permaneçam múltiplas, ao mesmo tempo levando em consideração as articulações entre cultura e natureza, entre história e biodiversidade, entre outras dimensões. Todavia, não dimensões binárias ou uma dualidade, pois as mediações culturais são constitutivas das articulações dinâmicas entre sociedade e meio ambiente.

A ampliação e revisão tomaram como resolução fundamental não renunciar ao teor do título "abordagens múltiplas", mas fazer as modificações consideradas relevantes sem perder a característica da primeira edição. Continua vigorando a pretensão original da ausência de uma pretensão de aproximação das óticas ofuscando as divergências ou de operar uma tentativa de homogeneizar nossos referenciais metodológicos e teóricos.

Tentar uma definição de educação ambiental parece uma tarefa árdua a que outras publicações já se dedicaram. O desafio comum às múltiplas abordagens consiste em assimilar um posicionamento de crítica, assim como político, para endossar um exercício de reflexão antiessencialista e preferencialmente desatado da ótica prescritiva e normativa. Cada uma das abordagens de educação ambiental se insere em uma articulação de significados e tem sua especificidade histórica; encontra-se relacionada a uma ótica de percepção e encerra ou incorpora certas experiências e relações sociais, políticas, econômicas; caracteriza-se por privilegiar conhecimentos sobre o sentido da vida, o uso do espaço e dos bens naturais, as condições ecológicas regionais ou peculiares, entre outros.

A democratização da cultura, da sociedade e do Estado caminha de maneira concomitante com a democratização da informação e do conhecimento profundamente associados ao cuidado com os bens ambientais. As pesquisas empíricas na educação ambiental se constituem em fontes estratégicas de informação e subsidiam os processos em curso quanto à elaboração, à implementação, ao monitoramento e ao controle social das políticas públicas ambientais. A definição, contudo, desloca natureza e sociedade da posição de privilégio mantida por longo tempo em análises acadêmicas e na definição de políticas.

> A via do decrescimento é uma abertura, um convite a encontrar um outro mundo possível. Esse outro mundo nós o chamamos de sociedade do decrescimento. O convite é viver aqui e agora, e não em um hipotético futuro que, embora desejável, talvez não veremos nunca. Esse outro mundo, portanto, está também naquele em que vivemos hoje. Está também em nós. O caminho é também um olhar, um outro olhar sobre o nosso mundo, um outro olhar sobre nós... (Serge Latouche)

Introdução

Aloisio Ruscheinsky

EDUCAÇÃO AMBIENTAL: EM DEFESA DA SOCIEDADE E DO MEIO AMBIENTE

A diversidade com que se enfoca, neste livro, a questão da educação ambiental permite propor e firmar a defesa da multiplicidade. A abordagem da educação ambiental vem adquirindo, por meio de investigações, o contorno de uma nova e crescente presença entre as áreas e as linhas de pesquisa dentro do campo da educação. Além do mais, a área do meio ambiente conquista e assume a possibilidade de se somar como mais um enfoque epistemológico, incorporando, de forma decisiva, as contribuições das ciências humanas.

A diversidade de abordagens remete ao relacionamento complexo entre dimensões como economia e cultura, natureza e sociedade, bem-estar e utopia, meio ambiente e mudança cultural.

A ideia de primeiro gerar estabilidade e desenvolvimento econômico para depois realizar a distribuição se revelou uma falácia na história da modernidade. De forma similar, ocorre primeiro a destruição ou a submissão da natureza para despontar ou se dar conta do aniquilamento de aspectos fundamentais relativos ao meio ambiente; ou, ainda, com o pressuposto de afirmar em primeiro lugar a abundância de bens que cercam nosso cotidiano preenchendo nosso vazio ou nosso bem-estar, para depois despertar para o meio ambiente em degradação.

Se um clima de violência ou de guerra se presta para reconstruir redes de solidariedade, pode-se depreender o quanto uma proposta de educação ambiental deve se ancorar na radicalidade. A percepção da crise ambiental, da multiplicação dos riscos no que diz respeito à água, à energia e ao ar pode se transformar em força redentora do meio ambiente. A questão ambiental está amadurecendo no sentido de ser inscrita entre os direitos democráticos, como um ponto dos direitos humanos. Entretanto, não se inscreve na rota das privatizações nem pode ser acusada de responsável ou causadora do subdesenvolvimento.

As pretensões do avanço da tecnologia têm alcançado o nível do exagero, da provocação e do acinte, fortemente influenciadas pelo entusiasmo excessivo que tem acompanhado o desempenho recente do âmbito científico. Mesmo assim, as questões ambientais que hoje nos seduzem requerem o contributo da pesquisa científica.

Na sociedade de consumo, se há corruptores de valores, há também muitos cúmplices. E o pior nessa obscenidade, nesse despudor diante dos princípios éticos, é a participação forçada, essa cumplicidade automática do espectador e consumidor e que é resultado de verdadeira chantagem diante da liberdade. Tais perspectivas também se visualizam na operação da degradação ambiental, da produção de riscos, da poluição diversificada: o servilismo consentido das vítimas, aquele no qual as vítimas gozam a dor que lhes causam, a vergonha que lhes impõem. O mecanismo fundamental é a exclusão de sujeitos, de autonomia e identidade, sendo que tal cúmulo é consumido com entusiasmo.

Polêmicas não ficam à parte das questões que envolvem a educação ambiental. Para que possamos afirmar a liberdade como condição da cidadania, torna-se imprescindível a permissão para quebrar a norma. Ora, a partir dessa premissa emergem diversos problemas para um meio ambiente mais saudável e de bem-estar. Se, de um lado, existe na opinião pública uma disposição de endossar medidas penalizadoras aos agentes poluidores, de outro lado o fato de se introduzir na legislação as respectivas penalidades pode representar que se venha a reconhecer o direito de poluir.

Nesse sentido, a possibilidade de poluir e de degradar integra a condição da liberdade humana. Ou, por outra parte, uma sociedade capaz de vigiar tão bem os seus membros, a ponto de eles nunca poderem quebrar as regras, de erradicar a possibilidade de contribuir com a poluição do meio ambiente, termina por se solidificar como relações sociais totalitárias. Todavia, os usurpadores dos recursos públicos, fraudulentos ante a lei e os princípios éticos, do desperdício de bens naturais e poluidores devem ser punidos.

Urgente é vencer o clima de submissão, de ceticismo e de crescente apatia ante a aplicação desigual da lei ambiental. Comumente os indivíduos que participam de formas de organização na sociedade civil se reconhecem como portadores de poder e sujeitos de decisões. Na situação inversa, os indivíduos ficam fascinados, aterrorizados pela indiferença do "nada a dizer", "nada a fazer", pela indiferença de sua própria existência.

Se parece difícil julgar, mesmo assim é imperativo descortinar as propostas de educação ambiental à medida que se mostrem alternativas reais. Tal procedimento, inclusive, pode ser reforçado pelo fato de que os próprios cidadãos possam ser mobilizados como juízes.

Não é de se esperar que a população mais pobre, que sempre sobreviveu com as migalhas do desenvolvimento, sinta motivação em optar preferencialmente por medidas ambientalistas. Quais os atrativos que vamos oferecer aos contingentes excluídos da sociedade de consumo para que endossem uma ação efetivamente ambiental, considerando que não é de sua autoria a degradação?

O quadro exposto só pode ser transformado por um governo realmente associado às prioridades ambientais, éticas e sociais e liderado por um projeto político cujos fundamentos apontem um compromisso com os setores subalternos. Ora, isso vem a demonstrar o relevante papel da educação ambiental no sentido de conferir uma participação ativa dos cidadãos, por meio do consentimento e do compromisso com o meio ambiente.

Pode haver uma política social que tenha o meio ambiente como sua linha fundamental. Entretanto, nas atuais condições de miserabilidade de parte da população excluída da sociedade de consumo, tal política social se apresenta absolutamente insuficiente. Isso porque a pobreza e a fome de muitos, em oposição à opulência de poucos, não rima com a proteção e a preservação dos bens naturais esgotáveis.

Para uma perspectiva de educação ambiental eficiente, torna-se, também, necessário transformar os trabalhadores infantis e os jovens infratores em alunos exemplares, em aprendizes da condição cidadã; erradicar os "sem", tornar os sem-terra agricultores familiares produtivos, os sem-teto moradores dignos e integrados à comunidade urbana, os sem-emprego e empobrecidos qualificados e consumidores; conjugar a parceria entre consumidores e empresariado para a promoção do desenvolvimento sustentável; promover a economia popular e solidária no rumo inverso às desigualdades sociais. Enfim, a proposta de educação em destaque rima democracia social com a ênfase de proporcionar aos brasileiros a condição de viver em profundidade sua cidadania.

Nossa reflexão se encaminha no sentido de reconhecer que na perspectiva da educação ambiental não há espaço para a ótica despolitizante, para a política de amenizar a radicalidade com que se deve enfrentar os problemas ambientais. Cabem nesse compromisso trabalhadores, agricultores, desempregados, empresários e profissionais cônscios de suas responsabilidades socioambientais. A meta é proporcionar a solidariedade entre todos os setores da sociedade que reconhecem a necessidade de uma nova orientação e direção às políticas de meio ambiente para produzirem os efeitos desejados e ambicionados.

A transparência ética, por mais que seja uma utopia, o câmbio da visão de mundo e de valores e o orçamento compartilhado pelos cidadãos são aspectos que se tornam destaques fundantes de novos sujeitos sociais. Portanto, a educação ambiental visará também ao reordenamento do meio ambiente, à valorização da cidadania e à consolidação da democracia abrangendo as dimensões social, política e econômica.

A educação ambiental como crítica social tende a fascinar e a seduzir para engendrar sonhos e utopia. A utopia como um compromisso histórico de que o presente não é o fim de tudo nem a única alternativa possível de organização social. A utopia é um termo que denomina o processo e o conteúdo inerente à dialética da ação social dos novos sujeitos. É acalentar sonhos que contrapõem uma sociedade de controle e repressão à experiência da liberdade, da participação, para consolidar cidadania e sujeitos sociais capazes de decisões.

Para incrementar uma educação ambiental, os recursos públicos não devem se orientar para o incremento da produtividade e da simples ampliação do consumo, mas prioritariamente ser destinados às áreas sociais e ambientais – despoluição, coleta seletiva, preservação e desenvolvimento sustentável. A qualidade a ser despertada em tais áreas é fundamental para mudar o quadro dramático da injusta distribuição de renda. Neste último aspecto, o Brasil margeia um triste quase primeiro lugar ou campeão das desigualdades sociais, da iniquidade. Constitui-se uma realidade altamente poluente tanto as atividades que desembocam na degradação do meio ambiente quanto as disparidades sociais como inversão do desenvolvimento social.

A condição de mudanças efetivas no âmbito do meio ambiente requer ações locais e gerais, grandes projetos e atividades cotidianas, abordagem econômica e cultural. Os grandes projetos ambientais de alto investimento financeiro funcionarão ou darão resultados mais abrangentes se coincidirem com mudanças de comportamento, de valores e de cultura. Alguns projetos governamentais só adquirirão significado com a participação individual e coletiva, no intuito de atingir as causas dos problemas que se pretende debelar.

Reverter o quadro delineado significa apostar em um conjunto diversificado de mudanças. A educação ambiental oferece seus contributos no campo das mudanças culturais, no qual é fundamental o debate sobre a metodologia adequada. O presente livro ainda não é o resultado da implementação da metodologia que se propugna para a educação ambiental: multidisciplinar, interdisciplinar, transdisciplinar. O desafio permanece, e a busca da solução é tarefa cotidiana, individual e institucional.

O norteamento metodológico é diversificado, pois os textos representam o esforço de profissionais que atuam em distintas áreas do conhecimento. O mote agregativo gira em torno da preocupação ambiental, especialmente o intuito de patrocinar um enfoque de educação ambiental. Os autores se propõem o desafio fundamental de reposicionar a educação como leitura, interpretação e crítica do real.

O livro é dirigido a interessados em se aproximar de questões ambientais, entre os quais destacamos profissionais de diversas áreas, estudantes universitários, docentes do ensino fundamental e médio e membros de organizações não governamentais (ONGs), assim como o público que já teve contato ou envolvimento com o debate sobre meio ambiente. Com esse perfil, a presente coletânea se torna um item bibliográfico extremamente útil não só para aprendizes, mas também para aqueles que enfrentam, no cotidiano, a árdua tarefa de ensinar.

Na variedade dos escritos, ora de forma sucinta, ora relatando experiências no campo educacional, os autores apresentam alguns dos principais problemas, dilemas, ambiguidades e realizações da educação ambiental na atualidade. Percorrem temas como a possibilidade da construção de um novo conhecimento a partir do enfoque ambiental, a relação entre sociedade e natureza, o estatuto da abordagem ética relativa ao meio ambiente, a reinvenção da prática pedagógica e o significado da vida diante dos riscos ambientais.

Entre os autores, houve um consentimento de que em momento algum o leitor fique sobrecarregado com o peso de citações ou a apresentação de erudição desnecessária. Isso se deve ao fato de que os autores entendem que, para inteirar sobre educação ambiental, tanto a teoria de interpretação quanto a prática social são igualmente importantes.

Além disso, endossam que aprender e se iniciar na educação ambiental significa começar a refletir a partir de problemas que nosso próprio cotidiano, nossa razão, nossos questionamentos nos colocam, um caminho aberto a todos. No conjunto, os autores imprimem nos textos a marca de seus pontos de vista acerca dos problemas ambientais, questões diante das quais imaginam que já é possível se dar conta e dar conta de resolução, sem temer a radicalidade, perdendo o medo das assombrações e das repressões.

1

Estética da Carta da Terra
pelo prazer de (na tensividade) com-viver com a diversidade!

Luiz Augusto Passos e Michèle Sato

Quero ficar aqui, junto de ti, não me rechaces.
Não estarei afastado de ti quando se fechem os teus olhos;
quando teu coração se detenha no último estertor da agonia,
então quero tomar-te entre meus braços e colocar-te no meu seio.
(Johann Sebastian Bach)

Não há como negar a dimensão política da educação ambiental. E, exatamente por seu caráter transformador, ela também encerra outras dimensões que ultrapassariam seu enfoque e suas relações como ciência da criação e da arte e se deteria na íntima vivência dela, na experiência sensorial ou emocional do cotidiano das pessoas. É nesse contexto que queremos discutir a estética da educação ambiental, especificamente inserida no discurso da Carta da Terra (CT). Não queremos dar atenção aos grandes acontecimentos ruidosos, mas sublinhar a pluralidade silenciosa dos sentidos de cada acontecimento (Nietzsche, 1995). Indo mais além, também queremos trazer nossas críticas ao movimento da Carta da Terra, reconhecedores de que a melhor defesa ainda se concentra na autocrítica.

Tanto quanto a mística, a política e a ética, é possível tematizar a estética à luz de questões formais epistemoaxiológicas e valorativas. As primeiras suscitariam problemas de conhecimento, e as segundas implicações religiosas, éticas, políticas e artísticas que tomam corpo nos seres humanos. Interessa-nos aqui uma abordagem outra, também filosófica, a de tratar a estética, privilegiando sua dimensão praxiológica.

Teceremos, contudo, considerações preliminares acerca da estética e da arte e abordaremos a sua recorrente presença em nossas sociedades. Tentaremos mostrar que sua presença entre nós se faz a partir de dois paradigmas antinômicos: um que privilegia o mundo como natureza ativa relegando ao sujeito um papel meramente contemplativo; o outro que distingue o sujeito como agente interventor e criador de cultura, deixando à natureza a condição de objeto passivo. Ambos os paradigmas dicotômicos nascem no berço iluminista e fundamentam hábitos e posturas diferentes que deságuam em concepções, atitudes e ações distintas, principalmente no que tange à Carta da Terra. O que objetivamos, neste trabalho, é descrever compreendendo – portanto, fenomenologicamente – quais as consequências ético-práticas para as orientações da Carta da Terra, no agir humano, em face da ambiência cultural (Ortiz, 1988) que, diariamente, sorvemos e respiramos.

A Carta da Terra é um movimento internacional que nasceu no bojo da sociedade civil organizada, durante a formação da Comissão Internacional de Meio Ambiente e de Desenvolvimento (ou "Comissão de Brundtland"). Esforçou-se em manter a visibilidade durante a Rio/92, mas foi no contrafórum do evento, preparado pela sociedade civil, que encontrou ecos aos seus gritos políticos mais sólidos. Enquanto a Agenda 21 era escrita e debatida pelos governantes, a Carta da Terra somou esforços com o Tratado da Educação Ambiental para Sociedades Sustentáveis e de Responsabilidade Global, e, no âmbito da sociedade civil, manteve sua independência e teve sua trajetória construída mais internacionalmente. Seus princípios, ancorados em quatro seções, se relacionam com:

a) respeito e cuidado da comunidade de vida;
b) integridade ecológica;
c) justiça social e econômica;
d) democracia, paz e não violência têm como maior objetivo respeitar e manter a diversidade, seja ela social ou biológica, para a integridade da Terra (Sato, 2000).

O desafio deste capítulo é se inserir em um contexto internacional, sem retirar a importância do local, e, no leque que se estende do global ao local, reconhecer que a humanidade é um palco de conflitos e tensões que não deve ser resolvido pela eliminação das diferenças, mas pela redução das desigualdades, cujo maior desafio se ancora na difícil tarefa da convivência mútua. Se há um consenso na diversidade biológica, a humanidade ainda precisa construir o mínimo de tolerância à diversidade cultural. A própria ciência moderna que admite e defende a diversidade biológica ainda não conseguiu aceitar que há vários modos de se pensar, fazer e sentir diferentes métodos do conhecimento. Caolha, a ciência enxerga apenas parte da beleza da pluralidade, necessitando construir uma nova estética na própria ciência. Das diversas relações e implicações políticas inseridas nesse palco, destacaremos a ética e a estética, fatores essenciais que corroboram para a compreensão da complexa "diversidade".

A ESTÉTICA E O HUMANO

Não há como discernir o humano da estética. A estética define nosso rosto e nossa identidade. Nela, o conteúdo se traveste na incisividade das formas. É o pão diário de nossa existência. É ela o tema redundante do *Fausto*, de Goethe: somos humanos e genéricos, porque estéticos; colocamos as mesmas questões universais e medulares na sede de abraçarmos o mundo, sensitivamente, sem qualquer limite:

> Não ponho eu mira na posse do que o mundo acunha gozos. O que preciso e quero é atordoar-me. Quero a embriaguez de incomportáveis dores, a volúpia do ódio, o arroubamento das sumas aflições. [...] de ora em diante às dores todas escancaro est'alma. As sensações da espécie humana em peso, quero-as eu dentro de mim; seus bens, seus males mais atrozes, mais íntimos, se entranhem aqui onde à vontade a mente minha os abrace, os tateie; assim me torno eu próprio a humanidade; e se ela ao cabo perdida for, me perderei com ela. (Goethe, 1948, p. 105)

O sentido da estética é muito enriquecido em *Fausto*. Além do sentido de gozo, ela também significa transe, loucura, volúpia, ódio, "as sensações em peso", seus bens, seus "males mais atrozes" e íntimos. Inscreve-se nos extremos de Apolo e Dionísio, entre a seriedade e a leveza. Essa experiência, fundante e contraditória, é assim concebida no narcisismo de Freud (1987), que aproxima amor e ódio, como faces da mesma moeda, e assedia nossos rins. Essa experiência ambivalente, nominada quiasma[1], que funda a antropologia de Merleau-Ponty será o foco sob o qual escrevemos.

A sociedade moderna vive a estética totalizadamente e separada de outras dimensões da existência – como poucas viveram antes. A modernidade erigiu-se pela separação da força de trabalho e dos meios de produção, do capital e do trabalhador, consagrando o estilhaçamento e a especialização na divisão social do trabalho, o que por fim implicou a fissão do coração unitário da humanidade. Consagrou uma sabedoria divorciada do conhecimento e uma ciência humana separada do conhecimento técnico-científico:

> A cultura humanística sem a cultura científica, separadas, são duas subculturas. Hoje, compreendo que a cultura é a junção do que está separado, e ouso afirmar que milito desta forma pela cultura, isto é, pela comunicação entre o que está fragmentado e disperso em pedaços de quebra-cabeça, fechado em compartimentos herméticos, que trabalho por uma articulação reintegradora do que está desintegrado. Em outras palavras, a cultura é a policultura. (Morin, 1997, p. 45)

Adauto Novaes (2008), organizador de diversas obras filosóficas e artísticas, em entrevista ao Instituto Humanitas da Unisinos (IHU *online*) incidia no mesmo ponto, a pretensão de qualquer racionalidade que se sustente na negação de outras possíveis:

> Mas suspeitamos que nosso maior problema, hoje, está no descompasso da relação entre ciência e pensamento. Ou, para usar os termos do filósofo francês *Maurice Merleau-Ponty*, no surgimento da rivalidade entre o conhecimento científico e o saber metafísico (...) A conclusão de *Merleau-Ponty* no ensaio *"O Metafísico no Homem"* define bem nossa condição hoje: "Uma ciência sem filosofia não saberia dizer literalmente do que fala; uma filosofia sem exploração metódica dos fenômenos só chegaria a verdades formais, isto é, a erros."[2]

Instaurou-se, como nunca, o fetichismo da mercadoria e a consequente e compulsória reificação do trabalhador. Sacramentou-se o divórcio entre natureza e cultura, entre meio e pessoas, entre Estado e Nação. Para fecundar essa separação de paz e guerra, criaram-se muitos aparelhos ideológicos que disseminaram a crença da naturalização dessa precária condição histórica. Os meios de comunicação de massa ou sociais (MCS) prestaram um serviço relevante na sua divulgação e na inculcação de tais equívocos. Nesse séquito, McLuhan, em 1969, apontava o fato de que os veículos transmissores se tornam, eles mesmos, as mensagens... Ele utilizava a ideia plástica de que, na sociedade de massas, os meios são as *massa-gens*: um inventário de efeitos. Estes possuíam o condão de estimular sensorialmente, emocionar e tomar por dentro as pessoas na sociedade de massas, pela via da ideologia inebriante e da sedução de se poder fruir ilimitadamente o prazer, consolidando o papel de reduzir todos os atores sociais a meros consumidores do que é produzido pelas grandes agências de *marketing* e simulado pela *intelligentsia*. A estética, assim, aparecia como a varinha de condão rumo ao consumo, a única possibilidade ao real. Valeria o questionamento da fundamentação de uma lógica interna: são meios ou fins?

Essa foi, também, de maneira geral, a avaliação dos intelectuais da Escola de Frankfurt, da chamada teoria crítica. Sublinhavam a força da arte e da estética como criação humana cultural de alta determinação político-ideológica (Adorno, 1991). Em especial – nesse grupo – Adorno era o mais incisivo na crença de que a fabricação da arte estava a serviço da indústria cultural, a qual, manobrada pelo capital, sequestrava dos trabalhadores o controle técnico da produção, gerando produtos artificiais e necessidades de consumo; impondo uma estética que tinha como meio e fim amainar a expropriação econômica do trabalho e a alienação da consciência, adocicando a violência. O controle e a homogeneização eram, em uma sociedade sacrifical, uma religião do capitalismo com cultos de imolação de vítimas humanas (Girard, 1991). Ali, a estética se tornava horrenda, enquanto a beleza sagrada era mito. A Escola de Frankfurt, que tinha um pessimismo histórico profundo, reconhecia, entretanto, na estética a única válvula, na qual emergia manifestamente a violência dissimulada do sistema (Freitag, 1986). Adorno e Habermas entendiam também a estética como um aparato mítico de exclusão. "O mito é o texto que fecha a boca da vítima" (Girard citado em Assmann, 1991, p. 54).

Habermas (1987), contudo, julgava a estética com possibilidades de se tornar ferramenta de luta: uma forma de denúncia. Lembremos, aqui, que a escola não é uma ilha isolada do aparelho, refletindo as orientações da sociedade e, muitas vezes, além de reafirmar os modelos de desenvolvimento, manifestando e produzindo suas próprias ideologias. Agregam-se as *massa-gens* (McLuhan, 1969) da mídia, uniformizando a massa e criando genes por meio de clonagens perfeitas em plena subida para o novo clima. O movimento pode ser vagaroso, sem barulho revolucionário, mas pode ser inelutável, tornando a história um mero ato prático. No panorama da confusão, tornamo-nos incapazes de alterar a marcha do terrível processo dúbio "integrador e desintegrador", e os seres humanos se tornam marginais à construção social desejada. O mal-estar provoca nosso isolamento, cegando a nossa aderência ao mundo (Lyotard, 1948).

Ora, toda a cultura humana trama e zela intimamente por sua continuidade. Seu acúmulo cultural produzido pelas gerações precedentes poderia correr o risco de ser considerado descartável, não fora sua embalagem estética, que, de propositiva e acessória, torna-a definitivamente impositiva e aderente. A estética, tal como concebida em *Fausto*, coloca-nos na esteira da grande disciplina dos mortos, que estão vivos em nós. O músico-poeta Belchior dizia-nos: "Nossos ídolos ainda são os mesmos e vivemos como nossos pais...". Ela é, ademais, o grande veículo que se cola da pele e se insinua pelos poros até os rins dos seres humanos, relacionando nossa dimensão carnal telúrica àquela dos desejos; tornando acessível o inacessível, e até para além dos desejos, acendendo, em nós, o hiato frenético de desejar o desejo.

Fernando Pessoa (1999, p. 219) já nos alertava poeticamente: "Eu sou o intervalo entre meu próprio desejo e o que os desejos de outros fizeram de mim". Adorno (1991) entende que esse desejo criado não tem inocência. Ele é a pulsão, em Freud (1987), que acende nossa concupiscência nas imagens da revista, da fotografia, do cinema e simboliza ao mesmo tempo em que articula, segundo Habermas, aceno e repressão. Captura-nos – interior e instintivamente – porque assedia, promete, sonega e nega; gerando uma sociedade de insaciados e frustrados que expressam o vazio e a solidão na violência (Bermann, 1993). E a dor não chega a ser dramática pela sua intensidade e pela necessidade que move, mas ainda é dolorosa e dramática pelos próprios problemas que agita, por sua própria feição mais íntima.

ESTÉTICA: A FRONTEIRA DO PERIGO

> Natureza infinita, como poderei agarrá-la? Onde estão tuas tetas,
> fontes de toda vida [...] por quem meu coração vazio anseia?
> (Goethe, 1948, p. 60)

Pensamos que se possa afirmar que o explícito não sacia. Nossa fome se põe para além do visível e das formas capturáveis. A estética como jogo das formas/fundo – janela para o mundo – comunica-se às esferas sensoriais implicando gozo físico e espiritual: vivência, dor, desejo, sofrimento, clivagem, saciedade e privação.

A estética se arrasta das marcas escancaradas da beleza sobrante, excessiva e supérflua até à subliminaridade abscôndita dos anúncios imperceptíveis dirigidos às estruturas inconscientes. De forma que o mundo vive e respira a estética, via prazer: prazer no qual se incluem o gosto do amor e o sabor do ódio, a atração, a sedução e o medo, em uma mistura indiscriminável a bisturi. Ela se desloca agilmente, da beleza que se anuncia à feiúra que se denuncia e se quer rejeitada. Promete e não dá, diria Adorno, gerando uma tensão manipulada para o consumo de metáforas e sucedânea, bens simbólicos indiretos: são os lábios feitos de *jeans*, é o dorso nu do jovem "acessível" somente na compra dos chinelos; é o gosto da aventura radical expresso na livre fumaça do cancerígeno cigarro... Ela fundamenta a mística, o fanatismo e todas as formas de *apartheids*; radicaliza os nacionalismos, os extremismos e os totalitarismos, sublinhando os preconceitos; planta consensos diminuindo as esferas da tolerância e da convivência. As atividades de mercado no Trade Center e sua implosão praticamente se equivalem em violência e destruição.

A estética, mesmo aquela da guerra santa, gera o narcísico e o dionisíaco (Maffesoli, 1985). Ela constrói a lógica da supremacia da ausência do discurso, que dispensa opções alternativas e paralelas, na eleição do unívoco e do caminho único. Ela torna inútil o discurso e a linguagem comunicativa, pois desqualifica o diferente, optando pelas vias ordinárias, as pré-lógicas – como as mais seguras – em direção às mesmas opções políticas. Mas é também a mesma estética que fundamenta o convencimento, a paixão, a abnegação altruísta, a capacidade de morrer e de dar a vida em favor do outro, a energia em favor da transformação, a rebeldia nos processos revolucionários em curso, a santidade enlouquecida dos místicos: essa heroína-vilã!

A estética contemporânea não é somente a perfumaria da linguagem técnica rara, é a linguagem do dia a dia, tecendo o gosto do prazer/desprazer sobre o cotidiano. Marca o expresso e o não dito, o público e o íntimo, como um currículo, às vezes explícito; outras, oculto. Mas lá está, invariavelmente, como pauta indescartável da qual nada escapa à estética. Ela confere a cultura, o artificioso, a poesia, o simulacro, a globalidade, o ardil, o consenso, a fantasia exaltada, a megalomania, a magia, a sedução, o frenesi e o apelo aos instintos primários e aos êxtases.

É verdade que a propaganda usa e abusa da estética como forma de mercado. Mas, ao mesmo tempo, sob a imperiosa necessidade de se dizer feliz e de ter prazer a qualquer preço, é a cultura da repressão, do individualismo, da imposição, do consumo, do estereótipo, do fingimento e da sua companheira indissociável: a solidão. É a paixão do Narciso que nada pode enxergar além de si e para si (Maffesoli, 1987).

> O importante hoje é se divertir, ou parecer que está se divertindo, pensar que está se divertindo ou ao menos fazer que acreditem que está se divertindo [...] quem não se diverte é suspeito. [...] atrás da máscara da

alegria esconde-se uma crescente incapacidade para o verdadeiro prazer. (Lobsenz citado em Lowen, 1984, p. 14)

Embora as ciências modernas ainda admitam o pensamento newtoniano, a pós-modernidade luta para que a história não seja linear, não é a vereda da tragédia nem o espetáculo do progresso. Boff (1998) explicita a contradição de uma natureza que não é a concebida pelo darwinismo hipertrófico e vitorioso, nem pelo lamarckismo de atrofia trágica. Ambas as dimensões incluem-se em um movimento dramático, a um só tempo, de expansão/contração; início/fim; sístole/diástole, yang/yin; de enrijecimento esclerótico e de flexibilidade expansiva: de morte e de vida e demais pares binários tomados como antagônicos, mas que são complementares.

Como todo movimento, as tendências existentes no interior do movimento da CT representam um todo bastante complexo. Qualquer pretensão de caracterizá-las, como tentamos, carrega um grau de arbitrariedade, pela inclinação à linearidade uniforme. Há, todavia, disposições que são constantes à vitalidade. Uma delas é o clamor obstinado pela paz, com a tentação de esquecermos que a humanidade é uma arena de conflitos e discórdias. A outra fraude a que sucumbimos é reiterar o discurso hegemônico nominado "desenvolvimento sustentável". Haveria outras contradições, mas essas duas bastam: dão mostra do lamentável espírito reacionário em matéria de cultura política e de ingenuidade epistemológica dos processos capitalistas adotando uma incompreensível atitude estática e de complacência em assuntos de movimentos dinâmicos que implicam no constrangimento e desrespeito às diversas manifestações da sociedade humana. Tal postura nos tornaria responsáveis e coniventes com a violência que atinge pessoas, etnias e que exaure ou extermina bens necessários para a vida.

Nossa atitude, nesse sentido, não implica realização terminal, nem perfeição de acabamento. A experiência da vida em sua tensividade não deveria ser privilégio de poucos. Acreditamos que se impõe uma constante revisão de conceitos e atitudes, com índice de honestidade epistemológica e firme propósito político, em nos contrapor aos que apregoam juízos preestabelecidos. Os dominadores querem inculcar a construção de um tipo psicológico ideal com valores preconcebidos e homogeneizados em vista de um padrão universal, objetivam fazer da CT uma experiência a mais, indicadora de rumos e soluções detentoras de um conteúdo estético padronizado. Ressaltamos que há reflexões belíssimas em seus princípios, mas, se não vermos criticamente, o caráter pessoal pode mascarar a grandeza do movimento, que, como todos os artefatos culturais, trazem avanços e limitações.

Estará a escola apta a enfrentar as incertezas, arriscar-se pelo inesperado ou aceitar a diversidade? O educador libertador deve ser um revolucionário de formação (Freire, 2000), dotado de um poder quase mágico capaz de esbarrondar por terra todas as orientações da "ordem do dia" e se lançar na liberdade. A educação em sonho deve invadir a arte, a filosofia, a ciência e a técnica. Há de vencer a resistência dos tempos, de suas disciplinas, de seus quadros fechados e de sua lógica estranguladora. Há de vencer a padronização hegemônica que tem impedido e massacrado a trajetória da diversidade educativa, sobretudo no que se refere a nosso país, cujo pluriculturalismo e multiculturalismo vivenciam um éter inquieto de possibilidades de signos, gestualidades e sentidos.

Preliminarmente: a origem da estética

É surpreendente rastrear as significações construídas na estética pela filosofia. O fenômeno é que, de um sentir completamente singular, existe um fundamento humano que gera significações universais. Página por página, na *Fenomenologia da percepção*, Merleau-Ponty (1971) deixa entrever o quanto deve à psicologia da *Gestalt* como ponto de partida e às experiências realizadas sobre processos preceptivos sensoriais, os quais permitem compreender o ponto de partida dessa fenomenologia como materialista e sensista em diálogo com dimensões simbólicas, espirituais, redefinindo o próprio sentido rigoroso do que se possa chamar metafísica (Severino, 1999).

Merleau-Ponty avança além dos paradigmas clássicos e os põe em diálogo até o fim. Mais do que isso, retifica a tentativa de se trabalhar com polaridades, que ainda que nominadas e instituídas como objetos de razão, não se dissociam de uma realidade que não dissocia do entrelaçamento até o fim carne, matéria e espírito. Avança para radicalizar a indissociabilidade dos sentidos, que, aguçados em todos, agem simultaneamente em um sistema de recorrência neurológico, material, simbólico e afetivo, nominado sinestesia. É um processo de contaminação de qualquer sentido que repercute no outro, com circularidade.

Trata-se de uma vivência rica de significação e de satisfação dos sentidos corporais. Essa base sensista oferece a estrutura em torno da qual se funda uma filosofia estética, inclusive em Aristóteles. A estética clássica de

Aristóteles, segundo a qual todo conhecimento é adquirido pelos sentidos, entende a arte como a captação do inteligível expresso como imitação de um objeto, de maneira que sua maior qualidade reside em expor, em formas sensíveis, aquilo que a essência do representado enuncia e denuncia, provocando mimeticamente a experiência da coisa mesma que resiste fora de nós, à sua representação, por exemplo, pictórica. A concepção aristotélica de arte advém, para esse filósofo, da perfeição absoluta espelhada e materializada na natureza. Por isso, natureza e experiência sensível expressam e condicionam o encontro com a verdade, e é a sobreposição do objeto real com sua representação na mente que autentica o conhecimento verdadeiro, aquilo que se chama *"adequatio rei ad objectum"*[3]. Na Renascença, à esteira do aristotelismo, diz Leonardo Da Vinci (citado em Mondolfo, 1967, p. 34): "E tu que encontraste tal intenção, volta a aprender do natural. [...] A experiência firmar-te-á a proposição já referida. Antes de fazer desse caso uma regra geral, experimenta-o duas ou três vezes". Mas, pela arte, Da Vinci verifica a transcendência do humano compartilhada com o infinito supremo, que o circunscreve para além da natureza:

> A natureza está cheia de infinitas razões que nunca existiram na experiência, mas, em compensação, enquanto as formas naturais são em número finito, as que pode criar a arte do homem são infinitas. O homem que cria sempre novas formas, infinitamente, é já, para Leonardo, o criador do mundo espiritual da cultura. (Mondolfo, 1967, p. 35)

O artista é aquele que, em um processo de comunhão, é o aluno do mundo. Sua engenhosidade está em que, pelos olhos, espelhe o mundo, para a imaginação, vai compreendendo, assim, a essência unitária do universo, para representá-la. Criar é conhecer o mundo, em formas de representação; ou seja, o que na concepção platônica obscureceria a essência, aqui, para o realismo aristotélico, essas formas derivariam, expondo-o à mente tal qual ele é:

> Se quiser ver belezas que o enamorem, é senhor de gerá-las; se quiser ver coisas monstruosas que causem espanto, ou grotescas que façam rir, ou então dignas de compaixão, é senhor e deus delas. [...] E, com efeito, o que se acha no universo por essência, presença ou imaginação ele o tem, primeiro na imaginação e depois nas mãos, e estas possuem tão grande excelência que ao mesmo tempo geram uma harmonia proporcionada de um só olhar, tal como fazem as coisas. (Da Vinci citado em Mondolfo, 1967, p. 17)

A arte para o estagirita Aristóteles movimentar-se-ia para/pela sensação de fruir. O prazer dirigir-se-ia ao sentido da arte como representação dirigida pela intuição. Pelas formas ficam expostas, em parte, as essências. Ficaria, contudo, a pergunta: a concepção da estética contemporânea teria um outro ponto de partida? Recuperaria, ela, a concepção aristotélica, a negaria ou superaria?

A fenomenologia de Merleau-Ponty (1987), tributária em grande parte da estética transcendental de Kant, compreende um caráter construtivista e criador no qual a subjetividade humana se expressa não na cópia do mundo, mas em sua constituição. Kant entende a estética como uma relação de formas estruturais, apriorísticas, que, portanto, nos precedem, a nós mesmos e ao nosso olhar. Elas tornam possível o ver. Marcam estruturalmente nosso encontro com o mundo enquanto fenômeno, isto é, como ele aparece para nós. Mais do que isso. Constituímos o mundo – ele deriva de nós, como um artefato nosso. Presta-se bem, para entender Kant, uma analogia com um *software* pelo qual só se torna inteligível para ele aquilo que ele mesmo antes configurou.

Em Kant (1987), o sujeito, autônomo e livre, expressa sua antecedência ao percebido, deixando as pegadas de si mesmo naquilo que, antes, ele pôs lá. Kant também admite que não poderia constituir elefantes da recepção perceptiva de um cavalo, pois dependo do que o mundo me deixa conhecer. O mundo, de certa forma, nos precede e determina nosso aparelho perceptivo, este último, contudo, não se dobra à sua objetividade: organiza-o, nomina-o, transporta-o em linguagem, configura-o para que possamos atribuir-lhe um sentido.

Chamamos de "mundo" não o que ele é em si, mas aquilo que nele dizemos para que ele exista/seja para nós. Esses dois movimentos de sensibilidade do sujeito em face do mundo geram a relação criativa e prazerosa de sorvê-lo e degustá-lo por suas formas, transcendendo-o na sua exterioridade. Desse processo, que Kant chama de estética transcendental, deriva toda e qualquer estética: ela é visceralmente construtiva.

Hegel (1996, p. 39) vai ainda mais longe: "As obras de arte não são meras aparências e ilusões no que tange à realidade concreta, mas possuem uma realidade mais alta e uma existência verídica". Veracidade esta que não deriva da natureza por si mesma, a sós, deriva da cultura na qual se insere o artista. Essa veracidade, mediada pela estética, não prescinde dela; ao contrário, nela se funda, porque toda beleza é fruto da imanência *versus* transcendência. Não há beleza, para Hegel, na natureza, no mundo; toda arte é criação humana, e somente a essa criação nossa podemos atribuir beleza. Beleza é um atributo nosso que conferimos àquilo que humanizamos.

Merleau-Ponty (1989a) dialetiza Aristóteles, Kant e Hegel. Vai fundo nessa direção, na dúvida de Cézanne. Merleau-Ponty fala da crise de Cézanne segundo a qual a estética impõe ao artista a reprodução do mundo como objeto. Diz Cézanne: "Ao diabo, se duvidarem como, casando um verde matizado com um vermelho, entristece-se uma boca ou faz-se sorrir uma face... o pintor interpreta, não é um imbecil".

Nem mesmo o sorriso que vi estava verdadeira e objetivamente lá. Xavica dizia após a morte do garimpeiro: "As árvores estavam tristes e desoladas e saudosas, porque ele não estava mais lá". O sentido é uma comoção que se difunde. Um choro em um grupo coeso contagia corporalmente a todos e todas, com exceções.

> A pintura de Cézanne suspende esses hábitos e revela o fundo de natureza inumana sobre o qual se instala o homem. Eis por que suas personagens são estranhas e como que vistas por um ser de outra espécie. A própria natureza está despojada dos atributos que a preparam para comunhões animistas: a paisagem aparece sem vento, a água do lago de Anecy sem movimento, os objetos trazidos hesitam como na origem da Terra. (Merleau-Ponty, 1989a, p. 119)

Contudo, dirá Merleau-Ponty, somente um humano é capaz de expressá-lo e ir assim até as raízes; "aquém da humanidade constituída"; escorregar pelos meandros do mundo, por entre aquilo que ele mesmo já não pode expressar como real. Essa é a natureza da estética!

A estética visibilizada no espírito da filosofia de Merleau-Ponty (1989b) não é um ser por si, uma substância coisificada, um fenômeno exterior, mas uma relação oblíqua. Nesse sentido, a estética – enquanto linguagem das formas – o é para os sentidos biológicos. Implicam, todavia, um prazer que os transcendem. Dependem da interpretação imaginativa e dos significados que aos "sentires" atribuímos. Portadora das singularidades, idiossincrasias e sentidos inadvertidos daqueles que a experimentam. Essa mistura que somos de amor, paixão e pó que se fundem no mistério, que estando nas coisas nos ultrapassam, necessitando de nós para que as acariciemos.

A estética é também o sabor das formas que, via aparências postas em ênfase, permitem denunciar uma latência oculta, esgueirando-se nas teceduras do monolítico. Ao desocultar, em parte expõe, em parte vela. Ao expor a parte, denuncia a totalidade implícita. Implica a consciência da transcendência do mundo e a irredutível possibilidade de tornar, a nós e o mundo completamente transparentes e acessíveis. Essa condição, transcendental, para Kant, precede a nós mesmos e aos nossos olhos, revela nossas entranhas, nossa condição de seres universais e pessoais; universais porque comungamos uma mesma humanidade genérica, mas pessoais porque deixa entrever uma percepção, uma interpretação, um sentir solitário. Somos uma universalidade genérica em uma sintaxe cultural singular. É por isso que Kant considera o tempo como a forma do sentido íntimo.

Esse será para Kant (1987) o grande problema a ser colocado pela estética. Na crítica da faculdade de julgar, segundo Blackburn (1997), o grande problema de Kant reside na possibilidade, na singularidade da apercepção e da construção artística, de haver uma universalidade que se impõe como regra comum para os humanos. O eixo merleau-pontyano de forma redundante vai ser como o ser-pousado-aí, em uma ambiência (*Unwelt*) na qual habitamos, esse esgarçamento que nos rasga e tenciona entre nossa morada e nosso deslocamento.

> [...] se a natureza é como a arte, é porque ela conjuga de todas as maneiras esses dois elementos vivos: a Casa e o Universo, o *Heimlich* e o *Unheimlich*, o território e a desterritorialização... [...] A arte não começa com a carne, mas com a casa; é por isso que a arquitetura é a primeira das artes. (Deleuze e Guattari, 1992, p. 240)

Não é possível o território sem a desterritorialização. Não será possível o eu sem o outro. Não será possível tematizar a consciência existencial sem a zona limítrofe e sem o sentimento de estrangeiricidade (Camus, 1957). Não sou sem o outro, sem o mundo, sem o tempo, o espaço, a sexualidade, sem o universo. E o primeiro movimento criador do mundo e do homem deflagra a ruptura do equilíbrio pondo em movimento o real pela percepção e pela afecção; se estamos reduzidos e circunscritos à nossa corporeidade, permitimo-nos tensões e contrapontos (Deleuze e Guattari, 1995, p. 240-244), em face dos quais nos movemos e resistimos, voando acima deles, por nossa transcendência.

Para Merleau-Ponty (1989c), nosso corpo, usando uma expressão kantiana, é a condição de nossa possibilidade de aparecimento no mundo (*Heimlich*). Ele constitui, representa e expressa nossa sensibilidade cósmico-carnal e espaço-temporal que permite a conexão de dimensões que se fundem em estreita amarração – aliás, indissociável no humano – entre matéria e espírito, imanência e transcendência, tradição cultural e sintaxe pessoal.

A estética é nossa medula transitiva: o ígneo que emana e prende ao magma, em que ancoramos e permitimos a cópula do estofo de mundo e nossa própria interioridade volátil; no qual se expõe nossa identidade conflitiva e primigênia, *locus* e sacramento, no qual, simbolicamente, sorvemos o prazer de reencontrar, em segundos, com nossas raízes, imiscuímo-nos no ser selvagem. É pela estética que experienciamos a nós próprios e nos reencontramos pela nossa carnalidade, mediante um reencontro com nossas próprias origens com a carne do mundo que em nós inexoravelmente circula. Pela cinestesia, ser e temor se pareiam em um diálogo de pulsação da vida no universo, sob a forma de êxtase. A estética, por isso, remete-nos necessariamente às formas que passam aludindo, por meio delas, àquelas que não passam. Evoca por sua matreirice um tira-gosto da eternidade que tanto almejamos na finitude. A experiência wittgensteiniana de que não somos o mundo, somos o limite do mundo. Oferece-nos uma experiência física do transcendente e do eterno, no evanescente que estamos sendo. Compartilhar o prazer carnal da espiritualidade confere força por sua sedução ao carinho, à sexualidade, à temporalidade e à espacialidade: situa-nos no mundo. Corporifica-nos. Torna-se, rigorosamente, estética artística quando na comunhão passiva e ativa da condição passiva de gozá-la na criação do mundo que ao criá-lo nos faz:

> Composição, composição, eis a única definição da arte. A composição é estética, e o que não é composto não é uma obra de arte. [...] ...é o trabalho da sensação. (Deleuze e Guattari, 1992, p. 246)

A estética: essa fronteira ígnea

> Eu sou luz; ah! Fosse eu noite!
> Mas esta é a minha solidão:
> que estou circundado de luz.
> Ah! Fosse eu escuro e noturno!
> Como desejaria sugar os seios da luz!
> (Nietzsche, 1978, p. 234)

A estética é uma transição – lugar de passagem – que expõe o contemplativo e a turbina da carnalidade que somos/fazemos onde as nossas percepções nos afetam e nos arrastam para uma combustão de vida-e-morte criativa:

> A sensação composta, feita de perceptos e de afetos, desterritorializa o sistema de opinião que reunia as percepções e afecções em um meio natural, histórico e social. [...] E, ao mesmo tempo, o plano de composição

arrasta a sensação em uma desterritorialização superior, fazendo-a passar por uma espécie de desenquadramento que a abre e fende sobre um cosmos infinito. Como em Pessoa, uma sensação, sobre o plano, não ocupa um lugar sem estendê-lo, distendê-lo pela Terra inteira e liberar todas as sensações que ela contém: abrir ou fender, igualar o infinito. Talvez seja próprio da arte passar pelo finito para reencontrar, restituir o infinito. (Deleuze e Guattari, 1992, p. 253)

A estética toma pé na ambiguidade que nos projeta para além da carne que nos apresenta, fazendo-nos, como seres autopoiéticos e da humanidade de que nos fazemos. Engajados na carne adquirimos uma perspectiva de fronteira: limiar ígneo entre tempo e eternidade, entre o humano e o inumano. Aqui o mundo com toda verdade se apresenta como dom. Dom persistente, inextinguível, e como liberdade intrigante, dialogante: amável e que escapa reiteradamente e teimosamente do seu cativeiro: temporalizada e especializada como condição de sua presença, nega essa condição posto que explode espaço e tempo. Dom lambuzado de contradições, ambiguidades, indissociáveis sempre! Permite-nos, assim mesmo, uma palavra constituinte daquele que recebe, que marca decisivamente o dom a ser recebido.

Nesse evento, no qual os diferentes marcam encontro, a estética se configura. Desdobra-se em um inferno ou paraíso, em um movimento de compaixão ou de obstinação, como encontro da angústia ou da liberdade, como movimento do ser ou como fixação e estagnação, enfim, possibilidade de vida ou morte. Esse encontro desvela e discerne as intenções do coração. Põe a nu o íntimo. Explicita a direção da vida borrifada de loucuras.

A estética é a perigosa materialização desse encontro; fragmentação do tempo, de um encontro com respingos insaciáveis da eternidade e com tudo que ela implica de aventura, ternura, mas também de *fascinosum et tremendum* – fascinante e tenebroso – tema recorrente em Eliade (1972). É arroubo, é exposição do prazer dos sentidos, na suspensão deles; é transe; é paixão que soçobra. É Eros e Thánatos.

É o que nos comove e faz viver, mas também o que, se viesse a se definitizar no tempo, poderia paralisar e matar. De alguma forma, toda estética é vida, cujo dinamismo flui, não para, não sacia; cria e devolve movimento, desequilibra, produzindo vida e energia cuja torrente nunca locupleta na circularidade cósmica da matéria e energia que não cessam de interagirem sem equilibração. Introduz a alteridade na mesmidade, a liminaridade dos portais. Contrapõe-se ao equilíbrio da morte, à satisfação plena dos saciados. Ela produz o prazer que não dura, a felicidade do instante, a antecipação saudosa provocada para o que ainda não veio.

Ela é a presença ausente, insinuante, cuja condição de percepção é o distanciamento da sua representação no objeto de arte como fetiche. De alguma forma, aquele a que representa é um representante que mimetiza e acena para um outro que não seja ele mesmo, e do qual se ausentou.[4]

> O valor e a natureza específica da linguagem, assim como da atividade artística, residem não na vizinhança com o dado imediato, mas no progressivo afastamento dele. Essa distância em relação à existência imediata e à experiência imediatamente vivida é a condição essencial da perspicácia e do conhecimento da linguagem. Esta começa somente onde acaba a relação direta com impressão e emoção sensíveis. (Cassirer citado em Buzzi, 1990, p. 252)

É a distância da representação que indigita no representado o que é latente e não manifesto. É o que Ricoeur (1978) chama de mímese, atividade representativa de expressão metafórica que representa imitativamente, por meio de conceitos, imagens e símbolos, a realidade. É por isso que nós próprios não somos idênticos a nós mesmos.

Há pontes entre tempo e história, ainda que frágeis, dissimuladoras em grande parte do véu que relaciona a ambiguidade encarnada do espírito no tempo. É rico o que diz Geertz acerca da hermenêutica ricoeuriana: "Para Ricoeur, compreender é um movimento de sentido rumo à referência" (Geertz, 1989, p. 205). É assim que a gestualidade, o projeto, a liberdade e a boca engravidam a palavra humana com sentidos e sonhos, todos passageiros que se retêm como eternidades.

Turbilhões de *experienciamentos* nos desbordamos sem margens na eclosão da vida cósmico-caótica.

A fala: o sentido em signos

Os sentidos constituem, eles mesmos, o lugar de partida e de chegada, jamais acessíveis por decodificação, nem mesmo decifração, ocorrências, decorrências e posições. A linguagem não é máquina a ser desmontada peça por peça, em que a soma de partes explique sua totalidade. Há nela um sentido de complexidade. Quem fechasse as mãos sobre os códigos deixaria resvalar por entre os dedos o sentido. A essência da linguagem modelada pela fala é veicular, um significado que, como aura, se irradia para além dos códigos – que por si mesmos são públicos, não neutros ou vazios; modelados por uma subjetividade, alcançam uma outra revestindo-as de uma nova (re)significação. Os signos e as estruturas são mais do que suportes, e as repetições e variações deles expressam polissemicamente muito mais do que os sentidos que neles queremos imprimir. Não há coincidência – e isso afirmamos de forma absoluta – entre o que expresso e o que desejaria expressar; nem entre o sentido intencionadamente expresso, sem que eu saiba, que por entre suas dobras, outros sentidos se esconderam inadvertidamente lá; e o que o outro poderá vir a entender dos sentidos que põe no sentido que eu queria expressar. "O sentido é o movimento total da fala, eis por que o pensamento se arrasta na linguagem" (Merleau-Ponty, 1989b, p. 92).

A arte, como a palavra, é onde os sentidos circulam e habitam. A arte, como a palavra, é tudo o que nela se diz e tudo o que nela se cala e não se diz. É arte que enuncia, explicita e faz, mas, também, como concebia Adorno, tudo quanto negaceia, trapaça, abriga, esconde, silencia e desfaz. Ela é a alta tensão nos interregnos do labirinto que existe entre o ser e o nada (Sartre, 1997).

> Por isso, também ela o atravessa como o gesto ultrapassa seus pontos de passagem. No instante preciso em que sentimos o espírito repleto de linguagem, quando todos os pensamentos são tomados por sua vibração e justamente na medida em que nos abandonamos a ela, passa além dos "signos" para seu sentido [...] é toda mostração. Sua opacidade, sua obstinada referência a si mesma, suas voltas e redobros sobre si são precisamente o que fazem delas um poder espiritual. (Merleau-Ponty, 1989b, p. 94)

A arte é o alimento e o agasalho do ser. É a fonte, o ponto de partida e de chegada: representa o que faz e faz o que representa. Ela não é só o que interpreta como também é o interpretante. Ela é o que somos, transfiguração e ambiguidade. Paira sobre ela o implacável destino, se dita, uma vez, diz e faz a nós o que nela dissemos, sem remissão. Turbina de recriação, a estética gera o rito que gera o corpo. Pessoas que se amam se parecem. Pessoas que vivem com outras adquirem seus traços fisionômicos, tanto quanto nossos animais de estimação reproduzem nossos desejos, necessidades e neuroses.

É óbvio, pois, que a materialidade objetiva do real é produzida por uma criação-invenção-imaginada capaz de modelar o real. É precisamente, nesse sentido, que o imaginário constitui ingrediente do real *ad hominem*; o que elimina, de antemão, filosoficamente, a pressuposição da existência de essências hipostasiadas da subjetividade humana que não sejam artefatos dessa mesma subjetividade. Mas essa transubstancia-ção do imaginado, travestido em símbolo institucionalizado, não elimina, pelo contrário, afirma a objetividade material do mundo e do próprio corpo humano que, simultaneamente, em tempo e espaço, abrigam a objetividade magmática e a subjetividade volátil[4] como "um texto público que pode ser lido, e que está aí posto como uma desafiadora alteridade à consciência própria" (Passos, 1998, p. 285).

A ESTÉTICA COMO RESISTÊNCIA

A Escola de Frankfurt, ainda que pessimista quanto à modernidade, é a primeira a divulgar a possibilidade de resistir, via estética. Nada perdura no tempo. De alguma forma, o renitente sonho da humanidade, aquele de pôr em pé miríades de possibilidades contra a determinação – chame-se isso: transcendência – tinha sido morto nela. Transcendência é, por si só, loucura transgressora, labareda estética capaz de derrubar muros, abrir os elos das correntes, torcer a sorte, driblar a fatalidade e se colocar, outra vez, a certeza da esperança.

Nenhuma maldição poderia ser tão destrutiva e desfiguradora da história que a impossibilidade da retroversão, a inapelabilidade dos decretos, a férrea afinação monótona na música, a proscrição da disritmia. É a isso que, tão felizmente, referindo-se à *performance* de Toscanini, Adorno (1971, p. 92), citando Eduard Steuermann, denominou "barbárie da perfeição".

Fazer crer na certeza e acreditar na transparência hialina do mundo é tão ingênuo quanto crer em um carma selado, em uma predestinação; nunca reiterar essa sonegação da liberdade e do improviso impunemente. Que nunca se coloque a ferros a esperança: dimensão que nos contrapõe à natureza dos animais. Aprendemos que sorte alguma deve durar para sempre, no tempo. Não acreditem nunca nas vergonhosas "preternaturalidades" da história. Ordem alguma no tempo é natural e inextinguível: nasce de nossas mãos e do nosso jeito, modelada como um vaso de barro das mãos de oleiro para durar no que possa. O que está no tempo é tempo; e a natureza do tempo é ter princípio, começo, duração e fim. Por isso mesmo, nenhum gesto, nenhuma intenção, nenhum libelo é isento de moralidade, posto que está aferrado à liberdade da "andarilhagem", tão freireana, de pessoas. Na história e no tempo, as pegadas do humano estão gravadas à fogo na artesania da ética, nas arquiteturas dos projetos, na arqueologia dos seus propósitos. Nenhuma muralha é inexpugnável, salvo aquelas, virtuais – círculos de giz[5] –, construídas pelos nossos pesadelos.

Na verdade, a presente (des)ordem do capital tem, precisamente, a favor de si, a naturalização absurda da sagração de uma ordem contingente e arbitrária, como se ela tivesse, necessariamente, que durar para sempre. A reprodução da ordem e das instituições presentes teve um começo e terá um fim. Passará. Nada, no tempo, poderá subsistir, sem ser, implacavelmente, roído por ele. Os povos que viram no exílio da história, a prisão, o continuísmo e a predeterminação, rebelaram-se contra eles; utilizaram-se da magia e do rito, tomando partido das forças emergentes para se contraporem aos destinos "selados" pelos deuses. Toda ordem, quanto mais dura e implacável, implica uma rebeldia tantas vezes maior: essa selvagem e subversiva maneira de revelarmos o atrevido rosto de nossa humanidade.

O melhor, por isso, que se possa dar aos seres humanos, é a exata proporção da fabricação da história, das instituições e da cultura. É por isso que Berger denuncia que toda política falsa esconde as raízes da fabricação da história e busca, na religião, a sacralização definitizadora da caducidade e da injustiça. Nenhum destino, nenhuma determinação, nenhuma implacabilidade, salvo o improviso, o repente, o delírio. Valha a malícia do olhar, o fortuito do aceno, o sincopado da música, o furtivo do riso, a dissonância da harmonia, a alteração da pauta, as desconstruções dos oráculos.

> Sinto a coragem de mergulhar no mundo,
> De carregar todas as dores e alegrias da terra;
> De lutar com a tormenta, de agarrar e torcer,
> De apertar a mandíbula dos náufragos, e jamais desistir.
> (Goethe, 1948, p. 67)

Ninguém pode, impunemente, dizer a um ser humano, sem ser irônico ou mentiroso, que o que foi sempre será. O melhor que se deve dizer aos seres humanos, por nossa ação pertinaz e testemunhante, é que ousem; ousem, obstinadamente, redefinir todas as ordens históricas e nelas renascer a cada dia das cinzas das perdas. A estética é assim, é a linguagem da verdade. Ela guarda, cuida do mistério, mas também o declara. A estética não é pura beleza, ela é também a declaração da feiúra, é a denúncia da monstruosidade, a publicização da violência oculta. A estética é o aparecimento do que é, com o que fazemos. Nesse sentido, ela é o nascedouro da linguagem criacional dos humanos.

Estética da Carta de Terra: *bon sauvage ou l'enfant terrible?*

Duas grandes cosmovisões implicam perspectivas diferentes da presença da humanidade no universo: aquela que considera o humano como o *bon sauvage* (Bornheim, 1996) e a outra, antípoda, que considera o fator humano como *l'enfant terrible.*

A primeira percebe a natureza como paisagem mantida em um ponto de equilíbrio feliz, entendida em uma perspectiva puramente fisicista, naturalista e conservacionista, cuja presença da cultura humana continuamente a altera, desequilibra, a polui e a põe em risco. A natureza indefectível, por imaculada conceição, não admite mudanças. Toda mudança no mundo material é inútil. Tratar-se-ia de conservá-la. Fazemos do mundo o mundo terminal. A tarefa do humano é a da pura contemplação: antropologia de um mundo perfeito, de natureza morta, sem espírito. E toda a cultura, fonte de poluição, ruptura e dilaceração. O mundo é tão somente paisagem ou natureza, na qual cabe ao ser humano a atitude de se conformar com a natureza de sua prisão, alienando-se de sua autonomia, voltar à "falsa" homeostase fetal, renunciando a si próprio como materialidade criadora. Toda ação humana de intervenção, nesse caso, está às voltas com o padecimento, com a tentação de subverter uma "ordem" intocável. A intervenção gera desgaste, poluição, esmerilhamento, desintegração e desmonte. Qualquer alteração implicaria uma ação modificadora de uma natureza consagrada e voltada para leis imutáveis de um equilíbrio fechado. Se no mundo que aí está nossa tarefa é a da não intervenção, acabamos por santificar a renúncia de nossa presença ativa no mundo. Abraçamos um exílio sem retorno. Retiramos o influxo de nossa presença da vida.

Os ídolos da praça serão nossos deuses. Flexionamos nossos joelhos e cabeças perante um poder agressivo e despótico, e não raramente vibramos com o mal como se fora resultado da história e do destino fechado. Acostumamo-nos com o kafkiano, com o absurdo, com o niilismo, aceitamos o epistemicídio. Nossos sentidos já não vibram com o movimento, com as perdas necessárias, em devolver ao tempo sua temporalidade, em admitir que passamos. Conservamos em museus as peças que aprisionam o tempo, para que nossa sensação de persistência triunfe sobre o tempo. Atamos o tempo aos relógios para que seu caminho digital, linear, até a inconsistência dos eventos, não seja surpreendido pelo eventual transtorno (Baudrillard, 1993). Isolamos o factual, ficamos com o que não muda. Apenas fazemos um conservacionismo de parques e não jogamos o lixo no chão. Conservamos nossos ídolos... em um bronze eterno para que o tempo não os varra de sua suposta invencibilidade. Alisamos nossas rugas para divorciarmo-nos do que somos: temporalidade. Calcinamos nossas vitórias nos escalpos de nossos inimigos.

A visão da estética inspirada no modelo antropocêntrico de origem kant-hegeliana tem suas raízes na poética aristotélica do elogio à estética da tragédia. A epistemologia que a sustenta é a de que a condição humana, por sua natureza magmática, é tensiva. Provoca uma interação por sua distinção real e consciência, enquanto humanidade, desequilibradora da contemplação. Por isso, em Kant, toda traquinagem possível é devida. Tudo nele é bom se fruto da liberdade e da autonomia. Tudo que o exalta, enquanto ser humano racional, eleva a natureza. O prazer é a linha áurea, e ela movimenta o dever. O prazer é a via áurea, seja na comédia seja na tragédia. Só o prazer, porque humano, faz sentido. Todo progresso fruto da consciência é dadivoso. Só há beleza e inocência no que nasce da intervenção exógena humana – o mundo é resto. Toda alteração em princípio é lícita. Tudo o que se pode, se deve (Cortina, 1985).

A natureza é um reino à parte que se defende com suas leis. É um campo da animalidade, da irracionalidade. É preciso destruir a inconsistência das sociedades harmônicas e orgânicas, de ora em diante, fazer a natureza responder ao juiz que somos. E assim somos convidados ao banquete macabro. Fomos tomados pela beleza do sacrifical, da insensibilidade com o sofrimento da vítima, com o sentimento de culpa, pela inexorabilidade do inferno que criamos, acostumamo-nos, "thanaticamente", com a morte. Estamos nos acostumando com a beleza do inferno, com o gosto pela tecnodestruição, pela satisfação com o descartável, pelo gosto do consumo desnecessário, pela sociedade do esbanjamento, pelo espetáculo da combustão.

O primeiro paradigma exposto se funda em uma visão de estética que privilegia o *mundo fetichizado* como se fora ele, por si só, o "sujeito" – e um sujeito determinante –, e, nessa relação, somos o objeto, o paciente, a vítima indefensável. No segundo paradigma, enfatiza-se um autismo centrípeto do sujeito absoluto, divorciado do universo, no qual a natureza, o mundo desaparece sob o antropocentrismo subjetivizado: o ser humano será a medida de todas as coisas, e só ele (Cassirer, 1972).

Em ambos paradigmas, acima expostos, da fetichização do mundo, ou da fetichização do sujeito, temos ausência de diálogo, sacrifício de uma das polaridades, negação da diferença. Ambos os paradigmas comprometem um movimento de complementaridade das diferenças, pela destruição de um dos polos. Providenciam um equilíbrio "paradisíaco" subsumindo a tensividade e a conflitividade. A pseudo-harmonia conquistada resulta pela destruição do polo opositor, há um rito em que se nega ou se assimila a diferença. Ora, nem o mundo absolutizado e fetichizado à custa da reificação do humano pode ser legítimo; nem o humano tem direito a extrair interioridade, alma e consciência do mundo cósmico que se expressa na matéria. No sentido teilhardiano, matéria e espírito são formas de aparecimento de uma única energia, uma que se expressa por momentos como energia tangencial (sensível, material), e em outros momentos se expressa como energia radial (fontal e imaterial).

Não é possível construir uma consciência ecológica divorciada da dramática interação dos contrários e da metamorfose que, vertiginosamente, gera, expressa e circula em todo o universo (Santos, 2001). Somos parte de uma única totalidade. Nesse sentido, a noção de *quiasma* em Merleau-Ponty dá conta de compreender a identidade e a diferença. Na contradição do "para si" e "para outrem", a compreensão de Merleau-Ponty[6], segundo Dupond (2010, p. 64), é que: o "para si" não é pura interioridade, e o "para outrem" não é declínio, por objetivação, da interioridade em exterioridade: "ele é o outro lado um do outro".

A contradição jamais encontra sua unidade de sentido em sua pura visibilidade ou em sua pura invisibilidade. Ela não encontra sua unidade senão na ancoragem de sua negação, que se expressa no ser. Dessa forma, Dupond, comentando o conceito de quiasma (signos) em Ponty, no campo do para si e do outrem, afirma:

> ... o nada do Si nada mais é que "a outra extremidade invisível do eixo que nos fixa às coisas e às ideias" (S 29[2]), de sorte que não há ser ou coisas senão suportados por uma infraestrutura de nada e não há nada ou Si senão suportado por uma infraestrutura de ser. (Dupond, 2010)

É necessário compreender a conflitividade no prazer de compreender a dialogicidade viva e dinâmica que nos acolhe como seres no SER, cuja produtividade estética e criacional, tensiva, está aberta como heterotopia à autopoiese de nós por nós em comunhão com toda a diferença. A Carta da Terra não será um ponto de chegada. A CT é, mais do que antes, um ponto de partida. Ela é, radicalmente, campo de luta no contexto de violência gerado na subordinação da vida às estratégias da acumulação, e na violência de um poder autorreferencial de si para si com a destruição prática de todo o sentido e da vida. A CT, nesse contexto, precisa ser um libelo, uma provocação à existencialização corporal dela, que a descubramos em nós com o mundo, outros e outras, que são os outros de mim, conforme Merleau-Ponty, o caminho da comunhão estética com a vida toda e toda a forma vida, sem qualquer concessão.

NOTAS

1   O conceito de quiasma em Merleau-Ponty.
2   Novaes (2008): a pessoa humana entre dois mundos – http://www.ihu.unisinos.br/index. php?option=com_noticias&Itemid=18&task=detalhe&id=16403
3   Adequação da mente ao objeto. Essa formulação aristotélica dá conta apenas em parte dos processos do conhecimento humano, visto que, também o objeto se adequa à mente. Por outro lado, Merleau-Ponty radicalizará, que nem mesmo a nominação em linguagem, poderá totalizar o objeto nessa representação. E, mais, não somos seres capazes de apreender aspectos reais que sabemos estarem em uma representação, mas dilacerados, e que não nos permite ao mesmo tempo gerarmos uma síntese do que eles mesmos contêm como possibilidades. Esse paradoxo real é posto a nu, quando contemplamos imagens produzidas na *Gestalt*. O quadro em que você pode ver a pessoa idosa por um lado e por outro a jovem. Jamais será possível por um momento sequer que essas duas imagens sejam vistas ao mesmo tempo. Trata-se de uma impossibilidade de acesso a uma leitura plena, ainda que por um átimo.
4   Sentido de mímeses para Ricoeur (Interpretações).
5   Se desenharmos um círculo de giz em torno de uma ave e pormos seus olhos na visualização dele, ela não mais poderá sair dessa circunscrição. É como se estivesse presa em uma gaiola. Pessoas, por vezes, atribuem dimensões desproporcionais aos limites objetivos, amplificando-os por medos imaginários
6   *VI* – Livro produzido por Merleau-Ponty, não terminado em razão de sua morte: "O visível e o invisível".

REFERÊNCIAS

ADORNO, T. W. O fetichismo na música e a regressão da audição. In: *Textos escolhidos/Max Horkheimer/Theodor W. Adorno*. São Paulo: Nova Cultural, 1991. p. 79-105. (Os Pensadores).

ASSMANN, H. (Ed.). *René Girard com teólogos da libertação: um diálogo sobre ídolos e sacrifícios*. Petrópolis: Vozes & Piracicaba: Unimep, 1991. p.288-295.

BAUDRILLARD, J. *O sistema dos objetos*. São Paulo: Perspectiva, 1993. [Debates/Semiologia].

BERGER, P. *O dossel sagrado: elementos para uma teoria sociológica da religião*. 2. ed. São Paulo: Paulus, 1985.

BERMANN, M. *Tudo que é sólido desmancha no ar*. A aventura da modernidade. (Trad. Carlos Felipe Moisés e Ana Maria L. Ioriatti). São Paulo: Companhia de Letras, 1993.

BLACKBURN, S. *Dicionário Oxford de filosofia* / Simmon Backburn. Verbetes: Estética, Esteticismo, Kant (Trad. Desidério Murcho et al.). Rio de Janeiro: Jorge Zahar, 1997.

BOFF, L. A perigosa travessia para a república mundial. In: ARAÚJO, W. (org.). *Quem está escrevendo o futuro?* 25 textos para o século XXI. Brasília: Letra Viva, 2000. 217-226p.

_____. *O despertar da águia*. Petrópolis: Vozes, 1998.

BORNHEIM, J. O bom selvagem como philosophe e a invenção do mundo sensível. In: NOVAES, A. (org.). *Libertinos, libertários*. São Paulo: Companhia das Letras, 1996.

BUZZI, A. *Introdução ao pensar. O ser, o conhecimento e a linguagem*. Petrópolis: Vozes, 1990.

40 Aloisio Ruscheinsky (org.)

CAMUS, A. *A peste*. Rio de Janeiro: Opera Mundi, 1971. Biblioteca dos Prêmios Nobel de Literatura (1957).

_____. *L' Etranger*. Paris: Gallimard, 1967. Le Livre de poche.

CASSIRER, E. *Linguagem e mito*. Uma contribuição ao problema dos nomes dos deuses. São Paulo: Perspectiva, 1972. [Coleção Debates].

CORTINA, A. *Razón comunicativa y responsabilidad solidaria*. Ética y Política en K.O. Appel. Salamanca: Ed. Sígueme, 1985.

DELEUZE, G.; GUATTARI, F. *O que é a filosofia?* (Trad. Bento Prado Jr. e Alberto Alonso Muñoz). Rio de Janeiro: Ed. 34, 1992. (Col. Trans).

ELIADE, M. *Mito e realidade*. São Paulo: Perspectiva, 1972. (Coleção Debates)

FREIRE, P. *Pedagogia da indignação*. São Paulo: UNESP, 2000.

FREITAG, B. *A teoria crítica*. Ontem e hoje. São Paulo: Brasiliense, 1986.

FREUD, S. Sobre o narcisismo: uma Introdução (1914). In: *Obras Completas*. 2.ed. Rio de Janeiro: Standard do Brasil, 1987. v. XIV.

GEERTZ, C. *A interpretação das culturas*. Rio de Janeiro: Editora Guanabara, 1989.

GIRARD, R. Teses sobre desejo e sacrifício. In: ASSMANN, H. (Org.). *René Girard com teólogos da libertação: um diálogo sobre ídolos e sacrifícios*. Petrópolis/Piracicaba: Vozes/Unimep, 1991. p. 288-295.

GOETHE, W. *Fausto*. Quadro V, Cena 1. (Trad. Antônio Feliciano de Castilho). Rio de Janeiro, W. M. Jackson Editores, 1948. p. 105.

HABERMAS, J. A nova intransparência. In: *Novos Estudos/Cebrap*, São Paulo, n.18, p. 110, set. 1987.

HEGEL, F. Estética: a ideia e o ideal. In: *Hegel*. São Paulo: Nova Cultural, 1996. 25-288p. (Os Pensadores).

KANT, I. *Crítica da razão pura*. 3.ed. São Paulo: Nova Cultural, 1987. (XII e XII). (Os Pensadores)

LOWEN, A. *Prazer*. Uma Abordagem Criativa da Vida. (Trad. Ibanez de Carvalho Filho). São Paulo: Summus, 1984.

LYOTARD, J.F. A geração da guerra. *Joaquim*, n.20, p.17, 1948.

MAFFESOLI, M. *A sombra de Dionísio*. Rio de Janeiro: Graal, 1985.

_____. *O tempo das tribos*. O Declínio do Individualismo nas Sociedades de Massa. Rio de Janeiro: Forense Universitária, , 1987. (Col. Ensaio & Teoria).

McLUHAN, M.; QUENTIN FIORE. *Os meios são as massa-gens: um inventário de efeitos*. (Trad. Ivan Pedro de Martins). Rio de Janeiro: Record, 1969.

MERLEAU-PONTY, Maurice. *A dúvida de Cézanne*. (Trad. Nelson Alfredo Aguilar). São Paulo: Nova Cultural, 1989a. p.113-126. [Os Pensadores].

_____. *A linguagem direta e as vozes dos silêncio*. (Trad. Pedro de Souza Moraes). São Paulo: Nova Cultural, 1989b. p.92; p.141-175. [Os Pensadores].

_____. *Fenomenologia da percepção*. (Trad. Reginaldo di Piero). Rio de Janeiro: Freitas Bastos, 1971.

_____. Maurice. *O filósofo e sua sombra*. (Trad. Marilena Chauí). São Paulo: Nova Cultural, 1989c. p.239-260. [Os Pensadores].

MONDOLFO, R. *Figuras e ideias da filosofia da renascença*. São Paulo: Mestre Jou, 1967.

MORIN, E. *Meus demônios*. Rio de Janeiro: Bertrand Brasil, 1997.

_____. *Os sete saberes necessários à educação do futuro*. São Paulo/Brasília: Cortez/UNESCO, 2000.

NIETZSCHE, F. *Assim falou Zaratustra: um livro para todos e para ninguém*. Rio de Janeiro: Bertrand do Brasil, 1995.

_____. Para além de bem e mal. In: NIETZSCHE. *Obras Incompletas*. 2.ed. São Paulo: Abril Cultural, 1978. p.267-294. [Os Pensadores].

ORTIZ, R. *A moderna tradição brasileira – Cultura Brasileira e Indústria Cultural*. São Paulo: Brasiliense, 1988.

PASSOS, L. A. *Aguaçu na dança do tempo e a educação da escola. O tempora, Ó mores!* Cuiabá: UFMT, Instituto de Educação, 1998. (Tese de doutorado).

_____. Educação libertadora: a construção-invenção-imaginada!. *Revista da AEC* – Educação Libertadora, participando da luta social, v.26, n.105, p.39-60, 1997.

PASSOS, L. A.; SATO, M. Educação ambiental: o currículo nas sendas da fenomenologia Merleau-Pontyana. In: SAUVÉ, L.; ORELLANA; I.; SATO, M. (coords.). *Sujets choises em éducation relative à lénvironnement – D'une Amérique à l'autre.* Montréal: ERE-UQAM: 2001 (no prelo).

PESSOA, F. *Livro do desassossego.* São Paulo: Cia das Letras, 1999.

RICOEUR, P. *O conflito das interpretações. Ensaios de hermenêutica.* (Tradução Hilton Japiassu). Rio de Janeiro: Imago, 1978.

SANTOS, B. O novo milênio político. *FSP Opinião: Tendências/Debates*, 10 abr. 2001.

SARTRE, J. P. *O ser e o nada. Ensaio de Ontologia Fenomenológica* (1943). Petrópolis: Vozes, 1997. [Os pensadores].

SATO, M. Educação ambiental na Agenda 21 e na Carta da Terra. In: *Simpósio Gaúcho de Educação Ambiental.* Erechim: URI, 2000. p.53-64. (Conferência.)

_____. *Educação para o ambiente amazônico.* São Carlos: PPG-ERN/UFSCar, 1997. 245p. (Tese de doutorado.)

SEVERINO, A. J. *A filosofia contemporânea no Brasil. Conhecimento, política e educação.* Petrópolis: Vozes, 1999.

2

Querer-poder e os desafios socioambientais do século XXI

Sirio Lopez Velasco

Gostaria de ser o autor da frase que motiva essas reflexões, mas infelizmente não é o caso; tive a oportunidade de lê-la no início de 2001 em um espaço muito singular: um banheiro de um centro universitário na Holanda! E ela dizia aproximadamente o seguinte: "A questão é saber se podemos tudo aquilo que queremos e se queremos tudo aquilo que podemos." Em meu entendimento, boa parte dos desafios socioambientais do século XXI é pensável e deve ser pensada a partir dessa sentença, merecedora de completa atenção por parte da educação ambiental em todas as suas formas.

CARACTERIZAÇÃO DO "MEIO AMBIENTE"

Já em 1977, a Conferência Intergovernamental sobre Educação Ambiental da ONU (realizada em Tbilisi, Geórgia, parte da então URSS; ver Resoluções da mesma em Dias, 1993, p. 63) assinalava que "o conceito de meio ambiente abarca uma série de elementos naturais, criados pelo homem, e sociais", e que "os elementos sociais constituem um conjunto de valores culturais, morais e individuais, assim como de relações interpessoais na esfera do trabalho e das atividades de tempo livre" (Recomendação nº 2). Assim afirmava-se claramente uma ótica não biologicista do "meio ambiente" ao se dar a esse conceito um perfil nitidamente socioambiental.

Recolhendo essa mesma abordagem, a Lei nº 9.795, de 27 de abril de 1999, que estabeleceu no Brasil a Política Nacional de Educação Ambiental diz (no seu Art. 4º, inciso II) que é um princípio da Educação Ambiental "a concepção do meio ambiente em sua totalidade, considerando a interdependência entre o meio natural, o socioeconômico e o cultural, sob o enfoque da sustentabilidade".

Pode-se definir "meio ambiente" como o conjunto dos processos abióticos e bióticos existentes na Terra passíveis da influência da ação humana. Sem o aspecto *social*, todavia, não há abrangência efetiva do "meio ambiente" na sua totalidade. Assim, usamos do mecanismo da "curvatura da vara" (que Saviani, 1983, usa na área da educação, atribuindo sua paternidade a Lênin) para insistir fortemente no componente *humano* do "meio ambiente" na seguinte caracterização: "meio ambiente" é o espaço-tempo histórico ocupado pelos entes no qual transcorre a vida dos seres humanos. E esclareci que esse espaço-tempo, à maneira do da física relativista, deve ser entendido como o produto da presença e das relações existentes entre os "entes".

Quando dizemos "entes", queremos dar a entender que não nos referimos tão somente a sistemas físicos (como podem sê-lo uma pedra ou um animal), mas também estão abrangidos os objetos culturais não físicos (como podem sê-lo uma divindade ou uma teoria mítica ou científica sobre o "mundo" ou algum fenômeno em especial que em uma dada cultura dele faça parte); sobre isso, ver Karl Popper, 1975, Cap. 3.

Nota-se, então, que na Terra e até onde alcançar o efeito da ação humana, o meio ambiente é simultaneamente a condição e o resultado histórico da interação dos humanos com o restante da natureza. Tal intercâmbio dá-se de forma privilegiada por intermédio do "trabalho", que é uma das atividades que diferencia os seres humanos dos demais seres vivos e que Marx definiu como "um processo entre o homem e a natureza no qual o homem realiza, regula e controla mediante sua própria ação seu intercâmbio de matérias com a natureza para se apropriar sob uma forma útil para sua própria vida a matéria da natureza" (Marx, 1864, Livro I, Seção 3, Cap. V).

O trabalho reúne no mínimo três elementos que são, direta ou indiretamente, naturais: a atividade produtiva humana (sendo o homem um mamífero com dons especiais), o objeto de trabalho (ou seja, a matéria sobre a qual recai a atividade produtiva com vistas à satisfação de uma necessidade humana ou carência tida como tal) e o instrumento de trabalho (que é o mediador entre a primeira e a segunda).

Mas o trabalho é sempre praticado dentro de uma cultura (e seus entes e relações não físicas), e, fazendo a história, os homens provocam mudanças nos três componentes do trabalho e na sua interação. Ora, de mudança em mudança a história nos coloca hoje em uma clara situação de crise socioambiental sem precedentes.

A crise socioambiental atual

Do ponto de vista humano, o trabalho atual que reveste em grande parte a forma capitalista padece da mesma alienação que Marx criticara nos seus *Manuscritos econômico-filosóficos de 1844*. Com efeito, pela apropriação dos meios de produção em mãos da minoria de capitalistas, os assalariados estão alienados do fruto do trabalho (o qual não lhes pertence, pois é propriedade do capitalista) e também estão alienados do próprio trabalho, como se percebe pela altíssima taxa de desocupação e subocupação (segundo a Organização Internacional do Trabalho, em 2001: quando a humanidade contava com seis bilhões de pessoas, havia um bilhão de desempregados ou subempregados); essa alienação do próprio trabalho deriva do simples fato de que, ao não dispor dos meios de produção, não é o trabalhador quem decide se irá ou não trabalhar, mas sim o capitalista.

Ao mesmo tempo, a apropriação privada da natureza em mãos da minoria capitalista alienou o trabalhador daquela e fez com que ela deixasse de ser para ele fonte de recursos para sua sobrevivência e de materiais para seu trabalho.

Uma vez contratado, o assalariado vê-se alienado da sua atividade produtiva, pois não é ele (e sim o capitalista ou um representante seu) quem decide o que e como fará o assalariado na empresa. Temos feito notar que essa apropriação pelo capitalista da atividade produtiva do assalariado se confunde com o próprio corpo deste, ao ver disciplinado seu uso pelas ordens do capitalista quanto aos movimentos cabíveis no espaço da empresa (o que faz que até o número de vezes que o assalariado pode ir ao banheiro durante a jornada de trabalho como o tempo de permanência nele esteja estipulado pelo patrão); é no contexto do trabalho alienado (no qual a demissão é sempre possível) e mais especialmente no dessa apropriação temporal do próprio corpo do trabalhador pelo capitalista e seus representantes que cabe situar o fenômeno do "assédio sexual" da assalariada por parte do patrão ou de alguém que o representa.

Simultaneamente, com as dimensões anteriores do trabalho alienado, Marx criticou a alienação que há nele entre os seres humanos, tendo em vista a oposição gerada pelo fato de que tudo aquilo retirado do trabalhador é em benefício do capitalista. Explicitemos esse fato salientando que o capitalismo é a "guerra de todos contra todos" (que Thomas Hobbes no seu *Leviatã* acreditava ser o "estado natural", supostamente o estágio anterior à constituição da sociedade!). Com efeito, no capitalismo estão em guerra trabalhadores e capitalistas por causa do valor do salário e das condições de trabalho; estão em guerra os capitalistas entre si pela dinâmica da concorrência pelos mercados e pelo acesso aos financiamentos e estão inclusive em guerra entre si os trabalhadores, pelo direito de aceder e permanecer ao/no trabalho que é seu ganha-pão. Faz parte dessa oposição generalizada o crescimento da indiferença recíproca e da solidão que acompanha o grau de desenvolvimento capitalista, e cujas expressões mais pungentes e trágicas dão-se nas grandes urbes industriais-comerciais.

À crítica marxista do trabalho alienado, tenho acrescentado uma crítica das relações comunicativas vigentes na empresa capitalista, fazendo notar que ali reina o império da ordem vinda do capitalista ou de seus representantes, sendo-lhe retirada, assim, ao trabalhador a possibilidade de argumentar e decidir com base no melhor argumento; essa situação, que de fato animaliza o trabalhador, porquanto o coloca na situação de um ser irracional, foi caracterizada nos anos de 1970 pela social-democracia europeia como a prova de que a cidadania não transpõe as portas da fábrica.

Tratando ainda das situações humanas que fazem parte da alienação sofrida no capitalismo, temos nos referido ao que acontece nas esferas da erótica, da pedagogia e da política (Lopez Velasco, 1997 e 2000).

No campo da erótica chamamos a atenção para a autorrepressão e repressão da sexualidade, assim como a sua vivência opressora (tão bem analisadas, entre outros, por Freud, Marcuse e Reich).

No campo da pedagogia, compartilhamos da crítica realizada por Paulo Freire (1970) à pedagogia bancária, incapaz de ajudar a desenvolver o pensamento que constrói conhecimentos e cúmplice da opressão econômica, social e cultural vigente.

No campo da política, é assunto conhecido a diária manipulação da chamada "opinião pública" para se consolidarem "currais eleitorais" os quais garantem que, nas eleições, embora podendo mudar alguma coisa, isso seja feito para que "tudo fique como está"; não são alheias a essa política opressora algumas práticas da própria esquerda (cedo denunciadas por Freire [1970]) quando o protagonismo é retirado de fato dos cidadãos para ser transferido para os dirigentes e estruturas verticalizadas.

No que diz respeito às consequências da produção-distribuição--consumo capitalista para a natureza não humana, os resultados diários em matéria de devastação e poluição nas terras, mares, rios e ar não precisam sequer de qualquer comentário adicional (pois eles são matéria cotidiana inclusive da mídia que serve os donos do poder).

Constatamos, então, que tanto a vida humana quanto o equilíbrio dos sistemas não humanos que fazem parte do "meio ambiente" estão ameaçados pelo capitalismo, em especial pelos efeitos destrutivos da ciência e da tecnologia transformada pelo capital na sua principal força produtiva. Assim, preocupa cada vez mais a evidência de que essa ciência e tecnologia produziram alimentação envenenada, conforme se percebe em casos recentes de envenenamento por agrotóxicos ou toxinas, bem como no caso da "vaca louca", cujos efeitos últimos no ser humano ainda são desconhecidos. Ao mesmo tempo, cresce a preocupação pelos efeitos socioambientais de tecnologias, tais como a da clonagem (em especial quando já há laboratórios que declararam estar realizando clonagem de seres humanos) e a dos transgênicos (em relação à qual inclusive parte expressiva da comunidade científica têm invocado o Princípio da Pre-caução, visto que os seus efeitos ecossistêmicos em caso de propagação não controlada são ainda impossíveis de valorar).

No entanto, é inegável que as catástrofes humanas e não humanas antes referidas, assim como aquelas que nos ameaçam nos dias de hoje, fazem imprescindível pensarmos uma alternativa com relação à ordem capitalista vigente. Nesse ponto, foi muito claro o pronunciamento de Maurice Strong, organizador da Rio 92, ao dizer: "Não podemos seguir sustentando nosso estilo de vida atual. Temos de inculcar a absoluta necessidade de mudarmos nosso sistema econômico. Há provas mais do que suficientes de que o curso atual do comportamento econômico conduzirá a uma tragédia e que a economia não sobreviverá" (Strong, p. 137).

No que nos diz respeito, batizamos essa alternativa socioambiental com o nome de "ecomunitarismo".

A alternativa: o ecomunitarismo

O ecomunitarismo se apoia em três normas que deduzimos argu-mentativamente da pergunta que abre o universo da ética, a saber "Que devo fazer?" (ver detalhamento lógico-linguístico em Lopez Velasco, 2003b), que estipulam, respectivamente:

1) que devemos zelar pela nossa liberdade individual de decisão;
2) que devemos viver consensualmente essa liberdade; e
3) que devemos zelar pela preservação-regeneração da natureza.

A primeira norma nos obriga a lutar contra toda instância de repressão e/ou autorrepressão alienada em nossas vidas. A segunda nos obriga a lutar contra qualquer relação de dominação nos relacionamentos intersubjetivos. A terceira, por fim, nos obriga a lutar contra qualquer devastação e poluição irreversível da natureza, opondo-lhes uma permanente ação de preservação e/ou conservação-recuperação da natureza (tanto humana quanto não humana) para que os equilíbrios sistêmicos que fazem possível a vida no planeta (e onde alcançar o braço dos humanos) se mantenham.

Assim, fica claro que, à luz da terceira norma da ética, a forma de trabalho ecomunitarista é aquela na qual se preserva a saúde produtiva tanto do ser humano quanto do restante da natureza. Para o ser humano, isso significa atividade livre, cooperativa, variada e com retorno garantido das necessidades de cada indivíduo, para que seja possível seu desenvolvimento pleno. Para o restante da natureza significa permanente cuidado e carinho preservador-regenerador por parte dos humanos.

No plano erótico, as três normas exigem a abolição dos preconceitos tanto contra a masturbação (em especial a juvenil, cuja repressão causa tantos traumas) como contra a homossexualidade (visto que não interessa o sexo dos parceiros, mas o tipo de relação não opressora mantida por ambos) e a promoção de uma sexualidade voltada ao prazer, compartilhada e vivenciada sem culpa por parceiros livres para escolher (pelo qual não têm amparo ético as práticas que usam de coação ou drogas, ou, ainda, os relacionamentos com animais ou menores, porquanto em todos esses casos há seres vivos sem real capacidade de livre escolha).

No plano pedagógico, a alternativa proposta supõe a superação da educação bancária pela problematizadora, que faz do educador e do educando agentes de constante desvelamento crítico da realidade e de ação transformadora deste rumo ao ecomunitarismo, em uma relação dialógica na qual o educador sabe ser educando e este também é aceito pelo primeiro como educador (cf. Freire, 1970).

No plano político, o ecomunitarismo supõe participação e poder de decisão efetivo do cidadão em cada assunto que diga respeito à sua vida, tanto no plano local quanto no regional, nacional e mundial em uma sucessão de instâncias nas quais as funções diretivas que se fizerem necessárias deverão prestar contas aos cidadãos, que poderão mudar os dirigentes a qualquer momento, e nas quais os próprios cargos serão ocupados em sistema de rodízio permanente para se evitar a eternização de poucas pessoas em tais funções.

Quanto ao restante da natureza, as três normas éticas exigem uma produção-distribuição-consumo que, fundamentada na maior frugalidade compatível com o pleno desenvolvimento de cada indivíduo, aplique o princípio das "Três Rs", ou seja, Reduzir, Reutilizar e Reciclar, ao máximo possível, os recursos naturais utilizados e os resíduos gerados, zelando também para que os primeiros sejam na sua maioria de caráter renovável, poupando os não renováveis na escala humana (como é o caso do petróleo e dos minérios extraídos da terra).

No imediato: podemos o que queremos e queremos tudo aquilo que podemos?

A ciência e a tecnologia são instrumentos fundamentais daquilo que está a nosso alcance fazer, ou seja, daquilo que podemos fazer. Mas será que devemos querer fazer tudo aquilo que podemos, em especial aquilo que podemos por meio da ciência e da tecnologia? Os desastres e as ameaças vinculados a certas pesquisas e realizações científico-tecnológicas têm levado a que a própria ciência, nos moldes como ela tem se desenvolvido na cultura ocidental, para alcançar hoje de fato difusão mundial tenha sido caracterizada como mecanismo opressor-devastador desde as fileiras do ecofeminismo.

Com efeito, Mies e Shiva (1995) sustentam que a ciência ocidental se apoia em relações de violência patriarcal (que tem como duas de suas formas as relações capitalistas e colonialistas); em especial, o progresso científico seria, no Ocidente, o suporte do crescimento capitalista, que se deu em meio a relações violentas entre o chamado Primeiro Mundo e os países colonizados. Nesse panorama histórico, essas importantes pensadoras ecofeministas argumentam que as maiores vítimas da ciência ocidental são a natureza e as mulheres e crianças do hemisfério sul. Esse é o resultado das oposições binárias patriarcais-capitalistas, homem/mulher, homem/natureza, industrial/indígena, norte/sul, em uma abordagem na qual, dizem Mies e Shiva, a busca de uma "verdade" universalizada se assenta na exploração da tríade mulher-natureza-Terceiro Mundo.

Consideramos que os princípios metodológicos propostos após essa crítica por Mies para a pesquisa social constituem uma importante contribuição no contexto da pesquisa-ação, contribuição inspirada em parte pela reflexão de Paulo Freire, explicitamente citado na ocasião. Mas pensamos que sua leitura da obra do pedagogo brasileiro passa por alto uma das grandes novidades da epistemologia freireana, que é a de situar a conscientização no interior de um processo de construção de conhecimento que é *dialógico* e não monológico, produzindo assim uma verdadeira revolução epistemológica, em especial no relativo à questão da "objetividade", que ganhará fama na Europa anos depois de publicada a *Pedagogia do oprimido*, mediante a obra de Karl Otto Apel (cf. Apel, 1973). Com base nessa visão, divergimos da crítica da "verdade universalizada" realizada por Mies.

Acreditamos que Apel (1973) mostrou de forma convincente que três normas éticas sustentam a execução dos enunciados científicos; elas são: dizer o que pensamos ser verdadeiro (no sentido da verdade por correspondência, isto é, de adequação aos fatos), renunciar ao egoísmo na busca consensual e coletiva da verdade, e admitir qualquer ser humano como "parceiro" (*partner*) legítimo dessa busca. Obviamente, Apel considera que essas três normas se aplicam de fato, no dia a dia de violência e dominação que é o capitalismo, mas argumenta que elas são a condição de possibilidade da empresa científica, enquanto apontam, implicitamente, para a comunidade ideal de comunicação, horizonte histórico-utópico (pós-capitalista, acrescento), despojado precisamente de tal violência e dominação.

Por nossa parte, compartilhamos tal interpretação, e não a do simplismo violento em matéria de ciência ocidental, proposto por Mies. Ao mesmo tempo, apoiado na Teoria dos Atos de Fala (*speech acts*) desenvolvida por J. L. Austin (ver Austin, 1962), sustentamos que faz parte de qualquer enunciado científico (e de todo enunciado em geral, que, por princípio, é dirigido a pelo menos um interlocutor, presente ou ausente, atual ou potencial) a tentativa de convencer esse "parceiro" da correção de *nossa* visão dos fatos em questão. Isso significa que, por sua estrutura intrinsecamente dialogal-retórica, o universo dos enunciados é (por um constituinte perlocucionário inerente e irrenunciável) o universo da busca de *uma* verdade universalizável.

Claro, conforme a segunda norma desenvolvida por Apel, essa busca admite a possibilidade de convencimento pelo "parceiro" e de mudança da própria postura. Dessa maneira, diferentemente de Mies e Shiva, sustentamos que é inerente ao *enunciar* (em um contexto científico ou não) a busca de *uma* verdade universalizável. Uma prova palpável disso está no próprio fato de que Mies e Shiva *escrevem artigos e livros*, com o que materializam sua intenção de que, tão longe quanto se estenda o círculo de seus leitores, *a*

50 Aloisio Ruscheinsky (org.)

visão sobre os fatos discutidos por elas seja *a proposta por ambas*, excluindo-se outras visões possíveis (em especial a "patriarcal", mas não só ela).

Em resumo, à luz da filosofia da linguagem, tinham razão Sócrates e os sofistas. Sócrates a tinha porque, ao enunciar, buscamos *uma* verdade para o assunto em disputa. Mas não deixam de tê-la os sofistas, pois faz parte do enunciar o componente perlocucionário que é "convencer o outro da minha visão". Nessas circunstâncias, as três normas reveladas por Apel demarcam a pragmática da condição de possibilidade da empresa enunciativa (incluindo a constituinte da empresa científica). Claro que para completar o juízo acerca da construção da verdade na ciência atual temos de acrescentar a essas observações outras que fizemos em oportunidade distinta (Lopez Velasco, 1996) ao submetermos à crítica a alienação padecida pelos cientistas no capitalismo.

Do simplismo monolítico que criticamos em Mies e Shiva faz parte a afirmação de Mies de que "a ciência e a tecnologia atuais são a ciência e a tecnologia completamente militares", pois é obvio que isso é um exagero. De sua parte, Shiva sustenta que à ciência, que é patriarcal-masculina, opõe-se um "princípio feminino" que inclui tanto a mulher como a "natureza", os povos indígenas e o Terceiro Mundo, chegando a dizer a autora que nas sociedades pré-modernas centradas na mulher a atitude cognitiva e prática foi de respeito à natureza (Mies e Shiva, 1993, Cap. VIII). Fazemos nossas as palavras das feministas Maxine Molyneux e Deborah Lynn (1994, p. 21), quando ponderam que "toda essa explicação fundamenta-se em uma visão romântica das culturas pré-ilustradas, pré-coloniais e pré-modernas que se baseavam supostamente no 'princípio feminino' e em uma ordem natural concebida como essencialmente boa", pelo que "uma história complexa converte-se em universal e homogênea", na qual a aposta em um futuro que supere as dominações características do capitalismo se confunde com um desejo de volta a um passado idealizado.

Mas uma questão relativa à relação entre ciência e ética muito problemática e decisiva no futuro imediato é a colocada por Mies quando trata dos "limites da investigação". Diz Mies: "Posto que o paradigma científico está baseado no dogma de que o afã científico *não conhece limites*, ele gera uma busca encaminhada a ampliar cada vez mais os conhecimentos abstratos. Não se permite nenhuma interferência moral no processo de investigação. Os cientistas, portanto, não podem dar respostas por si mesmos aos problemas éticos" (Mies e Shiva, 1993, Cap. III).

Sabemos que Foucault realizou uma dura crítica da "vontade de verdade" que associou à "vontade de poder". No que diz respeito à "vontade de verdade", já nos posicionamos ao discutir a oposição de MS à "verdade universalizada". Mas o que ainda não está resolvido, e para isso aponta a observação de Mies, é a difícil questão da autocensura ética da pesquisa científica. Com efeito, a primeira norma da ética parece proteger a ausência de limites na investigação. Mas ela pode e deve ser completada pela segunda norma (em união com a terceira, para muitos assuntos), de forma que se faça possível uma autocensura ética da investigação, sem que ela signifique a legitimação de nenhuma instância de repressão exógena da liberdade. E isso é possível, pois, no paradigma que estamos propondo, "autocensura ética" significa, necessariamente, pela própria estrutura das expressões éticas (que são Quase-Raciocínios Causais, cf. Lopez Velasco, 2003b), autocensura argumentativamente estabelecida e renovada, ou revogada. Os limites impostos por tal tipo de autocensura são, é óbvio, historicamente mutáveis como também é histórico o processo de estabelecimento e generalização de tal autocensura por parte dos praticantes da ciência (que no ecomunitarismo tendem a ser todos os seres humanos, tendo sido abolida a atual "comunidade científica" estanque).

Assim, de cara ao horizonte ecomunitarista, fica claro, em especial em face de tudo aquilo que eventualmente podemos fazer com ajuda da ciência e da tecnologia, que nem tudo o que podemos devemos querer fazer; ou, mais resumidamente, que não devemos querer tudo o que podemos fazer.

Posto tudo isso, além de outros méritos que aprecio na proposta de Mies e Shiva, compartilhamos com elas, à diferença de Molyneux e Lynn (1994, p. 22), "a utopia ecofeminista na qual não existe capitalismo, nem mercado, nem Estado, nem pobreza, nem ciência [para mim, no contexto da dissolução ecomunitarista da comunidade científica], nem patriarcado".

Nessa direção, também dividimos com poucas restrições os princípios alimentares e de vida propostos por Mies e Shiva em seu *Chamamento de Leipzig* (Mies e Shiva, 1996) como se segue:

1. Localização e descentralização, em lugar de globalização e centralização da produção e distribuição.
2. Pacifismo, em lugar de atitudes agressivas de dominação.
3. Reciprocidade e igualdade, em lugar de competição.
4. Respeito à integridade da natureza e de suas espécies.
5. Os seres humanos são parte integrante, e não dominadores, da natureza.
6. Proteção da diversidade biológica e cultural na produção e no consumo.
7. Suficiência, em lugar de crescimento permanente.
8. Autoabastecimento, em lugar de comércio global.

As poucas restrições a que fazíamos referência são as relativas ao localismo antiglobalizador, presente nos pontos 1 e 8 do "Chamamento" e que tivemos a oportunidade de criticar também no "biorregionalismo" (Lopez Velasco, 2003, Cap. I). Uma coisa é a globalização capitalista. Outra, muito diferente, é a globalização ecomunitarista resultante da efetiva constituição do gênero humano, em que, para a realização universal de todos os seres humanos, as potencialidades locais são completadas, nos limites da sustentabilidade ecológica, pelo intercâmbio não pautado pela lei do valor e baseado na reciprocidade solidária das diversas comunidades de vida (coincidindo com a aspiração expressa no ponto 3 do "Chamamento"). Vale a pena esclarecer que, quando falamos em sustentabilidade, precisamos ir além da definição do *Informe Brundtland* (1987) que caracterizava o "desenvolvimento sustentável" como um desenvolvimento que satisfaz as necessidades do presente sem comprometer a capacidade das gerações futuras de satisfazerem as suas, para pensarmos a sustentabilidade como significando "melhorar a qualidade da vida humana sem ultrapassarmos a capacidade de suporte dos ecossistemas que a sustentam" (UICN-PNUMA-WWF, 1991, citado em Sosa, 1997, p. 119).

Por outro lado, o ecomunitarismo traça o perfil utópico do que queremos. Mas será que podemos tudo aquilo que queremos na caracterização do ecomunitarismo?

Com efeito, na família a caminhada rumo ao ecomunitarismo significa romper as estruturas de dominação dos filhos pelos pais e de abandono dos pais idosos pelos filhos, para instaurar a convivência democrática e solidária. Na erótica, a citada caminhada espera de nós relacionamentos de prazer compartilhado que signifiquem o encontro de duas liberdades. Na pedagogia (em níveis informal, não formal e formal), a educação bancária deve ser substituída pela educação problematizadora, que é a do diálogo, no qual as decisões são fruto do consenso, e o argumento de autoridade cede o seu lugar à autoridade do melhor argumento. Na política, retomada na acepção original do termo, a saber, como arte e ciência pelas quais os cidadãos "fazem" a cidade (*pólis*), aquela caminhada exige a construção diária de uma cidadania local, nacional e planetária em que os seres humanos realmente participem e decidam cada um dos aspectos que incidem nas suas vidas (desde a urbanização do bairro até os acordos internacionais, desde o projeto político-pedagógico da escola local até o orçamento nacional e mundial).

O ecomunitarismo, enfim, significa a reconciliação solidária na espécie humana e a reconciliação preservadora-regeneradora entre esta e o restante da natureza. Vemos que o tamanho do desafio é imenso. Mas somente o nosso esforço do dia a dia em casa, no local de estudo ou trabalho, nas organizações não governamentais (ONGs), nas associações sociais de bairro, sindicais, políticas farão que, se o horizonte último permanecer sempre inalcançado (porque precisamente na sua condição de horizonte ele está posto para permanecer sempre à frente, dando um sentido à nossa caminhada), a cada dia possamos avançar mais um passo rumo a ele (e quem sabe, em certos momentos da história, darmos saltos qualitativos de vários passos a um só tempo).

REFERÊNCIAS

APEL, K.-O. *Transformation der Philosophie*, Frankfurt: Suhrkamp, 1973.
AUSTIN, J. L. *How to do things with words*. London: Clarendon Press, 1962.
DIAS, G. F. *Educação ambiental. Princípios e práticas.* São Paulo: Gaia, 1993.
FREIRE, P. *Pedagogia do oprimido.* Rio de Janeiro: Paz e Terra, 1970.
LOPEZ VELASCO, S. *Ética para o século XXI: rumo ao ecomunitarismo.* São Leopoldo: Unisinos, 2003a.
_____. *Fundamentos lógico-linguísticos da ética argumentativa.* São Leopoldo: Nova Harmonia, 2003b.
MARX, K. *Das Kapital.* Frankfurt-Berlin: Ullstein, 1969.
_____. *Ökonomische-Philosophische Manuskripte.* Hamburg: Rowohlt, 1968.
MIES, M.; SHIVA, V. (1993). *Ecofeminismo.* Barcelona: Icaria, 1997.
MOLYNEUX, M.; LYNN, D. El ecofeminismo de Vandana Shiva y María Mies. *Ecología Política*, Barcelona: Icaria, n. 8, p. 13-23, 1994.
POPPER, K. R. *Conhecimento objetivo.* São Paulo: EDUSP, 1975.
SAVIANI, D. *Escola e democracia.* São Paulo: Cortez, 1983.
SOSA, N. M. Perspectiva ética. In: NOVO MARÍA; LARA RAMÓN (coord.). *El análisis interdisciplinar de la problemática ambiental.* Madrid: UNED-UNESCO, 1997.
STRONG, M. *Ecología Política,* Madrid-Barcelona: Fuhem/Icaria, n. 4, sept. 1992.

3

Política Nacional de Educação Ambiental e Construção da Cidadania
revendo os desafios contemporâneos

Carlos Hiroo Saito

A educação ambiental no Brasil, após anos de luta dos ambientalistas, começou a ter um certo reconhecimento no cenário nacional na década de 1990, cujo ápice foi a promulgação da Lei 9.795, em 27 de abril de 1999, instituindo a Política Nacional de Educação Ambiental. Isso não significa, no entanto, a sua consolidação ou a assunção de sua centralidade; apenas se trata do seu reconhecimento político. Menos ainda há consenso sobre sua compreensão, natureza ou princípio.

O objetivo deste capítulo é, justamente, contextualizar o texto aprovado da Política Nacional de Educação Ambiental, nos planos histórico e sociopolítico nacionais, assim como destacar aqueles princípios e objetivos presentes nas letras da lei, voltados à construção da cidadania, suas consequências sociais e os fundamentos teórico-metodológicos necessários para sua plena execução.

CONTEXTO HISTÓRICO

A análise histórica será iniciada a partir dos anos de 1970, quando se intensifica e se institucionaliza o debate acerca da problemática ambiental mundial, sua relação com o desenvolvimento social e econômico das nações e as mudanças de comportamento a partir da educação "ambiental". O grande marco internacional é a Conferência Mundial sobre Meio Ambiente e Desenvolvimento realizada em Estocolmo, em 1972, seguido da

Conferência Intergovernamental sobre Educação Ambiental, realizada em Tbilisi, Geórgia (ex-URSS), em 1977.

As experiências de educação ambiental nesse período, herdeiras das denúncias apaixonadas em favor da conservação da natureza e contra a sua devastação, priorizaram a sensibilização, buscando tocar os corações para a importância de defender a natureza.

O enfoque dominante na educação ambiental, portanto, foi o "naturalista", com a inserção de tópicos ambientais no ensino de ciências e, em alguns casos, buscando-se uma integração com a geografia e a educação artística.

Contou, ainda, para reforçar tal vertente, com a forte inserção da psicologia, consolidando na educação ambiental uma concepção de que o mais importante é promover a sensibilização das pessoas para os estímulos ambientais. Acreditava-se que as pessoas estavam distanciadas da natureza, e a primeira tarefa da educação ambiental era restabelecer essa ligação, tendo sido desenvolvidas, para tanto, uma série de técnicas nesse sentido.

Tudo isso, se, por um lado, apresenta fortes influências do debate internacional, por outro encontra também justificativas e conveniências na história política do país. O Brasil se encontrava sob um governo militar que restringia o debate político e as ações coletivas. A temática social não fazia parte da pauta educacional e cultural, muito menos da ambiental. Por sinal, o ambientalismo, de certa forma, representava um obstáculo à consolidação da nova "ideologia nacional": a busca desenfreada do desenvolvimento econômico, batizada de "o milagre econômico".

Assim, durante esse período da nossa história, a educação ambiental só poderia se desenvolver sob os marcos do naturalismo, desprovido de debate político que articularia as questões ambientais às socioeconômicas. E, ainda assim, era pouco incentivado.

A década de 1980 traz mudanças no cenário sociopolítico do país com o início do processo de redemocratização, que introduz termos como "abertura política" e "transição democrática" em nosso vocabulário.

Esse processo tem seu grande momento com a promulgação da nova Constituição Federal, em 1988. O debate em torno das questões ambientais avança no cenário nacional, e a nova Carta Magna guarda marcas desse fortalecimento, mencionando explicitamente a importância do meio ambiente para a nação. Antes mesmo da Constituição, essa tendência de valorização do meio ambiente já era observada, quando foram instituídas a Política Nacional do Meio Ambiente e o Sistema Nacional do Meio Ambiente, por meio da Lei 6.938, de 31 de agosto de 1981.

A década de 1980 presenciou também os grandes debates em torno das estratégias para ampliar e consolidar os espaços institucionais em favor da educação ambiental: inserir ou não a educação ambiental como disciplina singular dentro do currículo escolar de ensino fundamental (na época chamado ensino de primeiro grau). Algumas experiências nesse sentido foram vividas em diferentes pontos do país.

Apesar dessas experiências, as discussões no então Conselho Federal de Educação apontavam para a necessidade de enfatizar o caráter interdisciplinar da temática ambiental, não sendo muito favoráveis à criação da educação ambiental como disciplina específica.

É importante assinalar que a ampliação do espaço de debate sobre as questões ambientais não se deu apenas por força dos movimentos ambientalistas nacional e internacional. O próprio momento político é fundamental para isso, pois a retomada em larga escala dos movimentos coletivos pela democratização do Brasil favorece a expansão e a consolidação da educação ambiental e sua inserção na agenda nacional de debates. A sociedade civil se organiza, associações comunitárias e grupos de defesa de interesses temáticos proliferam, dando ao ambientalismo novos contornos, inclusive se popularizando.

Na década de 1990, o debate sobre a disciplinarização da educação ambiental ganha um desfecho final com os Parâmetros Curriculares Nacionais – PCNs, que terminaram consolidando a posição do Conselho Federal de Educação de 1987 de não constituir a educação ambiental como disciplina específica, tendo adquirido em sua formulação final o caráter de tema transversal, apresentado pelos PCNs. A própria Lei 9.795/99 reafirma esse posicionamento em seu artigo 10, parágrafo primeiro: "A educação ambiental não deve ser implantada como disciplina específica no currículo de ensino". Apesar dessa decisão, o final da década de 1990 e o início do novo século reintroduzem a educação ambiental nos currículos escolares, sob novo enfoque, agora compondo uma parte diversificada e flexibilizada do currículo escolar.

Essas mudanças se devem, fundamentalmente, ao fortalecimento das ideias neoliberais e à disseminação, concomitante, do chamado pós-modernismo, que vem criticar a razão (e a ciência) moderna, assim como favorecer a fragmentação do saber e do poder organizado. A flexibilização e a diversificação do currículo vêm a se constituir na expressão desse ideário na política educacional do país.

Juntamente com esse ideário neoliberal associado ao pós-modernismo vem o enraizamento da ideia de redes, que passa a se constituir em novo paradigma, aplicável tanto no campo da organização e da produção do conhecimento (redes de conhecimento e críticas à disciplinarização do saber) quanto no campo da organização da sociedade, via ONGs (redes de associações civis em oposição ao Estado centralizador que também era, por outro lado, o Estado provedor – *Welfare State*, alvo central dos ataques neoliberais no campo da política social e econômica).

Por sinal, o movimento ambientalista se fortaleceu com a proliferação de ONGs ambientalistas, embora, muitas vezes, tal fenômeno social tenha se dado segundo a concepção política neoliberal de oposição ao Estado, e até de substituição de seu papel. Inegavelmente, as ONGs contribuíram para fortalecer e difundir ainda mais a ideia da necessária diminuição do Estado para implantar a descentralização e a autonomia, ao mesmo tempo em que permitiram, em diversas situações, a reconfiguração do papel do Estado para atender aos interesses dos setores dominantes. Por isso, termos como "autonomia", "descentralização", "diversidade" e "comunidade" se tornaram bastante populares, carregando para alguns a ideia de democratização e, para outros, de minimização do papel regulador e provedor do Estado.

EDUCAÇÃO AMBIENTAL E DEMOCRACIA: QUATRO DESAFIOS

A Política Nacional de Educação Ambiental representa, como se pode depreender desse breve histórico, o resultado de uma longa série de lutas dentro do Estado e da sociedade para expressar uma concepção de ambiente e sociedade de acordo com o momento histórico da produção do texto legal.

Em trabalho anterior foi apresentada uma leitura particular do texto legal, destacando de seu interior uma percepção articulada e, do ponto de vista político, socialmente referenciada, em que se concedia lugar central à democracia e à justiça social como fundamentos da Lei 9.795/99 (Saito, 2001b). Ruscheinsky e Mota (2008) concordam que a Política Nacional de Educação Ambiental, Lei 9795/99, traz como fundamentos a democracia e a justiça social.

Layargues (2006) discorda dessa interpretação, pois vê na promulgação da Política Nacional de Educação Ambiental (considerando o texto aprovado e o processo de tramitação) a presença de mecanismos que podem ser considerados associados à reprodução das condições sociais com características reprodutivistas que revelam o papel ideológico dos aparelhos de Estado, a saber: formulação do texto de modo assistencialista, implementação precoce sem organização social coletiva dos educadores ambientais e sem definição clara do campo político-ideológico dos modelos de educação ambiental, e o emprego de violência simbólica que impõe uma concepção naturalista de educação ambiental que reduz a possibilidade de integração de conceitos como risco, conflito, vulnerabilidade e justiça socioambiental.

É possível dizer que este autor faz uma análise mais dura de todo o processo, e, ao contrário da presente análise que procura explorar as contradições e fazer avançar a partir dos pontos que convergem com nossos interesses, ele destaca os pontos negativos e contrários aos interesses emancipatórios. De toda sorte, ambos convergimos para o mesmo anseio emancipatório, e o que Layargues (2006) aponta como falhas pode vir a ser suprido pelo atendimento dos desafios aqui apontados. Portanto, a partir desse entendimento, dentro dos fundamentos da Política Nacional de Educação Ambiental, identificaram-se quatro grandes desafios para a educação ambiental no Brasil: busca de uma sociedade democrática e socialmente justa, desvelamento das condições de opressão social, prática de uma ação transformadora intencional, necessidade de contínua busca do conhecimento.

Os quatro desafios se articulam entre si e se voltam, no conjunto, para o fortalecimento do exercício da cidadania como expressão da construção de uma sociedade mais justa e igualitária.

O primeiro desses desafios é a própria *busca de uma sociedade democrática e socialmente justa*, alterando o foco da educação ambiental da visão naturalista de admiração da paisagem natural e preservacionismo. Defende-se, portanto, a ideia de que meio ambiente e sociedade estão intimamente interligados, e que a busca de uma sociedade ambientalmente equilibrada só se dá simultaneamente com a busca de uma sociedade justa, igualitária e democrática. Nisso reside a discussão sobre sustentabilidade, em sua essência (Saito, 1997a).

Cabe aqui assinalar que a sustentabilidade não pode ser tomada como dogma, acriticamente, utilizando-a para manter regiões ou mesmo nações inteiras na periferia econômica (antigamente utilizava-se o termo subdesenvolvimento) sob a alegação da necessidade de conservar os recursos naturais e sua "vocação regional natural". Em alguns casos, essa visão acrítica e unilateral da problemática e dos conceitos ambientais termina por instituir uma ideologia ecológica mais que uma consciência ecológica, para utilizar a terminologia de Becker (1991), podendo, com isso, estigmatizar uma região e obstaculizar seu crescimento econômico e o desenvolvimento social e cultural, como no caso do debate em torno da desertificação no submédio São Francisco (Saito, 2000).

A exploração predatória do meio ambiente não pode ser impedida com a simples imposição da ideia de intocabilidade, contenção ou retração do uso do ambiente; exige, isto sim, a inclusão social e econômica de forma a buscar o bem-estar social para todos. Meio ambiente e sociedade se encontram intimamente associados; por isso, é necessário compreender a problemática ambiental na sua complexidade.

O combate à visão unilateral e unidisciplinar do ambiente é um dos avanços alcançados ao longo das últimas décadas no Brasil, tendo sido inscrito como um dos objetivos da educação ambiental na Lei 9.795/99: buscar "o desenvolvimento de uma compreensão integrada do meio ambiente em suas múltiplas e complexas relações, envolvendo aspectos ecológicos, psicológicos, legais, políticos, sociais, econômicos, científicos, culturais e éticos" (Artigo 5º, Inciso I).

Já apresentamos aqui as interdependências entre ambiente e sociedade. Aonde nos leva a busca da compreensão dessa interdependência e complexidade?

Aqui se expressa o segundo dos desafios para a educação ambiental, apresentados por Saito (2001b). Compreender a interdependência entre ambiente e sociedade deve nos conduzir ao *desvelamento das relações de dominação em nossa sociedade*.

Muito embora seja uma leitura particular da temática, o autor justifica seus argumentos com base nos objetivos fundamentais da educação ambiental apresentados pela Lei 9.795/99: "O estímulo e o fortalecimento de uma consciência crítica sobre a problemática ambiental e social" (Artigo 5º, Inciso III) e a "construção de uma sociedade ambientalmente equilibrada, fundada nos princípios da liberdade, igualdade, solidariedade, democracia, justiça social, responsabilidade e sustentabilidade" (Artigo 5º, Inciso V). Ou seja, busca-se a construção da cidadania.

Uma leitura global da Lei 9.795/99 informa-nos que não se trata de simples recurso de retórica, com a inclusão de frases socialmente comprometidas em pontos isolados do texto legal. A preocupação social é marcante na Política Nacional de Educação Ambiental, pois ela menciona explicitamente nos seus princípios básicos a vinculação entre ética, educação, trabalho e práticas sociais (Artigo 4º, Inciso IV), que abre caminho para o *desvelamento das relações de dominação em nossa sociedade*, caso se conduza de forma crítica, socialmente compromissada e atuante os trabalhos de educação ambiental.

O que seria um trabalho socialmente compromissado de educação ambiental?

Nessa perspectiva socialmente compromissada, não trataremos, por exemplo, da questão do lixo urbano de forma superficial, esgotando-a na simples afirmação de que é necessário que os serviços municipais de limpeza urbana passem a realizar a coleta seletiva de lixo e que as pessoas devam fazer a separação domiciliar do lixo, centralizando o trabalho de educação ambiental na conscientização da população sobre a importância da coleta seletiva. Nesse caso, ao relacionarmos o lixo urbano, os lixões e a coleta seletiva de lixo, devemos necessariamente explicitar o fato de que o serviço de coleta domiciliar de lixo é desigual dentro do espaço urbano (a chamada *regionalização de carências*, segundo Jacobi, em 1989, reafirmada por Saito, em 1996, como expressão da *sobrediscriminação social intraurbana*) e que existe uma desigualdade social que leva a sociedade a criar o segmento de catadores de lixo (Santiago e Saito, 1995).

Podemos e devemos, inclusive, utilizar recursos de cartografia para construir coletivamente um mapa do trajeto da coleta domiciliar de lixo e identificar a regionalização de carências. O manuseio e a confecção de mapas são, por sinal, atividades curriculares nas áreas de estudos sociais e geografia, que podem ser trabalhadas de forma interdisciplinar nas atividades de educação ambiental formal ou naqueles que articulem a educação ambiental formal e não formal. A incorporação de conceitos de geoprocessamento na educação ambiental pode ainda nos levar a sobrepor outros mapas temáticos ao mapa de regionalização de carências em termos de coleta domiciliar de lixo para caracterização da sobrediscriminação intraurbana e problematizá-la para transformar a realidade social (Saito, 1997b).

Além desse aspecto, ao tratarmos da temática de lixo urbano é preciso buscar, com a educação ambiental, o estabelecimento de laços de solidariedade que rompam as barreiras geográfica e cultural entre a sociedade, de modo geral, e os catadores de lixo (Rosa e Saito, 1997).

Tomemos como outro exemplo a temática energética.

De Bastos e Saito (2000), ao investigarem na concretude dos fatos o funcionamento de uma usina hidrelétrica (naquele caso, a Usina Hidrelétrica de Foz do Areia, em Faxinal do Céu-PR) e a dinâmica do reservatório de água por ela criada, propõem o questionamento não apenas dos conteúdos escolares associados a essa problemática como também do próprio modelo energético e as políticas tarifárias que usam como argumento o pretenso impacto que o consumo doméstico representaria para a crise energética nacional e os constantes *blackouts* que vêm ocorrendo (para o Estado do Paraná, o setor residencial participa com cerca de apenas 15% no consumo total de energia, conforme Baggio e colaboradores, 1997).

Devemos, ainda, buscar estabelecer as interdependências entre a proteção à cobertura vegetal, os níveis de água dos rios e dos reservatórios, e as legislações de uso e ocupação do solo, avaliando criticamente as implicações das diversas mudanças propostas por ocasião da revisão do Código Florestal Brasileiro.

É possível, ainda, associar o conhecimento do funcionamento das usinas hidrelétricas com as condições de trabalho dos operadores da usina, discutindo as causas da perda auditiva de cerca de 20% após um período de apenas cinco anos de serviço, em alguns casos, e agir no sentido de transformar as relações sociais que levam ao surgimento desse tipo de problema social.

A problemática da crise energética se tornou um tema atual, tendo em vista a edição da Medida Provisória 2.198-3, de 28 de junho de 2001, que institui a política de racionamento de energia elétrica no país. A atualidade e a relevância do tema explicitam, ainda mais, a necessidade de uma compreensão integrada dos processos socioambientais e a intervenção consciente dos cidadãos. O racionamento compulsório de energia elétrica, que tornou evidente o desperdício em muitos casos e a capacidade de racionar o consumo de energia, sobretudo nas residências (levando à economia de recursos orçamentários domésticos), tornou evidente também a crueldade do modelo energético brasileiro, pois, no momento imediatamente seguinte àquele em que a população fez economias, a companhia de fornecimento de energia promoveu aumento de tarifa sob alegação de que a redução no consumo levou à diminuição da arrecadação mensal (no caso da CEB – Companhia Energética de Brasília –, o aumento autorizado foi de 15%).

Nessa apresentação ordenada da cadeia de argumentação em torno dos desafios para a educação ambiental, devemos destacar que não basta apenas buscar inspiração no ideal de sociedade democrática e socialmente justa e desvelar as relações de dominação em nossa sociedade (primeiro e segundo desafios). Decorre dessa constatação o terceiro desafio, apresentado a seguir.

Devemos lembrar que, ainda que o processo de conhecimento da complexidade das interações entre meio ambiente e sociedade seja revelador de novas facetas da realidade e possa se tornar um meio de denunciar o que está oculto, não é o bastante. É preciso ultrapassar a perspectiva da simples denúncia ou da mera constatação de fatos, do contrário permaneceremos em um posicionamento meramente contemplativo, ainda que "crítico". O terceiro e complementar desafio justamente aponta para a necessidade de que haja não apenas um compromisso com a transformação social, mas a *vivência efetiva de ações transformadoras, concretamente* (Freire, 1997; De Bastos e Saito, 2000).

A articulação entre conhecimento e ação, o primeiro orientando a ação e sendo, por sua vez, redimensionado a partir dos resultados dessa mesma ação, é um aspecto fundamental do processo de construção do conhecimento, que se encontra presente no conceito de práxis – ação e reflexão como constituintes da compreensão transformadora da realidade.

O componente de ação sobre a realidade sempre foi um produto almejado nas práticas de educação ambiental, mesmo nas vertentes naturalistas. As campanhas de conscientização voltadas para o conservacionismo – por exemplo, aquelas que se fundamentam na definição de uma espécie ameaçada de extinção que sirva de imagem-símbolo da luta ambiental, e que se constituem muitas vezes em processos de definição de objetivos exteriores à comunidade envolvida – preveem e incentivam a ação concreta que resulte na conservação do ecossistema e/ou da espécie ameaçada.

A própria Lei 9.795/99, em seu Artigo 3º, Inciso VI, diz que à sociedade incumbe como um todo a atenção à formação de valores e atitudes que "propiciem a atuação individual e coletiva para a prevenção, a identificação e a solução de problemas ambientais". De forma menos explícita, o componente da ação individual e coletiva é também estimulado pelo Artigo 4º, Inciso IV, quando se aponta como princípios básicos da educação ambiental a "vinculação entre a ética, a educação, o trabalho e as práticas sociais" e pelo Artigo 5º, Inciso IV, que inclui como objetivos fundamentais a participação individual e coletiva, sendo a defesa da qualidade ambiental "um valor inseparável do exercício da cidadania".

Se o componente de ação individual e coletiva é, em certa medida, um consenso, por outro lado é preciso esclarecer que não se trata, aqui, de qualquer forma de exercício de ação. Trata-se da *prática de uma ação transformadora intencional*, de caráter coletivo, que se articule com a busca de uma sociedade democrática e socialmente justa e com o desvelamento das relações de dominação em nossa sociedade (primeiro e segundo desafios).

E ousamos dizer que é somente nessa condição, de intencionalidade, e articulada com a busca de uma sociedade democrática e socialmente justa e com o desvelamento das relações de dominação em nossa sociedade, que a prática ativa assume sua condição transformadora, emancipatória, que leva ao *empowerment* – fortalecimento sociocomunitário e político-organizacional de uma comunidade, que explicita os interesses comuns de equidade, justiça social e felicidade, e pratica ações coletivas e solidárias de transformação da realidade local (Friedman, 1992).

O conceito de *empowerment* é bastante importante para ser detalhado nesse cenário, pois, embora nos remeta inicialmente às ideias de "autonomia", "descentralização", "diversidade" e "comunidade" que se popularizaram, sobretudo na década de 1990, e influenciaram notadamente tanto o movimento ambientalista como a própria Política Nacional de Educação Ambiental, na concepção de Friedman (1992), que resgatamos aqui, caminha para a direção oposta ao pensamento dominante articulado com o neoliberalismo e o pós-modernismo.

Para Friedman (1992), as ideias dominantes sobre desenvolvimento alternativo de comunidades baseadas no neoliberalismo associado ao pensamento pós-moderno se baseiam em três premissas básicas: a) a crença de que o Estado é parte do problema e que o desenvolvimento alternativo deve, tanto quanto possível, se desenrolar à margem deste e mesmo até contra o Estado; b) a crença de que o "povo" não erra e as comunidades são inerentemente sábias; c) a crença de que a ação da comunidade é suficiente para a prática de um desenvolvimento alternativo, e que a ação política deve ser evitada.

Defendemos aqui, com Friedman (1992), que o desenvolvimento alternativo deva começar localmente, mas não se esgotar nele, e que o Estado, de caráter democrático, ainda tem um papel central como instância reguladora, intervindo para minimizar as desigualdades sociais e econômicas e promover a justiça social, por meio de políticas sociais e edição e aplicação de legislação protetora.

A educação ambiental, portanto, deve conhecer o contexto desse debate e optar, claramente, por uma das concepções em disputa, ainda que, na aparência, ambas falem de desenvolvimento de comunidades, democracia e autonomia.

A busca do conhecimento da realidade e da atuação no sentido de sua transformação, que representam maior autonomia sociopolítica, não devem cair no simples ativismo. Por isso, defendemos que a prática de uma ação transformadora intencional (terceiro desafio) deva, necessariamente, estar articulada com a busca de uma sociedade democrática e socialmente justa e com o desvelamento das relações de dominação em nossa sociedade (primeiro e segundo desafios).

Nenhum dos componentes, tanto de busca do conhecimento (investigação para desvelamento das relações de dominação) quanto de ação prática (atuação voltada para a transformação), isoladamente, alcança tal estatuto, a não ser que se assuma a sua dimensão política e se explicite a sua intencionalidade emancipatória.

É válido, portanto, apresentar o conteúdo do debate sobre o caráter emancipatório que vem sendo realizado entre os pesquisadores no campo da investigação-ação. A investigação-ação é uma forma de ação social em que um conjunto de participantes de uma determinada situação busca promover a racionalidade e a justiça dessas mesmas práticas sociais, a compreensão dessas práticas e das situações em que se encontram, bem como a sua transformação (Carr e Kemmis, 1986). Apresenta, pois, grande proximidade com a discussão apresentada até aqui sobre os desafios para a educação ambiental, constituindo-se em candidata privilegiada, do ponto de vista teórico-metodológico, para instrumentalizar a educação ambiental no atendimento a esses mesmos desafios.

Para isso, no entanto, é preciso que também a investigação-ação se assuma com caráter emancipatório, e, para tal, é necessário que ela passe a ser concebida com suporte em três características básicas: caráter participativo, impulso democrático e uma contribuição simultânea para as ciências sociais e as mudanças sociais (Carr e Kemmis, 1986), além do fato de que o processo investigativo desencadeado (do meio ambiente, no caso) deva estar pautado por uma ação intencional, fazendo dos momentos educativos *círculos de cultura*, de desvelamento e transformação das condições de opressão (De Bastos e Saito, 2000, remetendo a Freire, 1982, 1983). A própria ação sobre a realidade e sua avaliação produzem e passam a exigir novos conhecimentos, justamente porque alteram a conformação e a aparência da realidade, requerendo um novo pensar sobre ela. O que estava sendo investigado originalmente, tal como um tema gerador freireano (Freire, 1988), desdobra-se em outros tantos temas (ou problemas) a serem investigados e solucionados pela via da ação-reflexão. Dessa forma, passa-se, em seguida, para novos planejamentos de ação, que representam a concretização do que se convencionou por espiral lewiniana da investigação-ação (De Bastos, 1995; Grabauska e De Bastos, 2001).

Inclui-se, aqui, ainda, o caráter coletivo, antes que individual, nessa dimensão transformadora. As mudanças buscadas devem se dar no plano de uma coletividade, todos envolvidos pelas relações sociais em um espaço geográfico (ambiente). As melhorias na qualidade de vida e o desenvolvimento social, cultural, educacional e psíquico também só têm sentido no plano coletivo, e não no individual. As considerações de Park (1997) feitas sobre a investigação-ação são úteis nesse momento de reflexão:

ainda que as mudanças nos indivíduos participantes sejam características desejáveis e necessárias à investigação-ação, tais mudanças não constituem, em si mesmas, as transformações sociais buscadas nem, tampouco, podem substituí-las. Nas palavras do próprio Park (1997, p. 139), a investigação-ação "busca dar el poder a la gente, pero no unicamente en el sentido de una mayor capacitación psicológica sino más bien de obtener un poder político con el fin de llevar a cabo el cambio social necesario". A limitação das mudanças apenas à esfera individual advém de um ilusionismo liberal que considera o coletivo soma independente de indivíduos e a emancipação social ascensão individual na sociedade, risco apontado por Saito e Santiago (1998) e reafirmado em Saito (2001a).

Para atender simultaneamente ao componente investigativo e ao ativo, que se expressam mais nitidamente interligados nesse terceiro desafio (*prática de uma ação transformadora intencional*), sinalizamos no sentido de que a educação ambiental deve buscar, permanentemente, integrar educação formal e não formal, de modo que a educação escolar seja parte de um movimento ainda maior de educação ambiental de caráter popular, articulada com as lutas da comunidade organizada (Saito, 1999; Saito et al., 2000; Saito, 2001a), e assumir, claramente, o caráter de intervenção sobre a realidade, e não permanecer apenas na constatação de fatos.

O quarto e último desafio para a educação ambiental, assinalado por Saito (2001b), se refere à *necessidade de constante busca do conhecimento* e está baseado no reconhecimento de que o processo de conhecimento da realidade é dinâmico, e as transformações no campo da ciência e da tecnologia exigirão, constantemente, uma readequação dos conhecimentos, sobretudo em função das mudanças na escala e na magnitude dos impactos sociais e ambientais.

A educação permanente também é uma exigência no âmbito dos debates em torno da educação ambiental pelo simples fato de que as próprias ações sobre a realidade trazem à tona novas demandas em termos de compreensão das relações socioambientais. Essa *necessidade de constante busca do conhecimento* para melhor atuar sobre a realidade também se encontra expressa na Lei 9.795/99 em um dos seus princípios básicos da educação ambiental: a garantia da continuidade e permanência do processo educativo e sua permanente avaliação crítica do processo (Artigo 4º, Incisos V e VI).

Embora seja óbvio, o destaque dado a esse último desafio é pleno de sentido na realidade brasileira, com elevados índices de analfabetismo *stricto sensu* e funcional. A obrigatoriedade do ensino, do ponto de vista ideal, deve ser interpretada como um direito de todos à escolarização em todos os níveis, sem qualquer terminalidade, quer no ensino fundamental ou, mesmo, no ensino médio técnico. A educação permanente traz, portanto, um componente crítico muito forte, de questionamento do atual sistema educacional em sua estrutura e também de questionamento do atual sistema social, altamente excludente.

À guisa de ilustração final, retomemos esses desafios para a educação ambiental em face da gestão racional e participativa dos recursos hídricos definida pela Política Nacional de Recursos Hídricos.

Na Lei 9.433, de 8 de janeiro de 1997, que institui a Política Nacional de Recursos Hídricos, a figura do Comitê de Bacia Hidrográfica é apresentada como elemento central de uma nova concepção política de gestão participativa em matéria de recursos hídricos, pautada na promoção de uma "negociação social" em torno dos usos demandados. O Comitê de Bacia Hidrográfica constituiria um fórum no qual todos os interessados pelos recursos hídricos poderiam, em teoria, expor seus interesses e discuti-los, de forma transparente e democrática, e assim arbitrar, em primeira instância administrativa, os conflitos relacionados aos recursos hídricos e estabelecer, entre outros, os mecanismos de cobrança pelo uso dos recursos hídricos. Cada comitê contaria com um suporte técnico de suas respectivas agências de água, que elaborariam os planos de recursos hídricos para aprovação pelo Comitê de Bacia Hidrográfica à luz dos estudos diagnósticos sobre a disponibilidade de água e as demandas, atuais e potenciais, existentes.

Tal estrutura traz como pressuposto a necessidade de gerenciamento e de controle dos usos dos recursos hídricos e também um reconhecimento de que o gerenciamento das águas é complexo, justamente por envolver diversos interesses conflitantes que precisam ser ouvidos e mediados.

Cabe, então, questionar: como viabilizar a participação de todos os setores interessados no uso dos recursos hídricos em uma bacia hidrográfica? Será que no contexto atual brasileiro, de grande exclusão social, a participação pode se dar de forma verdadeiramente democrática? Será que os representantes dos setores interessados têm condições de avaliar criticamente o plano de recursos hídricos proposto pela agência de águas, de forma a não se tornarem reféns do interesse de grupos revestidos por um discurso técnico?

Nesse cenário, a educação ambiental tem um papel importante a exercer, não mais para "sensibilizar" as pessoas para a importância da conservação dos recursos hídricos, mas para promover um *empowerment* social que viabilize a materialização do princípio político subjacente aos fundamentos tanto da Política Nacional de Recursos Hídricos como da Política Nacional de Educação Ambiental: construção da cidadania, fortalecimento da democracia e promoção da justiça social.

Os quatro grandes desafios para a educação ambiental no país adquirem o destaque e a centralidade, retomados neste trabalho, justamente por sua generalidade, amplitude de atuação e atualidade. Reafirmamos, portanto, que é necessário buscar uma sociedade democrática e socialmente justa, desvelar as condições de opressão social, praticar uma ação transformadora intencional e promover a contínua busca do conhecimento. É por esse caminho que estabeleceremos uma sociedade ambientalmente mais equilibrada, juntamente com uma sociedade mais justa, mais igualitária e efetivamente mais democrática.

REVENDO E ATUALIZANDO OS QUATRO DESAFIOS: O QUINTO DESAFIO INTEGRADOR

Após a publicação do texto original, em 2002, cabe algumas considerações sobre a realidade do país e a afirmação da educação ambiental na perspectiva dos quatro desafios apontados.

Em primeiro lugar, mesmo considerando a crítica de Layargues (2006) já comentada, e talvez precisamente por causa dela, é importante dizer que os quatro desafios continuam atuais, ou seja, que não há mudança de entendimento quanto aos desafios postos. Seriam esses desafios, no entendimento de Mikalovicz e colaboradores (2007), um caminho para busca da superação da crise civilizatória do atual modelo de sociedade. Ruscheinsky e Mota (2008) afirmam que preceitos legais (referindo-se à Lei 9795/1999) não bastam para alterar interesses enraizados e práticas consagradas, reconhecendo daí a relevância justamente dos desafios por nós indicados aqui.

Em segundo lugar, cabe destacar que as políticas públicas no âmbito da esfera federal, a partir de 2003, com a instalação do Órgão Gestor da Política Nacional de Educação Ambiental (Sotero e Sorrentino, 2010), passam a apresentar maior ação conjunta e articulada entre os Ministério da Educação/Coordenação de Educação Ambiental e o Ministério do Meio Ambiente/Diretoria de Educação Ambiental, sobretudo na perspectiva do terceiro e quarto desafios, impulsionando a estruturação de ações como a

Conferência Nacional do Meio Ambiente (versão adulta e infantojuvenil), Salas Verdes, Coletivos educadores e Municípios Educadores Sustentáveis. Inclusive, este último explicitamente se destina a promover o questionamento sobre o modo de produção e consumo que destrói a biodiversidade e compromete a sobrevivência (Sorrentino et al., 2005), o que permite interface com o primeiro e o segundo desafio. O mesmo ocorre no processo de realização das Conferências Nacionais do Meio Ambiente, em que em nível local e regional se promovem pré-conferências que acabam tratando dos conflitos socioambientais, a face exposta do interesse emancipatório no dizer de Habermas (1970, 1987, 1994). Assim, dentro da esfera do governo, em termos das políticas de Estado, os desafios vêm sendo enfrentados e viabilizados ainda que não referidos de forma explícita.

Em que pese esses acertos, há que se comentar sobre a necessidade de se refletir se esses quatro desafios anteriormente apontados seriam suficientes.

Ao imergir nesses processos, envolvendo a desmitificação da participação social para fazer avançar a participação social conforme Santos e Saito (2006), ao se adotar a perspectiva dos dois primeiros desafios, começou a ficar cada vez mais clara a importância da mediação científico-tecnológica, apontada em Santos e colaboradores (2005), como uma expressão da alfabetização científico-tecnológica na perspectiva de Maurice Bazin (1977). Nessa perspectiva, não basta apenas boa intenção no sentido de aglutinar as pessoas para promover o debate em torno dos interesses emancipatórios habermasianos. Faz-se necessário operacionalizar o interesse emancipatório em atos e consequências concretas no mundo real tecnologizado, interpretando o impacto e o efeito da tecnologia e a ciência por trás dela, e a tecnologia e a ciência necessária para resolver os problemas na perspectiva emancipatória. Ou seja, com isso estamos afirmando que o termo "Ambiental" da expressão "Educação Ambiental" não é mero coadjuvante ou complemento, é essencial. Em outras palavras, é preciso estar muito bem instrumentalizado científica e tecnologicamente para poder fazer cumprir o disposto no Artigo 3º - VI da Lei 9.795/1999, de propiciar a atuação individual e coletiva voltada para a prevenção, a identificação e a solução de problemas ambientais.

Esse mesmo trecho da Política Nacional de Educação Ambiental nos sugere outro aspecto importante no processo, que já vínhamos trabalhando sem a devida explicitação e destaque, embora pudesse ser alcançada a partir do segundo desafio: a noção de compreensão dos conflitos socioambientais, que se insere como parte integrante de um quinto desafio que é a instrumentalização científico-tecnológica para resolução desses conflitos socioambientais. Segundo Saito e colaboradores (2008, p. 3), "os conflitos socioambientais correspondem àquelas situações-problema que evidenciam os conflitos na esfera social que promovem impactos ambientais sobre a biodiversidade" e, portanto, correspondem a "situações-problema presentes no cotidiano vivido, cuja complexidade é fundamental ser diagnosticada" (Saito et al., 2011, p.122). Para Aloisio Ruscheinsky, são os conflitos socioambientais e as ações mediadas para sua resolução, tendo de um lado a razão instrumental, e, de outro, a agenda dos interesses emancipatórios, que confrontam de um lado um indivíduo hedonista e um sujeito com potencial emancipatório e reflexivo, permitindo associar o cotidiano e as escolhas de consumo com uma cadeia de reações que explicitam as contradições da sociedade contemporânea (Saito et al., 2011, p.125)"

Cabe ressaltar também que a própria obra de Rachel Carson (2010), reeditada recentemente em língua portuguesa, muito valorizada sob o ponto de vista da sensibilização para a poluição do meio ambiente, e com forte apelo emocional, traz o componente da revelação e problematização dos conflitos socioambientais. E justamente essa autora nos mostra como um diagnóstico bem instrumentalizado científica e tecnologicamente permite a compreensão da real dimensão e impacto do problema, deixando de ser mera retórica ambientalista para se tornar um discurso muito bem embasado e minucioso.

Mas mais que isso, são os conflitos socioambientais, sua compreensão e resolução que permitem efetivamente viabilizar a realização de um processo de educação ambiental em que se construam valores, atitudes, habilidades e competências durante o curso da busca da solução e cuja formação do sujeito no processo em si contribua para encontrar e implementar essa mesma solução. Ou seja, a solução do conflito socioambiental e o processo formativo de educação ambiental estão intimamente associados tal que um contribui para o outro, um sendo ingrediente para a obtenção do outro como produto.

Para Luciano Fernandes Silva e Marcelo Carvalho, esses conflitos socioambientais teriam um grande potencial pedagógico, atribuindo-lhes o *status* de princípio metodológico para as nossas práticas de educação ambiental. Esses autores entendem princípio metodológico como ideias--chave que organizam e orientam metodologicamente o trabalho do educador (Saito et al., 2011, p.123).

Para Fabio da Purificação de Bastos, esse princípio orientador a que os autores anteriormente citados se referem poderia ser visto como um acoplamento à pedagogia dialógico-problematizadora de Paulo Freire (1983), em que se busca a "problematização da realidade por meio de situações-problema, mapeando e explicitando os conceitos-chave e secundários necessários e operacionalizados nas soluções" (Saito et al., 2011, p. 127). Esse autor esclarece ainda que se caracteriza curricularmente esse procedimento pedagógico como uma simetria invertida, em que "primeiro aborda-se os problemas, para depois os conceitos, leis e fenômenos científicos". Fica assim justificada a articulação entre a resolução de conflitos socioambientais (problemas) e a mediação científico-tecnológica (instrumentalização ou alfabetização científico-tecnológica) como concorrentes para a constituição do quinto desafio.

É oportuno comentar aqui o peso dado à falta de conhecimento em relação aos processos envolvidos na dificuldade de caracterização de situações controversas e de conflitos socioambientais diagnosticado por Nicolai-Hernández e Carvalho (2006, p.141), reforçando a interdependência entre a instrumentalização científico-tecnológica e o reconhecimento e resolução de conflitos socioambientais.

Essa mesma articulação entre a resolução de conflitos socioambientais e a mediação científico-tecnológica como um dos desafios para a educação ambiental aparece também no documento da UNESCO que apresenta as bases da Década da Educação das Nações Unidas para um Desenvolvimento Sustentável (2005-2014), em que se defende *favorecer o pensamento crítico e as soluções de problemas, de forma que* gere confiança para enfrentar os dilemas e desafios em relação ao desenvolvimento sustentável (UNESCO, 2005). Além disso, o mesmo documento completa mais adiante que "o papel de ciência e tecnologia merece ser destacado já que a ciência fornece às pessoas meios para entender o mundo e seu papel nele" (UNESCO, 2005, p.47). É bom lembrar, no entanto, que o referido documento argumenta em favor de uma distinção entre educação para o desenvolvimento sustentável e educação ambiental, em que o segundo estaria envolvido no primeiro, sendo a educação ambiental caracterizada mais em sua concepção naturalista e focada na preservação dos recursos naturais, cabendo à educação para o desenvolvimento sustentável o contexto mais amplo dos fatores socioculturais e questões sociopolíticas de igualdade, pobreza, democracia e qualidade de vida (p.46). Sem entrar no mérito dessa interpretação, consideramos que o que é posto no referido documento para a educação para o desenvolvimento sustentável cabe para a educação ambiental na forma como tratamos aqui neste capítulo do livro. Assim, os desafios postos para a Década da Educação das Nações

Unidas para um Desenvolvimento Sustentável (2005-2014), em que estamos inseridos no momento da revisão deste texto, devem ser levados em consideração na análise dos desafios para a Política Nacional de Educação Ambiental por serem cronologicamente superpostos.

A partir dessas discussões, cabe portanto retomar as articulações entre os cinco desafios contemporâneos propostos, que se encontram ilustrados na Figura 3.1.

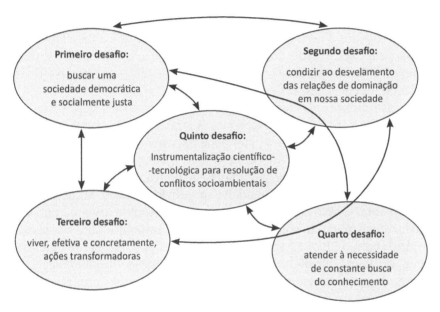

Figura 3.1 As interdependências entre os cinco desafios contemporâneos para a Política Nacional de Educação Ambiental.

As interações entre os primeiros quatro desafios já foram apresentadas anteriormente. Resta agora tratar da integração desse quinto desafio com os demais. O potencial integrador desse quinto desafio pode ser justificado com base no que diz Jacy Bandeira Almeida Nunes, segundo a qual "pensar na possibilidade de utilizar os conflitos socioambientais como elementos indutores do processo de ensino-aprendizagem representa a possibilidade de desvelar de forma crítica, dialógica e contextualizada a realidade, frequentemente vinculada a intencionalidades nem sempre explícitas e atreladas a um modelo de sociedade não compatível com a emancipação do sujeito" (Saito et al., 2011, p.125). Ou seja, essa instrumentalização científico-tecnológica para resolução de conflitos socioambientais permite confirmar o primeiro desafio da busca de uma sociedade democrática e socialmente justa, no interesse emancipatório habermasiano; que por sua vez leva ao segundo desafio de desvelamento das relações de dominação em nossa sociedade, que se expressam por meio dos conflitos socioambientais velados ou explícitos e as formas de realização e legitimação do poder hegemônico. A resolução dos conflitos socioambientais, apoiados na instrumentalização científico-tecnológica permite viabilizar o terceiro desafio que é a vivência, efetiva e concreta, de ações transformadoras (desses mesmos conflitos socioambientais). Finalmente, o quarto desafio de atender à necessidade de constante busca do conhecimento se expressa pela necessidade de se instrumentalizar científico-tecnologicamente para a resolução dos conflitos socioambientais, fechando o círculo de interdependências expresso na Figura 3.1.

Essas reflexões no campo teórico foram transpostas para e vividas em uma prática concreta, que por sua vez retroalimentaram o próprio processo de teorização. Assim, o leitor pode vislumbrar o comprometimento com os cinco desafios contemporâneos para a Política Nacional de Educação Ambiental em um material didático de Educação Ambiental voltado para a conservação da biodiversidade, produzido para o Ministério do Meio Ambiente/Probio em 2006, disponível em http://www.ecoa.unb.br/probioea/. Esse material, composto de portfólios tratando sobre seis temas prioritários para o PROBIO (biodiversidade brasileira, biomas brasileiros, espécies da fauna brasileira ameaçadas de extinção, fragmentação de ecossistemas, espécies exóticas invasoras e Unidades de Conservação da Natureza), livro do professor e jogo de tabuleiro, tem sua base centrada na noção de conflitos socioambientais, em que "os portfólios explicitam a origem e a natureza dos conflitos, cujas soluções, orientadas e apoiadas nos conhecimentos científico-tecnológico e tradicional, descrevem uma ação positiva, como solução negociada com consciência de causa e objetivos, na perspectiva da justiça social e sustentabilidade socioambiental" (Saito et al., 2008, p.3).

Da mesma forma, são esses cinco desafios contemporâneos para a Política Nacional de Educação Ambiental que poderiam permitir responder afirmativa e propositivamente às questões postas pelo governo a si próprio, como formalizado de forma pública pelo governo estadual de São Paulo em 2010, no Seminário "Parâmetros e Indicadores para Avaliação de Projetos de Educação Ambiental como Instrumentos para a Gestão de Recursos Hídricos": "Qual Educação Ambiental cabe fomentar?", "Que concepção de Recursos Hídricos estamos assumindo?", "Quando um projeto de Educação Ambiental tem a ver com Recursos Hídricos e vice-versa?". Coadunando as recomendações do Tratado de Educação Ambiental para Sociedades Sustentáveis e Responsabilidade Global (1992), em que se indica, entre seus Planos de Ação, "estabelecer critérios para a aprovação de projetos de educação para sociedades sustentáveis, discutindo prioridades sociais junto às agências financiadoras", é possível tomar os cinco desafios contemporâneos para a Política Nacional de Educação Ambiental aqui apresentados como subsídio orientador para ampliar o debate em torno dessas questões, conforme Saito (2011).

CONCLUSÃO

A Política Nacional de Educação Ambiental não pode, pelas forças contraditórias que participaram de sua elaboração, carregar um conteúdo emancipatório explícito, voltado para a democracia e a justiça social plenas. No entanto, cabe-nos buscar explicitar esse debate, assim como expor, segundo uma leitura socialmente compromissada, o potencial transformador que ela carrega, a partir do qual formulamos nossa concepção de educação ambiental. Dessa forma, acreditamos estar contribuindo para trazer para o centro das atenções, como Layargues (2006) apresentou, a relação implícita (e também explícita, na nossa visão) da educação ambiental com a mudança social, para além da sua relação presumida com a mudança cultural derivada da relação explícita com a mudança ambiental. Assim, também, buscamos resgatar a utopia como potencialidade de resolução dos conflitos socioambientais, dentro das condições e possibilidades da confluência de atores em uma certa direção, no dizer de Ruscheinsky (Saito et al., 2011, p.133), que estariam, acrescentamos, contextualizados ao momento histórico.

É preciso dizer com clareza que não concebemos uma educação ambiental doutrinária que, externamente à problemática das comunidades, "as invada" com objetivos que lhes são estranhos, ainda que para restaurar, acriticamente, a ligação perdida com a natureza. Também não desejamos uma educação ambiental que reforce os laços de dependência das pessoas "comuns" em relação aos educadores, não incentivando sua busca por uma crescente autonomia e pelo desenvolvimento social, cultural e econômico.

Buscamos, isso sim, uma educação ambiental dialógico-problematizadora dos conflitos socioambientais, tal que no processo de concretização de sua solução mediada pela racionalidade, se possa construir cada vez mais a autonomia cidadã, imprimindo às práticas de educação ambiental um caráter transformador da realidade. É nesse sentido que reafirmamos os cinco desafios contemporâneos para a educação ambiental a partir dos princípios e objetivos da Política Nacional de Educação Ambiental: busca de uma sociedade democrática e socialmente justa, desvelamento das condições de opressão social, prática de uma ação transformadora intencional, necessidade de contínua busca do conhecimento e a instrumentalização científico-tecnológica para resolução desses conflitos socioambientais.

No entanto, lembramos, nenhum desses desafios deve ser buscado isoladamente. A educação ambiental, por sua natureza complexa e interdisciplinar, que envolve aspectos da vida cotidiana, questiona a qualidade de vida e explicita as interdependências entre ambiente e sociedade, carrega um forte potencial emancipatório. Mas a passagem do potencial para o compromisso emancipatório, e sua realização, não se dá naturalmente. Tampouco o compromisso emancipatório preexiste enquanto essência em cada um dos desafios apresentados, supondo-se, ilusoriamente, que bastaria que se assumisse um deles. Seu caráter emancipatório reside, justamente, no resultado da articulação dos cinco desafios.

REFERÊNCIAS

BAGGIO, E. et al. Cenário Hidrenergético-Ambiental para o Estado do Paraná. In: Instituto Ambiental do Paraná. *Cenários Socioambientais do setor hidrelétrico*. Curitiba: IAP/GTZ, 1997. p. 1-48.

BAZIN, M. (1977). O cientista como alfabetizador técnico [The scientist as basic level technical education teacher]. In A. Anderson & M. Bazin (Eds.), *Ciência e (In) Dependência* (pp. 94-98). Lisbon: Livros Horizonte.

BECKER, B. Amazônia brasileira: uma área crítica no contexto geopolítico mundial. In: MACIEL, T. (org.). *O ambiente inteiro – a contribuição crítica da universidade à questão ambiental*. Rio de Janeiro: UFRJ, 1991. p.91-121.

CARR, W.; KEMMIS, S. *Becoming Critical: Education, Knowledge and Action Research*. Basingstoke: Falmer Press, 1986.

CARSON, R. *Primavera silenciosa*. São Paulo: Gaia, 2010.

DE BASTOS, F. P. *Investigação-ação emancipatória e prática educacional dialógica em ciências naturais*. São Paulo: FEUSP/IFUSP, 1995.

DE BASTOS, F. P.; SAITO, C.H. Abordagem energética na educação ambiental. *ADVIR*, Rio de Janeiro: ASDUERJ, v.13, p.11-19, 2000.

FREIRE, P. *Ação cultural para a liberdade e outros escritos*. Rio de Janeiro: Paz e Terra, 1982.

_____. *Educação como prática da liberdade*. Rio de Janeiro: Paz e Terra, 1983.

_____. *Pedagogia do oprimido*. Rio de Janeiro: Paz e Terra, 1988.

_____. *Pedagogia da autonomia*. Saberes necessários à prática educativa. São Paulo: Paz e Terra, 1997.

FRIEDMAN, J. *Empowerment: the politics of the alternative development*. Cambridge: Blackwell Publishers, 1992.

GRABAUSKA, C. J.; DE BASTOS, F. P. Investigação-ação educacional: possibilidades críticas e emancipatórias na prática educativa. In: MION, R.A.; SAITO, C. H. (org.). *Investigação-ação: mudando o trabalho de formar professores*. Ponta Grossa: Gráfica Planeta, 2001. p. 9-20.

HABERMAS, J. *Toward a rational society. Student protest, science and politics. Scientization of politics and public opinion*. Boston: Beacon Press, 1970.

HABERMAS, Jürgen. *Conhecimento e interesse*. Rio de Janeiro: Guanabara, 1987.

HABERMAS, J. *Técnica e ciência como ideologia*. Lisboa: Edições 70, 1994.

JACOBI, P. *Movimentos sociais e políticas públicas. Demandas por saneamento básico e saúde – São Paulo, 1974-84*. São Paulo: Cortez, 1989.

LAYARGUES, P. P. Muito além da natureza: educação ambiental e reprodução social. In: Loureiro, C.F.B.; Layrargues, P.P. & Castro, R.C. De (Orgs.) *Pensamento complexo, dialética e educação ambiental*. São Paulo: Cortez. p. 72-103. 2006. Disponível também em http://material.nerea-investiga.org/publicacoes/user_35/FICH_ES_27.pdf

MIKALOVICZ, M. I.; PLUGGE, P. G. B.; MELO, R. M. S.; RAMOS, S. A.; COSTA, W. R. Ensino da Educação Ambiental no Brasil. *Revistacientífica*, vol.1, n.3, p.11-21, 2007. Disponível em http://www.facimod.com.br/revista/doc/revista03/Artigo_Educ_ambiental_Rosana.pdf

NICOLAI-HERNÁNDEZ, V. A.; CARVALHO, L. M. Controvérsias e Conflitos Socioambientais: possibilidades e limites para o trabalho docente. *Interacções*, n.4, p.126-152, 2006. Disponível em http://nonio.eses.pt/interaccoes/artigos/D6.pdf

PARK, P. Qué es la investigación-acción participativa – perspectivas teóricas y metodológicas. In: SALAZAR, M. C. (org.). *La investigación-acción participativa – inicios y desarrollos*. Lima: Tarea, 1997. p. 135-174.

ROSA, R. T. D.; SAITO, C.H. Educadores/as e catadores/as de lixo: o poder educativo e desmistificador do encontro e do convívio. In: *I Conferência Nacional de Educação Ambiental – 20 anos de Tbilisi*. Brasília: MMA, 07 a 10 out. 1997. (Mimeo.).

RUSCHEINSKY, A.; MOTA, L. L. Na prática social compreender abordagens ambientais. *Revista Espaço Acadêmico*, nº 82, março de 2008, p.1-6. Disponível em http://www.espacoacademico.com.br/082/82ruscheinsky.htm

SAITO, C.H. *Contribuição metodológica para planejamento urbano de municípios de pequeno e médio porte através de SGI e Banco de Dados Relacional*. Rio de Janeiro: PPGG/UFRJ 1996. (Tese de doutorado).

_____. Sustentabilidade como novo paradigma do consenso: crise e resgate da utopia. *Geosul*, Florianópolis: UFSC, v.12, n.23, p. 18-45, 1997a.

_____. Educação ambiental, representação do espaço e cidadania: uma contribuição metodológica a partir dos fundamentos de geoprocessamento. *Revista Educação*, Porto Alegre: PUCRS, v.XX n.33, p.111-124, 1997b.

_____. "Cocô na praia, não!": educação ambiental e lutas populares. *Ambiente & Educação*, Rio Grande: FURG, v.4, p.45-57, 1999.

_____. *Subprojeto 2.1. Mapeamento temático de Uso da Terra no submédio São Francisco: Áreas com processo de desertificação – relatório Final*. Brasília: SRH/GEF/PNUMA/OEA-Gerenciamento Integrado de Atividades Desenvolvidas em Terra na Bacia do São Francisco, 2000. 52p. (Mimeo.)

_____. Por que investigação-ação, *empowerment* e as ideias de Paulo Freire se integram? In: MION, R. A.; SAITO, C. H. (org.). *Investigação-ação: mudando o trabalho de formar professores*. Ponta Grossa: Gráfica Planeta, 2001a. p. 26-135.

_____. Desafios para a educação ambiental: viabilizar a participação individual e coletiva permanente baseada nos princípios da democracia e justiça social. *Revista Eletrônica do Mestrado em Educação Ambiental*, Anais do I Congresso de Educação Ambiental na área do PRÓ-MAR-DE-DENTRO, Rio Grande-RS, 17 a 20 maio 2001.

SAITO, C. H. As mútuas interfaces entre projetos e ações de Educação Ambiental e de gestão de recursos hídricos: subsídios para políticas de Estado. *Revista Ambiente e Sociedade*. 2011. (no prelo).

SAITO, C. H.; SANTIAGO, S. H. M. Tema gerador e dialogicidade: os riscos de uma filiação ao liberalismo em leituras diferenciadas de Paulo Freire. *Estudos Leopoldenses,* São Leopoldo: Unisinos, v.2, n.3, p.71-80, 1998.

SAITO, C. H. ; BASTOS, F. P. ; ABEGG, I.. Teorias-guia educacionais da produção dos materiais didáticos para a transversalidade curricular do meio ambiente do MMA. *Revista Iberoamericana de Educación* v. 45, p. 1-10, 2008. Disponível em http://www.rieoei.org/expe/1953Saito.pdf

SAITO, C. H.; RUSCHEINSKY, A.; BASTOS, F. P. B; NUNES, J. B. A.; SILVA, L. F.; CARVALHO, L. M.Conflitos Socioambientais, Educação Ambiental e Participação Social na Gestão Ambiental. *Sustentabilidade em Debate* - Brasília, v.2, n.1, p.121-138, 2011. Disponível em http://www.red. unb.br/index.php/sust/article/view/3910/3321

SANTIAGO, S. H. M.; SAITO, C. H. Educação ambiental e cidadania: o lixo como eixo condutor de uma leitura integrada da realidade social. *Revista Educação,* Santa Maria: UFSM, v.20, n.2, p.64-82, 1995.

SANTOS, I. A., SAITO, C. H. A mitificação da participação social na política nacional de recursos hídricos – gênese, motivação e inclusão social. *Geosul,* Florianópolis-SC, v. 21, n. 42, p. 7-27, 2006. Disponível em www.periodicos.ufsc.br/index.php/geosul/article/download/12810/11993

SANTOS, I. A.; BERLINCK, C. N.; ARAÚJO, S. C. S.; STEINKE, E. T.; STEINKE, V. A.; PIANTA, T. F.; GRAEBNER, I. T.; SAITO, C. H. The Centrality of the mediation concept in the participatory management of water. *Canadian Journal of Environmental Education*, Ontario (Canadá), v. 10, p. 180-194, 2005. Disponível em http://cjee.lakeheadu.ca/index.php/cjee/article/view/186/31

SORRENTINO, M.; TRAJBER, R.; MENDONÇA, P.; FERRARO-JUNIOR, L. A. Educação Ambiental como Política Pública. *Educação e Pesquisa,* São Paulo, v.31, n.2, p.285-299, 2005. Disponível em http://www.scielo.br/pdf/ep/v31n2/a10v31n2.pdf

SOTERO, J. P.; SORRENTINO, M. A Educação Ambiental como Política Pública: reflexões sobre seu financiamento. *Anais do V Encontro da ANPPAS,* Florianópolis-SC, GT-6, disponível em http:// www.anppas.org.br/encontro5/cd/artigos/GT6-69-141-20100 824093859.pdf

UNESCO, 2005. *Década da Educação das Nações Unidas para um Desenvolvimento Sustentável, 2005-2014: documento final do esquema internacional de implementação.* Brasília: UNESCO, 2005. 120p.

4

As rimas da ecopedagogia
perspectiva ambientalista e crítica social

Aloisio Ruscheinsky

> Refundamentar a educação em uma base
> epistemológica, cultura política, estética,
> crítica social e ética ambiental. (Ruscheinsky)

A educação ambiental de maneira fecunda e em suas múltiplas abordagens se encontra na busca de fundamentos metodológicos para as práticas socioambientais e as decisões estratégicas para uma perspectiva ambientalista. Na diversidade das denominações localizamos os intuitos e ênfases que venham a dar conta das angústias cotidianas e do imaginário de educação ambiental. Nossa reflexão compreende que uma ótica teórica e metodológica fundamenta o âmbito das práticas socioambientais e reciprocamente. Ao suscitar explicitação e fundamentação dessas práticas, iluminando-as e conduzindo-as, este alicerce teórico se conjuga com um processo de inovação.

O objetivo deste capítulo é destacar as contribuições metodológicas para cotejar, encantar e arrebatar a ótica da ecopedagogia[1] como um movimento social, político e pedagógico. Essa iniciativa se constitui em um debate que se situa ainda nos seus primórdios, assim como uma mudança cultural que produza efeitos a partir de uma consciência ecológica. Para vislumbrar o que se entende pelo termo ecopedagogia parece relevante trazer ao debate os fragmentos possíveis de serem destacados.

Ao longo da exposição se apontará que, por suas delimitações teóricas e nexos com as práticas socioambientais, a ecopedagogia não se caracteriza pela busca de um suposto equilíbrio ou harmonia dos elementos da natureza, no que se refere ao nexo entre indivíduo, sociedade e natureza. Advoga, sim, que se encontra em andamento uma crise do paradigma fundado na sociedade capitalista, em cuja racionalidade cabe ao ser humano o domínio de todos os segredos dos outros elementos da natureza. A crise também projeta o incremento dos riscos socioambientais e as incertezas ante sua imperceptibilidade, imprevisibilidade e invisibilidade.

A aproximação em relação à literatura ainda consiste em uma façanha tratando-se da temática da ecopedagogia (Gutiérrez e Prado, 2000) que emergiu em torno do movimento de elaboração da Carta da Terra e sua proximidade ou diferenciação com o campo da educação ambiental.[2] Nesse sentido, é importante ressaltar que as referências estão praticamente restritas a textos de alguns autores da origem do movimento como Francisco Gutiérrez e Moacir Gadotti. Este autor permite o acesso a teorias abrangentes, assim como a modelos explicativos e desafiados pelos atores sociais. Para as múltiplas abordagens das práticas socioambientais é fundamental testar os paradigmas utilizados.

Pretendemos apontar que existe um relacionamento entre a proposta de educação ambiental e a consolidação de uma rede de organizações ambientalistas, de organismos da sociedade civil. Tal nexo permite afirmar os efeitos da ação política e da mudança cultural como fundamento da resolução das questões socioambientais.

O texto também toma como referência as mobilizações ambientalistas e a ação política e pedagógica que nasce de maneira correlata com esse evento. Sob essa ótica, é possível visualizar os primeiros contornos da rima entre questões ambientais e o campo da educação. Ao mesmo tempo, pretende-se ir além da escola e impregnar as relações sociais, todos os espaços, a começar pela conversão da subjetividade e, ao mesmo tempo, se distanciar, na medida do possível, do excesso de generalidade de diversas abordagens e por isso insistir no nexo entre o local e o global, entre o particular e o universal, entre as condicionalidades da história e a subjetividade.

As organizações da sociedade civil se apresentam significativas na formulação de uma rede de articulações quando possuem o objetivo inovador e seus nexos e negociações com o Estado e o mercado driblam as tentativas de subserviência. No setor ambientalista, o intuito da educação ambiental se torna manifesto no significado atribuído à solidariedade em meio ao confronto com o poder político e econômico. Entretanto, parece fundamental outra forma de solidariedade que se faz sentir especialmente sob a ótica de construção do saber, do discurso mediador para a demanda de qualidade ambiental e da perspectiva da cidadania assegurada.

PESQUISA, EDUCAÇÃO AMBIENTAL E REDE DE ATORES SOCIAIS

Por mais que seja relevante elaborar um inventário crítico do que tem sido pesquisado e do foi escrito sobre o problema em questão, temos de reconhecer que nos limites de qualquer investigação encontra-se o reconhecimento de que subsistem aspectos a elucidar. Igualmente está presente o reconhecimento de metodologias cujas bases epistemológicas[3] são insuficientes para gerar alternativas ou para gerar efetivas mudanças. Nessa relação entre o estabelecido e o vir a ser se colocam as raízes democráticas da construção do saber. Essa questão ainda carece de delineamentos dentro das investigações no campo das ciências sociais, especialmente quando se trata de articulações da sociedade civil e da educação ambiental.

Na área educacional tem sido ressaltada com pouca frequência a conexão entre o campo institucional e a multiplicidade do associativismo em defesa do meio ambiente. A novidade de uma pesquisa pode se encontrar na tentativa de evidenciar a dimensão educativa na relação entre formas de organização popular e a implementação de políticas públicas ou entre a expressão de uma demanda para outro relacionamento com o meio ambiente e a atividade institucional.

A capacidade de difundir o saber a propósito das suas formas de organização ressalta a empreitada em termos de atores sociais; consequentemente, também em uma prática pedagógica frente o imaginário político e colonizado e a implementação de políticas públicas (Ferraro e Sorrentino, 2011). Enfim, os efeitos das práticas socioambientais de organizações da sociedade civil se apresentam como a luta social em meio aos conflitos empreendidos na pluralidade em prol da educação ambiental.

A realização de pesquisas no campo cognoscitivo possui uma dupla propensão a propósito da temática da educação no contexto do associativismo: de um lado, remete ao devido destaque do processo educativo resultante das relações entre atores sociais, como ousa ser o caso da consolidação das redes sociais; de outro, à compreensão do pesquisador de forma a vislumbrar dimensões educativas em um espaço no qual esta não ousa ser a prática social cotidiana.

Essa perspectiva assume da investigação sociológica que o real se constitui em um contexto de conflitos de interpretação e de interesses múltiplos em face das questões ambientais,[4] nas quais a consciência social alicerçada em traços importantes da ação política, direcionada pela memória e pelo intuito inovador pode auferir lições dos resultados de conflitos e da construção do saber orientado para a cidadania.

O aperfeiçoamento teórico e a realização do levantamento de dados em diversas pesquisas sob a ótica do meio ambiente contribuíram com a construção do saber que fundamenta uma percepção de educação ambiental. Cabe reconhecer como basilar da reflexão que a ação socioambiental possui, entre os seus intuitos, o desvelamento da realidade complexa e obscurecida na qual estão vigentes múltiplas relações sociais. Além disso, a construção do saber, a coerência de pensamento e o diálogo com um conjunto de outras interpretações do mesmo fenômeno social exigem um olhar voltado para os atores que constroem as relações sociais.

Em nossas atividades acadêmicas e nas pesquisas levadas a cabo, pode-se constatar e revelar, entre outros resultados, um esforço singular para construir, nas tribulações e adversidades, um referencial quanto ao percurso social e histórico das ideologias, que é pertinente quando se trata de um processo de educação em face do espaço socioambiental. Tal proposta, ordinariamente mais detalhada no discurso de intelectuais, de educadores, das lideranças do associativismo, tem obtido, em certas circunstâncias, a denominação "formação de um novo horizonte político da ação socioambiental".

A emergência de campo da pesquisa em educação ambiental já admite uma sistematização das tendências para configurar aspectos relevantes desse campo do conhecimento (Kawasaki et al., 2009). A dimensão empírica e pragmática possui predominância nas publicações de artigos, cujo principal foco temático examina o desempenho de projetos, programas e práticas socioambientais diversas. Ao mesmo tempo se verifica um esforço em relação à formulação epistemológica ou teórica e metodológica, mas cuja reflexão se reporta a uma apropriação em vez de transposição descontextualizada entre esses textos significativos sobre os mecanismos de reprodução da educação ambiental junto às concepções de educadores, em outros termos de uma ecopedagogia, com as respectivas mediações junto aos processos formativos.

O campo da educação ambiental está sendo consolidado por uma diversidade de bases epistemológicas para ocupar um espaço mais ou menos sólido entre as interpretações da realidade como um campo de conhecimento. As investigações nas áreas tidas como tradicionais nas ciências da educação parecem desconhecer a emergência dessa nova perspectiva denominada educação ambiental, cuja ótica inovadora se refere à apreensão e à interação com os atores socioambientais. Em tais circunstâncias, o emprego da pesquisa qualitativa pressupõe que os indivíduos integrantes da comunidade de informação, vistos como agentes sobre a realidade, são produtores de relações, como também elaboradores de conhecimento.

Ao pesquisador cabe, ao mesmo tempo, captar aspectos que as aparências e o discurso não revelam de forma imediata e declarada, em busca das abrangências e das causas dos fenômenos sociais. Tal capacidade de detectar elementos ricos da realidade é a base da tarefa interpretativa, de maneira peculiar quando assume um papel proeminente para formular as bases para uma educação ambiental.

O uso da metodologia apropriada é importante para a perspectiva de dados qualitativos, especialmente por meio de entrevistas individuais ou coletivas com pauta de conteúdos definida, de tal forma que, além da coleta pura e simples dos dados, se permita a análise do conteúdo educativo captado junto às representações subjetivas dos participantes nas lutas sociais, na conquista de um lugar social e que no momento se transformam em informantes qualificados. Ora, tal horizonte metodológico engloba também a observação participante junto às instâncias em destaque, delineando a aprendizagem de acordo com o desenrolar dos fatos proporcionados por um conjunto amplo do associativismo como teia social. O panorama metodológico ainda está integrado por uma perspectiva de retorno aos atores sociais. Nesse campo, toda atenção para estar aberto às novidades do campo de pesquisa, inclusive no sentido de trazer à tona nuanças metodológicas.

A ecopedagogia leva em consideração os principais conflitos explicitados por meio do discurso sobre a ação política visando difundir a educação ambiental crítica, bem como a observação de eventos significativos pela sua visibilidade pública, nos quais se configura uma rede de organismos como atores sociais. A reflexão crítica é fundamental, mas insuficiente por si mesma (Gadotti, 2009b), assim como as práticas socioambientais. Todavia, acima de tudo está o mote da mediação ou da articulação entre ambas.

ECOLOGIA, DECISÕES POLÍTICAS E INSTITUIÇÃO SOCIAL

As instituições sociais se constituem em pilares importantes de legitimação da sociedade e, portanto, representam um setor fundamental nas percepções e leituras que permeiam os horizontes dos indivíduos. A amplitude ou a complexidade institucional pode representar um obstáculo para a sua definição no campo da luta e dos conflitos ambientais (Ruscheinsky, 2009). Isto é, ergue-se uma interrogação sobre as possibilidades e o teor da definição de uma política ambientalista no campo próprio da institucionalidade. Todavia, o Estado de direito tende a se comportar como um espaço de negociação das demandas, onde despontam os conflitos socioambientais. A resolução desses conflitos[5] não deve ser feita apenas por meio da dominação do Estado, como um ordenamento de gestão administrativa, mas principalmente com a criação e o exercício de negociação por meio de espaços deliberativos permanentes entre as partes envolvidas nas respectivas disputas.

A partir de um olhar mais apurado, não só o ecossistema mas também a própria sociedade na definição institucional permanecem um ente abstrato. A concretização da negociação em termos democráticos ou a historização das tensões cotidianas requer que as instituições sejam capazes de avistar e reconhecer os atores sociais qualificados que atuam no espaço e na temática. Dessa forma, se evidenciam os interlocutores que desenham as estratégias de ação, uma vez que as mediações são um constructo dos diversos atores, e não somente da instituição. Além do mais, a concretização de metas institucionais requer clareza quanto às mediações a colocar em movimento.

Cabe lembrar que a universidade, como instituição moderna, permite interrogar quanto à sua condição para se definir ou deliberar como radicalmente ambientalista, uma vez que possui compromissos intrínsecos com a ciência, a racionalidade, a formação para o mercado, a tecnologia e a ideologia estatal. Nessas circunstâncias de ambiguidade e de contradição, qual o significado da definição de uma universidade voltada para a defesa do ecossistema?

No campo da educação ambiental, a importância vital que o sistema de ensino pode proporcionar para aprofundar ou difundir perspectivas e políticas ambientais é reconhecida, especialmente à medida que nesse espaço em particular pode-se tratar de aspectos relevantes para refinar as representações sociais e a visão de mundo a respeito de práticas socioambientais (Ruscheinsky, 2008). Por certo, obtém acolhida tanto o debate que visa delinear a consciência ecológica quanto a difusão de programas voltados ao consumo consciente, às áreas de preservação, à coleta seletiva, entre outros. Cabe ponderar para a contradição como atividades supostamente orientadas pela mudança, como preservação e coleta, podem se enquadrar na nova legitimidade por que a sociedade de consumo está ansiando. Se, de um lado, é possível perceber tais atividades como limitadas no tempo e no espaço, com alcance delimitado, de outro podem ensejar a busca por outra compreensão dentro do processo educacional por meio da ecopedagogia.

Frequentemente, os ambientalistas ousam associar o discurso a respeito da crise ambiental como igualmente um colapso da civilização. E entre as características da modernidade situam-se o domínio da natureza, a industrialização, a tecnificação, a racionalização, a concentração urbana; e entre as contemporâneas nomeamos a biotecnologia, o biopoder, a nanotecnologia, os agrotóxicos e a vida artificial[6]. Ao longo dos séculos, tanto os cientistas quanto as instituições se envolveram em um processo pelo qual os elementos culturais e os conhecimentos concretos ou abstratos da sociedade (técnicas, bens e realizações materiais, valores, costumes, gostos, etc.) foram elaborados, desenvolvidos e aprimorados. Em face das dimensões socioambientais em curso, se encontram em rima de desafios o conjunto de características próprias à vida social da modernidade e à cultura de consumo (Ruscheinsky, 2008).

A crise ambiental e de civilização significa que estão sendo questionados os pilares da sociedade resultante do processo histórico cuja racionalidade é avaliada como insustentável. Abrem-se espaços para o questionamento do conjunto das grandes realizações tendo no centro as nações de bem-estar social, em especial o grau de desenvolvimento tecnológico, econômico e intelectual que, na sua desenvoltura, acaba insustentável ante ecossistemas e riscos socioambientais. Considerado o modelo das sociedades ocidentais modernas, progressivamente são questionadas aquelas caracterizadas pela diferenciação social, divisão do trabalho, urbanização e concentração de poder político e econômico. Ora, com essa ótica crítica cai por terra eleger o progresso material e o consequente bem-estar como um modelo para nosso futuro ou uma perspectiva a sonhar. Além do mais, reporta-se para o desafio de consolidar as alternativas por meio da educação na sociedade de risco (Jacobi, 2007), comportando a insegurança social e ambiental e as incertezas frente à imprevisibilidade das consequências futuras das opções do presente.

Permanência e mudança, institucionalidade e processos sociais, objetividade e subjetividade são resultantes da tensão existente entre o peso das instituições como preservação das estruturas ou pilares da sociedade e a capacidade de ação dos sujeitos sociais ou atores políticos. Mesmo assim, é preciso ponderar para o fato de que as práticas sociais dos sujeitos estão orientadas para manter ou para mudar os conteúdos das estruturas institucionais vigentes.

A *performance* da ecopedagogia emerge em tensão, conflito, atrito com a perspectiva institucional, porém jamais como um libelo contra as instituições pelo gosto da oposição, sobretudo porque os compromissos plurais da instituição se tencionam com a tarefa de deslindar os atores sociais e os setores econômicos ou sociais que mais diretamente incidem sobre a degradação ambiental. Isso se torna tanto mais acentuado quanto

84 Aloisio Ruscheinsky (org.)

maior é a inserção institucional com os setores capazes ou que de fato venham a financiar as atividades-meio e fim da universidade.

A ecopedagogia visa à consolidação de uma consciência ecológica ampla, profunda e difusa, sem abdicar da radicalidade. Para tanto, insiste e investe em mudanças culturais que afetam a estética e o imaginário, o comportamento como modo de pensar e agir, a cultura política e a visão de mundo, as representações sociais, a solidariedade e a participação. É a tentativa de desenhar e arquitetar a adoção de pontos de vista, de práticas socioambientais e de movimentos sociais (Ruscheinsky, 2004), assim como projetos políticos que deem conta dos dilemas ambientais da atualidade, entre os quais o da água[7].

O processo de participação popular na elaboração da Constituição brasileira permitiu acentuar determinado enfoque e redefinir patamares de alguns direitos sociais. Depois de decorridas décadas daquele momento histórico fundamental da cidadania, cabe investigar se nas relações enunciadas está presente a mesma perspectiva que animou tal participação no passado recente e se as definições formais incidem sobre o horizonte dos atores sociais em destaque. Além do mais, os cientistas sociais reconhecem que, para a vigência da democracia no país, urge destacar um processo educativo no campo ambiental instaurado por meio da organização da sociedade civil e que seja forte o suficiente para varrer a alienação, a destruição desenfreada dos bens naturais e o clientelismo, assim como o nepotismo, a oligarquização e o fisiologismo e suas consequências. Tais dimensões podem estar presentes do nível nacional ao local, abrindo espaço tanto para forjar a democracia quanto para pesquisas que desvelem os conflitos das relações sociais e as dimensões culturais.

UMA ÉTICA PARA A AÇÃO E O MEIO AMBIENTE

> A resolução de problemas ambientais delineados no século XXI, conjugado com um amplo processo de educação ambiental para mover mentes e corações, demanda capacidade crítica, ação subversiva e também mecanismos desconstrutivos da lógica imperante na cultura de maximização do consumo. (Ruscheinsky)

A possível relação socialmente construída entre ética, meio ambiente, práticas sociais cotidianas e educação não vem à tona de maneira gratuita ou naturalmente por meio da atenção aos mecanismos da subordinação dos bens naturais. Emerge no discurso e na prática como construção histórica, ou seja, como saber intelectual elaborado pela reflexão a partir dos desafios que a prática social vem enfrentando e que permite alicerçar as conexões e a complexidade. O nascedouro da ecopedagogia se insere na trajetória da investigação em prol de uma nova perspectiva ética, em cujo horizonte se integram indivíduos, sociedade e questões ambientais.

Para desenvolver uma reflexão a propósito da temática da justiça ambiental e para difundir o conflito de interpretação[8], precisam ser tomadas outras iniciativas corajosas. Realizam-se significativos eventos intelectuais nas universidades e outros fóruns de discussão envolvendo temas que conjugam óticas relevantes como "ética ambiental e educação". O objetivo de tais debates, ora de cunho local e cotidiano, ora de abrangência internacional, gira em torno de proporcionar a oportunidade para que se suscite, dentro do âmbito universitário e, por extensão, no seio da sociedade, um momento excepcional de debate sobre essa temática fundamental.

Ao insistir na ótica da ética, como desafio de incorporar a participação da sociedade civil na ambientalização dos conflitos sociais (Lopes, 2006), coloca-se uma ênfase filosófica na elucidação dos dilemas do comportamento socioambiental. Estão aí acumuladas todas as denúncias de desvios dos mais diferentes tipos quanto ao trato da coisa pública, jamais esquecendo que os vícios da vida pública emergem da iniciativa privada. Repensar os postulados e o comportamento a partir da ética afeta o comportamento individual de homens e mulheres que pretendem construir a história como atores sociais ou sujeitos do devir da sociedade à qual pertencem. A postura ética implica uma construção intersubjetiva da consciência moral, na qual as decisões primam por uma coerência racional e pela consideração do outro como um igual, ou melhor, como um par para o diálogo na pluralidade, apesar das diferenças.

Ao se insistir na temática ambiental, por certo defende-se que todo desenvolvimento social remete à qualidade da vida como uma totalidade, bem como está alicerçado nas condições em que se situam os bens ambientais disponíveis ou como se processa a apropriação da natureza. De certo modo, a perspectiva da consolidação de um meio ambiente com dignidade de vida e com destaque para o diálogo com a natureza remete a uma postura ética e altruísta, oposta à apropriação privada que tem como primordial o detrimento da equidade e enapere sem dó nem piedade para o sofrimento alheio ou o esgotamento e a distribuição democrática de bens naturais.

A história recente tem apontado um destaque para a questão ecológica, inclusive com emergência de órgãos públicos nesse campo, vindos à luz como efeitos das mudanças na legislação por pressão política de setores da sociedade civil. Todavia, o tema da ética está presente de forma diversa no trato das questões ambientais e, portanto, cabe destacar que juntar esforços é a ordem do dia, bem como organizar seminários que pretendem debater as alternativas onde vicejam as respectivas discordâncias. É lógico que, nesse campo conflituoso, o debate ou os discursos são insuficientes; de fato está em curso a ambientalização das lutas sociais, em especial a emergência de um movimento por justiça socioambiental (Acselrad, 2010). Assim, urge também a ação política para colocar em prática propostas que o futuro requer implementadas no presente momento.

Ao inserir na temática ecológica o processo educativo, passa-se a justificar a referência inevitável a um processo pedagógico em que está envolta a ética ambiental. Ainda mais: destaca-se um conjunto de questões e suas respectivas ênfases que detêm espaço garantido e trato em eventos de características políticas e acadêmicas. Na condição em que nos encontramos, propor a difusão de uma ética ambiental e os novos direitos relativos ao meio ambiente[9] significa se referir a um procedimento educativo de larga abrangência, o qual, por consequência, envolve a alteração de patamares da consciência social, de tal forma que desemboque na compreensão dinâmica do mútuo embricamento entre cuidados com os bens naturais e humanização.

Sob o ponto de vista da ética ambiental, a educação consistente e crítica inicia pelo diálogo entre o ambiente construído e o não construído, entendendo que a natureza é inseparável da ação humana no seio do ecossistema. Trata-se menos de difusão de ideias que o autor entende como totalmente novas, mas de debater uma pedagogia de fazer aprendendo, de ação como experiência pedagógica (Gadotti, 2001). Entretanto, dentro das respectivas controvérsias nesse campo, é hora de compreender que, antes de pretender formar consciência, convém debater e suscitar a prática adequada que informa a consciência social e alicerça a compreensão do horizonte de leitura do mundo e de suas respectivas relações. Ampara-se assim um espaço adequado para o incremento das práticas sociais inovadoras, dos sonhos e das utopias.

Vários temas comparecem ao debate no impulso do horizonte que anima os intelectuais e os ambientalistas ao confrontar óticas divergentes: educação ambiental e economia; reciclagem de materiais e alternativas de trabalho; educação para a cidadania e ética; formulação de políticas sociais e da legislação ambiental; educação enquanto pedagogia para o meio ambiente; mercado de consumo e formas de sobrevivência; novas formas de trabalho, desemprego e ética. Cabe almejar que os participantes de eventos e projetos que tratam do relacionamento entre ecologia e ética já não sejam exatamente os mesmos após a participação nas referidas circunstâncias e ao mesmo tempo atesta a formulação de um campo de conhecimento (Kawasaki et al., 2009). Nem mesmo a cidadania, que se requer para uma prática política coerente nesse campo, permanece deitada em berço esplêndido diante de tantos e graves problemas ambientais.

Por fim, todavia, como fazer emergir uma ética para a educação ambiental se não há uma suficiente proximidade interpretativa, revelada pelas muitas denominações? Entendemos que a conceitualização da ecopedagogia representa nitidamente a disputa ideológica por sentidos históricos, por práticas políticas e ambientais. Esse conflito também explica em parte o surgimento de tantas novas adjetivações no Brasil do fazer da educação ambiental (Layrargues, 2006). Em outros termos, a fecundidade de adjetivações é reveladora do grau de incerteza e da pluralidade ideológica e metodológica de proposições em face das práticas socioambientais.

A ECOPEDAGOGIA: MOVIMENTO E REDE

Talvez sem a emergência das características de uma ecopedagogia e de investigações sistemáticas se inviabilizaria trabalhar na conscientização por um novo olhar ambiental e tampouco pelo reconhecimento de que uma sociedade de risco permeia o cotidiano dos cidadãos. Na aurora de um novo milênio, as perspectivas múltiplas da educação ambiental[10] se encontram perante o desafio de alicerçar seus pressupostos, fundamentos e proposituras a fim de sulcar o seu leito na história. O marco da ecopedagogia tem se apresentado com o objetivo de vir a ser uma ênfase alicerçada em uma prática socioambiental que dê conta das angústias e do imaginário de educação ambiental. Ao suscitar explicitação aos fundamentos para práticas socioambientais, presta-se para iluminá-las em termos metodológicos em um processo de mudanças.

O intuito da proposta da ecopedagogia permite que se venha a destacar as contribuições dos atores sociais na construção do futuro e na reconstrução dos significados das relações sociais. Nesses termos, a reflexão permite cotejar, encantar e arrebatar a ótica da ecopedagogia como um movimento socioambiental, cujos alicerces acompanham a riqueza das redes sociais. Esse movimento se constitui em um debate ecológico com referências a práticas socioambientais que produz efeitos a partir de uma mudança cultural.

De algum modo, a emergência do paradigma da ecopedagogia significa alguma dose de insatisfação com outros paradigmas vigentes. Vem a ser a reposição da pedagogia da práxis, uma vez que essa nova perspectiva, consagrando a tensão entre teoria e prática, abrange todas as dimensões da vida social. Nesse sentido, a proposta pedagógica ultrapassa a adesão a projetos de despoluição e/ou preservação, para vir a compreender uma sustentabilidade socioambiental (Ruscheinsky, 2005), para se ratificar como justiça socioambiental ou ser socialmente justo e ambientalmente adequado.

Canalizar valos e córregos, coletar resíduos, monitorar a qualidade do ar e da água, implementar um projeto de saneamento e selecionar os dejetos recicláveis, apesar do destaque, são medidas insuficientes para dirimir os conflitos ambientais. Menos ainda se os indivíduos, como consumidores e cidadãos, continuarem, com supérfluos, descarte e desperdício, a produzir volumosos resíduos, a depositar o lixo em lugar indevido[11] e a desconsiderar o nexo entre consumo abundante e degradação dos bens naturais.

Entre as metas da ecopedagogia, situa-se o alargamento da democratização do poder no ordenamento político das relações socioambientais. Evidentemente, no horizonte do movimento da justiça ambiental, de acordo com Acselrad (2010) não se aspira à distribuição equitativa dos riscos, da degradação ou ao envenenamento geral da alimentação. A democratização está longe de aspirar a uma distribuição mais equitativa da poluição a fim de mobilizar ante as ansiedades, incertezas e mazelas da cultura de consumo.

Por isso, Layrargues (2006) argumenta que a educação ambiental precisa atentar para a reprodução social e o enfrentamento político dos conflitos socioambientais. A alternativa de aumentar indiscriminadamente a produção de bens para a qualidade de vida coloca em segundo plano as consequências da degradação ambiental.

O alerta é o seguinte: se não houver mudança de cultura, as questões ambientais substantivas permanecerão intactas. Uma nova cultura compreenderá que a rua, a lagoa, os banhados, as encostas, a praia e as valetas são extensão de nossa própria casa ou *habitat*. O saneamento básico se refere inclusive à mente, ao comportamento, aos significados, ao imaginário e aos referenciais culturais.

A dimensão política da ecopedagogia compreende uma energia que forja um trabalho para a educação solidária em termos das questões ambientais. Esta consolida o nexo com a sustentabilidade do ponto de vista social, econômico e cultural, além de, em nível local, poder privilegiar projetos de geração de renda, ecologicamente sustentáveis, e a produção ao consumo orgânico e solidário. Assim, se repõem problemas de profundida-de extraordinária: os alicerces da sociedade moderna, a intensidade de ocupação populacional dos espaços geográficos, o predomínio da razão sobre outras dimensões humanas, o mito da intocabilidade da ciência, bem como o destino da sociedade, da cultura e do indivíduo.

A temática da educação ambiental tem sido tratada em vários eventos ambientais, entretanto a ecopedagogia prospera após a Rio-92 e suas articulações subsequentes. Os principais eixos da Carta da Terra conformam também os princípios endossados pela ecopedagogia ou existe uma ratificação mútua. Uma vez que se requer que a metodologia seja imperiosamente participativa, é fundamental discutir com as bases a Carta da Terra, em um processo coletivo de educação, de forma que todos compreendam que o futuro saudável depende da criação de uma cidadania planetária.

Progressivamente, o paradigma da sociedade sustentável vai sendo associado ao discurso sobre as dimensões socioambientais da qualidade de vida, bem como engendra a dimensão da cidadania ambiental. Ora, a ecopedagogia endossa quatro condições básicas da sustentabilidade: economicamente factível; ecologicamente apropriado; socialmente justo e culturalmente equitativo. A grande dificuldade de compreensão dos principais termos e conceitos do movimento ecológico suscita um movimento pedagógico para a articulação dos termos postos como justiça socioambiental (Acselrad, 2010). Isso compreende o processo que se encadeia da ambientalização da educação à ecopedagogia. A educação requer uma *ideia-força*, como um projeto mobilizador. Nesse sentido, ela tende a ser compreendida no campo da disputa política pelo reconhecimento em meio ao conflito de ideias como crítica cultural e como proposta hermenêutica, como proposta política e como mudança qualitativa.

Segundo a ecopedagogia, para que venha a emergir uma cultura baseada na educação para sustentabilidade (Gadotti, 2009a, 2009b; Ruscheinsky, 2005), faz-se necessário o advento de uma consciência ecológica, e a sua ação depende da educação ambiental. Tudo isso a qualifica para ser compreendida tanto como crítica cultural quanto como proposta hermenêutica, além de uma mudança qualitativa. Por mais que ainda estejamos no limiar, é possível visualizar a perspectiva proposta como afinada com o método dialético de leitura do real.

A visão expressa a propósito do meio ambiente é de que em tudo se expressam as respectivas conexões e, ao mesmo tempo, tudo se transforma na história. Portanto, longe e distante fica a ideia de destacar uma proposta que imagine poder estagnar o real. A emergência da consciência ecológica aponta para a compreensão dialética da história, em cujas características desponta que tudo está em movimento e tudo encontra suas respectivas conexões como uma teia social. Cabe compreender os relacionamentos entre viver e morrer, ecologizar e revolucionar, desenvolver e inverter prioridades, consciência e história.

Se a temática ambiental se encontra inserida tênue e não definitivamente na formação do sistema educacional, na agenda da política efetivamente constitui-se objeto de conflito e permanece como um dos embates fundamentais quanto ao significado a assumir no que diz respeito a uma cultura ambientalista.

NOTAS

1 Tendo passado mais de uma década do surgimento do termo, ecopedagogia obteve baixa difusão entre educadores e pesquisadores do campo da educação, não obstante sua proposta de efetuar uma organicidade entre o pensar e o agir quanto às práticas socioambientais (revelando nitidamente a associação entre a questão ambiental e social) e o intuito de provocar a relação democrática e solidária entre sociedade e natureza.

2 Neste aspecto, Rita Avanzi (2004) em seu texto sobre a ótica da ecopedagogia pretende discorrer as suas relações com a identidade da educação ambiental. Ao mesmo tempo há que se entender que se trata de uma das adjetivações remetendo para peculiaridades das práticas socioambientais.

3 A partir de alguns elementos críticos percebem-se como insuficientes as proposições da educação para o desenvolvimento sustentável e seus desdobramentos em face das questões suscitadas pela crise ambiental, bem como ante a expressiva agenda ambientalista. A crise do paradigma de uso intensivo dos bens ambiental é também uma crise que remete de alguma forma à irrelevância da política como mecanismo de resolução dos conflitos ambientais. Confira Jimenez, Susana e Terceiro, Emanoela. A crise ambiental e o papel da educação: um estudo fundado na ontologia marxiana. *Educação em Revista*. vol.25, n.3, 2009, p. 299-325. http://www.scielo.br/pdf/edur/v25n3/15.pdf

4 Por representar um remendo novo em pano velho, por sua compreensão mitigadora salta aos olhos que a noção de desenvolvimento sustentável representa um fetiche. É o desespero paradoxal ou expressão de um sistema expansionista que projeta seus interesses infinitos ante a depredação dos recursos ambientais. Com a sua institucionalização, o mercado capitalista soma uma poderosa ideologia e passa a encarar o ambientalmente correto como uma força-projeto capaz de salvar a vida no planeta.

5 A incorporação de temáticas controvertidas em atividades de educação ambiental tem significado pelo teor do conhecimento, dos processos sociais, da natureza e da tecnologia. Os conflitos socioambientais possuem potencialidade epistemológica com dimensão social, política e ética. Na verdade por razões de ordem política, a temática dos conflitos socioambientais tem sido preterida em suas potencialidades educativas. (Hernandéz e Carvalho, 2006; Zhouri e Laschefski, 2010; Ruscheinsky, 2009; 2011).

6 Para além do controle ou domínio sobre a natureza proporcionado pela ciência contemporânea há que se atentar para a articulação política entre dois eixos de funcionamento das relações sociais: a disciplina, inclusive corporal, engendrada pelas exigências do processo de consumo, com a predominância de um olhar capturado pela estetização e à mensão à autonomia do sujeito e a seus direitos como cidadão ou como sujeito político da ação inerente às sociedades democráticas. Confira Godoy, Ana; Avelino, Nildo. Educação, meio ambiente e cultura: alquimias do conhecimento na sociedade de controle. *Educação em Revista*. vol. 25, n.3, 2009, p. 327-351. Disponível em: http://www.scielo.br/pdf/edur/v25n3/16.pdf

Educação ambiental **91**

7 As polêmicas da água potável para o consumo humano, enquanto direito humano universal arduamente conquistado, são fonte de polêmica e controvérsias políticas na América Latina. Razão pela qual redobra-se o significado de acordo com Ruscheinsky (2004) para conferir os novos movimentos sociais na luta pela água como direito humano universal. Tal luta socioambiental combina: equidade e preservação; solidariedade e democracia; participação e eficiência; sustentabilidade e distribuição universal.

8 Desvendar a multiplicidade de conflitos presentes num cenário é tarefa intelectual, em especial detalhar as armadilhas teóricas que cercam as diversas práticas socioambientais. A este respeito consulte-se Gerhardt, Cleyton H. e Almeida, Jalcione. A dialética dos campos sociais na interpretação da problemática ambiental: uma análise crítica a partir de diferentes leituras sobre os problemas ambientais. *Ambiente & Sociedade*, vol.8, n.2, 2005,p.53-84. Disponível em: http://www.scielo.br/pdf/asoc/v8n2/28605.pdf

9 O nexo entre as gerações de diversos direitos humanos parece óbvio, todavia nem sempre a defesa dos direitos civis, políticos e humanos são associados ao direito constitucional de uma ambiente sadio e aos direitos difusos. A este propósito consulte Ruscheinsky, A. Conflitos e mediações: pode a questão ambiental esverdear direitos? Revista Espaço Acadêmico, v. 71, p. 65-71, 2007.

10 A respeito das múltiplas abordagens em educação ambiental pode-se consultar igualmente o dossiê sobre as tendências da pesquisa em educação ambiental organizado por Clarice Sumi Kawasaki e Luiz Marcelo de Carvalho, publicado no periódico em Educar em revista. Disponível em: http://www.scielo.br/scielo.php?script=sci_issuetoc&pid=0102-469820090 003&lng=pt&nrm=iso

11 O Brasil possui uma Política Nacional de Resíduos Sólidos, que apresenta uma classificação. A Lei Federal nº 12.305/10 apresenta a distinção entre lixo que pode ser reaproveitado ou reciclado e o que não é passível de reaproveitamento, portanto um rejeito também a ser destinado adequadamente. Na área da investigação acadêmica da educação ambiental, progressivamente a reflexão exígua sobre lixo se torna exígua, pois se considera que este tema é residual em face de outras questões fundamentais.

REFERÊNCIAS

ACSELRAD, H. Ambientalização das lutas sociais – o caso do movimento por justiça ambiental. *Dossie teorias socioambientais 68*. São Paulo, Estudos Avançados, vol.24 n. 68, 2010. Disponível em: http://www.scielo.br/pdf/ea/v24n68/10.pdf. Visitado em jul/2011

AVANZI, R. Ecopedagogia. In: LAYRARGUES, P. P. (org). *Identidades da educação ambiental brasileira*. Brasília: MMA, 2004.
http://www.usp.br/pure/scc/upload/identidades%20da%20educa%E7%E3o%20ambiental %20br.pdf#page=27

BRÜSEKE, F. J. Risco ambiental, risco social e risco individual. In: *XX Encontro ANPOCS*, GT Ecologia e sociedade, Caxambu, out. 1996.

FERRARO J., L.; SORRENTINO, M. Imaginário político e colonialidade: desafios à avaliação qualitativa das políticas públicas de educação ambiental. *Ciências e Educação*. Bauru, vol.17, n.2, 2011, p.339-352. Disponível em: http://www.scielo.br/pdf/ciedu/v17n2/a06v17n2.pdf

FERREIRA, L. da C. *Ideias para uma sociologia da questão ambiental no Brasil*. São Paulo: Annablume, 2006

_____. *Perspectivas atuais da educação*. Porto Alegre: Artmed, 2000.

_____. *Pedagogia da terra*. 2ª ed. São Paulo: Petrópolis, 2001.

_____. Pedagogia da Terra e Cultura de sustentabilidade. *Rev. Lusófona de Educação*, no.6, 2005, p.15-29. http://www.scielo.oces.mctes.pt/pdf/rle/n6/n6a02.pdf

_____. Ecopedagogia, Pedagogia da terra, Pedagogia da Sustentabilidade, Educação Ambiental e Educação para a Cidadania Planetária. 2009a. Disponível em http://www.paulofreire.org/Crpf/CrpfAcervo000137

GADOTTI, M. *Pedagogia da práxis e educação ambiental*. Brasília: MMA, 2009b Disponível em: http://www.paulofreire.org/pub/Institucional/MoacirGadottiArtigosIt0035/Ped_praxis_educacao_ambiental_2005.pdf

GUTIÉRREZ, F.; PRADO, C. *Ecopedagogia e cidadania planetária*. 2ª ed. São Paulo: Cortez, 2000.

HERNANDÉZ, V. A. N.; CARVALHO, L. M. Controvérsias e conflitos socioambientais: possibilidades e limites para o trabalho docente. *Revista Interacções*, nº 4, 2006, p. 126-152. Disponível em: http://repositorio.ipsantarem.pt/bitstream/ 10400. 15/240/1/D6.pdf

HOGAN, D. J.; VIEIRA, P. F. (org.). *Dilemas socioambientais e desenvolvimento sustentável*. Campinas: Unicamp, 1992.

KAWASAKI, C. S. et al. A pesquisa em educação ambiental nos EPEAs (2001-2007): natureza dos trabalhos, contextos educacionais e focos temáticos. *Pesquisa em Educacao Ambiental*, vol. 4, n. 2, 2009, p. 147-163. Disponível em: http://www.revistasusp.sibi.usp.br/pdf/pea/v4n2/10.pdf

JACOBI, P. R. Educar na sociedade de risco: o desafio de construir alternativas. *Pesquisa em Educação Ambiental*. v.2, n.2, 2007, pp. 49-65

LANDIM, L. (org.). *Sem fins lucrativos: as organizações não governamentais no Brasil*. Rio de Janeiro: Iser, 1988.

LAYRARGUES, P. P. Muito além da natureza: educação ambiental e reprodução social. In: LOUREIRO, C. F. B.; LAYRARGUES, P. P.; CASTRO, R. S. (orgs.). *Pensamento complexo, dialética e educação ambiental*. São Paulo: Cortez, 2006.

LOPES, J. S. L. Sobre processos de "ambientalização" dos conflitos e sobre dilemas da participação. *Horizontes Antropológicos*. Porto Alegre, v. 12, n. 25, 2006, p.31-64. Disponível em: http://www.scielo.br/pdf/ha/v12n25/a03v1225.pdf

RUSCHEINSKY, A. Os novos movimentos sociais na luta pela água como direito humano universal. In: NEUTZLING, I. (Org.). *Água: bem público universal*. São Leopoldo: Ed Unisinos, 2004, v. 1, p. 115-143

_____. Atores sociais e meio ambiente: ecopedagogia e a educação para a sustentabilidade. In: *IV Congresso Internacional de Educação. Anais*, Unisinos – São Lepoldo RS. [CD-Rom], setembro 2005.

_____. A política de consumo na perspectiva dos agentes sociais e a água como tema da educação ambiental. In: LUCENA, C. T.; CAMPOS, M. C. S. (org.). *Questões ambientais e sociabilidades*. São Paulo: Humanitas/CERU, 2008, p 151-161. http://books.google.com.br/books

_____. *Conflitos, meio ambiente e atores sociais na construção da cultura*. Porto Alegre: Editora Armazém Digital, 2009.

_____. As faces da sustentabilidade socioambiental e as controvérsias, potencialidades e arranjos da educação ambiental. *Revista Contrapontos*, Itajaí, Vol. 11 - n. 1, 2011, p. 104-107

SATO, M.; CARVALHO, I. (Org.). *Educação Ambiental:* Pesquisa e Desafios. Porto Alegre: Artmed, 2005.

VIEIRA, P. F.; MAIMON, D. *As ciências sociais e a questão ambiental:* rumo à interdisciplinaridade. Rio de Janeiro/Belém: UFPa/ APED, 1993.

VIOLA, E. J. et al. *Meio ambiente, desenvolvimento e cidadania*. São Paulo/Florianópolis: Cortez/UFSC, 1995.

ZHOURI, A.; LASCHEFSKI, K. (org.). *Desenvolvimento e conflitos ambientais*. Belo Horizonte: Ed. UFMG, 2010.

5.

A educação ambiental a partir de Paulo Freire

Aloisio Ruscheinsky e Adriane Lobo Costa

> Autotransformação e transformação social eram vistas por Che assim como por Freire como mutuamente constitutivas, dialeticamente reiniciando atos que resultam em prática revolucionária – a criação do novo ser socialista para uma revolução permanente. Ambos lutaram tão determinadamente para manter viva a transformação do sistema mundial capitalista e, por meio dessa luta, a transformação do coração humano. (Peter McLaren)

Este capítulo tem como objetivo apontar para a relevância da educação ambiental para uma cultura afeita à sustentabilidade socioambiental e para uma ambientalização dos conflitos no campo ou "ecologização" dos processos produtivos do setor da agricultura familiar. Para a elaboração da nossa proposta, as contribuições do pedagogo brasileiro Paulo Freire nos pareceram fundamentais, visando descolonizar o imaginário político e cultural da qualidade de vida e a mudança do que é a qualidade do produto para consumo a partir da educação ambiental. Diante disso, a reflexão enfrenta o desafio de compreender os condicionantes de um novo saber-fazer em questões relativas à gestão do próprio conhecimento.

A relação a ser destacada passa, a nosso ver, necessariamente, pela sua *assunção* como produtor de alimentos, que devem ser sadios e sua importância para o meio ambiente, inclusive no que diz respeito a si próprio. Disso faz parte a busca de uma visão integrada e integradora da natureza de todas as coisas, sejam aspectos naturais, sejam políticos, econômicos ou sociais. A pesquisa desenvolvida envolve o nexo entre a questão agrária e meio ambiente, bem como uma utopia de mudanças, passando por uma proposta de assessoria da extensão rural educadora e reflexiva que, por meio do diálogo, construa o conhecimento que sustente um novo "que--fazer", visando a uma sociedade sustentável no sentido mais profundo.

O nosso intuito se consolida a partir do momento em que podemos desenhar uma proposta pedagógica a ser construída junto com os trabalhadores e a sua coletividade. Pela apropriação das circunstâncias que constituem o seu mundo peculiar e de suas relações complexas, os sujeitos em questão constituem-se – tanto pelo olhar dos pesquisadores quanto pela interpretação de si mesmos – em um dos setores mais oprimidos da sociedade brasileira. Parece-nos que o processo de educação, voltado para um relacionamento diferenciado com o meio ambiente, requer a apropriação da realidade por meio da *ação-reflexão*. O movimento dialético da *práxis*, como basilar da educação ambiental, encaminhará homens e mulheres ao reconhecimento do seu meio, à assunção cultural e à autonomia de decisão.

Antes de prosseguir com a elucidação teórica a partir do verificado empiricamente, gostaríamos de destacar alguns pontos.

Primeiramente, em nenhum momento se tem procurado culpados por supostos crimes ambientais[1]. Apesar de compreendermos uma situação bastante delicada, não pretendemos apontar uma ou outra solução específica ou previsão punitiva. O que pretendemos é auscultar criticamente uma situação, com todo o respeito que merecem os agentes sociais que nela estão envolvidos.

Em segundo lugar, cabe enfatizar que um árduo exercício intelectual e estratégico se realizou para tentar afirmar somente dentro do limite permitido pelos dados coletados. É bastante contraditório querer desvendar processos, condicionantes, contradições e conflitos, com os respectivos aspectos não tangenciais. Além do mais, há questões políticas que referenciam um problema ético ao expor as concepções de cidadãos e que afetam diretamente a interação e o comprometimento do pesquisador com os sujeitos pesquisados.

Em terceiro lugar, sabemos que não daremos conta de contemplar todas as ênfases sugeridas pela literatura existente sobre educação ambiental[2]. Todavia, compreendemos que a tarefa da investigação consiste justamente em servir como veículo inteligível e ativo entre o conhecimento acumulado na área ambiental e as novas evidências que poderemos ver estabelecidas a partir da investigação.

A questão fundamental da exposição se orienta para a construção de uma perspectiva de ação pedagógica que priorize questões ambientais junto aos agricultores familiares. Pretendemos iniciar um processo de busca de metodologias em educação ambiental que privilegiem o conhecimento, o saber popular e as alternativas relacionadas à cultura ambientalista e, principalmente, que possam ser aplicadas pela extensão rural. A busca de metodologia que se baseia nas reais condições de construir um novo relacionamento entre si como trabalhadores, com uma perspectiva ambientalista no produto, fruto de seu trabalho e da apropriação da natureza.

AÇÃO PEDAGÓGICA AMBIENTAL COMO PRODUTO HISTÓRICO: BASES E DESAFIOS

Os elementos constitutivos de uma ação pedagógica cogitada para um setor rural específico serão compreendidos em uma perspectiva de sujeitos construtores de seu *mundo,* sujeitos *de ação* e não *de adaptação* (Freire, 1970). Para ilustrar a nossa reflexão, discutimos alguns riscos que poderiam ser minimizados com ações pertinentes ao campo da educação ambiental.

A construção da análise se faz no sentido de dar concretude às expressões de cidadãos que realizam um árduo trabalho cotidiano a fim de disponibilizar aos consumidores um alimento nobre. Imaginamos a construção de temas geradores que deem conta da complexidade do real, tendo como base as atividades de extensão rural, com apoio bibliográfico e documental. Os trabalhadores obtêm a capacidade de se expressar e aos poucos de desenhar alguns mecanismos que se tornam fundamentos para uma prática crítica de educação ambiental.

O uso de metodologias de abordagem qualitativa leva ao caminho da compreensão do respeito à subjetividade, que irão interagir no processo de pesquisa. As assimetrias culturais, sociais, econômicas, ou seja, ambientais que existem, precisam ser elementos de auxílio no processo de comunicação, e não o seu oposto. É necessário compreender que os dados empíricos possuem um momento histórico determinado, encerram um passo heurístico e são produtos de uma interação específica entre pesquisador/educador/trabalhador.

A busca do conhecimento que se preza na dimensão da educação ambiental não está definida somente na ação individual nem na sua expressão isolada em uma sociedade de risco.[3] Práticas desenvolvidas pelos sujeitos no dia a dia a partir do saber de alguma maneira já formulado, como elementos de sua cultura, necessitam ser apropriados com nova dimensão sob a lógica da agroecologia. Isso só se tornará possível na perspectiva de se consolidarem como sujeitos da produção e se apropriarem de sua realidade por meio de uma ação coletiva em um processo de mobilização, reflexão e ação. Esses procedimentos podem empolgar desencadeamentos no intuito de viabilizar a construção e a descoberta do conhecimento.

O discurso dos agentes e as suas práticas sociais consolidam uma interpretação das relações sociais, bem como são expressões que compõem a visão de mundo, ou, dito de outra maneira, a própria consciência social dos condicionantes atuais e a ótica crítica frente às práticas socioambientais (Ruscheinsky, 2010b). Compreendemos que os discursos dos setores subalternos revelam fatores, visões, práticas e óticas que oferecem usuais frágeis elementos para se *apropriarem* e *empoderarem*, uma vez que se constituem pela presença ou introjeção da ideologia dos seus opressores. Nesse particular, existe um longo percurso para distinguir a origem das percepções e os interesses contidos nas propostas aparentemente neutras.

Desde logo é possível desfrutar da perspectiva de que vicejam conhecimentos utilizados e que não foram construídos pelos usuários. Aparecem antes como receitas prescritas pelo modelo tecnológico/econômico e que passam a oprimir os trabalhadores, pois lhes impedem de dizer a sua palavra no tempo-espaço. Portanto, é pela construção social e ambiental da realidade de seu mundo, o que é a sua própria conscientização, que acreditamos ser possível a essa categoria ser um elemento integrador na rede da vida, de forma a qualificar a sua atividade com significado do embate das questões ambientais. Para uns, isso implica em uma perspectiva que contemple uma dinâmica no relacionamento cidadania/natureza, que incorpore a ideia de sustentabilidade, reversibilidade e irreversibilidade.

Para a sua sustentação como sujeitos sociais, os agricultores familiares serão os primeiros a requisitar um modo de trabalhar que se caracterize por essa índole e construção. A atividade pedagógica assume o seu papel na esfera pública – aqui poderia-se traçar largas ou estreitas referências ao papel do intelectual orgânico de Gramsci – de apoio aos socialmente desqualificados ou vulnerabilizados no processo de correlação de forças na sociedade. A atividade mediadora será um exercício veiculador e articulador na organização dos momentos de encontro, de reflexão e ação, que se fazem fundantes para construir novas relações, a exemplo dos "círculos de cultura" de Freire.

Nesse sentido, a construção de espaços de discussão para o aprendizado ambiental e suas relações se torna prioridade também junto à categoria de agricultores familiares, que são os pescadores profissionais artesanais. A Gestão Compartilhada[4] é uma metodologia que busca construir a atividade como espaço e gerar normas, que poderão virar normativas, e que busca o diálogo dos saberes entre o conhecimento ecológico tradicional e o acadêmico. Esse processo será a construção de outro conhecimento e constituinte do mundo de cada indivíduo envolvido, desde que sua prática refletida coletivamente seja *práxis*. Essa ferramenta me-todológica acredita-se ser fundamental para os extensionistas envolvidos com a atividade pesqueira. Esse ator pode ter o papel de fomentar, mobilizar e articular espaços de gestão compartilhada, sendo também um tema gerador importante para processos de reflexão na educação ambiental.

Ao longo da discussão que se dá em torno da educação ambiental, a importância do conceito de meio ambiente é justamente o delimitador do tema em questão. Vem a propósito aludir ao fato de que há quem considere a expressão meio ambiente com seus respectivos inconvenientes, pois não faria sentido falar de meio se a intenção consiste em analisar a totalidade das interações. Nesse contexto,

> a educação ambiental ganhará muito na sua própria lógica especialmente no nível local quanto mais conseguir de fato debater as lógicas de poder e as lógicas da própria desigualdade nos diferentes campos, compreendendo assim a redistribuição de recursos materiais, sociais, políticos, culturais e simbólicos. (Santos, 2007)
>
> Quanto mais se atrela a educação ambiental somente à dimensão ambiental, esta perderá abrangência e também a possibilidade de se qualificar como uma alternativa efetiva às relações desiguais de poder. Do ponto de vista da dialética, não há certeza de eficiência nos projetos de educação ambiental, pois não existem caminhos previamente dados ou um processo que possa garantir que por tal princípio, em tais circunstâncias, teremos eficácia nas atividades. De outro, convém prezar pelos princípios e pelas metodologias, mas não como algo predeterminado, e a dialética permite neste caso o discernimento adequado e compreender as causas. (Saito et al., 2011, p. 126)

Por reconhecermos na expressão da educação ambiental essa ótica de mudança é que acreditamos que a reflexão de Freire poderá colaborar como uma orientadora para as práticas socioambientais a serem desenvolvidas junto aos trabalhadores. Isso porque também entendemos e acreditamos que a educação ambiental será transformadora se for fruto da articulação de redes e de atores sociais, por meio do respeito e do reconhecimento de saberes.

Para além dos trabalhadores, o enfrentamento da sociedade de risco exige que tanto as forças produtivas locais, o poder público em diferentes níveis, quanto as organizações sociais, entre outros órgãos e redes sociais, sejam fundamentais para a concretização de uma proposta ambientalmente correta. Esse encaminhamento pode ser considerado o cerne da educação ambiental, ou seja, quando as forças disponíveis convergem para um ponto que desabroche a cidadania, conferindo aos indivíduos capacidade, competência e possibilidade de *ser mais* em meio a uma rede social.

Ao compreender com mais profundidade, ao *ser mais* nas relações das quais fazem parte na produção, agregação de valor, circulação e conservação, no trato com os elementos da natureza, na simbiose em que eles se inserem, com mais certeza esses cidadãos tomarão as decisões que se fazem fundamentais no contexto (Ruscheinsky, 2010a). Essas decisões estão diretamente relacionadas ao seu *que-fazer*, como o momento certo de plantar ou colher determinada cultura, o que usar como fertilização ou controles, o quê, quando e como pescar, ou o com que alimentar os animais. Entendemos como simbiose a conformação do ecossistema, o relacionamento inevitável entre os componentes do meio ambiente em que os diversos organismos recebem benefícios, ainda que em proporções diversas, em cuja mediação podemos localizar uma associação e um entendimento íntimo entre as partes. Ao compreender as interrelações de um ecossistema, em diferentes níveis, projetam-se as características para que os trabalhadores possam se sentir parte substantiva dele, objetivo maior da educação ambiental. Dessa forma, suas decisões serão tomadas com uma visão de mundo fruto dessa construção do conhecimento que lhe mantém atrelado ao ambiente porque faz parte dele e vice-versa, onde sua palavra contribuiu para a construção, que é o seu mundo.

Na busca de uma ação pedagógica que possa se identificar como inovadora, que contempla uma crítica à sociedade de risco, não há espaço para o retorno à natureza como se fosse possível recuperar aspectos do passado que foram extintos pelo desenvolvimento. Assim como não é possível voltar à natureza, torna-se também impossível o retorno da natureza à sua primazia, ao seu suposto equilíbrio ecológico, pois muitas das alterações, consequências de ações estão intrínsecas na própria alteração da natureza. De outro lado, cabe reconhecer que os habitantes que permanecem mais próximos da natureza, seja por vocação seja por destino, ainda não se constituem em princípio como modelo e referencial inconfundível de relacionamento mais adequado com o meio ambiente.

Com princípios e conceitos científicos da modernidade, começaram a ser engendrados os caminhos de uma ciência reducionista e fragmentária, que distorce a realidade pela sua incapacidade de percepção da totalidade. Da mesma forma, o modelo capitalista de produção foi se aprofundando na esteira da partição, da segmentação e da desigualdade. Após as mudanças indeléveis da revolução verde, a quantidade, expressa pela produtividade[5], foi sobreposta à qualidade. Isso pode ser aplicado aos aspectos sociais, especificamente, como também aos ambientais.

Os problemas ambientais parecem progressivamente agravados pelos efeitos da própria forma como a sociedade se encontra organizada. Além do mais, não há consenso sobre os efeitos da tecnologia, do controle da natureza, entre outros aspectos em debate nem mesmo entre os ambientalistas. Se a única possibilidade é pensar a natureza dentro de sistemas ecossociais, todos os cidadãos são convidados, embora de maneira diferenciada, a participar da construção de alternativas aos riscos pressentidos e presenciados no presente, bem como prover a precaução ante os imponderáveis, imperceptíveis e invisíveis.

Provavelmente, considerando que não existe preparo para administrar e absorver as mudanças em curso com a modernização avassaladora, pode-se constatar um exemplar típico no que diz respeito ao mais consistente e sutil da irreversibilidade de um processo. É paradigmático afirmar que, quanto mais conhecimento e saber morrem na periferia das cidades, mais pobre fica a humanidade. Nesse sentido, cabe propiciar uma educação ambiental que conjugue saber tradicional e ciência moderna. De outra forma, como a elevada tecnologia e produtividade dispensa mão de obra, pode-se imaginar a perda cultural da família que migra do interior à periferia de uma cidade de porte médio ou grande.

A economia mundial e a circulação transnacional de mercadorias[6] ocorrem, em um ambiente virtual chamado mercado, no qual serão cidadãos aqueles que forem qualificados como consumidores. Parece que nada pode subsistir acima do consumo desenfreado, nem sustentabilidade, nem ética, nem parcimônia, nem subjetividade, nem precaução.

Pelo desenvolvimento não sustentável, os ecossistemas foram modificados na sua estrutura mais básica, as culturas tradicionais relegadas à ótica do atraso. Todavia, reside nesse segmento social a possibilidade de reinvenção de si mesmo pelo respeito aos princípios da agroecologia e de abrir um outro espaço na sociedade brasileira. Os agricultores familiares, na verdade, perdem parte do direito de serem cidadãos ao estarem cindidos da possibilidade de ser consumidores e de se adequar ao modelo, pois o fato de serem eles consumidores-enquanto-produtores se tornou condição fundamental para que continuassem existindo enquanto produtores (Sachs, 1993; Ruscheinsky, 2008b). Além disso, sobrevivendo por teimosia, em muitos casos, acabam sendo vistos pela sua posição de agressores da natureza, enquanto se mantém apartados de uma produção agroecológica.

Entre os debates atuais, além das controvérsias ainda em cena sobre os direitos humanos, situam-se os direitos do meio ambiente, como o direito à vida dos animais, das plantas, da natureza. Desde 1988, a proteção ambiental e o respeito pelos bens naturais estão inscritos no texto da Constituição. Em outros termos, afirma-se com ênfase que hoje é urgente aprender a coabitar. As ciências sociais da modernidade se debruçam na construção de uma grande teoria sobre o ser humano, as relações sociais e a compreensão dos conflitos na sociedade. Já no início do século XXI está descortinado que tentar compreender a ousadia do ser humano sozinho não basta mais, pois se pressente que efetivamente natureza e cultura possuem nexos intrínsecos e imprescindíveis; portanto, longe de estarmos nos referindo ao que possa ser somente a natureza ou ecologia[7], pois trabalhamos na dimensão das relações sociais, sejam elas de natureza cultural, política ou econômica. Nesse sentido, é um equívoco endossar que a abordagem de uma fragmentação entre sociedade e natureza, bem como o antropocentrismo, vem perdendo espaço, embora ainda faça muitos estragos.

A criação ou a adoção de tecnologias já se incorporou ao universo do cotidiano e faz parte do aspecto cultural, do trabalho, da viabilidade econômica, da visão de mundo. As relações econômicas, políticas e sociais entre os indivíduos e destes com a natureza fazem parte do processo histórico que está sendo recriado a cada dia, a cada decisão consciente ou não, a cada momento de admiração ou assombro. Na reflexão oriunda da contribuição freireana, ficam evidenciadas as relações no desenvolvimento da existência em que os indivíduos predominantemente são reconhecidos como agentes da história factual ou a vislumbrar.

Essas concepções estão subjacentes à uma prática da extensão rural sob a ótica de Paulo Freire, no sentido libertador de seus ensinamentos. A ideia de respeito ao mundo do trabalhador e sua própria utilização, por meio de temas geradores, para a construção dos nexos entre as coisas e sua consciência, deve ser aplicada pela extensão rural na sua prática, que será sua *práxis*. O trabalho de educação ambiental junto aos agricultores familiares e pescadores artesanais (ou outras populações tradicionais) prima pelos espaços coletivos de construção e aprendizado, com a participação de organizações da sociedade e, principalmente, do conhecimento ecológico tradicional existente.

Sujeitos e admiração pela educação ambiental

A partir do que foi apresentado até o momento, tem-se um quadro bastante complexo. Importa aprofundar a análise do discurso dos entrevistados[8] à luz das contribuições de Paulo Freire, a fim de compreendermos o padrão de comportamento e suscitarmos o que parece ser uma proposta alternativa. Sabemos, com clareza, da seriedade das afirmações feitas pelos entrevistados, e, portanto, da mesma forma serão tratadas.

A partir da expressão discursiva, das atitudes e ações, dá-se um passo significativo a fim de afirmar uma proposta pedagógica para a educação ambiental, tendo como suposto o nexo entre as práticas sociais e a construção do conhecimento. Ou seja, cabe considerar o âmbito do seu próprio mundo e de si mesmo, bem como os múltiplos e complexos nexos que daí resultam. É justamente esse mundo que pretendemos ter resgatado com a coleta das entrevistas, deixando sempre em evidência o intento de vir a consolidar um sujeito de práticas sociais. Ficam evidentes as conexões de sujeitos enredados em contradições no que se refere ao relacionamento de sua atividade com o meio ambiente.

Podemos apreender, por intermédio da expressão que nos foi apresentada, que os agricultores familiares se encontram predominantemente em uma situação de aderência à realidade, o que se traduz em obstáculos ao exercício da reflexão-ação e o vivenciar da práxis. A opressão por eles experimentada se refere aos elementos constitutivos da rede na qual estão inseridos, tanto os nexos mais imediatos quanto os mais distantes.

No que diz respeito ao uso de alternativas ditadas pela tecnologia, as decisões são baseadas em prescrições, que são o conteúdo e o poder decisório. Enquanto submissos, passam por uma situação de oprimidos pelas técnicas, pois não as compreendem na sua abrangência; pelo mercado, que não dominam; pela exclusão, que os minimiza. Assim, está suposto que nos referimos a um contexto permeado por conflitos, no qual o consenso não está à vista na sociedade de tamanhas desigualdades. Se as suas decisões diárias podem interferir na qualidade do seu meio, bem como na qualidade do produto que constroem, então a possibilidade de decisão o mais correta possível se torna viável no movimento dialético da ação-reflexão. A dimensão ética, na qual se dará a tomada de decisão, constituir-se-á nessa dialeticidade e no encontro e na intercomunicação de subjetividades.

A nossa análise passa pelo pressuposto de que os fatores, as informações, como prescrições, enquanto não são apropriadas pelos usuários, regem-se pela verticalidade e a oprimem. Portanto, a educação ambiental, por meio de uma proposta pedagógica orientada pela ótica libertadora de Paulo Freire, poderá vir a ser um fator importante para um intuito de apropriação de saberes. A busca constante da capacidade decisória, como substrato do sujeito nas múltiplas dimensões, consolida um fator motivador importante da educação ambiental.

A atividade pedagógica e intelectual da educação ambiental reconhece como fundamental o relacionamento entre saber e poder, pois o conhecimento potencializa ou confere poder.[9] Ou, dito de outra maneira, toda forma de consolidação de poder nas relações sociais requer determinado grau de saber a respeito do ambiente. Em uma dimensão pedagógica, cabe endossar o conhecimento que permite visualizar a ampliação da democracia do campo político para o social, o cultural e o econômico, bem como a diminuição radical das desigualdades (Ruscheinsky, 2008a). Isso nos permitirá inventar formas de conferir direitos e cidadania ao discurso dos atores sociais.

Trata-se de alinhar uma proposta pedagógica que se refira ao manejo do ecossistema pelos agentes sociais e que venha a romper a dicotomia ou a fragmentação entre sociedade e natureza (Ruscheinsky, 2006). Acima de tudo, cabe ressaltar uma prática que se distancie de características da modernidade: o domínio e o aniquilamento dos bens naturais. Nesse procedimento que vilipendia um aspecto importante da humanização, a natureza comparece como estranho, subalterno, secundário, não se reconhecendo nela o outro como polo mediador. A perspectiva em consideração atenta para o fato de que os agricultores familiares estão premidos entre a inclusão e a exclusão do mercado, entre a perversidade dos efeitos do uso de produtos químicos e a necessidade do aumento da produtividade, entre as novidades da indústria química e a sustentação da biodiversidade e do ecossistema.

O posicionamento teórico em face da educação ambiental viabiliza compreender os caminhos viáveis e refletir a respeito da realidade imposta e da realidade possível. Apenas queremos jogar um facho de luminosidade, sem nos atemorizarmos com um plausível excesso de luz nas relações que visualizamos entre educação ambiental e a ação junto a um setor produtivo primário.

Parece-nos proveitoso considerar a educação ambiental como a fonte que possa vir a ser, de uma maneira inovadora, a catalisadora das ações, decisões, atitudes e empreendimentos. Conforme Freire, "o termo 'decisão' provém de nexos com cortar ou recortar e ao mesmo tempo está implícita na decisão a operação de 'admirar' o mundo". No texto de Freire (1986, p. 40), existe uma correspondência etimológica em que decisão significa o corte operado ao se realizar uma segmentação analítica entre o mundo social e o natural.

Ora, essa ideia de admirar detém deveras variadas ênfases: desde experimentar sentimento de admiração, reciprocidade, até espanto, surpresa, êxtase ou assombro. Aqui denomina uma mediação entre homem-natureza, uma viagem do raciocínio e das condições existenciais a outrem, que no caso representa o meio ambiente. Importante observar que o paradigma freireano propõe-se profundamente dialógico, no qual essa dimensão perpassa as conexões sociais.

A educação ambiental que defendemos tem como principal tarefa a de desvendar essas relações, tornando-as as mais claras possíveis, para que as ações e decisões dos sujeitos nas experiências exitosas ou nas soluções viáveis-possíveis[10] a partir de um ponto de vista não fragmentário ou dicotômico sejam corretas. O espaço primordial onde isso tende a se suceder será justamente o espaço da ética. Para Freire (1996), a ética está diretamente relacionada ao reconhecimento de si próprio e do outro, portanto o alicerce se encontra em uma relação e requer o outro como parceiro da história.

Dar conta da educação ambiental em uma sociedade de risco implica desvendar uma ética fundamentada no reconhecimento do outro como um sujeito diferente de si, ao mesmo tempo e por isso mesmo digno do maior respeito. E a alteridade, nesse caso, tanto pode ser outro cidadão, como também pode ser a natureza. Nada de espontaneísmo ou determinismo, pois se destaca a dinâmica uma vez que a consciência possui seu desenvolvimento na existência coletiva, relativizada ou condicionada pelas condições concretas da vida. Ética que se funda e que leva em consideração as futuras gerações, mas principalmente a presente, exercitando a solidariedade sincrônica e diacrônica de que nos fala Sachs (1986) e Grun (2007). Dessa forma, o comprometimento com direitos das futuras gerações possui como mediação a solidariedade ou a incorporação de que existem (para o bem do ser humano) direitos da natureza a serem protegidos.[11]

Na mesma perspectiva, a questão de reversibilidade e irreversibilidade, de sustentabilidade e desenvolvimento da atividade produtiva representa aspectos consistentes para alicerçar uma nova compreensão sobre o real. Nesse contexto, a educação ambiental comporta uma dimensão ética, política, pedagógica e epistemológica, mas cuja razão de ser se localiza na articulação e resolução dos problemas socioambientais. Todavia, atenção às ambiguidades e controvérsias ou possíveis diferenças nos posicionamentos, como advertem Saito e colaboradores (2011, p. 123):

> As controvérsias socioambientais, por exemplo, podem ser desencadeadas por diferentes razões, mas elas essencialmente envolvem pontos de vista diferenciados em relação a determinado tema. Desse modo, falamos em controvérsias quando um determinado tema suscita, nos diferentes atores sociais envolvidos, posicionamentos políticos, sensibilidades éticas e estéticas diversificadas, ou diferentes maneiras de interpretar uma dada realidade.

Reconhecer representações sociais e problematizar a prática social

A pretensão de transformar temáticas a serem destacadas em problema, interrogação, significa propagar uma ação pedagógica baseada na pergunta ou um intuito de suplantar uma visão fragmentada do real.

A educação ambiental que quer problematizar as condições de existência penetrará no terreno das representações sociais, que ao mesmo tempo são um campo de aproximação com as práticas sociais e um movimento de mudança em face dos valores (Gaudiano, Katra, 2009). Na leitura do real, os indivíduos consolidam representações que se ancoram no contexto em que vivem e podem possuir a *performance* da autonomia ou da dominação ideológica. A construção do conhecimento, em um espaço eminentemente ético, necessita dar conta de uma sociedade de risco que vem progressivamente se incorporando de forma impiedosa ao cotidiano. A leitura ambiental que conseguimos realizar no momento atual tem como sustentação o próprio desenvolvimento da sociedade capitalista.

Por estas razões, a prática da educação ambiental imperiosamente toma a participação dos sujeitos na exposição do seu mundo e que descrevem com seus potenciais, seus conhecimentos, suas contradições e seus conflitos. O extensionista rural que incorpora a educação ambiental em seu que-fazer terá de estar atento e aberto a essas realidades, que provavelmente serão diversas da sua, mas somente a partir delas será possível de fato desenhar a construção de uma nova prática socioambiental.

Por mais que as mediações representem um processo com circunstâncias objetivas, factuais, concretas, contêm, ao mesmo tempo, um forte componente subjetivo, que representa justamente o envolvido no processo. Assim, meio ambiente diz respeito à dimensão histórico-social e se refere ao constructo histórico do qual resulta a organização da sociedade.

A educação ambiental pretende lidar com todos os aspectos da vida do cidadão, como um sujeito em construção, no vir-a-ser em seu tempo e das exigências de seu espaço. Sendo assim, a educação ambiental pertende-se inserida nos conflitos da comunidade, partindo dela e a ela retornando. Por isso mesmo, como mediador do processo, o próprio educador ambiental, vivenciando as experiências, será partícipe e tentará compreender profundamente os discursos e as práticas. Ele também será tocado pela educação ambiental, transformando-se em sujeito social.

Ao abordarmos a problemática da incidência de riscos ambientais nas unidades produtivas e ao tratarmos da resolução do problema visualizado, primeiramente leva-se em conta os fatores relevantes apontados pelos trabalhadores que convivem com a situação. Isso é auscultar a sua visão, o saber existente, a representação social que construíram, sabendo da ambiguidade possível, sem desconsiderar ou minimizar nada, mesmo aquilo que para nós possa parecer infundado.

Consideramos que todos os indivíduos se representam a partir e por meio das condições em que se situam, como condição de possibilidade para discursar sobre as mesmas, podendo se apresentar como leitura realista, fictícia ou mítica. Conforme as concepções de Paulo Freire, o conhecimento se constrói de maneira dialética pelos próprios sujeitos referidos como construtores, mas não individualmente senão mediado pelos fatores constitutivos da realidade. O que se torna importante é o nível de percepção que os indivíduos estão tendo da realidade ou, melhor ainda, o quanto eles estão sendo objetos ou sujeitos de sua própria existência.

Na investigação sobre os agricultores familiares, percebemos indivíduos extremamente aderidos à sua realidade cotidiana[12] sem a possibilidade de se distinguirem dela. Ou seja, verifica-se um obstáculo e uma relutância em estabelecer o estranhamento como condição de interrogar o real e seus condicionamentos. O indivíduo só se pergunta sobre o outro na medida em que se espelha no estranho e assim pode se interrogar sobre sua própria existência.

Nas circunstâncias observadas, os agricultores tratam a realidade por vezes com um fatalismo usual que torna impossível considerá-la mutável e, mais importante ainda, que faz com que não considerem que essa mudança pode acontecer a partir deles próprios. Nesse ponto, as pessoas com visão focalista não enxergam outra tarefa a não ser a abstinência de não terem tarefa alguma (Freire, 1970). O problema que essa aderência pode causar é justamente a dificuldade ou impossibilidade de considerarem a realidade como passível de transformação.

No processo de conscientização, a descoberta de que a superação da "visão focalista da realidade, segundo a qual as parcialidades de uma totalidade são vistas não integradas entre si, na composição do todo" (Freire, 1979, p. 20), traduz-se na percepção da relação entre a não apropriação do produto de seu trabalho e os freios do seu direito de não dizer a sua palavra como forma de protesto. Ou seja, os sujeitos acabam descobrindo que "ninguém sabe tudo, ninguém ignora tudo" (p. 21). Essa superação requer a premissa da sua presença crítica no mundo, que implica no conhecimento do nexo tenso entre sociedade e meio ambiente, entre cultura e natureza. Podemos confirmar essa afirmativa com dois exemplos: o produtor de leite e o pescador artesanal. Em que pese uma série de conhecimentos específicos e extremamente afinados que eles tenham adquirido e construído no tempo, a eles não pertence o fruto de seu trabalho. Tão logo o que geraram se transforme em mercadoria, imediatamente é apartado de todo o seu conhecimento e passa a ter um valor relativo, na maioria das vezes muito aquém de seu valor intrínseco, e mais ainda, o valor cresce sobremaneira fora de suas mãos. Ou seja, após a primeira venda, o produto passa a valer muitas vezes mais do que valia quando ainda eles o detinham. Nesse caso, isso gera uma distorção no que diz respeito aos preços dos produtos, que é aviltante para quem produz e inacessível para quem consome.

Na consciência real limitada pela situação-limite, existe a aderência à realidade e a possibilidade de tomar uma atitude humanizadora é fortemente represada. A ação a partir do inédito viável, no sentido de fazer real o que ainda não existe, leva a superar a situação-limite a partir do estranhamento de uma nova percepção[13]. Os cidadãos envoltos nessa capacidade de estabelecer relações buscam soluções e caminhos alternativos ante o pacote tecnológico e a subordinação à indústria química, pois a aderência não suprime a observação, e a percepção da realidade se torna uma referência, por meio da admiração do mundo.

Importante também, nesse processo, é a compreensão da consciência não como um receptáculo de informações, mas como uma construção social, com nexo entre teoria e prática, na qual as relações sociais se constroem, em um processo de relações dos homens entre si e deles com a natureza. Freire (1987) defende a posição filosófica e política que concebe os cidadãos na condição de agentes de transformação da realidade, podendo renunciar à simples adaptação. Essa é uma das principais características da educação libertadora, que compreendemos como premissa fundamental da educação ambiental. Por isso, nessa educação ambiental crítica os agentes sociais são entendidos como inconclusos e, na tensão entre identidade e estranhamento que se constroem, como membros da sociedade. Nesse sentido, não somente a natureza se refaz e completa ciclos, como também a construção de atores sociais apresenta a sua dinâmica de constituição.

Tudo leva a crer que a compreensão em destaque consolida uma vertente condizente com uma ótica ambientalista. Portanto, os agentes sociais compreenderão de maneira substantiva os nexos e a complexidade das questões ambientais no momento que puderem apreender a realidade a partir de uma atitude crítica. Acreditamos que a educação ambiental será libertadora dos indivíduos a partir do desvelamento da realidade, bem como a sua atuação societária não pode ser dissociada da reflexão. Constituindo-se como uma unidade dialética, que é a *práxis,* poderá auxiliar nas decisões dos agentes quanto aos seus que-fazeres, comprometidos com outro mundo possível em um planeta de bens naturais limitados. O fazer cotidiano se torna responsabilidade com a geração presente e as futuras de todas as espécies vivas.

Por fim reconhecer as representações sociais predominantes e problematizar as práticas sociais com suas respectivas reflexões teórico-metodológicas também se refere ao campo acadêmico e à ação do Estado democrático. Existe o risco, no seio de algumas abordagens acadêmicas também no campo das ciências sociais e humanas, de que o discurso sobre sustentabilidade apresente uma tendência para localizar um lugar ideal de equilíbrio entre sociedade e natureza. O intuito proposto no título do livro de Guerra e Figueiredo (2010), "sustentabilidades em diálogos" não supõe ausência de conflito ou a inexorável busca por algum consenso e comprometimento, ou ainda que os conflitos socioambientais poderão todos ser solucionados por procedimentos participativos e democráticos.

EDUCAÇÃO AMBIENTAL POR MEIO DA AÇÃO PEDAGÓGICA

Procuraremos apontar as bases para um trabalho com a comunidade na qual a pesquisa foi realizada. Ainda assim, sabemos que a dinamicidade do processo histórico-social nos inibe de fazer afirmações absolutas e, por isso, não acalentamos o sonho de que seja possível concluir de forma definitiva esse trabalho. Apesar disso, constatamos alguns problemas a apontar para que, se, por um lado, pode justificar algumas falhas no estudo em algum momento, por outro pode servir de guia para quem pretender seguir nessa reflexão.

O questionamento da situação econômica, social e política, bem como da desigualdade social reinante, é compatível com a tarefa da educação ambiental, uma vez que dentro do seu tempo e espaço se desenvolve a oportunidade de sonhar com uma sociedade diferente. Enquanto tal, a proposta e a experiência se apresentam como educação integral e integradora do meio ambiente.

Em nosso entendimento, o basilar da educação ambiental compreende o diagnóstico dos problemas e a expressão das soluções visualizadas, bem como o envolvimento tanto subjetivo dos indivíduos quanto das políticas públicas. Em hipótese alguma poderá haver uma concordância com a elevação dos níveis de poluição e com a defesa do *status quo* que ainda significa reafirmar a depredação da natureza. A ousadia significa lutar contra a possibilidade de esmorecer ante o discurso de que as circunstâncias ambientais são o prego do progresso e que, até o momento, não temos alternativas ecologicamente viáveis.

Se, por um lado, entende-se a prática, por vezes quase solitária, do agricultor familiar dissociada dos movimentos nacionais e de globalização, por outro lado compreendem-se os resultantes desse processo no cotidiano. Ao mesmo tempo em que vigoram diferentes determinismos do macro sobre o espaço micro, pois este aparente isolamento só equivocadamente é sintoma de autonomia. Por isso a recomendação na educação ambiental de pensar e agir contemplando igualmente os nexos entre o local e o global (o que alguns chamam *glocal*).

Os trabalhadores das unidades familiares consolidam visões heterogêneas em face do mundo e das relações sociais. Parte da categoria ainda apresenta uma visão quase mágica da realidade, contra a qual tanto se empenhou Paulo Freire, ou seja, formas ingênuas de captação da realidade objetiva. A referida subserviência pode ter vigência em espaços onde a principal questão consiste na produção das condições básicas de sobrevivência e também entre os setores modernizados ou integrados. Se o conhecimento ocupa espaço, nesse caso o grande desafio da construção de novas bases de uma racionalidade ambiental (Leff, 2006) e de apropriação da natureza implica novas práticas metodológicas na cultura política.

Para a superação dessa situação de repertório mágico ou naturalização das condições sociais em face da construção crítica à realidade, requer um processo participativo para o desenvolvimento da subjetividade e na reflexão sobre sua ação social. É o caso da reconstrução da subjetividade a partir da racionalidade ou do saber ambiental (Leff, 2006), ou dito em outros termos, uma nova visão de apropriação da natureza e a redefinição para um sujeito de direitos. Para tanto, a educação ambiental privilegia práticas sociais em conexão com a coletividade, com intersubjetividade e intercomunicação de sujeitos que estão desvelando a realidade e construindo a compreensão dos elementos que compõem o seu mundo.

Nessas circunstâncias, em suas obras Freire nos brinda com os fundamentos epistemológicos da consolidação do conhecimento, com uma abordagem dialética e seus desdobramentos metodológicos: "Sem a relação comunicativa entre sujeitos cognoscentes em torno do objeto cognoscível desapareceria o ato cognoscitivo.(...) A educação é comunicação, é diálogo" (1986, p. 65-69) e ao mesmo tempo expressão de conflitos. O processo educativo, conforme Freire, em diferentes circunstâncias está pronto ante o desafio de explicitar a tomada de consciência, por a metodologia dialógica ultrapassar a fragmentação, o dualismo e a leitura enlaçada nas aparências. A extensão rural colaboradora da educação rural está posta na situação de forma provocativa, problematizando os temas geradores sugeridos pelos processos sociais. Tal problematização terá redobrado o seu sentido se for parte do processo dialético da ação e reflexão, constituindo-se na práxis, resgatando-se a vocação educativa da extensão rural. Nesse sentido, colocam-se claramente as bases para o questionamento dos mecanismos que levam ao aumento da produtividade em detrimento da qualidade do meio ambiente.

Em meio aos conflitos da relação político-pedagógica, a extensão rural, ao adotar uma postura de problematização das ações, deverá estar preparada para o desenvolvimento de ações de longo e médio prazos, e não de resultados imediatistas, que muitas vezes não perduram no tempo. Gaudiano e Katra (2009) apontam que os valores são um campo em contínua construção e como tal a agroecologia mantém apelo histórico. O respeito aos valores e aos saberes e a busca de alternativas menos agressivas ao ambiente para os supostos problemas, a construção de uma participação e a visão não fragmentária da realidade são desafios para a extensão rural na perspectiva da educação ambiental.

Respeitando os múltiplos olhares socioculturais e políticos, a extensão rural pode proporcionar um espaço de encontro entre saberes, compreendendo que sua atuação se situa em um campo educativo, cuja realidade é desafiante pela diversidade e desigualdade, por contradições e conflitos. A educação ambiental certamente será possível se desenvolvida por uma equipe que discuta e reinvente permanentemente o processo educativo. Da mesma forma, a assessoria pode fazer convergir pesquisas que se direcionem para o desenvolvimento de tecnologias e métodos que tenham como perspectiva o paradigma da agroecologia, da produção orgânica, da sustentabilidade (Ruscheinsky, 2010c).

Os caminhos da assessoria por meio da extensão rural estão desafiados entre a reprodução de técnicas subordinadas à indústria ou um endosso de saberes com outra racionalidade ambiental, inclusive com a adoção de mecanismos interativos para os quais os temas geradores da educação ambiental podem exercer papel fundamental. As atividades desenvolvidas podem enfatizar a resolução de tensões políticas e problemas ambientais com a metodologia do tema gerador da Educação Ambiental, onde prevalecem o diálogo e a tensão no caminho da formulação e de aplicação de saberes socioambientais. As condições mais diversas podem suscitar esses temas articuladores a fim de suscitar a interrogação sobre a trajetória em curso e as óticas de futuro.

A extensão rural poderá ser catalisadora desse processo, imbuindo-se do seu mais sublime que-fazer, ou seja, a transformação de processos de degradação em recuperação e diálogo com a biodiversidade. Nesse contexto, constitui-se um espaço de coletividade em que os agentes buscam a articulação de comprometimentos plurais e a construção de bases científicas para os nexos entre homem e natureza. A construção de propostas adequadas do ponto de vista cultural e político para os rumos do desenvolvimento ecologicamente sustentável sempre será uma aliada da nossa compreensão da educação ambiental. Esta inclui a perspectiva de entender a extensão rural como um lócus privilegiado de divulgação das descobertas científicas e das inovações tecnológicas em consonância com a ótica da conservação do ecossistema e, mais que isso, a reconstrução desse saber junto ao meio rural para não sucumbir na fome e na pobreza.

Nesse exercício da cidadania, os agentes acuram olhares, ensejos, aspirações e expressões, bem como, no rumo da educação ambiental, procuram elaborar as bases do diálogo entre trabalho, produção e renovação de recursos naturais. A atividade exercida nessa ótica proporciona condições fundamentais de avaliar, debater, compreender, criticar e, inclusive, de propor alternativas para uma política agrícola ecologicamente amadurecida.

A extensão rural, comprometida com a educação ambiental, reafirma, articula e fortalece a atuação dos trabalhadores como pesquisadores do seu próprio porvir, como observadores dos elementos da natureza e suas respectivas relações. Nesse percurso, o compromisso com os destinos da ampliação da educação ambiental se apresenta em uma perspectiva fundamental, especialmente na sua característica de interdisciplinaridade. Em consequência dessa postura, os agentes sociais tendem a encaminhar também as políticas públicas na perspectiva da educação ambiental, que, por sua vez, dariam eco ao espaço da cidadania conquistada e corroborariam em outras relações de poder.

PALAVRAS FINAIS

O problema da educação na perspectiva dos agricultores familiares emerge, ora da sensibilidade dos estudiosos e assessores, ora das próprias circunstâncias da realidade por meio da sua organização política, tornando-se visibilizados para atraírem reconhecimento no cenário dos atores sociais. Com este capítulo pretendemos dar uma contribuição ao desenvolvimento de uma pedagogia do engajamento, com o fato de levar à discussão a extensão rural, as práticas educativas socioambientais e os processos de consciência social atinentes.

Ressaltamos a importância do encontro com a ambientalização do modo de vida cotidiano e a ecologização da produção como um dos atributos da conscientização ambiental. Quanto mais construída a sua realidade de intersecção de saberes de forma crítica e sem aderências, mais capacidade para se devotar ao diálogo com o ecossistema. Essas novas técnicas de alargar a produção em consonância com a saúde são muito importantes, pois as decisões no dia a dia implicam diretamente na qualidade final do produto a ser consumido, bem como do seu meio ambiente.

O estreitamento com o campo da educação ambiental certamente vai se fazer sentir pela assunção como elo, e não como centro da rede, as interfaces pela via das redes sociais; como um fio da teia, e não como a aranha, que fica no centro à espera de sua próxima vítima, e muito menos como a própria vítima. Partindo da leitura crítica da sua realidade, por meio da *admiração*, já nesse momento, uma nova visão se faz história. O reconhecimento do seu meio mais imediato e a compreensão do que possa estar mais distante (nem por isso menos afetada) é uma dimensão importante da educação ambiental, na qual a pedagogia freirena desempenha um papel fundamental. Ao serem problematizadas as questões destacadas neste capítulo, também se iniciam as gestões que levam à transformação da subordinação.

A busca do elo perdido entre a tecnologia e o respeito à natureza advém de desdobramentos pelo desenvolvimento de processos que privilegiem a vida, em todas as suas manifestações. O reconhecimento do seu lugar e de si mesmo, de forma crítica, bem como das vicissitudes de todas as alteridades, do movimento diacrônico e sincrônico é um dos atributos da educação ambiental. Essa crítica incorpora valores éticos de sujeitos construtores de relacionamentos admiráveis em face da biodiversidade e de um bem-estar integral. Nesse sentido, a contextualização do produto, sadio e livre de agrotóxicos, como fruto do trabalho ativo de um processo de admiração da sua condição, consolidando elos das

NOTAS

1 Nesse aspecto, nos referimos à pesquisa original, que tratou do nexo dos produtores de leite e o uso de quantidade exacerbada de inseticidas resultando na dissertação de mestrado em Educação Ambiental de Adriane Lobo Costa: "A Educação Ambiental e a Produção Leiteira: uma Proposta Pedagógica para a Extensão Rural" (FURG, 1999). Acatamos a definição de Agricultor Familiar expressa na Lei n. 11326, de 24 de junho de 2006.

2 Considerando eventos acadêmicos no sul do Brasil, parece fundamental a referência às várias edições do *Fórum de Estudos Leituras de Paulo Freire* (13 edições entre 1999 e 2011) bem como do *Seminário Nacional Diálogos com Paulo Freire* congregando pesquisadores que se articulam de alguma forma em torno de uma perspectiva crítica.

3 A complexidade e a imperceptibilidade dos riscos ambientais decorrentes de mudança em face de um tipo de reflorestamento são abordadas no texto de Claudia Maria Hansel e de Aloisio Ruscheinsky, "Verdes campos em tensão com os riscos do reflorestamento: atores sociais, celulose e meio ambiente" (apresentado no IV Encontro da ANPPAS, 2008, Brasília, 2008. Disponível em: www.sisgeenco.com.br/sistema/encontro_anppas/ivenanppas/ARQUIVOS/GT8-710-383-20080509193732.pdf

4 A Gestão Comparilhada é um método de gestão das pescarias em que as responsabilidades são compartilhadas entre os usuários e o Estado, o que gera mais aceitação e respeito a essas normas (a esse respeito, ver Costa, A. L., Nas Redes da Pesca Artesanal/IBAMA, 2007). Em 2009 foi criado o Sistema Nacional de Gestão Compartilhada na pesca através do Decreto n° 6.981, de 13 de outubro de 2009, e regulamentações posteriores.

5 A condução do processo de produção de alimentos no mundo pertence hoje ao mercado globalizado, tendo como consequência o comando de área por intermédio de poucas empresas transnacionais. As consequências desse modelo implantado foram assoladoras, principalmente para os países de economia periférica, os quais se tornaram dependentes dos insumos e equipamentos provenientes de indústrias transnacionais, para produzirem até mesmo a quantidade de alimento necessária para o seu consumo interno. Ademais, a erosão dos solos, a erosão genética e a corrosão social foram as consequências mais graves, considerando a sua difícil reversibilidade. A contaminação e a perda de fertilidade dos solos, pelo uso abusivo de adubos solúveis e agrotóxicos, além de equipamentos não adaptados às regiões tropicais ou subtropicais, foram degradando, estreitando a capacidade de autoexploração das unidades produtivas.

6 Em nenhum outro momento da história um número tão reduzido de cidadãos ou correntistas no sistema financeiro, especialmente por meio das grandes corporações, obteve o domínio de parcela tão grande da população mundial (Forrester, 1997). Com o advento da revolução industrial alargaram-se as possibilidades de dominar a natureza para gerar mercadorias. As disparidades e as desigualdades foram sendo redesenhadas, pois aqueles que detinham os meios de produção exploravam cada vez mais os que não os detinham. Se em um primeiro momento a resposta da produtividade é positiva pelos resultados econômicos imediatos, no decorrer do tempo, devido à falta de capacidade de equilíbrio da fauna e da flora mantenedoras do solo e da água, a tendência é a perda da fertilidade. Em alguns casos, chega-se a extremos como a desertificação, configurando-se em uma das formas de consolidação dos riscos que contempla o próprio processo produtivo.

7 Muitas vezes, segundo Brügger, também empregadas erroneamente, ou uma como sinônimo da outra, ou como sinônimo de meio ambiente (Brügger, 1994, p. 54-5). Na literatura não existe consenso quanto aos termos, seus significados e abrangência, todavia nas variáveis teóricas distinguem-se o conservacionismo, o ecologismo e o ambientalismo.

8 Mais uma vez, aqui, nos referimos à dissertação de mestrado: "A Educação Ambiental e a Produção Leiteira: uma Proposta Pedagógica para a Extensão Rural."

9 A democracia se caracteriza, entre outros aspectos, pela capacidade do cidadão decidir sobre seus interesses, e exigir mais democracia significa estender as áreas sob sua influência. Todavia, como ampliar a competência de alguém que, pelas condições objetivas da sociedade contemporânea, depara-se cada vez mais fragmentado ou com competências parciais?

10 No caso da produção do conhecimento, a abordagem dos conflitos socioambientais (situações-problema) entrelaça-se com as ações positivas (soluções viáveis-possíveis) a partir de uma perspectiva de gestão integrada dos bens naturais e de uma ótica dialógico-problematizadora.

11 A natureza que hoje conhecemos é uma construção social, e por isso Alberto Acosta reporta-se a "uma Declaração Universal dos Direitos da Natureza". Disponível em: www.ihu.unisinos.br. E a nova constituição do Equador de 2008 é a primeira que prevê natureza como sujeito de direitos, por sua vez presidida por Alberto Acosta.

12 A atitude epistêmica própria diante da adesão à realidade encoberta pelas ideologias políticas e jurídicas se reporta ao fomento da dissonância e da polifonia. A educação ambiental aponta para uma síntese entre adesão à realidade (jamais com uma visão subordinada) e a utopia.

13 "Paulo Freire dizia que não queria ser imitado, mas que precisava ser reinventado. A partir de seus passos criar novos caminhos num mundo que (ainda) é mesmo e que também (já) é outro. A autonomia e a liberdade não se restringem ao indivíduo, como espécie de atributos naturais, mas são construídos nas relações entre sujeitos, em contextos históricos concretos. Entende a humanização como um processo, no sentido de que vivemos cotidianamente a tensão entre humanização e desumanização". Danilo Streck. Reinventando Paulo Freire. *IHU online*, 10/11/2008. Disponível em: http://www.ihu.unisinos.br/uploads/publicacoes/edicoes/1226343141.7991pdf.pdf

REFERÊNCIAS

ALTIERI, M. A. *Agroecologia: as bases científicas da agricultura alternativa.*(Trad. Patrícia Vaz). Rio de Janeiro: PTA/FASE, 1989.

BRACAGIOLI NETO, A. (org.). *Sustentabilidade e cidadania: o papel da extensão rural.* Por-to Alegre: EMATER/RS, 1999. 208p.

BRÜGGER, P. *Educação ou adestramento ambiental?* Florianópolis: Letras Contempo-râneas, 1994.

CAPORAL, F. R. *Sobre extensão, desenvolvimento rural sustentável; e os riscos de (des)integração interinstitucional; aporte para o debate sobre a construção de um novo modelo de desenvolvi-mento rural para o Rio Grande do Sul.* Porto Alegre: EMATER-RS, 1997.

CAPORAL, F. R.; COSTABEBER, J. A. *Agroecologia: conceitos e princípios para a construção de estilos de agriculturas sustentáveis.* http://www.planetaorganico.com.br/trabCaporalCostabeber. htm#nota1. Acesso em 19/08/2011.

CHAUÍ, M. *Conformismo e resistência; aspectos da cultura popular no Brasil.* 5.ed. São Paulo: Brasiliense, 1993.

COSTA, A. L. As práticas de extensão rural oficial, o meio ambiente e a educação am-biental: a busca de uma convivência possível. In: *Seminário de Pesquisa em Educação da Região Sul*: Flori-anópolis, 1998. Disponível em CD.

COSTA, A. L., (org.). *Nas redes da pesca artesanal.* Brasília, IBAMA, 2007.

DAMASCENO, M. N.; BESERRA, B. Estudos sobre educação rural no Brasil: estado da arte e perspectiva. *Educação e Pesquisa.* v.30, n.1, São Paulo, 2004. Disponível em: http://www.scielo. br/scielo.php?pid=S1517-97022004000100005&script=sci_arttext

114 Aloisio Ruscheinsky (org.)

FREITAS, D. S. *A crise ambiental e seu potencial de renovação na agricultura – um estudo através da EMATER- RS*. Santa Maria: CPGExR, UFSM, 1994.

FREIRE, P. *Ação cultural para a liberdade e outros escritos*. 4. ed. Rio de Janeiro: Paz e Terra, 1979.

_____. *Conscientização; teoria e prática da libertação; uma introdução ao pensamento de Paulo Freire*. 3.ed. São Paulo: Moraes, 1980.

_____. *Educação e mudança*. 16. ed. Rio de Janeiro: Paz e Terra, 1979.

_____. *Extensão ou comunicação?* 4ª Ed., Rio de Janeiro: Paz e Terra, 1986.

_____. *Pedagogia da autonomia*; saberes necessários à prática educativa. São Paulo: Paz e Terra, 1996.

_____. *Pedagogia do oprimido*. 19. ed. Rio de Janeiro: Paz e Terra, 1987.

GADOTTI, M. *Convite à leitura de Paulo Freire*. São Paulo: Scipione, 1989.

GAUDIANO,. G.; KATRA L. F. Valores e educação ambiental: aproximações teóricas em um campo em contínua construção. *Revista Educação & Realidade*, v. 34, n. 3, 2009. Disponível em: http://seer.ufrgs.br/educacaoerealidade/issue/view/893/showToc

GRUN, M. *Em busca da dimensão ética da educação ambiental*. Campinas: Papirus, 2007

GRZYBOWSKI, C. O saber dos camponeses em face do saber dos técnicos. *Proposta,*Rio de Janeiro: FASE, n.27, 1985.

GUERRA, A. F.; F., M. L. (Org.). *Sustentabilidades em diálogos*. Itajai: Univali Ed., 2010.

LEFF, E. *Racionalidade ambiental: a reapropriação social da natureza*. Rio de Janeiro: Civilização Brasileira, 2006.

OLIVEIRA, A. S. D. de. *Resíduos culturais*. Rio Grande: Edição Independente, 1999.

ROMEIRO, A. R. *Meio ambiente e dinâmica de inovação na agricultura*. São Paulo: Annablume/FAPESP, 1998.

RUSCHEINSKY, A. A política de consumo na perspectiva dos agentes sociais e a água como temática da educação ambiental. In: *Anais 33º Encontro Nacional de Estudos Rurais e Urbanos*, USP, São Paulo, 2006. Disponível em: http://www.fflch.usp.br/ceru/anais/anais2008_1_ceru09.pdf

_____. Desigualdades persistentes, Direitos e Democracia contemporânea. *Ciências Sociais Unisinos*, v. 44, 2008a, p. 49-57. Disponível em: http://www.unisinos.br/publicacoes_cientificas/images/stories/pdfs_ciencias/v44n1/49a57_art05_ruscheinskyok.pdf

_____. A conjugação entre sustentabilidade, consumo e atores sociais. *Sociologias* (UFRGS), v. 19, p. 322-331, 2008b. Disponível em: http://www.scielo.br/pdf/soc/n19/a14n19.pdf

_____. Contribuições das Ciências Sociais em Face dos Entraves à Educação para Sociedades Sustentáveis. *Revista Portuguesa de Educação*, v. 23, 2010a. Disponível em: http://www.scielo.oces.mctes.pt/scielo.php?pid=S0871-91872010000100003&script=sci_arttext

_____. Sustentabilidades: concepções, práticas e utopia. In: GUERRA, A. F.; FIGUEIREDO, M. L.; (Org.). *Sustentabilidades em diálogos*. Itajai: Univali Ed., 2010b, p. 63-86.

_____. Controvérsias, potencialidades e arranjos no debate da sustentabilidade ambiental. *Ambiente & Sociedade*, Campinas v. 13, n. 2, 2010c, p. 437-441. Disponível em: http://www.scielo.br/pdf/asoc/v13n2/v13n2a16.pdf

SACHS, I. *Espaços, tempos e estratégias do desenvolvimento*. (Trad. Eneida Araújo). São Paulo: Vértice, 1986.

_____. *Estratégias de transição para o século XXI*; desenvolvimento e meio ambiente. São Paulo: Studio Nobel/ FDA, 1993.

SAITO, C. H. et al. Conflitos Socioambientais, Educação Ambiental e Participação Social na Gestão Ambiental. *Sustentabilidade em Debate* - Brasília, v. 2, n. 1, p. 121-138, 2011

SOUZA, V. B. de A. e. *Participação e interdisciplinaridade; movimentos de ruptura/construção*. Porto Alegre: Edipucrs, 1996.

ZAMBERLAN, J.; FRONCHETI, A. *Agricultura alternativa; um enfrentamento à agricultura química*. 2.ed. Passo Fundo: Pe. Berthier, 1994.

6

Visão sistêmica e educação ambiental
conflitos entre o velho e o novo paradigma

Ivane Almeida Duvoisin e Aloisio Ruscheinsky[*]

Este capítulo traz uma reflexão sobre o sistema educativo no sentido de se repensar maneiras mais adequadas para acompanhar as mudanças velozes da contemporaneidade. Constitui-se de uma reflexão crítica sobre a forma como têm sido conduzidas as diversas reformas educacionais no Brasil e da emergência de uma visão sistêmica e mais complexa, que considere as influências das tecnologias da informação e da comunicação, das visões de mundo e das concepções epistemológicas do fazer pedagógico do professor.

Levando em conta o desenvolvimento histórico da Educação Ambiental (EA) e de forma atenta às recomendações dos inúmeros fóruns, redes sociais, listas de discussão e pesquisas realizadas, até então, sobre as desvantagens da excessiva fragmentação das disciplinas acadêmicas, inicia-se esta reflexão sobre os velhos e os novos paradigmas e sobre a importância de uma visão sistêmica a nortear as práticas pedagógicas. À medida que o ser humano foi se distanciando da natureza e passou a encará-la como uma gama de recursos disponíveis a serem transformados em bens consumíveis, começaram a surgir os problemas socioambientais ameaçando a sobrevivência do nosso planeta. A EA consiste no esforço em contribuir para a mutação na forma de encarar o papel do ser humano ante os bens naturais.

Vejamos duas manifestações sobre visão sistêmica como abordagem do nexo entre sociedade e natureza. Guardada a efetiva distância no tem-

---

[*] Este capítulo, nesta 2ª edição, é em coautoria, porém por uma razão circunstancial de colaboração mútua, portanto o teor do texto corresponde a uma aproximação teórica entre os dois autores.

po e no espaço, a ótica integradora pode ser expressa em diferentes culturas e momentos históricos:

> Todas as coisas são interligadas como o sangue que une uma família. O que acontecer com a Terra, acontecerá com seus filhos. O homem não pode tecer a trama da vida; ele é meramente um dos fios. Seja o que for que ele faça à trama, estará fazendo consigo mesmo. (Chefe Seattle, 1854)

Veja o leitor, em termos de interdependência sistêmica e de concepções de totalidade e de conexões, a incrível semelhança na formulação de Capra, guardada a distância secular entre as duas narrativas:

> A natureza é vista como uma teia interconexa de relações, na qual a identificação de padrões específicos como "objetos" depende do observador humano e do processo de conhecimento. Essa teia de relações é descrita por intermédio de uma rede correspondente de conceitos e de modelos, todos igualmente importantes. (Capra, 1996, p. 49)

A visão sistêmica aposta na ideia de rede, de conexões intrínsecas, pois compreende que todos os objetos se constituem enquanto redes de relações. Sendo assim, o universo e o meio ambiente se caracterizam como uma rede inseparável de conexões, bem como a sua inteligibilidade decorre do desvelamento dessas relações (Morin, 2010b).

O advento de novos paradigmas e valores éticos em face dos múltiplos processos de degradação do ecossistema é propício para a emergência de uma área da educação ambiental com o intuito de afirmar outras lógicas de relacionamentos entre a sociedade e a natureza. O endosso de uma visão sistêmica requer a adoção de uma ótica de integração e participação, nas quais os indivíduos são desafiados a exercer a cidadania. Isso reporta, de acordo com Bonotto (2008), a uma visão de totalidade que requer as respectivas conexões entre os conhecimentos, valores e comportamentos em um esforço para que os cidadãos cultivem atitudes condizentes com esse novo pensar, bem como desenvolvam competências para que possam enfrentar os desafios oriundos da pós-modernidade. Nessa perspectiva, este capítulo tece uma trama com a finalidade de interconectar os diversos olhares, oriundos de visões fragmentadas, que, porém, são cenas de uma mesma peça: o processo educativo.

Na primeira seção são discutidas as implicações na educação da visão mecanicista e fragmentária sustentadas pela racionalidade científica, bem como as razões para uma mudança de concepção que esteja mais de acordo com a EA; a seção trata também das questões dos conflitos entre a visão pluralista e unitarista na construção do conhecimento e da relevância de avançar para uma visão sistêmica[1].

A segunda seção aborda as implicações dessas visões na educação e as tentativas de reformas no Brasil, seus retrocessos e avanços, assim como as questões relacionadas à aquisição do conhecimento, à defasagem existente entre os princípios e fins educacionais.

Na terceira seção, examinam-se as questões concernentes à tecnologia e às suas implicações no ambiente escolar, a construção de ambientes de aprendizagem como espaços abertos que buscam privilegiar a construção do conhecimento pelo sujeito aprendente, e a importância ao acesso a ambientes de aprendizagem apoiado por redes de computadores.

CONFLITOS ENTRE O VELHO E O NOVO PARADIGMAS: IMPLICAÇÕES PARA O MEIO AMBIENTE E A EDUCAÇÃO

Durante a Conferência de Tbilisi, na Geórgia em 1977, foi elaborado um documento técnico – "A Declaração do Meio Ambiente" – que reafirma posicionamentos anteriores da necessidade urgente da investigação de novos métodos e desenvolvimento de materiais educativos. Nas recomendações de Tbilisi e nos encontros subsequentes percebe-se um consenso sobre a necessidade de um enfoque interdisciplinar orientado para a resolução de problemas concretos do meio ambiente (UNESCO/PNUMA, 1980).

No Brasil, um marco importante foi a Conferência Mundial das Nações Unidas no Rio de Janeiro (1992), cujos resultados foram oficialmente consolidados por meio do Plano de Ação intitulado "Agenda 21", pelo qual se firmam concretamente os compromissos entre as cúpulas dos diversos países envolvidos. O documento considera que a EA é indispensável para a modificação de atitudes e para o desenvolvimento de comportamentos compatíveis com a formação de sociedades sustentáveis e, por isso, deve ser incorporada em todos os níveis escolares, reexaminando-se os programas e os métodos de educação. Dessa conferência resultou também o "Tratado de Educação Ambiental para Sociedades Sustentáveis e Responsabilidade Global", no qual constam recomendações sobre a importância da implementação de ações comprometidas em consolidar os seguintes valores: responsabilidade individual e coletiva; pensamento crítico e inovador; uma educação ambiental caracterizada pela visão interdisciplinar e capaz de suscitar consciência ética, que não seja neutra, mas um ato político baseado em valores para a transformação social. O documento também faz referência aos métodos e aos conteúdos:

> A educação ambiental deve tratar as questões globais críticas, suas causas e inter-relações em uma perspectiva sistêmica, em um contexto social e histórico. Aspectos primordiais para seu desenvolvimento e seu meio ambiente tais como: população, paz, direitos humanos, democracia, saúde, fome, degradação da flora e da fauna, devem ser abordados... Deve capacitar as pessoas a trabalhar conflitos e a integrar conhecimentos, valores, atitudes e ações, buscando a transformação de hábitos consumistas e condutas ambientais inadequadas. É uma educação para a mudança. (Cnumad, 1997)

Muñoz (1999) chama a atenção para o fato de que o âmbito de conteúdos envolvidos na EA é muito extenso, englobando relações da natureza e sociedade e a solução dos problemas por ela suscitados, além de situá-la nas correntes de educação aberta, que vão mais além do que a educação formal e institucional, podendo se estender a toda a população. De certa forma, a EA, por meio de projetos socioambientais, luta contra o rigor da ordem academicista[2], propondo atividades em que predomina a criatividade que suscita um olhar sobre os nexos entre o cotidiano e o geral, entre o singelo e o complexo.

A história da cultura humana e da sua inter-relação com o ecossistema possui diversas fases, desde a subordinação às intempéries à dominação dos segredos de todas as formas de vida no planeta (Trevisol, 2003). Todavia, esses nexos ainda não se esgotaram, são um potencial em constante reconstrução. Diferentes leituras acerca da organização do homem como um ser vivo e do seu diálogo com a natureza e com os outros homens foram realizadas ao longo do tempo. Essas visões se constituíram em contextos históricos diferenciados, a partir dos elementos gerados pelo desenvolvimento da ciência e da tecnologia, bem como das implicações e influências que tiveram no desenvolvimento das estruturas sociais. Nesse contexto, só aumenta a importância da educação ambiental visando uma sociedade tecnológica, complexa ou de risco em que a desordem e o caos ocupam o seu espaço; bem como, ante os mecanismos de ataque à biodiversidade, redobram os desafios e a relevância na construção da sustentabilidade (Trevisol, 2003).

A sociedade foi por longo tempo interpretada como um conjunto constituído por sistemas fechados, estáveis e organizados. Os sistemas vivos e não vivos eram compreendidos e explicados por uma abordagem mecanicista, fragmentária e especializada (Ramos, 1999). A lente pela qual se obtinha tal visão era a da racionalidade científica, que tinha como base apenas a teoria das ciências naturais. Nessa concepção, tanto a natureza como os seres vivos apresentam fenômenos e processos de caráter previsível causal, com possibilidades de serem controlados.

Nas últimas décadas, as pesquisas realizadas na física quântica, na teoria da relatividade e no estudo da mente estão contribuindo para uma mudança na visão de mundo que começa ser visto como um grande sistema aberto,[3] instável, formado por subsistemas que efetuam intercâmbios vitais para a sua manutenção e transformação (Prigogine,1996). As interações podem provocar perturbações desestabilizando a organização existente, forçando o sistema a superar os problemas por meio da autorregulação até atingir novamente o equilíbrio. Tais perturbações anteriormente evitadas passam a ser entendidas como fundamentais. Quando elas se tornam muito grandes, o sistema precisa se reorganizar, atingindo, assim, um novo patamar de desenvolvimento (Piaget, 1976). Pensar o mundo enquanto sistemas organizados que interagem entre si, é condição primordial para um conhecimento alinhado aos nossos tempos. "Um sistema é um conjunto interconectado de elementos organizados de forma coerente em torno de algum objetivo. Existem três coisas que caracterizam um sistema: elementos, interconexões e um objetivo" (Cadernos de Educação Ambiental, 1997, p. 46, 49).

Essa visão de mundo que cada vez mais se estabelece e ganha adeptos não é algo propriamente novo. Enfocada no âmbito dos problemas ambientais, constitui-se como resultado de reflexões e pesquisas realizadas no seio de diversas áreas do conhecimento – ciências, medicina, psicologia, tecnologia, ecologia, sociologia, economia, política (Ramos, 1997). A autora considera ponto de partida para tais mudanças de percepção no mundo ocidental a década de 1970, quando o pensador Marshall McLuhan, refletindo sobre os efeitos do crescimento desenfreado da tecnologia e dos meios de informação e comunicação, prognosticou: "O futuro será a globalidade", que, em uma vertente mais científica, passa a ser chamado de paradigma sistêmico ou da complexidade.

A tensão do paradigma vigente (fragmentação e superespecialização) e do paradigma da complexidade tem sido tema de debate desde a emergência da modernidade. O livro *O uno e o múltiplo nas relações do saber*, de Gatti e Nascimento (1998), faz uma reflexão sobre o debate entre o monismo e o pluralismo epistemológico. Monismo epistemológico é a ideia de unidade do conhecimento humano, ou seja, a ideia de que o conhecimento deva se pautar por um mesmo modelo, enquanto no pluralismo epistemológico se aceita o fato de que cada área do conhecimento tem um objeto próprio, uma metodologia própria que não se pode transferir de um campo para o outro. Hoje as certezas de outrora tem demonstrado um deslocamento para a dúvida, e a unicidade dá lugar à multiplicidade e à relatividade. Apesar do contexto da expansão do conhecimento e de novas e atraentes metodologias, a ciência expande uma ambiguidade: a garantia de certeza anunciada em meio ao advento de novas ameaças e riscos. Nessas circunstâncias, a EA tende a enfatizar um diálogo frutífero entre as práticas sociais e as abordagens teóricas.

> Hoje vivemos em uma aparente fragmentação do conhecimento [...], mas para além do aparente, parece perdurar o monismo cartesiano, a necessidade da certeza do tipo matemático. Por sua vez, as tendências globalizantes também parecem esconder um certo desrespeito às especificidades de áreas. Assim se coloca um dilema prático: monismo às expensas de quê? Interdisciplinaridade, holismo às expensas de quê? (Gatti, 1998)

Nesse conflito de posições antagônicas, de dúvidas e incertezas, procura-se lidar e navegar. Aprendendo a lidar com o fato de que não há verdades preestabelecidas, precisamos caminhar juntos, aprender a lidar com o conflito e as contradições, respeitar as diferenças e construir, por meio da negociação e da mediação. A visão sistêmica ou visão ecológica, a partir da complexidade, procura superar a questão da unicidade e da multiplicidade na medida em que não considera apenas o uno, e sim a existência de vários subsistemas cada um deles com as suas especificidades, interconectados e influindo uns nos outros pelas interações e se auto-organizando. O horizonte da interrogação em face da realidade suscita uma perspectiva investigativa promissora para novos conhecimentos.

> A relação dialética entre pergunta e resposta foi permitindo desmobilizar certezas, expondo um desafio a ser enfrentado. Eram perguntas lançadas às teorias, a si mesmo, ao grupo-pesquisador, às proposições metodológicas dos autores que nos embasavam, mas não à busca de uma teoria estanque, em que as respostas são aceitas como válidas por sua legitimidade acadêmica. (Carvalho; Grün; Avanzi, 2009, p. 110)

A mudança de paradigma começa gradativamente a se refletir nas instituições educativas. O Brasil embasa a sua reforma no modelo espanhol, por intermédio dos Parâmetros Curriculares Nacionais (PCN, 1998). A mudança, tanto na Espanha quanto no Brasil, tem ocorrido de forma conflitante e contraditória. No Brasil, por ter sido elaborado sem a participação ativa dos professores, provocou a polêmica sobre os conteúdos e o componente sociológico do currículo: que tipos de conhecimentos, habilidades e atitudes são necessários à formação de indivíduos criativos, críticos e ativos?

Ramos (1997) alerta para a enorme defasagem existente entre os princípios e fins educacionais, bem como os objetivos da área e os conteúdos necessários a atingir tais finalidades, atribuindo essa defasagem à tensão existente entre esses princípios e fins e a inadequação da estrutura curricular compartimentalizada em disciplinas. A forma adotada para minimizar essa tensão foi a introdução de um novo conceito, o dos temas transversais[4], com o intuito de produzir outro movimento e dinâmica em face do conhecimento.

> A transversalidade trata-se de uma medida tímida, que entra pela porta traseira da reforma, porém que, uma vez dentro do sistema educativo, abriu uma fissura, um debate ainda não acabado, sobre uma autêntica renovação pedagógica, aquela que passa a incorporar uma nova orientação da cultura, mais compatível com as mudanças que estão ocorrendo em todos os níveis. (Ramos, 1997)

Para o autor, trata-se de uma medida *ad hoc* para incluir novos conteúdos de base mais sociológica que academicista, que pretende ser resposta educativa às crises do mundo atual, aos desequilíbrios que a nossa geração tem criado, como um advento de outro caos ou desordem (Sá, 2004). Considerando-se que muitos desses conteúdos podem se desenrolar na orientação moral do próprio conteúdo disciplinar, buscou-se uma "solução" em âmbito organizacional, a transversalidade. A questão não é tão simplista assim, pois não se trata apenas de uma simples mudança na forma de conduzir as aulas. Suas implicações vão mais além do que somente adequar ou mudar conteúdos; elas incidem em aspectos organizacionais, de relações interpessoais, de recursos, de formação do professor em uma rede de saberes (Tristão, 2004), de avaliação e outros.

As reformas implantadas no sistema educacional brasileiro põem à mostra a grande problemática e o embate conflitivo entre o novo e o velho paradigma. O grande desafio lançado aos educadores é vencer a inércia do sistema e transformar a escola em um espaço capaz de formar indivíduos para viver nessa nova era: a era sistêmica ou ecológica.

> O novo paradigma se vai nutrindo das contribuições que finalmente estão conduzindo a um pensamento transdisciplinar, chamado pensamento complexo por Morin (1995), sobre a base das contribuições da Teoria da Infor-

mação, a Cibernética e a Teoria Geral de Sistemas de Bertalanffy, sendo recentemente enriquecidas com as aplicações da Teoria do Caos. (Ramos, 1997)

Na perspectiva piagetiana, conhecer é atuar sobre a realidade, modificando-a mediante esquemas de ação e esquemas representativos de forma a conferir-lhe sentido. Refletir sobre a ação leva a novas relações, provocando a reestruturação do pensamento e, consequentemente, a reestruturação dos conhecimentos. Diferentemente da informação, o conhecimento provém da habilidade de organizar, selecionar, aprender e julgar tal informação, e essa habilidade provém da lógica, dos valores e das crenças.

Outra variável importante a ser considerada é a competência. Segundo Perrenoud (1999), competência é a capacidade que o indivíduo tem de agir adequadamente em determinado tipo de situação, colocando em sinergia vários recursos cognitivos complementares, entre os quais está a informação, porém sem se limitar a elas. As competências vão além de simples memorização. Competência consiste em relacionar complexas operações mentais, de interpretações, inferências, interpolações, invenções. "É a arte da execução de um conjunto de esquemas lógicos de alto nível de abstração."

A problemática da reprodução e da pura transmissão da informação pela educação não é uma exclusividade da área ambiental, é um problema generalizado nas diversas instâncias educacionais. Atualmente o aprender é, em geral, concebido como aquisição mecânica dos conteúdos "ensinados" pelo professor. Segundo Freire (1987), essa educação não permite que educador e educando se encontrem em situação de transformação de conhecimento: "o educador", por ser simplesmente aquele que doa conhecimentos prontos por meio de fórmulas e comunicados, e o educando, por receber passivamente essas informações sem questioná-las nem atuar sobre elas.

A atividade dentro do âmbito do sistema escolar, de maneira geral, está brotando um esforço para contornar a perspectiva centrada em algoritmos prontos e acabados e exercícios do tipo "faça assim"[5], "siga o modelo", onde os educandos memorizam regras em vez de desenvolver o raciocínio lógico. Difundem-se os debates e as iniciativas para a mudança que torne os aprendizes capazes de utilizar as informações e os conteúdos advindos de outros contextos.

No horizonte da complexidade apresentada na resolução de questões ambientais resta, porém, saber se os professores estão preparados para lidar com essas mudanças; arriscamo-nos a responder tal questão: estarem preparados é apreciação relativa, mas não acreditam que o problema seja de caráter metodológico e epistemológico. Muitos têm algumas informações dos diversos problemas, mas nem sempre discernimento das questões que estão imbricadas, nem têm tempo ou condições para se manterem atualizados com leituras que pudessem levá-los à reflexão. Os professores de hoje são fruto de uma educação excessivamente informal, centrada na multiplicidade de informações, memorização e na transmissão do conhecimento, desenvolvida em uma relação unilateral de ensinar-aprender, pela qual foram reduzidos a alunos-objetos, adestrados e domesticados, frutos de um modelo que hoje não dá conta da complexidade ou de uma visão sistêmica.

Estamos vivendo em uma época de intensas transformações na qual é fundamental a busca por alternativas capazes de contribuir com a formação de indivíduos autônomos, com competência para exercer a cidadania participativa e o desafio de humanizar a modernidade. A alternativa apontada pela UNESCO, por intermédio da Comissão Internacional para o Século XXI, para enfrentar esses novos desafios se firma nos princípios de aprender a aprender, aprender a viver juntos e aprender a ser. Nesse cenário surgem novas propostas epistemológicas que buscam em Piaget, Vygotsky e outros contemporâneos os pressupostos adequados a novas metodologias. Propostas pedagógicas surgem fundamentadas nesses teóricos que tentam romper com a "educação bancária" (Freire, 1979), na tentativa de formar indivíduos autônomos e críticos, capazes de enfrentar os desafios dessa nova era da complexidade, dos ambientes virtuais e das incertezas.

A sustentação ou o amparo de uma visão sistêmica permite enfocar de forma mais adequada os nexos entre a ótica da complexidade e os desafios postos pela crise paradigmática diante do meio ambiente, em cujo horizonte a EA vem para tecer as respectivas interfaces e esboçar os desafios (Pádua e Matallo, 2008). A interrogação que se põe é se a partir de uma visão sistêmica efetivamente os sujeitos realizam as suas observações a partir de um olhar em que se situam efetivamente também mais próximos da realidade ambiental do que se utilizassem outros sistemas simplificadores.

Incorporar os princípios da pesquisa como metodologia educacional pode ser um caminho para tentar romper com a aquisição mecânica dos conteúdos; ao mesmo tempo em que propicia ação dialógica, o crescimento da autonomia do educando rompe com o autoritarismo.

Uma ênfase na mudança de paradigma por certo não é um recurso retórico para se acompanhar uma linguagem da moda, porém, mesmo que sempre envolto em grandes polêmicas, necessariamente suscita leituras alternativas ou compreende diferentes interpretações da realidade ambiental. Contudo o debate dessa mudança enfrenta a rigidez decorrente da especialização disciplinar. Morin (2006; 2010) considera que uma forma de enfrentar o dilema do ensino é, por um lado, considerar os efeitos cada vez mais graves da compartimentalização dos saberes e da incapacidade de articulá-los uns aos outros, por outro, cultivar a aptidão para integrar e contextualizar, o que é uma qualidade da capacidade da razão.

AVANÇOS TECNOLÓGICOS:[6] NOVOS DESAFIOS À EDUCAÇÃO

Para que se atinja com a reforma do ensino as pretensões delineadas nos princípios e fins da EA descritos nos vários documentos oficiais, é necessário que façamos uma análise profunda das contradições e que sejamos conscientes da complexidade que envolve a referida reforma. Perrenoud (1999) diz que a escola está diante de um verdadeiro dilema que se origina do mal-entendido, em acreditar que para se desenvolverem competências se desiste de transmitir conhecimento. O autor parece compactuar com a ideia de que é possível transmitir conhecimento e de que isso é papel da educação dentro dos requisitos de criatividade auxiliada pelas novas tecnologias. De acordo com Demo (2009), as novas tecnologias proporcionam pressões angustiantes, bem como oportunidades inusitadas para o campo da educação.

Parece-nos haver uma confusão do que seja conhecimento e informação. Concordamos com o Perrenoud (1999, p. 7) quando diz: "Quase que a totalidade das ações humanas exige algum tipo de conhecimento... oriundo da experiência pessoal, do senso comum, da cultura partilhada em um círculo de especialistas ou da pesquisa tecnológica ou científica". O equívoco, a nosso ver, está no parágrafo seguinte: "A escola está, portanto, diante de um verdadeiro dilema: para construir competências, ela precisa de tempo, que é parte do tempo necessário para *distribuir o conhecimento profundo*" (grifo nosso).

Primeiramente, discordamos de que o conhecimento possa ser distribuído. No máximo, podemos distribuir informações; aliás, isso é o que o sistema escolar em suas diferentes épocas predominantemente tem feito ao longo da modernidade. A existência de uma ótica instrumental tem sido uma grande crítica diante da qual ainda se buscam alternativas. Estamos entulhando a mente de alunos – bem como a grade curricular com novos temas –, que não conseguem transformar toda essa informação em conhecimentos capazes de resolver os grandes problemas da sociedade ainda das desigualdades escancaradas e com direitos humanos para serem reconhecidos como universais.[7] Creio que necessitamos urgentemente refletir para conhecer melhor como essa imensidão de informações disponibilizadas, agora especialmente pelas mídias digitais, se transforma em conhecimento.

> O conhecimento só é conhecimento enquanto organização, relacionado com as informações e inserido no contexto destas. As informações constituem parcelas dispersas de saber. Em toda parte, nas ciências e nas mídias estamos afogados em informações... Os conhecimentos fragmentados não conseguem se conjugar para alimentar um pensamento capaz de considerar a situação humana no âmago da vida, na terra, no mundo e de enfrentar os grandes desafios de nossa época. (Morin, 2010, p. 16)

As informações ocorrendo em fluxo contínuo e com desdobramentos ininterruptos constroem uma gigantesca murmuração com linguagens discordantes e sons dissonantes ou a balbúrdia de uma multidão onde os rostos se ofuscam. Contudo, subsiste a possibilidade de sobreviver em meio aos fragmentos de informações, pois estas constituem parcelas dispersas de saber para a reforma do pensamento social e a construção do futuro.

O fracasso escolar, às vezes, é associado à falta de preparo do professor no conteúdo e à ausência de novos aparatos tecnológicos. Acreditamos que talvez esse não seja o principal problema do debate sobre o tema em questão, já que o ensino universitário tem sido fortemente conteudista ao longo de décadas. Os alunos dos cursos de formação de professores, ao se formarem e ingressarem no mercado de trabalho, nem sempre têm dado conta das necessidades tanto dos seus alunos quanto das exigências e emergências sociais.

> As inter-relações educativas, até então, têm sido presenciais e estão embasadas na aproximação entre os atores e interlocutores e requerem a coincidência espacial e temporal de quem intervém nelas. No espaço telemático as relações de espaço-tempo são outras e implicam em mudanças importantes para as inter-relações entre os seres humanos e particularmente para os processos educativos. As redes telemáticas, as tecnologias multimídias e a realidade virtual podem abrir novas possibilidades educativas, devido ao grau de interação. (Echeverría, 2000)

No momento atual, vivencia-se uma expansão da visão de comunidade, propiciada pelos avanços tecnológicos, principalmente relacionados às redes telemáticas. Tais avanços estão revolucionando os conceitos de espaço, tempo e das fronteiras na comunicação entre pessoas, no acesso às informações, na produção e na construção do conhecimento. Essa evolução acelerada da tecnologia traz novos desafios à escola, que precisa rever seu papel na sociedade revertendo a concepção de detentora do conhecimento. Os meios de comunicação mais recentes, como a internet, apesar de serem capazes de promover um ambiente rico, desafiador, interativo, colaborativo e propiciar comunicação rápida, têm sido usados de forma inadequada. *Sites e softwares educacionais* disponíveis no mercado, apesar de atrativos, na sua maioria, priorizam o aspecto informacional, instrucional diretivo algorítmico, constituindo-se em ambientes prontos, acabados apoiados em pressupostos de teorias comportamentalistas.

Diante dos temas transversais, das novas tecnologias, da inclusão digital e da educação ambiental, suscita-se um acesso a uma quantidade maior de informações[8] apresentando um desafio ético da qualidade ou da perspectiva do discernimento que não se adquire pelo fato de estar presente nesses procedimentos. Este é um dos aspectos relevantes na mudança de paradigma, implicando em maneiras de raciocinar e de compreender as relações sociais, bem como selecionar uma dentre muitas alternativas. Essas circunstâncias acabam provocando uma mudança na situação epistêmica do indivíduo. Um fato novo existente nessa multiplicidade de perspectivas é a velocidade que a conectividade eletrônica proporciona e a rapidez com que os indivíduos lidam com essa multiplicidade.

A prática epistêmica, para dar conta dessa nova realidade, não consiste simplesmente em uma descrição do mundo por meio de proposições, mas também em ações de raciocínio, lógico ou não, em resolução de problemas, cálculo e interação.[9] A tradição proposicional não está errada, mas é muito limitada para as exigências epistêmicas colocadas sobre os indivíduos inseridos em um planeta globalizado e interconectado.

É importante que se adeque as práticas educacionais e se invente metodologias que atentem para o fato de suscitar sujeitos na construção do conhecimento (Carvalho, 2006). Importa reconhecer que as novas tecnologias não constituem uma solução por si mesmo para a chatice do silêncio no recinto escolar. Os ambientes virtuais e as formas de comunicação em tempo real pela internet por meio das conexões estabelecidas a qualquer hora incitam curiosidades e desdobram questionamentos em face da interação múltipla com o outro e com o mundo, alavancando desafios para a investigação em que se constroem os conhecimentos apropriados à perspectiva da EA. Carvalho ainda alerta a emergência nessas circunstâncias de novos modos de ação política com formatos coletivos em redes e também associados à formação de um campo político e pedagógico ambiental.

A pesquisa é um princípio educativo, e, segundo Demo (2009), hoje a educação possui novas tecnologias a seu dispor para um permanente questionamento reconstrutivo das informações, dos saberes e dos valores. Um dos princípios da pesquisa se reporta à capacidade de fazer viagens e percursos por meio do conhecimento existente, desfazendo o que outrora se considerava verdade imutável e desconstruindo mitos. O desenvolvimento criativo da pesquisa como princípio educativo capacita para refutar informações e reconstruir percursos, possibilitando, assim, o avanço do conhecimento.

As mídias digitais podem auxiliar enormemente para que em uma sala de aula o professor possa orientar seu aluno para a reconstrução permanente do seu saber e, dessa maneira, estará utilizando a metodologia da pesquisa e transgredindo a lógica linear de prerrequisitos, de conceitos prévios, passando a trabalhar em uma lógica espiral à semelhança do que percebemos historicamente. É preciso que se persiga a dúvida do aluno, sem perder de vista o conhecimento construído até então, o qual servirá de alicerce para novas construções e reconstruções. Assim, é possível que se mude a concepção do que é ensinar-aprender e do que é currículo.

Nesse sentido, em uma perspectiva interativa, Carvalho, Grün e Avanzi (2009, p. 108) propõem uma epistemologia compreensiva para a EA.

> Um pressuposto inicial para a educação ambiental que se buscava construir na experiência da pesquisa-intervenção foi sua fundamentação em relações dialógicas, em que a compreensão do mundo e a construção de veredas para uma vida sustentável naquelas localidades se dessem não de uma perspectiva explicativa, mas através de encontros de interpretações sobre realidades e temáticas em foco. Da relação recursiva entre compreensão e prática, enraizada em aspectos culturais e históricos, ampliava-se a noção de educação ambiental para uma postura compreensiva que se constrói na imprevisibilidade do encontro.

Se, de um ponto de vista de inovação educativa, é fundamental considerar efetivamente as contribuições das novas tecnologias (Demo, 2009), de outro, a mudança de paradigma fica aquém do desejado se for apenas nominal. Cabe lembrar que tanto as informações contidas em periódicos da grande imprensa quanto as informações difundidas por meios digitais estão amparadas em interesses e podem ter a função primordial de legitimar atores sociais.[10] A crise ambiental por certo não pode ser encaminhada somente pela priorização da ciência e da tecnologia, porém inclui a busca por eficácia na mediação dos conflitos ambientais e na produção de uma consciência socioambiental.

A importância estratégica da Educação em um contexto de mudança de paradigmas exige a construção de uma noção complexa que supere a necessidade de distinguir entre educação formal e não formal, ou entre os vários focos fragmentados, como é o caso do qualificativo "ambiental". A dimensão educativa dos processos de gestão ambiental é uma referência necessária para a definição de estratégias políticas voltadas para a mudança de paradigmas. (Sá, 2004, p. 69)

Os desafios que os avanços tecnológicos e a crise ambiental põem para a visão sistêmica conduzem alguns autores à defesa da alfabetização ecológica (Molon e Dias, 2009). Essa alfabetização tendo como fundamento o olhar ambiental se guiaria por uma tentativa de religar a dimensão humana ao ecossistema (Morin, 2010b) ou à busca de um elo perdido ou de distanciamento indevido entre o natural e o social. O risco da visão sistêmica diante das novas tecnologias se refere a entender que o todo ou totalidade é sinônimo de tudo em uma plena indistinção.

A EDUCAÇÃO FRENTE ÀS MUDANÇAS DE PARADIGMA

Como podemos mudar um paradigma, se não mudarmos a linguagem?
(Martha Tristão)

Na discussão sobre as relações do saber, o uno e o múltiplo se entrelaçam e os nós da rede se interconectam, tornando-se evidente, nessa fase de transição e de quebra de paradigma, a necessidade de se levar em conta a complexidade ao se lidar com a educação. A questão parece ser mais complexa do que simplesmente adotar um posicionamento sobre uma ou outra postura. Na era da informática e da internet, com a facilidade em disponibilizar múltiplos dados sobre a realidade de uma vasta gama de aspectos a qualquer cidadão, perde o sentido a escola querer continuar com a postura informacional.[11] Mais do que nunca, torna-se emergente que se assuma o papel de criar condições para que os cidadãos possam desenvolver competências para lidar com essas informações ou desenvolver o senso de discernimento. Nesse sentido, Morin (2006; 2010) destaca entre os saberes necessários à educação do futuro três desafios a enfrentar: a ligação do local e do global, a complexidade e a expansão descontrolada do saber. Para enfrentar esses desafios, precisamos estar conscientes de que a cultura está partida em blocos: a cultura humanística (de natureza genérica) e a cultura científica (de natureza fragmentária). A partir de sua junção podem ocorrer grandes descobertas, bem como uma reflexão sobre o destino humano e sobre o futuro da própria ciência. No contexto dessa aliança também se descortina a reforma do pensamento e os saberes da educação do futuro, por isso a crítica alargada do autor:

> A continuação do processo técnico-científico atual – processo cego, aliás, que escapa à consciência e à vontade dos próprios cientistas – leva a uma grande regressão da democracia. Assim, enquanto o *expert* perde a aptidão de conceber o global e o fundamental, o cidadão perde o direito ao conhecimento. (Morin, 2010, p. 19)

Para corrigir esse viés, um caminho possível é o pensamento sistêmico, que aceita a complementaridade ou a conexão e entrelaçamentos de todas as coisas. As investigações no campo da educação das últimas décadas mostram que a forma como apreendemos a realidade não responde a modelos lineares, e sim a caminhos de integração, crises e novas sínteses dos conteúdos aprendidos. A EA, entre outras atribuições diante de uma crise civilizatória ou do modelo de sociedade sob o mando da lógica da razão instrumental, possui uma característica de provocar uma desordem criadora (Sá, 2004), especialmente porque a ordem em vigor degrada o ecossistema e conduz ao declínio da biodivesidade.[12]

A visão ecossistêmica ou concepção sistêmica se compreende como uma abordagem integrada dos problemas e das resoluções em face das mudanças ambientais. Em relação aos conflitos socioambientais, prevê a participação ativa na avaliação de impactos ambientais, bem como entende como fundamental as contribuições de diferentes vertentes para o estabelecimento de soluções norteadoras para as ações de proteção ambiental. Uma interrogação sempre se põe: se não basta um quadro geral da situação dos principais ecossistemas brasileiros, dando ênfase às respectivas ameaças, cada ecossistema regional ou local possui peculiaridades.

De fato a população urbana está como que cindida do olhar quanto a sua dependência de bens naturais, ou melhor, naturaliza o que é uma construção social. O fomento de tecnologias de informação e de comunicação (TICs) na educação brasileira possibilita que o conhecimento estruturado por uma pessoa ou de um grupo seja utilizado por outros membros das redes sociais e gere outras formas de organização com novos parceiros sem os limites territoriais. Assim, sem sombra de dúvida se estabelecem conflitos entre velhos e novos paradigmas e espaços de informação que desafiam de maneira substantiva a EA. A construção de novos ambientes de aprendizagem com a emergência de novas ferramentas tende a privilegiar espaços abertos nos quais se intui possibilidades e se constrói conhecimentos. Entre os desafios, situa-se a inclusão no espaço escolar dos nexos com o ambiente virtual que se difundem dia a dia no cotidiano familiar e transformarem ou incorporarem esse acesso às informações múltiplas em um processo de aprendizagem (Franco, Cordeiro e Castilho, 2003). Todavia, acima de tudo está em questão o discernimento para avaliar a pertinência das informações (Laguardia, Portela e Vasconcellos, 2007), bem como uma nova ética em face da "livre expressão".

O acesso a ambientes de aprendizagem apoiados por redes de computadores oferece oportunidade ímpar por possibilitarem a participação em redes cooperativas e dinâmicas de aprendizagem de grupos que interagem através de correio eletrônico, de listas de discussão, de IRCs (Internet Relay Chat) e páginas da *web*. Com o uso de sistemas educacionais informatizados e altamente interativos, é possível oportunizar um ambiente ativo e aberto, no qual os estudantes trabalham visando desenvolver seus projetos, com bases em suas habilidades, conhecimentos e interesses. Essa perspectiva considera que o sujeito é um ser ativo e de relações e que o conhecimento de fato não é "transferido" ou "depositado", porém construído pelos sujeitos nas interações e relações estabelecidas com outros e com todas as coisas que os rodeiam. Ora, nesse contexto é possível emergir um nova figura coletiva: a construção de textos colaborativos.

Existem diversos ambientes para apoiar os processos de aprendizagem e facilitar os trabalhos em parceria embasados em pesquisas de aprendizagem cooperativas apoiadas por computador (Computer Supported Cooperative Learning – CSCL). Segundo Tavares e colaboradores (2001), a aprendizagem cooperativa é uma técnica com a qual os estudantes se ajudam nos processos de aprendizagem, atuando como parceiros entre si e com o professor e objetivando compreender um dado objeto para, pela mediação, construir conhecimento. Isso mostra que a informática, pelo desenvolvimento de ambientes telemáticos abertos e interativos na internet, pode possibilitar a ruptura desejada, desde que associada a concepções pedagógicas que primem pela construção do conhecimento.

Existem diversas iniciativas bem-sucedidas de trabalhos utilizando metodologias investigativas e interativas com a utilização de ambientes informatizados. A título de ilustração, pontua-se o Curso de Extensão "A Educação Ambiental na Rede Telemática"[13] para professores do ensino fundamental da rede pública municipal do Rio Grande. Os professores desenvolveram seus projetos de aprendizagem com temáticas ambientais de seu interesse, utilizando a internet como recurso de pesquisa, interação e publicação dos resultados das suas pesquisas. O processo de elaboração dos projetos durante o curso foi foco de análise da minha dissertação de mestrado intitulada *A Educação Ambiental na Rede Telemática*, defendida em 2003 na Universidade Federal do Rio Grande (FURG).

Na tese, Duvoisin (2003) defende os projetos de aprendizagem como alternativa de superação da fragmentação das áreas acadêmicas, em um exercício de diálogo permanente dos professores-cursistas com os professores das áreas de Ciências Naturais e Matemática e dos professores entre si. Outra iniciativa que vale a pena destacar é o Curso de Especialização em Educação Ambiental ofertado aos polos da Universidade Aberta do Brasil (UAB) pela Secretaria de Educação a Distância (SEAD/FURG) em parceria com o programa de pós-graduação Educação Ambiental da FURG (PPGEA), que gerou a tese de Cláudia da Silva Cousin, intitulada "Pertencer ao naveg@r, agir e narr@r: a formação de educadores ambientais", defendida em 2010. A tese discute a importância da educação aberta e da Educação a Distância (EaD) como possibilidades formativas para atender às demandas de democratização da educação. Para Cousin, a EA em articulação com a EaD cria possibilidades de formação e diálogo em novas redes abrindo caminhos para transformação dos métodos de ensino (Cousin, 2010).

As vivências acima descritas são mostras das possibilidades existentes de superação da fragmentação e de iniciativas de metodologias mais conectadas com a visão sistêmica tão rara na EA. Por um lado, há que se concordar com a ampla polêmica vigente quanto à visão sistêmica como um delineamento para a educação ambiental. Por isso diz Tristão (2005, p. 259):

> O pensamento complexo ainda é muito pouco explorado na formação dos campos do sentido da Educação Ambiental. Embora conduza os fios de reencantamento da educação em geral, a Educação Ambiental nesses anos de existência preferiu inserir na tessitura de sua narrativa termos como "novo paradigma", o holismo, a totalidade.

Cuidar da sorte e do destino dos ecossistemas implica refazer as bases epistemológicas da visão das relações sociais e de sustentação do antropocentrismo e do consumismo. Importante se faz buscar uma visão mais moderada, que contemple inclusive o decrescimento além do ecossistema, ou seja, menos individualista, hedonista e ufanista, longe da preponderância absoluta da visão antropocêntrica. O desenvolvimento da ciência e da tecnologia habilitou para extorquir do ecossistema os saberes para dominá-lo completamente e atribui um tal poder à sociedade sobre a biodiversidade, de tal forma que hoje, além do domínio, é possível cogitar a criação da natureza.

CONSIDERAÇÕES FINAIS

Aqui se fecha o ciclo da discussão iniciada sobre o uno e o múltiplo nas relações do saber, a trama se completa e os nós da rede se interconectam, tornando-se evidente, nessa fase de transição e de quebra de paradigma, a necessidade de se levar em conta a complexidade ao se lidar com a educação. A questão parece ser mais complexa do que simplesmente adotar um posicionamento sobre uma ou outra postura. Na era da informática, da internet e do conhecimento construído, estão colocados à disposição de qualquer cidadão, assim perde o sentido, portanto, o fato de a escola querer continuar com a postura informacional.

Ao longo deste capítulo, argumentamos em favor de uma visão sistêmica ao tratar das questões ambientais na escola. Essa visão terá chances de se efetivar quando os professores se abrirem para um diálogo nas fronteiras das suas especialidades e passarem a implementar metodologias interativas mais focadas na pesquisa do que na oferta de informação. Superar o isolamento das áreas e se abrir ao diálogo para juntos construírem uma escola diferente, mais conectada ao nosso tempo. Possibilidades existem e iniciativas têm mostrado o potencial dessas metodologias interativas mediadas pelo uso das tecnologias digitais. Mais do que nunca, torna-se emergente que a escola assuma o desafio de contribuir para que os cidadãos desenvolvam competências para lidar com essas inovações. Como diz Morin (2010), "enquanto o *expert* perde a aptidão de conceber o global e o fundamental, o cidadão perde o direito ao conhecimento".

Para corrigir o viés da fragmentação e do isolamento, é importante cultivar um pensamento sistêmico, que aceite a complementaridade. Dando continuidade à ideia de Morin, a escola, em vez de estimular o acúmulo da informação (cabeça bem cheia), é mais importante ao ajudar os estudantes a desenvolverem aptidão geral para tratar os problemas e aprenderem os princípios organizadores que permitam ligar os saberes e lhes dar sentido, tratando de estimular a curiosidade, de encorajar, de instigar a aptidão interrogativa e orientá-la para os problemas importantes da contemporaneidade. Isso requer o exercício de lidar com a dúvida, o fomento da atividade crítica, habilidades com o uso da lógica, da dedução, da indução, bem como da arte da argumentação e da discussão.

Acredita-se que para haver alguma transformação no processo educativo, o professor precisa aprender a fazer fazendo. Como diz Morin: "Para repensar a reforma é preciso reformar o pensamento."

NOTAS

1 Em uma visão sistêmica, compreende-se que as águas poluídas ou em uma estiagem, por mais que se fale em escassez ou os espaços de depósitos dos resíduos, em qualquer circunstância, estarão sempre presentes no planeta, pelo fato de pertencerem a uma totalidade.

2 Guerra e Moser apontam em uma análise sobre materiais pedagógicos que o discurso crítico sobre a problemática ambiental vem se incorporando ao cotidiano escolar. No entanto, obstáculos como a utilização de informações e mecanismos virtuais se sobrepõem, além das dificuldades de compreender a Educação Ambiental como temática transversal. Confira "Materiais pedagógicos e tecnologias: avanços e obstáculos na formação continuada em educação ambiental". Contrapontos, v. 8, n.2, Itajaí, 2008, p. 253-269. Disponível em: http://www6.univali.br/seer/index.php/rc/article/view/951/807

3 Bertalanffy (1940) define sistemas abertos como aqueles que importam e exportam materiais, energia e informações com o meio, atingindo, pela troca contínua com este, o estado estacionário (equilíbrio).

4 Segundo o MEC, 1992: "Temas transversais são eixos, linhas ou eixos geradores de conhecimentos... Constituem-se de temas recorrentes no currículo, não paralelos às áreas, porém transversais. Os temas ambientais possuem o intuito de permear os diferentes conhecimentos, atravessando as disciplinas horizontalmente, mas também ressignificando verticalmente os conteúdos ao longo da trajetória escolar."

5 Todavia campanhas como "faça a sua parte" podem produzir comportamentos de efeitos ambientais. De fato, é visível que, de um ano para o outro, o computador, celular, baterias, lâmpadas entre muitos outros objetos ficam obsoletos e não devem ser dispensados como entulho comum... O equívoco seria estacionar no discurso "faça a sua parte" como mecanismo apropriado à EA.

6 A gestão do conhecimento, as novas tecnologias na educação ambiental como mecanismos propícios para um aprendizado social, um recurso pedagógico, um diálogo sobre o futuro, bem como a questão do discernimento sobre múltiplas informações tendem a ser preocupação menos dos pedagogos do que de outras áreas que cultivam a educação ambiental. Confira, a propósito, Giovana Escrivão et al. A gestão do conhecimento na educação ambiental. *Perspectivas em Ciência da Informação*, vol. 16 n. 1, Belo Horizonte, 2011. Disponível em: http://portaldeperiodicos.eci.ufmg.br/index.php/pci/article/viewFile/1138/848; ou Gelze Rodrigues; Marlene Colesanti. Educação ambiental e as novas tecnologias de informação e comunicação. *Sociedade & Natureza*, vol. 20 n. 1, 2008. Disponível em: http://www.scielo.br/scielo.php?pid=S1982-451320080 00100003&script=sci_arttext

7 Ricardo Toledo Neder no artigo "Tecnologia e democracia diante da quarta geração dos direitos humanos" (disponível em http://www.observatoriodaimprensa.com.br/news/imprimir/3815) se pergunta: "Por que se preocupar com a correlação positiva ou negativa entre o funcionamento do sistema político que orienta a democracia, e a gestão tecnológica?" Ele ensaia uma resposta a partir de uma teoria crítica da tecnologia que vise "ajudar os esforços de fundamentação para a nova geração de direitos que implica o controle das tecnologias sobre a segunda natureza humana (que é a nossa biosfera) e o ambiente construído, nossas sociedades". O tema dessa edição da revista *Consciência* são os direitos humanos diante de novas facetas.

8 As informações também podem estar no centro de conflitos socioambientais ou servirem para legitimar determinados atores sociais. Informação, meio ambiente e atores sociais: mediação dos

conflitos socioambientais. Ciencias Sociais (Unisinos), v. 46, p. 232-247, 2010. Disponível em: www.unisinos.br/revistas/index.php/ciencias_sociais

9 A EA tem a contribuir por meio de mecanismos de interação. Para refletir sobre a forma prática como o meio ambiente está sendo consumido ou sendo denegrido, cabe atentar para o uso dos bens naturais. Cada qual deixa as suas marcas nesse processo socioambiental, portanto, "pegadas" nos espaços apropriados, e quanto maior o nível de qualidade de vida mais extensas as marcas. Um exercício pedagógico consiste em difundir a metodologia do cálculo da "pegada ecológica". Formulário disponibilizado pelo WWF na *web* e diversos textos em: www.unisinos.br/ihu

10 A esse propósito, pode-se consultar a abordagem no artigo "Informação, meio ambiente e atores sociais: mediação dos conflitos socioambientais". *Ciências Sociais* (Unisinos), v. 46, p. 232-247, 2010. Disponível em: www.unisinos.br/revistas/index.php/ciencias_sociais

11 O excesso de informações, inclusive as de teor ecológico, pode confundir e desestimular quem deseja viver de forma mais sustentável, semeando ambiguidades em face das alternativas efetivas em tempos de crise energética e ambiental. Em lugar de um ecologista podem emergir um "O ECOnfuso e suas dúvidas cruéis". Disponível em: http://www.ihu.unisinos. br/index.php?option=com_noticias&Itemid=18&task=detalhe&id=15459.

12 Nesse caso, existem muitas situações-limite ou processos postos entre o reversível e o irreversível em uma perspectiva sistêmica. Tomemos os resíduos como exemplo. Os resíduos são materiais ou substâncias descartados resultantes de atividades humanas, portanto invenção da sociedade, cuja destinação final está ordenada pela legislação em vigor. Todavia, ainda existem os sólidos ou líquidos cujas particularidades tornam altamente não recomendável o seu lançamento ao ar livre, na rede pública de esgotos ou em corpos d'água ou sua incineração; nos casos extremos ainda há os desafios de soluções técnicas economicamente inviáveis em face da melhor tecnologia disponível.

13 Os projetos desenvolvidos pelos professores-cursistas no Curso "A Educação Ambiental na Rede Telemática podem ser visualizados na página: www.ceamecim.furg.br/ameii e/ou na dissertação de mestrado de Ivane Almeida Duvoisin, FURG: 2003.

REFERÊNCIAS

BONOTTO, D. M. B. Contribuições para o trabalho com valores em Educação Ambiental. *Ciência & Educação, Bauru*, vol.14, no.2, 2008,p.295-306

CARVALHO, I. C. M. As transformações na esfera pública e a ação ecológica: educação e política em tempos de crise da modernidade. *Revista Brasileira de Educação*, vol.11, n° 32, 2006, p.308-315.

CARVALHO, I. C. M.; GRÜN, M; AVANZI, M. R. Paisagens da compreensão: Contribuições da hermenêutica e da Fenomenologia para uma epistemologia da Educação ambiental. *Cadernos Cedes*, Campinas, vol. 29, n. 77, p. 99-115, 2009

CAPRA, F. *A teia da vida:* uma nova compreensão científica dos sistemas vivos. São Paulo: Cultrix, 1996.

CNUMAD. *Agenda 21*. Brasília : Senado Federal/Subsecretaria de Edições Técnicas, 1997.

COUSIN. C. S. *Pertencer ao Naveg@r, agir e narr@r:a formação de educadores ambientais.*Rio Grande: FURG, 2010. (Tese de doutorado em Educação Ambiental)

DUVOISIN, I. A. *A Educação Ambiental na Rede Temática*. Rio Grande: FURG, 2003. (Dissertação de mestrado em Educação Ambiental).

DEMO, P. *Educação hoje:* "novas" tecnologias, pressões e oportunidades. São Paulo: Atlas, 2009.

ECHEVERRÍA, J. Educación y tecnologías telemáticas. *Revista Ibero Americana*, OEI, n. 24, set./ dez. 2000, [http://www.campus-oei.org/revista/ric24a01.htm] 22/03/01.

Educação ambiental **135**

FERRARO J., L. A. (Org.). *Encontros e Caminhos*: formação de educadoras(es) ambientais e coletivos educadores. Brasilia: MMA, 2007, v. v 2.

FRANCO, M. A.; CORDEIRO, L. M. e CASTILLO, R. A. F. O ambiente virtual de aprendizagem e sua incorporação na Unicamp. *Educação e Pesquisa*, vol.29, 2003, p. 341-353.

FREIRE, P. *A pedagogia do oprimido*. Rio de Janeiro: Paz e Terra, 1987.

_____. *Conscientização; teoria e prática da libertação*. São Paulo: Cortez e Moraes, 1979.

GATTI, B.; NASCIMENTO, C. *O uno e o múltiplo nas relações do saber*. 2.ed. São Paulo: Cortez, 1998.

LAGUARDIA, J.; PORTELA, M. C. e VASCONCELLOS, M. M. Avaliação em ambientes virtuais de aprendizagem. *Educação e Pesquisa.*, vol.33, 2007, p.513-530

MAGDALENA, B.; COSTA, Í. Nada do que foi será do jeito que já foi um dia. *Saberes*, Jaraguá do Sul: FERJ/SC, v. 1, n.1, p. 42-55, jan./abr. 2000.

MARASCHIN, C. Conhecimento, escola e contemporaneidade. In: LEVY, P. *CiberEspaço: um hipertexto com Pierre Lévy*. Porto Alegre: Artes & Ofícios, 2000. p. 106-114.

MELLO, H. Ambientes computacionales y desarrollo cognitivo: perspectiva na psicologia. *Boletin de Informática Educativa,* v.2, n.2, p.135-145, 1989.

MOLON, S. I.; DIAS, C. M. S. (Org.). *Alfabetização e educação ambiental: contextos e sujeitos em questão*. Rio Grande: Ed FURG, 2009

MORIN, E. *Os sete saberes necessários à educação do futuro*. 11 ed., São Paulo: Cortez Ed, 2006.

_____. *A cabeça bem-feita: repensar a reforma, reformar o pensamento*. 17. ed., Rio de Janeiro: Bertrand Brasil, 2010a.

_____. *A religação dos saberes*: o desafio do século XXI. 7. ed. Rio de Janeiro: Bertrand Brasil, 2010b.

MORIN, E.; MOIGNE, J. L. *A inteligência da complexidade*. São Paulo: Petrópolis, 2000.

MUÑOZ, M. C. G. Principales tendencias y modelos de la Educación Ambiental en el sistema escolar. *Revista Eletrónica* OEI, n.11, 1999.

ONU. *Conferência de Estocolmo sobre o Meio Ambiente Humano*. Paris: UNESCO, 1972.

PÁDUA, E. M. M.; MATALLO J, H. (orgs.). *Ciências Sociais, complexidade e meio ambiente: Interfaces e desafios*. Campinas, SP: Papirus, São Paulo. 2008.

PARÂMETROS CURRICULARES NACIONAIS – Temas Transversais. Brasília: MEC, 1998.

PERRENOUD, P. *Construir as competências desde a escola*. Porto Alegre: Artmed, 1999.

PIAGET, J. A. *Equilibração das estruturas cognitivas: problema central do desenvolvimento*. Rio de Janeiro: Zahar, 1976.

PRIGOGINE, I. *O fim das certezas: tempo, caos e as leis da natureza*. São Paulo: Editora Universidade Estadual Paulista, 1996.

RAMOS, R. Y. *Hacia uma educación global desde la transversalidad*. Madrid: Anaya, 1997.

SÁ, L. M. A desordem criadora: crise ambiental e educação. *Ambiente e Educação*, Rio Grande, nº 9, p. 69-84, 2004.

UNESCO/PNUMA. *La educación ambiental. Las grandes orientaciones de la conferencia de Tbilisi*. Paris: UNESCO, 1980.

TAVARES, O. L. et al. Ambiente de apoio à mediação da aprendizagem: uma abordagem orientada por processos e projetos. *Revista Brasileira de Informática na Educação*, v. 9, p. 80, 2001.

TRISTÃO, M. *A educação ambiental na formação de professores*: rede de saberes. São Paulo: Annablume, 2004.

_____. Tecendo os fios da educação ambiental: o subjetivo e o coletivo, o pensado e o vivido. *Educação e Pesquisa*, vol 31, n 2, 2005, p 251-264. http://www.scielo.br/pdf/ep/v31n2/a08v31n2.pdf

7

Experimentos educacionais
eventos heurísticos transdisciplinares em educação ambiental

Cleusa Helena Peralta Castell

PELO CAMINHO DA ARTE

A experiência com o ensino das artes tem me provocado uma inquietação singular: compreender a alma humana em sua sede de autoidentificação e em sua necessidade de protagonizar a criação em todos os níveis. Essa inquietação levou-me muito cedo a perceber que, a despeito dos limites cuidadosamente construídos das áreas de conhecimento, a criação humana nunca conheceu limites, fartando-se de tanto transgredir as normas das fronteiras das disciplinas e das áreas de conhecimento convencionais. De certa forma, isso pode explicar minha familiaridade com a transdisciplinaridade no campo da educação.

Por seu caráter transgressor, especialmente na modernidade, as artes se estigmatizaram em relação aos demais âmbitos do conhecimento, tornando-se um tanto enigmáticas, de um lado herméticas, estranhas; de outro, permissivas. Os artistas – esses extraterrestres – sempre lançaram seus manifestos contra todas as ordens instituídas, cada vez que a norma culta de alguma congregação econômica, política ou cultural se atrevesse a lançar suas doutrinas, pois, desde que a humanidade se reconhece como ente cultural, o sentido maior das artes sempre foi o da liberdade de criação. É triste lembrar o êxodo dos artistas, sempre os primeiros a serem perseguidos quando dos golpes das ditaduras.

Sempre me pareceu peculiar o convívio das artes junto aos demais cursos da universidade. Talvez pelo estigma do *extraterrestre*, ou qualquer coisa assim. Não raro, alguma reclamação chega à administração de algum setor, como barulho, desordem, esoterismo, ou ainda, agressão, talvez por uma questão de incompatibilidade de modos de ver o mundo e de se situar nele.

Nunca esqueci o dia em que, há alguns anos, como chefe da Divisão de Assuntos Artísticos e Gráficos (hoje extinta em nossa Universidade), recebi uma exposição de arte contemporânea de Porto Alegre. O grupo de artistas representava, na época, de certa forma, uma elite cultural da capital, sob a chancela do espaço de arte contemporânea do Estado. Desse grupo, uma artista chamou demais a atenção, pois tive problemas ao montar sua exposição. Não havia telas para expor, mas alguns pequenos objetos, que requeriam um sistema de segurança do qual não dispúnhamos no espaço de exposições na ocasião. Por isso, organizamos a mostra na biblioteca do *campus*, um local amplo e bem-cuidado, com uma visitação exemplar. Até aí nenhum problema poderia surgir, a não ser pela natureza exótica daquela exposição. Tratava-se de uma coleção de pequenos animais mortos, como ratos, gafanhotos e outros indefesos seres, expostos lá, convivendo com os computadores e a papelada toda, os livros, as fotocópias, os compêndios e os periódicos. O contraste era tamanho que chocava. Os estudantes de artes revezavam-se, cuidando e monitorando a exposição, aplacando toda sorte de reações dos visitantes, desde a injúria ao espanto, a repulsa e, até mesmo, a indiferença, a mais espantosa de todas as reações.

A técnica utilizada pela artista era simples: a aplicação de uma resina transparente sobre o corpo do animal, o que dava ao pequeno cadáver a dignidade de igualar-se às múmias embalsamadas da Antiguidade, sem, contudo, ocultar-lhe as formas. A resina acrílica, um material essencialmente contemporâneo, realçava a coloração dos pequenos animais, imprimindo-lhes um brilho caramelado, vitrificado, ao mesmo tempo em que estancava o seu processo de degradação. Assim, o animalzinho destacava-se, sobreposto a uma placa de madeira, como se estivesse preparado para integrar uma coleção de um museu de ciências espaciais. O que chocava os visitantes era a presença física do animal no quadro, não era uma representação, como um desenho, era o próprio cadáver que estava exposto. Na pós-modernidade em artes visuais, o conceito de representação é tensionado pelo conceito da realidade presentacional. A surpresa não seria a mesma se a exposição estivesse em um museu de ciências, é claro. A artista, jovem, vibrante, ao ser questionada acerca da escolha do tema, explicou: "Esses animais mortos me interessam!" Explicou, ainda, que sempre os recolhia, sem jamais provocar sua morte, apenas os colecionava. "Me interessam!"

Em minhas produções estéticas pregressas, sempre transgredi normas, especialmente, as normas da Grande Arte, como a durabilidade e a permanência. Nunca quiz eternizar nada, brincando com o efêmero, com a fugacidade dos materiais. Em meus desenhos, preferia os corantes reagentes, com suas cores vibrantes e hipnóticas, como a violeta de genciana, que oxida e corrói os papéis e que esmaece à luz do sol, porque são mais estimulantes do que as aquarelas, pois reagem ao nosso processo de criação, ensinam-nos a ser mais contemplativos, a resistir, pois, à tentação de deixar nossa *marca* no mundo. Assim, particularmente, jamais me interessaria por animais vitrificados, pois prefiro a impermanência e a fugacidade dos sinais luminosos, na temática da vida, vista a partir de um outro ângulo, colorístico, animado. Entretanto, sei que jamais esquecerei aquele evento desconcertante na biblioteca nem aquela jovem artista, tão segura de sua arte, tão inquietantemente profissional.

De certa forma, sinto falta desse tipo de ambiente de convivência de contrastes, no qual o aprendizado se dava pelo choque, pela ruptura imediata de parâmetros. Esse espírito de vanguarda das artes entre as demais áreas do conhecimento, entre os muros da universidade, está cada vez mais distante, esmaecido, como se fosse violeta de genciana sobre papel.

Atualmente, a partir da experiência como educadora, posso perceber que algumas áreas *duras* do conhecimento assumiram a vanguarda do ensino no país, deixando os artistas, e também os educadores, perplexos. Não saberia, no momento, aprofundar as causas desse fato. Podemos, entretanto, compreender que estamos testemunhando neste século, um irreversível movimento em favor da diluição dos contornos e das fronteiras das áreas do conhecimento, a ponto de não mais se restringir às artes o espírito de arauto da pós-modernidade. Ao contrário, a pós-modernidade nas artes se mostra mais enquanto se faz receptora e recicladora das demais ciências, diluindo-se também ao captar tecnologia de ponta das áreas *duras* e travesti-las em poéticas visuais, instrumentais, musicais, ambientais. Nos anos de 1980, a velocidade havia chegado às telas, enquanto as paisagens fractais e os hologramas invadiam as galerias de arte, provocadoramente, confundindo artistas e cientistas em relação às fronteiras do conhecimento.

Parece-me compreensível que a premência pelos avanços da tecnologia, de um modo geral, imposta pela política de mercado mundial, acabasse por gerar a necessidade de inovação constante, quase como norma científica. Estranhamente, os artistas-educadores, cada vez mais, veem-se envolvidos em eventos científicos, convidados a explanar sobre a emergência de um paradigma estético para desacelerar o estresse e dar sentido ao cotidiano.

A natureza do pensamento divergente (Arruda, 2005), predominante no campo da criação artística, traz equilíbrio e complementaridade ao exercício do pensamento convergente, predominante nas ciências. Um dos preceitos do campo das ciências oriundas da matemática, por exemplo, é tentar encontrar apenas uma resposta para um problema, enquanto a educação matemática contemporânea tenta resgatar as diversas formas a partir das quais as crianças constroem seu aprendizado, divergindo ao máximo em diversos caminhos de ensaio e erro, da mesma forma que a aprendizagem da linguagem escrita, de um ponto de vista construtivista. Essas mudanças se devem, especialmente, à inserção do pensamento estético e do fazer artístico na educação fundamental. Entretanto, esse espaço teve de ser construído e ainda não está consolidado na prática das salas de aula.

Ainda nos anos de 1940, o filósofo inglês Herbert Read escreveu um livro que viria a se tornar o ideal revolucionário dos professores de artes da década de 1970 até os dias atuais: *A educação pela arte*. Read propunha que a arte deveria estar na base de toda a educação, isto é, todo o aprendizado, de qualquer área do conhecimento, deveria se dar pelo caminho da arte, da expressão criadora (Read, 2001).

A partir de Read e de seus aficionados, gerou-se uma aura brilhante em torno do termo *criatividade*. A partir dos anos de 1990, os artistas-educadores do Brasil e dos países industrializados declararam guerra ao movimento da *livre-expressão*, criado por Read, pois a má interpretação dos seus ideais revolucionários esgotou o termo *criatividade*, traduzido nas escolas por espontaneísmo vazio, fazer por fazer (Avancini, 1995). Essa difícil situação acabou por provocar a necessidade de criação de diretrizes para o ensino das artes, o que gerou, na década de 1990, uma efervescente produção de pesquisa, que acabou por constituir um novo campo da militância: a arte-educação. Nesse campo, a palavra *criatividade*, como referência de uma revolução artística, caiu em desuso. As novas palavras de ordem eram: *construção de conhecimento em arte, cognitivismo, educação estética*.

Surpreendeu-me, entretanto, a apropriação do antigo conceito de *criatividade*, inicialmente pelas áreas empresariais, de *marketing*, das ciências econômicas e, atualmente, por todas as demais áreas de conhecimento. É como se a criatividade brotasse novamente para atender, enfim, aos revolucionários anseios de Read.

Pelo duplo caminho da arte-educação e da educação ambiental e, talvez, pela inquietação em assimilar limites e fronteiras do conhecimento, encontrei na transdisciplinaridade o objeto preferencial de investigação, campo no qual a arte se encontra, enfim, em seu estado de graça.

Pude perceber que as fronteiras lógicas entre esses dois campos pode ser tensionada. Existe uma tendência muito forte entre os educadores em afirmar que "toda educação deveria ser ambiental", pois a necessidade de se criar esse novo campo decorreu de uma grande deficiência dos sistemas de ensino da humanidade, gerando a necessidade da construção de um paradigma emergente (Moraes, 2000) para a educação.

Um novo paradigma, fruto de uma investigação maior que transversalize todos os campos do conhecimento, faz-se necessário, para que uma nova ordem mundial, menos fragmentária, menos hierárquica, mais justa e mais integradora dos saberes, possa emergir. Nesse sentido, posso dar um testemunho da contribuição do enfoque transdisciplinar a partir de onde me situo: o caminho da arte.

OS MEANDROS DO PENSAMENTO COMPLEXO NA PEDAGOGIA ALEMÃ

Tive o primeiro contato com a pedagogia alemã durante o período em que trabalhei com a transdisciplinaridade em educação ambiental. Wilhelm Walgenbach,[1] na época vinculado à Universidade de Kiel – onde tive a oportunidade de desenvolver esta pesquisa –, propunha como ponto de partida para uma nova elaboração dos saberes, mais integrados, o retorno à grande complexidade da natureza. Isto é: defendia a desconstrução dos currículos convencionais e propunha que as comunidades decidissem, livremente, o que aprender. Esse caminho abriria espaço para a autonomia, para o aprendizado autoconstruído, retornando, enfim, à rede da complexidade, na qual não há hierarquia entre sujeitos e objetos, entre observadores e observados, entre seres humanos e natureza. Apesar de os referenciais da pedagogia alemã não serem muito conhecidos ou divulgados no Brasil, pude perceber que há uma real sintonia entre objetivos pedagógicos, em favor de uma nova forma de aprender e ensinar, que brotam de diversos centros de excelência, especialmente na Europa.

Essa efervescência cultural no campo pedagógico tem como pano de fundo a reflexão acerca de um novo paradigma, que se constitui, em essência, em um grande movimento de denúncia aos maus-tratos impostos pela globalização do mercado, que acelera, com subsídios, algumas áreas de conhecimento economicamente rentáveis, em detrimento de outras politicamente mais vulneráveis, como, por exemplo, as licenciaturas, as artes.

Esse movimento encontrou grande fôlego em algumas organizações mundiais que congregam, eventualmente, as lideranças culturais em prol de um mundo melhor. A UNESCO, ao sediar as conferências mundiais no evento A Educação Superior para o Século XXI, tornou-se responsável pelo documento: Relatório da Comissão Internacional sobre Educação para o Século XXI, o Relatório Delors, o qual aponta as bases epistemológicas para um novo conceito de educação, tendo como pilares *Aprender a conhecer; aprender a viver juntos; aprender a fazer e aprender a ser.*

O Fórum Social Mundial (2002),[2] realizado em Porto Alegre, discutiu a globalização da economia mundial em face dos direitos humanos. Nessa ocasião assisti, entre tantos, à conferência do sociólogo português Boaventura de Sousa Santos. Em seu discurso, ele afirmou que "todos nós queremos a globalização, sim! Mas a globalização que queremos é a dos saberes: queremos direitos iguais para o acesso ao saber, democrático, não hierarquizado, livre da exclusão". Referiu-se, ainda, à necessidade de o conhecimento ser redemocratizado a partir do exercício da "unidade e da diversidade. Unidade no sentido da igualdade de oportunidades de acesso aos saberes em todas as camadas sociais, sem exclusão, e diversidade no sentido do respeito às peculiaridades, às subjetividades, às etnias e ao multiculturalismo" (Santos, 2002).[3]

Na busca de sentido para essa nova ordem educacional, elenquei, nessa época, os fundamentos do *pensamento complexo* também em Morin (1997) e Nicolescu (1999),[4] entre outros. Aceitando o desafio de Walgenbach, posso pensar que esse retorno à grande complexidade do nosso mundo macrofísico, ao nosso ambiente como matéria paradigmática, não significa a negação do nosso processo histórico, da nossa trajetória rumo à tecnologia e à especialização. Nem, tampouco, significa a negação de nosso processo histórico como educadores, nosso ponto de referência sólido e confortador. Trata-se, outrossim, do reconhecimento da falência do paradigma compartimentalista do conhecimento[5] e, como via de consequência, da busca de outros caminhos para uma práxis em educação mais integradora. Esse parece ser o sentido de uma ordem mais multidirecional, que aponte para a reintegração das diferenças individuais dos sujeitos e dos grupos e de suas peculiaridades culturais, concordando com Boaventura Santos.

Por outro lado, diversos autores, entre eles Gardner, resgatam a importância dos mecanismos de invenção e descoberta praticados por reconhecidos mestres, tanto no campo científico quanto no artístico (de Freud e Einstein a Picasso), bem como no campo das religiões e da política (como Gandhi). Trata-se da ciência heurística que traz à transdisciplinaridade o caminho da criação, do inusitado, do novo, protocolando que, em todos os casos de descobertas revolucionárias, a humanidade sempre reagiu ao novo, sempre sofreu e se debateu com as rupturas e as mudanças paradigmáticas.

Esse caminho produz meandros que se multiplicam de acordo com as peculiaridades de cada grupo social, de cada comunidade, e nos conduzem a campos inusitados do saber, com os quais nos defrontamos e a partir dos quais somos questionados em nosso repertório acadêmico e testados em nosso potencial para lidarmos com questões inesperadas.

A questão que ora se coloca é: como percorrer esse caminho, quais as vias de acesso, qual o procedimento? Penso que uma das principais ferramentas para o corpo a corpo do cotidiano é a aprendizagem autoconstruída, centrada na autonomia dos estudantes.

Considerando a velocidade da atualização das informações pelos meios eletrônicos, é simples imaginar, em nosso contexto, a precariedade dos sistemas convencionais de ensino, no que se refere à atualização de informações. Portanto, é preciso preparar os estudantes para que encontrem seus próprios caminhos. Decorre também desse fato a necessidade de uma educação continuada e permanente, que aponte para novos formatos das salas de aula e, sobretudo, das instituições.

Há de se ponderar novamente, como assim o fizeram os educadores a cada ruptura histórica da teia do tempo: quem somos nós – educadores – neste momento? Viajantes das naves tecnológicas? Amorosos companheiros dos processos subjetivos de aprendizagem? Lavradores plantando um outro devir? Demonstramos maior maturidade quando soltamos as rédeas da autonomia e da liberdade dos educandos? E eles? Estarão também maduros o suficiente para mergulharem nessa autonomia?

Por outro lado, o pensamento também se manifesta em outra velocidade, lenta, contrária ao aparato tecnológico, em movimento retrógrado, na busca da raiz cultural das comunidades e de sua historicidade, resgatando suas matrizes, a despeito dos enganos políticos e das agressões aos direitos humanos mais essenciais das comunidades, como o respeito à sua etnia, aos seus costumes, à sua sobrevivência e à sua paz.

Pode-se, então, imaginar um acesso ao saber como uma grande teia ou rede tecida a cada passo e construída a partir de cada nó ou intersecção. Esse modelo, do conhecimento em rede (Moraes, 2000), remete-nos ao questionamento acerca dos habituais prerrequisitos que tornaram a construção de modelos curriculares o porto seguro do conteúdo dado.

A hierarquização dos conteúdos, ou seja, do *que* se deve ensinar e *em que ordem* de entrada no cenário do conhecimento, está em xeque, ou ainda, o *currículo* como modelo organizacional fechado está em xeque, assim como estão na vitrine as relações hierárquicas entre as áreas de conhecimento, entre as disciplinas e entre os ministrantes e usuários de tais modelos.

Aceitando como decorrência natural do processo histórico-educacional fatores como a necessidade da quebra de hegemonia dos saberes dos currículos convencionais, a falência do sistema das disciplinas em gavetas e a consequente necessidade de busca de uma forma mais sensibilizadora de trabalho em educação, deparamo-nos com uma questão precedente: seria impossível empreender qualquer mudança *trans* sem repensar a dinâmica do trabalho em equipe que se faz necessário.

Assim, tendo como ponto de partida o caminho das artes, proponho abordar três momentos principais, necessários para o desencadeamento da prática transdisciplinar: a constituição da comunidade transdisciplinar; a escolha e a organização de um ambiente de trabalho alternativo e a mediação de uma linguagem comum.

A COMUNIDADE TRANS: QUEM DECIDE SOBRE O QUE APRENDER?

O problema de origem passa a ser, então, a constituição em si dos grupos que irão decidir o futuro de um programa educacional, tanto quanto daqueles que irão interagir com os estudantes no campo e na sala de aula.

Os desenhos dos organogramas de decisão da administração das instituições de ensino, por exemplo, as universidades, isolam e separam os docentes do pessoal de apoio técnico e dos discentes. Todos seguem uma política *abstrata* e impessoal de decisões meramente normativas. É raro o empenho pela organização pedagógica em si de uma unidade de ensino ou de um curso completo, por parte do topo das pirâmides organizacionais. Raros são os dirigentes apaixonados pelo ofício pedagógico, capazes de proporcionar a liberdade de romper parâmetros burocráticos em prol de uma aprendizagem inovadora. Entretanto, conforme entendemos, um desenho em forma de mandala, circular ou espiral, é mais adequado do que uma pirâmide para organizar um programa transdisciplinar.

Em 1988 foi criada a Universidade Holística Internacional de Brasília, mantida pela Fundação Cidade da Paz, com o apoio educacional da UNESCO. O seu organograma de funcionamento, desenhado com formas

144 Aloisio Ruscheinsky (org.)

circulares concêntricas, tinha como núcleo central o elemento gerador *a arte de viver em paz* e, como diretrizes filosóficas, princípios como a *transdisciplinaridade* e a *não separatividade* (corpo-mente). Sua estrutura, composta de diversas mandalas interdependentes, propunha projetos temporários em vez de cursos fechados, transversalizados por eixos temáticos, como: *Viver em paz consigo mesmo, viver em paz com a sociedade e viver em paz com a natureza.*[6] Os conhecimentos científicos, artísticos, culturais, religiosos e ecológicos se entrelaçavam, de acordo com a pertinência e o aprofundamento de cada temática. Dez anos mais tarde, o já citado Relatório Delors (UNESCO) lançava as bases da transdisciplinaridade, em visível sintonia com esses princípios. Entretanto, as conhecidas pirâmides de organização das instituições de ensino permitem, na melhor das hipóteses, que se proponha a criação de um circuito de decisões compartilhadas por todos os grupos envolvidos no processo educacional, em um sentido inverso ao da política administrativa convencional, ou seja, o sentido *da base para o topo.*

O problema que se apresenta é a falta de tradição do exercício da tomada de decisões a partir das bases, assim como do exercício da criatividade para gerar programas mais sintonizados com os grupos culturais e com as comunidades. Os vícios do sistema piramidal de decisões geraram o imobilismo da comunidade universitária na tomada de decisões, assim como a política de restrições ao fomento e ao desenvolvimento da educação como profissão gerou o desencanto das comunidades acadêmicas para com os objetivos maiores da educação, como o exemplo da Universidade Holística, *educar para viver em paz.* O âmbito de representação dos estudantes, com raríssimas exceções, ou está desativado ou não chega a interferir nos processos decisórios da instituição. Esse desencanto também paralisa a ação dos grupos em relação às suas lutas coletivas de afirmação profissional.

As instituições de ensino deveriam problematizar o mercado, e não ser problematizadas por ele. Nesse sentido, as propostas de mudanças transdisciplinares irão problematizar o mercado, visto que criarão novos campos de conhecimento, com novas interfaces, que poderão desestabilizar profissões e criar outras híbridas, sem o mesmo *status* das anteriores. Ao mesmo tempo, sabe-se que há uma tendência mundial para uma gradativa desprofissionalização, que precisa ser analisada, apesar dos interesses mercantilistas das grandes corporações, e questionada em seu caráter autoritário.

A partir dessas reflexões, pensamos ter deixado claro que pretendemos abordar o problema da transversalidade na construção de modelos curriculares que incluam a questão ambiental como resultado de um processo de elaboração coletiva. De nada valerá o aprofundamento teórico se não atentarmos para os vícios metodológicos, para os mecanismos de poder que permeiam o sistema educacional, plasmados em velhas padronagens de modelos curriculares, pois nada celebra melhor o poder do que o programa de uma unidade de ensino.

Da lucidez das intenções acadêmicas e administrativas dependerão os resultados positivos dessa ação coletiva de recuperação da esfera de decisões, visando ao fortalecimento da busca de sentido do trabalho em educação. Assim, a transversalidade entre os currículos dos cursos de uma universidade, como em uma configuração *fractal*, deverá estar contemplada tanto nas unidades de ensino quanto no projeto pedagógico da instituição, tanto nas partes quanto no todo, respeitadas as peculiaridades e as diferenças entre as diversas realidades que interagem em seu contexto.

Esse desenho fractal permitirá que os grupos de decisão interajam entre si e que sejam constituídos tanto nas unidades de ensino como nas esferas administrativas, não obedecendo exclusivamente à hierarquia administrativa, mas legitimando-se a partir de um circuito de decisões que ampara logisticamente e que subsidia, com os resultados de sua pesquisa educacional, a própria esfera administrativa, a partir de um colóquio permanente.

Em outras palavras, consideramos indissociável o projeto pedagógico de uma unidade de ensino ou de uma instituição, tanto no desenho dos currículos (parte pedagógica) quanto no plano institucional (parte de planejamento administrativo e financeiro).

Entretanto, o problema da constituição da comunidade transdisciplinar entre os docentes passa por aquela tela que todo o mundo já viu, por aquele filme ao qual todos já assistiram e cujo final já se comentou: o belo projeto corre o risco de não ser executado por falta de pessoal, por falta de cooperação, pela reação ao novo e, o que é bem pior, porque os sujeitos ou não se conhecem ou não se entendem e consideram uma aventura indesejável o processo de trabalho em grupos – condição primeira da transdisciplinaridade.

Portanto, é também pressuposto básico a necessidade de um trabalho de sensibilização que possa desencadear uma efetiva integração dos grupos, que atente para as dificuldades interpessoais que perpassam nosso sistema, exaurido por tantos anos de individualismo e de sobrecarga de responsabilidade na centralização de decisões e na corrida pela especialização.

Um trabalho sensível, a meu ver, poderá resgatar o humano em cada sujeito, marcado pela sua máscara de eficiência, e ampará-lo na leveza da responsabilidade partilhada no seio da competente comunidade transdisciplinar. A partir daí, as teorias começarão a fazer sentido, e os conteúdos essenciais tecerão belas padronagens na trama curricular.

Assim, a ideia que hoje assumo, de se constituir o trabalho pedagógico um evento heurístico, desencadeador de descobertas, foi, inicialmente, uma provocação. A procura de um entendimento comum, amigável, tanto no campo teórico quanto no empírico, ao interagir com grupos heterogêneos, que se juntavam para desencadear uma pesquisa comum, no campo da educação ambiental, levou-me a esse caminho (Peralta Castell, 2007).[7] Foi, portanto, a experiência com métodos interdisciplinares em um campo de conhecimento multirreferencial que me auxiliou a perceber a necessidade de descobrir dinâmicas de trabalho em grupo que pudessem dar suporte à criação coletiva e que pudessem nos auxiliar a mediar os processos interpessoais que se cruzavam e que, não raro, se conflitavam.

Os conflitos mais recorrentes se deviam, principalmente, ao choque das especializações e à hierarquização entre as áreas de conhecimento. Por exemplo: historicamente as artes não dispunham de tempo real nos programas do ensino fundamental para interagir, em igualdade de condições, com as áreas chamadas de conteúdo, como português, matemática ou ciências, ou seja, a dose prescrita era menor, ou menos vital, para o programa. Por isso, não havia tempo disponível para oficinas de arte, para o cruzamento dos eixos transversais entre os conteúdos essenciais, pois não havia o entendimento do conhecimento em artes na forma de conteúdos objetivos, mas apenas na forma de procedimentos ou atitudes.

Com o passar do tempo, entretanto, os programas, aos quais prestei assessoria, foram contemplados com o enfoque construtivista a partir da integração das artes com todas as áreas do saber. O equilíbrio veio com o tempo, de tal forma que hoje, no meu município e na ONG[8] na qual iniciei essa pesquisa não se faz educação ambiental sem artes, especialmente com crianças do ensino fundamental.

Apesar do esforço inicial dos grupos em tentar chegar a uma proposta comum, seja para um programa de curso, seja para a criação de um novo campo de saber, sabe-se que ainda não dispomos de outra vivência antecedente que não a habitual: o planejamento teórico solitário ou, no máximo do requinte, em colegiados, o que decididamente não funciona para propostas transdisciplinares. Esse esforço inicial não consegue superar a falta de uma teoria integradora e de uma linguagem comum que possa, enfim, equalizar e contextualizar as diferenças individuais e as idiossincrasias das áreas de conhecimento, sem contudo reduzi-las ou totalizá-las.

Se pensarmos a constituição dos grupos, ou da comunidade transdisciplinar, a partir de formas transdisciplinares de trabalho, chegaremos facilmente à conclusão de que a palavra final sobre o que e como deve ser ensinado – ou seja, o que é essencial e fundamental e sem o qual pontes e prédios cairiam, sistemas interligados entrariam em colapso ou ainda sem o qual a vida passaria a não fazer sentido – dependerá de decisões coletivas que envolvam não apenas o corpo docente restrito a uma área de conhecimento específico, mas também as esferas interligadas adjacentes a todo o processo, como os docentes de áreas afins, de áreas complementares, os estudantes e seu círculo familiar, o quadro de técnicos administrativos e a comunidade externa, que deverá ser requisitada a contribuir e a participar ativamente do processo como coproponente e usuária. Esse envolvimento de largo espectro produzirá um vínculo muito forte, centrado na responsabilidade e nas decisões compartilhadas.

Por um problema metodológico, entretanto, é preciso reduzir o universo do primeiro grupo de trabalho, que, no futuro, na medida das necessidades, poderá ser ampliado ou multiplicado, gerando novos inícios. O importante é garantir uma representatividade no que se refere às instâncias de decisão, como representantes discentes, técnicos, comunidade externa e docentes e um certo equilíbrio complementar entre as áreas de conhecimento, sem hierarquizá-las. Quanto maior for a diversidade – como no caso das artes e das ciências naturais –, mais enriquecedor será o mútuo processo de descoberta. Vejo, portanto, a necessidade de que seja adotado um cenário, um espaço coletivo de trabalho, a partir do qual uma nova realidade possa emergir. Vejo, ainda, a necessidade de ser adotada uma linguagem comum.

A constituição do cenário transdisciplinar

Em relação ao ambiente de trabalho, já se tornou um hábito na comunidade universitária abandonar os muros acadêmicos em busca de uma maior oxigenação, em ocasiões nas quais se promovem encontros e eventos especiais. Esse modo produz um clima de aparente descontração, contrastando com a habitual rotina das salas de aula e das saídas de campo convencionais. Isso ajuda um pouco, mas a saída por si só não é suficiente, pois, embora fisicamente distantes da matriz, os participantes podem cair na tentação de repetir padrões e manter um certo resguardo profissional.

O que se pode buscar, entretanto, é um espaço de trabalho no qual o grupo possa não só interagir profissionalmente, mas também exercitar um convívio mais estreito, promovendo uma aproximação mais interpessoal e menos hierarquizada. Um espaço a ser trilhado, de igual importância, é o espaço interno de cada um, ou seja, o resguardo da subjetividade e dos momentos de privacidade, no sentido do entendimento das fronteiras desse espaço comum.

A vantagem de sair do *campus* da universidade para um trabalho de formação é provocar, nos grupos, um estado de prontidão e de maior receptividade a novas situações de aprendizado. Em atividades transdisciplinares propostas pela minha equipe de trabalho, optamos por saídas ocasionais aos ambientes naturais preservados, sempre que foi possível o deslocamento dos grupos a esses ambientes, intercaladas com oficinas pedagógicas dentro da instituição. Tenho adotado tal método por acreditar que é uma importante tarefa educativa restaurar o contato dos sujeitos com o ambiente natural externo, restaurar a relação natureza interna/externa, dentro/fora, não como uma atitude meramente recreativa, mas reflexiva, investigativa.

Creio que o nosso modo de ver o mundo muda intensamente quando restauramos esse contato: pensaremos, sentados em nossa sala de aula, da mesma forma como se estivéssemos com os pés mergulhados em uma cristalina água de corredeiras? O que poderá ser mais provocador na busca da essencialidade do conhecimento do que uma caminhada reflexiva à mercê dos quatro elementos?

Não raro os participantes descobrem, em situações de saídas do ambiente, que seu próprio corpo esteve, há muito tempo, alienado, à parte do seu processo intelectual, e que não tínhamos, como professores, o mesmo ponto de referência dos nossos educandos. As crianças não podem prescindir do contato imediato com o ambiente natural, que lhes dá não só o vigor físico, mas também a referência para a formação de seu imaginário. As crianças pensam e se expressam com todo o corpo, até que, mais tarde, o próprio sistema de ensino contribuirá para corroborar, na histórica cisão corpo-mente, a clássica atitude fragmentária, à qual nos adaptamos sem questionamento.

Por outro lado, essa perda de contato físico com o ambiente natural se dá pelo próprio meio de vida urbano. Em decorrência disso, crianças e adultos perdem o contato imediato com os meios de produção, como, por exemplo, a agricultura e a pecuária. A terceirização dos alimentos pode produzir a ilusão de que a vida brota dentro de um supermercado, caso os programas escolares ou os pais superocupados não se lembrem de explicar o óbvio: o leite não nasce da embalagem.

Da mesma forma, perdemos o contato com as fontes primordiais de criação: os elementos, a pulsação da vida nas nascentes dos rios, a terra de todas as colorações, as pedras, os cristais brotando nos veios, o aroma da folhagem, o céu estrelado, o ar puro, o calor e o frio. Essa perda de contato, a meu ver, especialmente na infância, acarreta, para os nossos tempos, algo espantosamente danoso: o empobrecimento das matrizes do nosso imaginário.

Após as contribuições de Vygotsky (1993) e Leontieve (citado em Oliveira, 1995) sobre a mediação simbólica, especialmente pela sua contribuição à pedagogia contemporânea, seria temeroso pensar que os meios indiretos de comunicação como a televisão, os vídeos e as redes de computadores possam passar a ser os únicos meios ou instrumentos capazes de gerar imagens e fatos – ideologicamente selecionados – que possam vir a povoar o nosso imaginário. Para Vygotsky, o sentido da palavra "imaginar" significa *processar imagens*, cujos significados variam de acordo com as diferenças culturais. Se não vivermos no mundo concreto, se não povoarmos nossa mente com as pedras cristalinas brotando nos veios ao toque de nossas mãos, não possuiremos nosso próprio repertório imaginativo, ou seja, perderemos nossa autonomia para beber da fonte escolhida, fora do conforto habitual. Nesse sentido, tanto para as artes quanto para as ciências, o que fica faltando é critério subjetivo, é subjetivação, que se dá quando nos vemos imersos na grande complexidade em busca do conhecimento, e somos convidados, pelo impacto direto dos elementos da natureza, a realizar nossas próprias escolhas.

Esse retorno é estimulante, e nessa caminhada, muitas vezes, podemos testar o nosso poder de imaginação, o nosso repertório e a nossa autonomia. O processo de criação é autônomo, livre, mas depende de repertório, de imaginação que se constrói pela via de nossa experiência imediata e pelo que absorvemos 24 horas por dia, incluindo nossa herança cultural como um todo. Por isso, o espírito heurístico é, ao mesmo tempo, tão desejado e tão temido, pois pode abrir meandros e caminhos desconhecidos, além do que se pode correr o risco de escorregar no limo das pedras.

Dessa forma, a saída para o ambiente natural pode ser importante, na medida em que nos traz de volta às matrizes do nosso imaginário – as formas elementares do reino da natureza – que irão se somar às matrizes da nossa cultura de informação digital. Muitos parceiros de trabalho me perguntam se essas saídas ao campo são mesmo imprescindíveis para o sucesso do trabalho transdisciplinar. Penso que sim, pois não vejo a orientação de toda a educação se tornar ambiental como uma metáfora, como mera figura de linguagem. Penso que é preciso mesmo pôr o pé na terra, sem criar uma plataforma intelectual de proteção. E isso é bem

150 Aloisio Ruscheinsky (org.)

difícil, pois desestabiliza as barreiras hierárquicas e burocráticas, criadas pelas divisórias das repartições dos ambientes construídos das instituições de ensino. O que estou buscando mesmo é o contato, seja com as matrizes de criação, seja com os sujeitos criadores.

UMA METODOLOGIA DE INTEGRAÇÃO

Uma vez constituído o grupo de trabalho e escolhido o ambiente externo, iniciamos as oficinas pedagógicas e as vivências, as quais chamamos de experimentos educacionais. A partir daí, iniciamos a estruturação do método de pesquisa, que irá garantir o controle dos resultados. Consideramos a pesquisa qualitativa, de caráter etnográfico, bastante adequada, já que torna possível a análise de depoimentos gravados, bem como a apreciação das narrativas e da escrita comum do grupo, somadas à nossa própria produção.

Quando alguém expressa, pela fala, suas impressões acerca de uma vivência, de um experimento, consideramos sua narrativa uma tematização. Essa tematização está repleta de informações, que costumam dar conta de referenciais teóricos e vivenciais que aquela pessoa traz consigo e que não são necessariamente os mesmos dos demais componentes do grupo.

Essa metodologia nos propõe o exercício de um pensamento divergente (Arruda, 2005), quando lançamos a mesma proposta de experimento para todo o grupo, mas cada participante poderá reagir a ele de uma forma particular. Assim, a dinâmica de trabalho irá propor uma reflexão acerca dos métodos – indutivo e dedutivo – utilizados com frequência em sala de aula. É bom lembrar que, especialmente nas artes, os estudantes são incitados à criatividade e à originalidade, exercitando diferentes formas de solucionar problemas, e apresentando, por sua vez, dificuldade no exercício da convergência. As narrativas abrirão espaço para ambos os enfoques, visto que os sujeitos refletirão sobre a sua prática. Cunha (1998, p. 39) reconhece a importância do método centrado em narrativas: "Quando uma pessoa relata os fatos vividos por ela mesma, percebe-se que reconstrói a trajetória percorrida dando-lhe novos significados. Assim, a narrativa não é a verdade literal dos fatos, mas, antes, é a representação que deles faz o sujeito e, dessa forma, pode ser transformadora da própria realidade".

Assim, a partir da provocação dos experimentos (ver exemplo a seguir), o grupo buscará uma linguagem comum, orientada no sentido do registro de sua oralidade e de sua escrita. Tais registros produzirão uma análise categorial, isto é, serão extraídas das tematizações aquelas categorias que constituirão a temática daquele grupo e daquele programa curricular em particular. Tais categorias nortearão a escolha de eixos temáticos principais, que irão assegurar a transversalidade dos programas. Exemplificando, se emergir de um experimento o eixo temático vida, esse enfoque convergente do grupo em questão poderá ser considerado um elemento gerador, a ser desdobrado em conteúdos essenciais, que poderão ser trabalhados integradamente – e não isoladamente em cada disciplina.

A cumplicidade gerada pelo convívio estreito do grupo, provocada pela dinâmica adotada, promoverá uma maior familiaridade e confiança entre os participantes para o exercício da integração transdisciplinar. Nesse caso, as teorizações acerca dessa temática passarão a ser consideradas, a partir desse encontro, como uma elaboração vivencial, que irá extrapolar sua condição bibliográfica, livresca, e passará a acontecer de outro jeito, no momento mesmo de seu confronto com as demais vertentes teóricas.

Concordando com Cunha (1998), usar a linguagem como pedagogia nos proporciona o exercício dialético entre a narrativa e a experiência; entre a história e a realidade, entre a teoria e a prática. Desnecessário afirmar que a metodologia de integração emergirá naturalmente do próprio grupo.

EXPERIMENTOS EDUCACIONAIS: EVENTOS HEURÍSTICOS MOTIVADORES

Encontramos na vertente da educação estética (Read, 2001; Duarte Júnior, 2003; Meira, 2003) as mesmas razões que sempre nos levaram a acreditar que, com arte e pelo caminho da arte, se aprende melhor. A construção do saber em arte é multidirecional, visto que não está fundado apenas no caminho lógico racional, privilégio do tipo razão ou pensamento, que Jung (1985) havia especificado, entre os demais tipos da psique humana, como sentimento, sensação e intuição.

Não nos cabe aqui analisar tal questão, uma vez que esse é um campo extenso, no qual diversas abordagens, tanto psicológicas quanto sociológicas ou ainda epistemológicas se cruzam com o campo da educação, passando pela teoria das inteligências múltiplas de Gardner (1994) e de sua competência simbólica, para as quais tanto os artistas como os cientistas voltaram a sua atenção, buscando fundamentos para os incríveis relatos da heurística.

Apenas gostaria de ressaltar a importância dos fundamentos da psicologia analítica de Jung (1985) para a esfera da educação em arte, pois, no nosso ver, historicamente foi com ele que o universo simbólico das artes visuais passou a ser considerado testemunho complexo e rico da humanidade. Muito antes de a contemporânea cultura globalizada valorizar as etnias singulares no campo da educação, Jung e seus aficionados se preocupavam com os ícones arquetípicos das culturas orientais e ocidentais, confrontando-nos com nossa escassa capacidade para entender a ligação simbólica entre o profano e o sagrado na arte.

Quanto aos experimentos, posso compreendê-los em sua estreita relação com o universo simbólico individual e dos grupos, ao qual adentramos pelo caminho da arte. Isso porque, ensinando arte, posso criar, de um modo global, um construto complexo, que contém uma espécie de amálgama de elementos concretos, matéricos, os quais, ao mesmo tempo, se constituem em índices de meu movimento interno, dando um sentido próprio aos meus pensamentos, intuições, sensações e sentimentos. Pode ser, ao mesmo tempo, produto da minha ira ou da minha alegria, das minhas percepções e da minha inteligência. Pode não querer ser nada e ao mesmo tempo se gerar da minha vontade.

Nessa visão, os sujeitos sempre se tornam protagonistas do ato pedagógico, provocado por experiências estéticas. São essas provocações – os experimentos – que estimulam os educandos a refletirem sobre suas próprias teorias e vivências anteriores, promovendo, em consequência dos mesmos, uma ordenação coletiva dos saberes essenciais a serem categorizados posteriormente, fugindo ao padrão convencional de ordenação lógica linear dos conteúdos abordados no contexto dos currículos e das disciplinas convencionais.

Para Walgenbach (2000), os experimentos educacionais são, ainda, dinâmicas de trabalho em grupo, desenvolvidas com o objetivo de promover uma pesquisa no campo teórico da educação. Diferem do que conhecemos como pesquisa aplicada, que se dá diretamente com os educandos. A abrangência desses experimentos é restrita, inicialmente, a grupos que desejam elaborar coletivamente uma proposta transdisciplinar, que será, no momento posterior, sistematizada e negociada com o grupo gestor, para ser trabalhada com grandes grupos. É, portanto, uma atividade intermediária, de laboratório, e se destina a ser desenvolvida em pequenos grupos, em um primeiro momento.

A familiaridade com essa proposta se deve ao fato de que, no ensino de arte, sempre lidamos com a materialidade, como requer o método. O aprendizado no campo das artes, especialmente das artes plásticas, proporciona essa experiência. Assim, essa familiaridade me trouxe duas contribuições principais: a proximidade com os fenômenos primordiais e a construção do conhecimento metafórico.

Walgenbach (2000) se refere ainda ao conhecimento produzido no campo das artes como a forma cognoscente mais imediata de aproximação do fenômeno Ur[9], termo goethiane conhecido pela pedagogia alemã (Seamon e Zajonc, 1998), que significa a manifestação física dos fenômenos naturais presentes em nosso mundo.[10] Isso quer dizer que os objetos são capturados em sua essencialidade e decodificados pelos artistas em seus processos de simbolização sem a perda dessa essencialidade. Assim, uma árvore será sempre uma árvore, tanto em uma tela cubista quanto em uma expressionista e, mesmo quando a matéria árvore se transforma, pela mão do artista, em uma escultura, esse novo objeto tem uma materialidade Ur, ao passo que, do ponto de vista químico, uma árvore será decodificada por uma linguagem de fórmulas e de elementos que só poderão ser conhecidos indiretamente, em um sistema invisível a olho nu, mais abstrato, mais distanciado do fenômeno Ur.

Dessa forma, retornando à proposta de uma eventual saída ao ambiente, estou procurando recuperar, tanto pela escolha dos ambientes preservados quanto pela escolha dos objetos e materiais heurísticos utilizados nos experimentos, essa proximidade com o fenômeno Ur.

Outra influência fundamental do aprendizado em arte é a experiência com a construção do pensamento metafórico. O simbolismo da representação artística é um campo muito rico de conhecimento, se pensarmos nos três níveis de representação: o analógico, o alegórico e o metafórico. A pedagogia alemã traz também essa contribuição: metáforas são as formas mais avançadas de elaboração do conhecimento (Fichtner, 2005; Walgenbach, 2000). A capacidade de se produzirem metáforas, seja nas artes visuais, seja na linguagem escrita, especialmente na poesia, proporciona ao educando uma visão sintética, uma percepção instantânea e multidirecional da(s) realidade(s).

Nesse ponto, gostaria de passar a detalhar um pouco mais a dinâmica de trabalho com os experimentos. Dos experimentos educacionais que costumo ministrar, alguns fazem parte da sistematização teórica de Walgenbach, outros são produto de minha experiência particular e de nossa equipe com o ensino das artes e com as dinâmicas de trabalho em grupos transdisciplinares.

Outro ponto importante é o exercício de uma flexão complementar dos conteúdos trabalhados. Essa flexão se torna complementar à medida que o grupo exercita, em seu conjunto, diversas formas de abordagem do mesmo objeto de estudo, variando essas abordagens em níveis de realidade e de complexidade, de acordo com as especialidades e as áreas de origem de seus integrantes. Tal diversidade, quando explicitada no contexto do grupo e abordada do ponto de vista do evento heurístico em si, tende a se tornar um importante elemento na construção de um projeto de currículo, pois propõe a complementaridade entre as diversas especialidades presentes no grupo. Um tabu que, frequentemente, acaba por ruir é o de que a transdisciplinaridade não consegue conviver com as especialidades. Pelo contrário, a dinâmica de trabalho em grupos acaba por aliviar as tensões geradas, muitas vezes, pela ausência de interlocução entre as especialidades e propõe um diálogo cada vez mais enriquecedor.

Constituindo-se, portanto, como um recorte na grande complexidade, o experimento educacional, como um evento heurístico desencadeador de descobertas, promove um vivenciar em tempo presente de diversas situações de aprendizagem. Essas vivências, quando estruturadas a partir de uma linha mestra de objetivos claros, como, por exemplo, buscar um elemento gerador *trans* para um futuro programa curricular, podem funcionar como uma pré-estreia, como uma visão preliminar, ou ainda como uma simulação de uma situação de aprendizagem, que dará suporte metodológico e crítico a futuras intervenções dos profissionais envolvidos. Ao mesmo tempo, estará dando suporte teórico para a prática interdisciplinar e para a difícil tarefa da triagem dos conteúdos essenciais – ponto de partida para a diluição das fronteiras entre as tradicionais disciplinas.

O experimento se dá no nível teórico, experimental, embora detenha todas as características de uma práxis, ao proporcionar experiência imediata com os conteúdos essenciais dos campos de conhecimento que se apresentam ao grupo. Entretanto, essa experimentação se dá no grupo de planejamento, o qual irá espelhar os efeitos dessa atividade junto aos educandos. Esses dois universos, o da pesquisa no grupo *trans* e o da pesquisa *inter*, junto aos educandos diferem substancialmente, pois nem toda atividade proposta a grupos de adultos pode ser aplicada diretamente a grupos de crianças e adolescentes.

Para finalizar, exponho um experimento educacional realizado com o objetivo de mostrar um pequeno recorte do método de trabalho transdisciplinar. Para tanto, é preciso, ainda, acrescentar um derradeiro conceito, também sistematizado por Walgenbach, que é o de miniatura. Em seu método, considera miniatura um objeto ou um conjunto de elementos que, juntos, formam uma ideia-chave a ser vivenciada, simulada ou desenvolvida pelo grupo. Uma miniatura pode ser um ambiente, um cenário ou um caminho a ser trilhado. Assim, um caminho em forma de labirinto se constitui em uma miniatura, em uma ideia-chave que contém uma metáfora, uma provocação. Imagine uma caminhada por um campo aberto, bastante verde e preservado. Imagine, ainda, no meio desse campo, um labirinto construído com pedras e outros obstáculos naturais, como árvores, pedaços de troncos secos e buracos cavados na terra. Tais obstáculos estarão colocados em determinados pontos do labirinto, com a finalidade de jogar com a nossa capacidade de encontrar a saída.

Ao sugerir como objetivo para uma caminhada pelo labirinto – a miniatura – um tema como nossa professoralidade, estaremos provocando em cada sujeito dessa caminhada, de forma figurada, a oportunidade de rever seus próprios objetivos em seu percurso profissional e de objetivar formas de vencer as possíveis dificuldades de sua história pessoal, portanto realizando, ao mesmo tempo, uma reflexão e uma síntese.

A partir de uma atividade lúdica, reflexiva e simbólica, os sujeitos estarão, de forma prazerosa, incitando a si próprios a buscarem novos pontos de referência para o seu trabalho ou consolidando aspectos positivos de sua práxis, com o respaldo e a cumplicidade do grupo de discussão. Ao mesmo tempo, a caminhada pelo labirinto só surtirá efeito se experienciada.

Essa caminhada pelo labirinto não poderá ser apenas imaginada, terá de ser trilhada, pois cada sujeito a realizará em um tempo determinado, específico, de acordo com o seu próprio ritmo. Cada um a realizará tendo em mente situações concretas de sua trajetória de vida, positivas ou não. Trata-se de uma atividade que se desenrola com todo o nosso corpo, com o contato das plantas dos nossos pés com a terra, com a grama e com as pedras, com as nossas mãos soltas, sem o peso de nenhum objeto, com a consciência da nossa pulsação, que acelera a cada novo obstáculo, com o auxílio de nossa respiração, com o auxílio de nossa memória, que se expressa em todo o nosso corpo e que se projeta em cada pedra do caminho, plena de significado (É possível acessar os *links* da nota e assistir a vídeos de alguns experimentos, que fizeram parte de programas de televisão, por exemplo: Viva Mais – FURG TV de Rio Grande, RS 1/04/2009).[11]

Os depoimentos posteriores do grupo, sobre o que se passou durante o experimento, costumam dar conta de significados importantes, que brotam nas falas. Esses significados, individuais e coletivos, serão, no momento posterior da avaliação, relacionados nas redes semânticas, geradas pelo experimento.

Tais redes de significados, construídas pelo grupo com a nossa supervisão, trarão à tona categorias a serem trabalhadas como pontos de partida para a construção teórica de uma proposta transdisciplinar futura, que venha a contemplar as expectativas do grupo no campo da

156 Aloisio Ruscheinsky (org.)

pesquisa, seja na elaboração de um plano de estudo, seja na triagem de conteúdos essenciais, seja na elaboração de um currículo.

UMA PROPOSTA TRANSDISCIPLINAR: O SUJEITO COMO PONTO DE PARTIDA

As dinâmicas dos experimentos educacionais – as miniaturas – contextualizadas em uma proposta de construção de programas curriculares, por exemplo, se organizam sequencialmente, em procedimentos, a partir de uma abordagem que parte do sujeito e evolui para as relações interpessoais e de grupo. Tal abordagem tem o objetivo de situar os sujeitos como pontos de partida dos processos de aprendizagem e como agentes desencadeadores dos processos de aprendizagem de seus educandos.

Assim, os primeiros experimentos são aqueles que buscam promover um encontro com a subjetividade e o histórico de vida, buscando conteúdos ou saberes considerados mais importantes e fundamentais para o processo formativo. A segunda etapa propõe a criação de miniaturas que estimulem a confiança básica entre os sujeitos, estruturando a base do trabalho interdisciplinar buscando consolidar as relações interpessoais. Atividades que envolvam cooperação mútua fazem parte dessa etapa.

O experimento *A história do rei*[12] propõe a figura de um narrador que conta a história de um rei doente, que pede aos seus três filhos que busquem a água da vida, única possibilidade de cura para ele, em outro país. Modificando a história original, em um dado momento, o narrador cria uma ponte entre o universo imaginário – dado pela narrativa – e a vida real. Retira de uma bolsa, inesperadamente, uma ânfora antiga e diz: "Aqui está a água da vida!" Começa, então, a derramar na terra a água da vida. Motivados pela história, os participantes tentam segurar, com as mãos em concha, o pouco de água que conseguem reter. Como uma decorrência natural, todos tentam amparar a água que escorre das mãos em concha, uns dos outros, colocando suas mãos embaixo umas das outras, como se fossem estágios de um sistema. Como resultado final, todos os participantes montam, em grupamentos menores, agregados, um sistema integrado para represar a água que cai e, não raro, a bebem e a compartilham. Recria-se, assim, a partir desse experimento, a metáfora da água da vida.

Experimentos como *A história do rei* e outros (Peralta Castell, 1997) fazem parte da sistematização de Walgenbach e já foram realizados em nosso meio e em diversos países, com resultados surpreendentes em grupos heterogêneos. É importante ressaltar que tais experimentos têm a função de desencadear os processos de descoberta nos educandos, desdobrando-se, posteriormente, em atividades de ensino das artes e das ciências do ambiente, no caso da interdisciplinaridade em educação ambiental. No caso de um programa a ser desenvolvido, já em uma segunda etapa, diretamente com crianças, o experimento costuma ser desdobrado em atividades integradas interdisciplinares, construindo-se, por exemplo, com o auxílio dos materiais artísticos como a argila, represas e fontes para guardar a água da vida. Em decorrência, conteúdos essenciais, como: a própria vida no planeta e a sua relação com a preservação das nascentes naturais; a argila como um material natural, importante para restaurar a competência simbólica ancestral das crianças, são trabalhados em profundidade e com grandes chances de vinculação afetiva e responsabilidade.

Em meu entendimento, portanto, um caminho em busca de um desenho transdisciplinar coletivo para um simples programa de unidade pedagógica, ou ainda um currículo mais extenso, poderia ser trilhado a partir dos seguintes passos: a constituição da comunidade de trabalho *trans*; a escolha dos ambientes para o contato heurístico com os fenômenos *Ur*; a produção e a fundamentação dos experimentos educacionais; a realização dos experimentos educacionais junto ao grupo, a partir das miniaturas preparadas para a elaboração do pensamento metafórico; nova produção de experimentos a partir dos resultados dos relatos e narrativas; análise dos relatos e das narrativas; elaboração das redes temáticas, identificando-se pontos de intersecção de objetivos, significados e conteúdos essenciais comuns ao grupo; análise categorial das tematizações junto ao grupo e o desenho coletivo do programa curricular.

A partir da elaboração do programa curricular centrado em eixos temáticos, e não em disciplinas, inicia-se a segunda etapa do programa, sendo ministrado, também em formatos heurísticos, junto aos grupos de educandos. Para exemplificar, o programa de educação ambiental do Projeto Utopias Concretizáveis Interculturais, desenvolvido por diversas oportunidades, em diferentes escolas e comunidades, e também fundamentado por Walgenbach, tinha como grandes módulos temáticos encadeados: 1. Os sujeitos; 2. Os grupos comunitários e culturais; 3. O ambiente; e 4. O planeta Terra (Peralta Castell, 1997).

Existe uma outra lógica na construção desse currículo. Ele propõe, em um primeiro momento, uma provocação *Ur*, que desencadeia um processo de descoberta nos educandos. A partir dessas descobertas, os sujeitos, respaldados pelo seu grupo *trans*, elegem pontos ou nós, a partir dos quais o conhecimento vai ser acessado, em rede. Assim, o caráter

158 Aloisio Ruscheinsky (org.)

subjetivo e intersubjetivo dos saberes fica contemplado de forma indissociável do conteúdo objetivo.

Para finalizar, devemos ainda ressaltar a importância dessas atividades, desses eventos heurísticos, como motivadores de descobertas, que venham, enfim, a estimular o imaginário coletivo e evocar a criatividade, essa matéria-prima, adormecida como um vulcãozinho manso e domesticado.

Quanto a pôr o pé na terra, passados alguns anos da busca desses cenários, não raro degradados, acabei me dedicando à agroecologia (Silva, 2008), em busca da conciliação entre ambiente natural e urbano, campo e cidade. Hoje vivo em um sítio agroecológico[13] e me dedico ao trabalho de educação ambiental (Peralta Castell, 2010; 2011) inserido na agricultura familiar.

NOTAS

1 Wilhelm Walgenbach, pedagogo e pesquisador do Instituto de Pedagogia das Ciências Naturais – IPN (Universidade de Kiel, Alemanha), tornou-se, mais tarde, pesquisador-visitante de nossa universidade e um dos responsáveis pela minha orientação no mestrado, juntamente com o filósofo Dr. Ricardo Timm de Souza, o qual, durante o período de elaboração de minha dissertação, fazia parte do quadro de docentes do Programa de Mestrado em Educação Ambiental.

2 Disponível em: http://www.forumsocialmundial.org.br. Acesso em 7/07/2011

3 Ver sua fala na íntegra em: http://www.forumsocialmundial.org.br/dinamic/por_boaventura.php. Acesso em 7/07/2011.

4 O físico Basarab Nicolescu, consultor da UNESCO (1999, p. 41), aborda o problema da complexidade a partir da descoberta da mecânica quântica como uma relação polarizada entre simplicidade e complexidade.

5 Boaventura de Sousa Santos (1987, 2000) diferencia os termos paradigma dominante e paradigma emergente. O primeiro, atribuído à racionalidade científica da ciência moderna como "um modelo totalitário, na medida em que nega o caráter racional a todas as formas que se não pautarem pelos seus princípios epistemológicos e pelas suas regras metodológicas". Como paradigma emergente, define: um conhecimento prudente para uma vida decente, desenvolvido em quatro teses: 1. Todo o conhecimento científico-natural é científico-social. 2. Todo conhecimento é local e total. 3. Todo conhecimento é autoconhecimento. 4. Todo conhecimento científico visa constituir-se em senso comum.

6 Ver multimídia Oficina de currículo transdisciplinar: a proposta original da Universidade Holística Internacional de Brasília. Na web existe um diversificado material didático sobre o assunto.

7 Esse foi o caminho iniciado pelos resultados de ensino, pesquisa e extensão do Projeto Utopias Concretizáveis Interculturais (FURG,1987-2002) desta pesquisadora em parceria com o Instituto de Pedagogia das Ciências - IPN, da Universidade de Kiel, Alemanha, e com o Núcleo de Educação e Monitoramento Ambiental – NEMA –, Rio Grande, RS. Este projeto reunia pesquisadores de diversas áreas de conhecimento da FURG na forma de experimentos educacionais em saídas de campo sistemáticas, em busca de eixos transdisciplinares para educação ambiental. Resultados: Programa de educação ambiental centrados nas comunidades, produção de textos acadêmicos e diversos trabalhos científicos. Ver Peralta Castell (2007). Disponível em: http://www.lume.ufrgs.br/bitstream/handle/10183/8964/000592269.pdf?sequence=1 Acesso em 13 de agosto de 2011.

8 A ONG NEMA – Núcleo de Educação e Monitoramento Ambiental –, fundada em 1985, no Balneário Cassino, Município de Rio Grande, RS, cujos primeiros programas de educação ambiental junto à rede municipal de ensino foram por mim e colaboradores assessorados na base interdisciplinar arte e ciências do ambiente. Disponível em: http://www.nema-rs.org.br/ Acesso em 13 de agosto de 2011.

9 Sobre o fenômeno *Ur*, verificar em: http://www.arch.ksu.edu/seamon/book%20chapters/ goethe_intro.htm. Acesso em 7 de setembro de 2011

10 Goethe propugnava que, a partir do compromisso, da prática e dos esforços adequados, o estudante iria descobrir o fenômeno *Ur* (*Ur-phänomen*), o padrão essencial ou processo de uma coisa. *Ur-* tem a conotação de primordial, raiz, elemental, arquetípica ou, ainda, o núcleo essencial de uma coisa que torna o que é e o que ele se torna. Disponível em: http://www.arch. ksu.edu/seamon/book%20chapters/goethe_intro.htm. Acesso em 13 de agosto de 2011.

11 Programa Viva Mais no Sítio Talismã. O que é agroecologia 6 – Disponível em: http://www. youtube.com/watch?v=w_l0CzTllyQ&feature=player_embedded; O que é agroecologia 7 - Disponível em: http://www.youtube.com/watch?v=MZf8_uEhnk0&feature=related. Acesso em 7 de setembro de 2011.

12 Historieta de origem nórdica: Água da Vida. (ANONIMO, s/d).

13 Sítio Agroecológico Talismã. Ver nosso *blog*: http://sitiotalisma.wordpress.com; e nossos vídeos, por exemplo: http://www.youtube.com/watch?v=pvMKtrEszCM

REFERÊNCIAS

ARRUDA, S. M.; UENO, M. H.; GUIZELLINI, A.; PASSOS, M. M.; MARTINS, J. B. *O pensamento convergente, o pensamento divergente e a formação de professores de ciências e matemática.* Cad. Brasileiro de Ens. Fís., v. 22. p. 220-239, 2005. Disponível em: http://www.periodicos.ufsc.br/ index.php/fisica/issue/view/1150. Acesso em 12/08/2011.

AVANCINI, J. A. A arte-educação cria elos com o cotidiano? In: *Anais do Simpósio Estadual de Arte-educação* – A arte-educação e a construção do cotidiano. Porto Alegre, junho de 1995.

DUARTE Jr., J. F. *O sentido dos sentidos.* Curitiba: Criar, 2003.

FICHTNER, B. *Pesquisar o singular em educação: instrumentos analíticos e práticos de base vygotskyana, bakhtiniana e batesoniana.* Palestra no IV Fórum de Investigação Qualitativa – II Painel Brasileiro-Alemão de Pesquisa. Juiz de Fora, 18, 19 e 20 ago. 2005.

GARDNER, H. *As artes e o desenvolvimento humano.* Porto Alegre: Artmed, 1997.

JUNG, C.G. *Fundamentos de psicologia analítica.* Petrópolis: Vozes, 1985.

KLAFKI, W. Educação ambiental: considerações básicas sobre um programa de educação ambiental. *Ambiente & Educação,* Rio Grande: FURG, 1996. v.1

MARONE, N. R. C. *Espelho: um recorte na grande complexidade – estudo de uma alternativa transdisciplinar como possibilidade para a formação de professores.* Pelotas: UFPel, 2000. (Dissertação mestrado em Educação.)

MEIRA, M. R. *Filosofia da criação* – reflexões sobre o sentido do sensível. Porto Alegre: Mediação, 2003.

MORAES, M. C. *O paradigma educacional emergente.* Campinas: Papirus, 2000.

MORIN, E. *O problema epistemológico da complexidade.* Mira-Sintra: Publicações Europa-América, 1997.

NICOLESCU, B. *O manifesto da transdisciplinaridade.* São Paulo: Triom, 1999.

OLIVEIRA, M. K. Vygotsky – aprendizado e desenvolvimento – um processo sócio-histórico. São Paulo: Scipione, 1995.

PERALTA CASTELL, C. H. G. *O conceito utopias concretizáveis – elemento gerador de um programa de educação ambiental centrado na interdisciplinaridade.* Rio Grande: FURG, 1997 (Dissertação mestrado em Educação Ambiental).

160 Aloisio Ruscheinsky (org.)

_____. *Metaforizando a vida na terra: um recorte sobre o caráter pedagógico do Teatro-Fórum e sua mediação nos processos de transição agroecológica e cooperação em Rio Grande-RS*. Porto Alegre, 2007. Tese [Doutorado em Educação] – UFRGS.

_____. Educação ambiental: reverberações, conexões entre o imaginario social e a transição agroecologica. In: SILVA, Ú. R.; MEIRA, M. R. (Org.) *Ensino de arte e (Des)territórios pedagógicos*. Pelotas: UFPel, Ed Universitária, 2010.

_____. Metaforizando a luta na terra: a mediação do Teatro-Fórum como ferramenta metodológica nas performances dos agricultores familiares de Rio Grande. In: PARDO, A. L. (Org.) *A teatralidade do humano*. São Paulo: Edições SESC SP, 2011.

READ, Herbert. *A educação pela arte*. São Paulo: Martins Fontes, 2001.

SANTOMÉ, J.T. *Globalização e interdisciplinaridade – o currículo integrado*. Porto Alegra: Artmed, 1998.

SANTOS, B. de S. *Um discurso sobre as ciências*. Porto: Afrontamento, 1987.

_____. *A crítica da razão indolente – contra o desperdício da experiência*. São Paulo: Cortez, 2000.

_____. *Quais os limites e possibilidades da cidadania planetária?* Fórum Social Mundial. Porto Alegre: Anais – Palestra proferida em 28 de janeiro de 2002, Eixo III. Disponível em: http://www.forumsocialmundial.org.br/dinamic/por_boaventura.php. Acesso em 12/08/2011.

SEAMON, D.; ZAJONC, A. *Goethe's Way of Science: A Phenomenology of Nature*. Albany, NY: State University of New York Press, 1998.

SILVA, K. G. da (Org.); CRIVELLARO, C. V. L.; PERALTA CASTELL, C. H. G.; SILVEIRA, I. M. L da; CARVALHO, R. V.; CASTELL GROSSKOPF, T. A. *Agroecologia: um caminho amigável de conservação da natureza e valorização da vida*. Rio Grande, RS: NEMA, 2008.

SOUZA, R. T. de. *Totalidade e desagregação – sobre as fronteiras do pensamento e suas alter-nativas*. Porto Alegre: EDIPUCRS, 1996.

UNESCO/DELORS, J. *Educação, um tesouro a descobrir*. Relatório para a Unesco (Comissão Internacional sobre Educação para o Século XXI, Brasília: Cortez, 2000).

WALGENBACH, W. *Interdisziplinäre System – Bildung*. Frankfurt: Peter Lang, 2000.

8

Agroecologia e reforma agrária
integração possível, educação necessária

Aloisio Ruscheinsky e Sérgio Hiandui Nunes de Vargas

> Seria uma insensatez negar os benefícios que a vertiginosa evolução das tecnologias propiciou ao ser humano no deslocar-se mais rápido, viver mais tempo, comunicar-se instantaneamente, entre outras proezas. No entanto, é necessário analisar a quem dominantemente esse progresso serve, quais os riscos e custos de natureza social, ambiental e de sobrevivência da espécie que ele está provocando; e que catástrofes futuras ele pode ocasionar aos direitos dos homens. É preciso determinar quem escolhe a direção desse progresso e com que objetivos, especialmente quando as direções desse progresso têm aumentado a exclusão social, a concentração de renda e os riscos ambientais. (Gilberto Dupas)

O objetivo principal do capítulo é examinar a atribuição que a agricultura ecológica pode ocupar na consolidação da qualidade de vida, além de esclarecer a conotação que os nichos da produção orgânica vem assumindo. Ao mesmo tempo, enuncia as vantagens para o meio ambiente e para os pequenos agricultores que esta apresentaria em relação aos métodos tradicionais e convencionais de cultivo. Questões atuais estão intimamente relacionadas tais como as redes ambientalistas, os recursos hídricos, os projetos de economia solidária, a biodiversidade, a agroecologia, a justiça socioambiental e os direitos humanos.

No percurso realizado se enumeram também razões, sob o ponto de vista do meio ambiente e dos direitos humanos, que justificariam a urgente expansão do programa de reforma agrária, pelo qual se visualiza o desenvolvimento das potencialidades da produção ecológica junto à agricultura familiar na perspectiva de uma sociedade sustentável. Além disso, propõe-se, ainda, a realizar breves comentários sobre o modelo agrícola brasileiro, em cujas circunstâncias é possível observar uma crise reveladora de uma visível irracionalidade e também possibilidades reais de mudança a partir de uma gestão ambiental comprometida com a biodiversidade.

Como temática central são tecidas algumas considerações a respeito da conexão íntima entre a presença dos atores sociais e a educação ambiental para que esta se apresente com toda a sua importância social. A agricultura ecológica ou agroecologia é uma opção com aspectos inovadores e possui condições de possibilidade[1] para vir a se expandir, sobretudo devido ao agravamento dos problemas ambientais, ao debate proporcionado por setores sociais que priorizam questões do meio ambiente e às novas exigências dos consumidores.

Por fim, se aborda de forma sucinta os embates de uma revolução biotecnológica quando esta privilegia e utiliza o discurso do esverdeamento da produção e a corresponsabilidade ambiental, como forma de respaldar novos caminhos de diálogo entre avanços tecnológicos, significativas redes ambientais e a preservação de bens naturais no Brasil. Parece um estudo importante examinar a possibilidade de adoção de práticas de cultivo ecológicas nos assentamentos de reforma agrária (Noma e Lima, 2010) como uma forma de contribuir com a qualidade de vida em uma sociedade sobremaneira pautada no consumo.

LUTAS SOCIAIS POR REFORMA AGRÁRIA E DIREITOS HUMANOS

A estrutura fundiária do país se caracteriza pela combinação perversa, de um lado em certas regiões da extrema concentração e, de outro, em locais do extremo fracionamento da propriedade da terra e presença de forte vulnerabilidade social. No solo brasileiro, disputam espaço uma parcela considerável de grandes latifúndios, muitas vezes com extensões de terras ociosas e uma enorme quantidade de minifúndios com cerca de quatro milhões de famílias de agricultores consideradas sem-terra, em estado de extrema pobreza. Isso sem considerar a grande e intensa corrente migratória das últimas décadas para a fronteira agrícola e para a zona urbana, cujo fenômeno significou a diluição da pressão social no campo.

A concentração da propriedade da terra é um fenômeno histórico persistente, à semelhança da riqueza geral na sociedade brasileira, e tem crescido ainda nos últimos anos. A modernização da produção por meio do agronegócio revela um projeto político com uma nítida associação com o desenvolvimento baseado na industrialização (Stédile, 2011). A distinção entre os dois setores crescentemente se dilui, incrementando a complementaridade. Na correlação de forças políticas[2] os adversários da reforma agrária e da agroecologia se situam também em uma aliança tácita ou implícita entre o latifúndio, o agronegócio, o capital financeiro ou especulativo, contando com o endosso da grande mídia.

A reforma agrária objetiva mudar uma estrutura de poder no setor agrário, alicerçado naqueles segmentos que concentram a posse de grandes extensões de terra e que não estão cumprindo a função social. A reforma agrária seja como revisão da estrutura agrária ou como distribuição mais equitativa da terra e da renda ou como mudança no paradigma tecnológico não possui de imediato um cunho anticapitalista. Fundamentada no seu cunho relativo à justiça social e no declínio da escandalosa desigualdade social possui um significado político na história recente do Brasil. Para os propósitos do presente texto convém tomar como relevante que os assentamentos para resolver a questão social podem estar igualmente afeitos às contradições entre a política agrária e a política ambiental (Tourneau e Bursztyn, 2010; Ruscheinsky, 2004). O empreendimento pode ser realizado por uma série de razões, entre as quais, destacamos a seguir.

Em primeiro lugar, em um país com dimensões continentais como o Brasil, constitui-se violação aos direitos humanos forçar a migração, negar o acesso à terra improdutiva[3] aos agricultores impedidos do sustento familiar. Com uma distribuição mais equitativa da terra e da renda agrícola, os trabalhadores oriundos do meio rural teriam oportunidade de alterar suas condições socioeconômicas, pois seriam incentivados a permanecer no seu meio de origem, evitando a exclusão e o desemprego na periferia urbana.[4]

Em segundo lugar, a fome, as dificuldades de acesso à educação e à cultura, além da falta de condições necessárias à vida – realidade para parcela significativa dos sem-terra que hoje vive no campo – constituem-se em ameaça também aos valores e métodos ambientalistas. Em outros termos, existe um nexo intrínseco entre a promoção das condições básicas de superação dos níveis de pobreza, o abraço da cidadania e os cuidados com o meio ambiente. Todavia, essa posição não é unânime entre todos os pesquisadores: alguns ambientalistas brasileiros têm dificuldade em ligar as questões ambientais com as de justiça social e ambiental, ou de compreender os conflitos inerentes com a demanda do esverdear dos direitos (Ruscheinsky, 2007), como perspectiva de aliar o social e o ambiental.

Em terceiro lugar, a reforma agrária, ao se concretizar na prática, tem condições de "alavancar" a produção de alimentos de qualidade para abastecer parcela do mercado interno, garantindo segurança alimentar para a sociedade brasileira. O sistema de cultivo em pequenos lotes individuais, em cooperativas, como se pode observar na maioria dos assentamentos, ou mesmo pelo trabalho e propriedade coletivos, mostrou-se propício à produção diversificada e ecológica de alimentos. Parece que quanto mais as atividades se desenvolvem dentro de um cunho de ação coletiva, tanto maior serão as ocasiões favoráveis para a mudança de capital cultural para apropriação tecnológica e o sucesso da produção no mercado competitivo. As relações com a sociedade se fundam em um imperativo de tal ordem que as atividades se voltam para criar uma nova rede de comercialização.

Em quarto lugar, a luta pela reforma agrária culminou em diversos movimentos na história brasileira recente e, ao mesmo tempo, ocorreram conflitos sociais que ceifaram vidas. Os agentes da esfera pública atravessavam significativa dificuldade no intento de conseguir aliviar as contradições e os conflitos existentes, cujo avanço se manifestava em direção ao campo: a concentração da terra, a expulsão dos pobres e a modernização. Nesse contexto, surgem várias lutas localizadas que, aos poucos, se articulam[5], e, em especial, devem ser considerados relevantes os apoios de setores urbanos e intelectuais em favor daquelas lutas sociais. Dessa articulação, organiza-se o MST, tendo como matriz os acampamentos, ocupações, manifestações coletivas em todo o território nacional, especialmente em áreas em condições de descarte de contingentes populacionais. Em três décadas de existência, centenas de milhares de famílias conquistaram terra por meio de sucessivas e árduas negociações, com muitos conflitos e sangue. A elevação da renda das famílias assentadas é realidade em muitos dos assentamentos, principalmente onde prosperam os empreendimentos coletivos e onde as agroindústrias são desenvolvidas. Além da preocupação com o aumento do poder aquisitivo, percebe-se um elevado investimento na formação técnica e política dos assentados (Noma e Lima, 2010), visando à mudança do horizonte da cultura política e à absorção de novas técnicas como a agroecologia ou agricultura ecológica.

Em quinto lugar, em termos relativos, ainda existe no sul e no sudeste do país muita terra ociosa ou improdutiva e em grandes dimensões, que em pouco contribuem para um meio ambiente qualificado e para um desenvolvimento sustentado. Inclusive sob o ponto de vista estritamente do desenvolvimento capitalista, da modernização com aumento da produtividade, grandes extensões semiprodutivas ou ociosas representam um capital empatado, engessado, portanto, perdendo a dinâmica da reprodução que o capital requer. Nesse sentido, a reforma agrária retém entre suas ambiguidades o fato de não se apresentar de imediato como rompendo com os interesses do capital, mas, antes, uma concorrente ao manejo convencional[6] da agricultura de exportação e agropecuária extensiva. De outro lado, as condições de possibilidade para o desenvolvimento da agricultura ecológica parecem muito mais prováveis na produção familiar do que em grande escala.

Em sexto lugar, diante das desigualdades sociais, da parca perspectiva de inserção no mercado de trabalho urbano, do incremento da tecnologia, alargar as oportunidades de emprego no campo se constitui uma das alternativas menos dispendiosas. Aliado a isso, os setores ora desapossados da condição de trabalho efetivo, na sua contingência efêmera, estariam mais propensos a assimilar novos valores a partir da perspectiva coletiva de acesso à terra. Condição na qual adviria e se viabilizaria o nexo entre cidadania, desenvolvimento e meio ambiente (Vieira, 1995). Entretanto, longe de imaginar que isso possa ocorrer sem um processo pedagógico e o enfrentamento de conflitos, ambiguidades e dilemas.

Em sétimo lugar, as mudanças de capital cultural afetam tanto os protagonistas quanto os setores que se dedicam à assessoria técnica e política.[7] Portanto, o sucesso da experiência requer a qualificação de técnicos por meio de especialização, com ênfase nos temas relativos à agroecologia, metodologias participativas, acesso às redes sociais, manejo do crédito, agroindústria, produtos diferenciados orgânicos, plantas medicinais e fitoterápicos e noções de sociobiodiversidade.

No que diz respeito à reforma agrária, alguns intelectuais, acadêmicos e setores sociais avaliam que ficou superado o seu tempo social, especialmente aquela que propunha distribuição de terra e que a produção das famílias, com suas forças próprias, sustentaria o mercado interno (Navarro, 1997, 2002; Abreu et al., 2009). A realização de uma reforma agrária clássica de distribuição de "terra a quem dela precisa" perdeu apelo social e declinou sua presença na agenda da política nacional. Concordamos que a própria expressão reforma agrária está socialmente desgastada e é, do ponto de vista da produção de alimentos em larga escala, questão superada. Tornou-se inviável não por desdenha dos movimentos sociais, porém pela mudança da conjuntura e de interesses das forças políticas e sociais.

MODELO AGRÍCOLA E MEIO AMBIENTE

Para a compreensão dos conflitos sociais no campo, da situação da agricultura, dos efeitos da proposta de agroecologia, da estrutura arcaica neste país, precisamos fazer um rápido resgate histórico. A partir da metade do século XX, em escala mundial, ocorre a difusão do chamado "Pacote Tecnológico da Revolução Verde". O referido modelo representou uma profunda modificação na agricultura praticada nos países de Terceiro Mundo, entre outros aspectos: com a mecanização, o uso intensivo de insumos químicos, a difusão de novas variedades genéticas "mais produtivas", a expansão dos sistemas de irrigação, intensificação da degradação ambiental e a produção de riscos.

A partir de então, o que se observa é a justificativa do crescimento econômico a qualquer custo, aliada à falsa convicção de que os recursos naturais são inesgotáveis, criando as condições para uma degradação ambiental sem precedentes no mundo moderno. Ao mesmo tempo, os recursos naturais do planeta se tornaram posse de um limitado grupo detentor do poder e do capital.

A modernização foi gerada por uma articulação entre os projetos de desenvolvimento nacional e as grandes empresas transnacionais envolvidas na produção de insumos, na industrialização e comercialização de produtos agrícolas (Ruscheinsky, 2000, p. 55-62). Trata-se de uma etapa caracterizada como desenvolvimento econômico pelo incremento da produtividade. Aliás, a partir daí a pobreza subsiste não mais com carência de alimentos, mas por ausência de distribuição adequada.

No entanto, o modelo tecnológico difundido pela Revolução Verde enfrenta, atualmente, dificuldades dentro do próprio capitalismo. Em período de recessão da economia, de crise fiscal, de abertura da economia, o Estado aumenta a dívida pública interna para conseguir sustentar o financiamento desse modelo tecnológico. Sem apostar no significado de dualidade, sem dúvida existe um conflito expresso ou implícito, de um lado o agronegócio com uso intensivo de químicos como os agrotóxicos e de outro a agroecologia como produção orgânica a partir de uma ciência em diálogo com o ecossistema. Ademais, os problemas com a escassez de bens naturais vêm se agravando, setores sociais pautam suas demandas pela ótica ambientalista, e os consumidores estão se tornando mais exigentes quanto à certificação ambiental.

Nesse quadro de crise, setores à procura de um nicho de mercado redefinem suas estratégias para atender às novas exigências dos consumidores. Os rumos desse processo estão hoje em disputa: ou a mudança vem sob o comando das grandes empresas ou a sociedade civil se organiza e assume as coordenadas do processo.

Para que a sociedade civil, em especial os segmentos diretamente ligados, possa liderar e conduzir a construção de um novo modelo ecológico e sustentável, faz-se urgente consolidar imediatamente a discussão, buscando a união de esforços. Nesse momento de crise e mudança de paradigma, os movimentos organizados e as redes sociais, em especial os assentados, têm uma excelente oportunidade para interferir no debate e na construção de alternativas sustentáveis.

Um passo importante nesse sentido consiste em intervir junto ao Estado e à sociedade civil, buscando viabilizar a agroecologia, mediante a formação de assentamentos agrícolas, de apoio técnico e financeiro, bem como de política de preços mínimos e condições de circulação. Novos valores, reconstrução do saber, capital e assistência técnica são importantes para incrementar a nova capacidade produtiva. Para alguns setores sociais, a agricultura familiar precisa ser incentivada, pois, por seu intermédio, se expressa a principal medida geradora de postos de trabalho no meio rural.[8]

Uma questão sintomática da crise ecológica é a discussão sobre o controle da exploração, apropriação e qualificação do uso da água e que requer a superação do rótulo apresentado como de oposição ao desenvolvimento e ao aperfeiçoamento tecnológico na agricultura (Ruscheinsky, 2006). Os impasses relativos à degradação e à escassez de recursos naturais (água) passam progressivamente pela incorporação ao debate sobre o desenvolvimento, em particular pela proposta da agroecologia.

Assim, poderemos compreender como agricultores familiares apresentam o acesso à água subterrânea pela justificativa da sustentabilidade dos empreendimentos, inclusive podendo vir a disputar com os agentes políticos e científicos a legitimidade da noção de sustentabilidade. A exploração das águas subterrâneas traz ao debate a forma técnica e ética de apropriação social do mundo material e simbólico.

É nesse sentido que os movimentos e as redes sociais têm proposto a agroecologia como base que ao mesmo tempo evita a devastação ambiental, convive com os ecossistemas protegendo a biodiversidade e enfaticamente renuncia a degradação da quimificação.

AGROECOLOGIA, REFORMA AGRÁRIA E QUESTÃO AMBIENTAL

A forma de produção da sobrevivência, em especial na sociedade moderna, tem provocado sistematicamente a degradação do meio ambiente, exaurindo as reservas naturais e poluindo o ar, a água e o solo. Essa sistemática é facultada e possível como algo inerente à própria cultura, à visão de mundo própria do antropocentrismo: dominar a natureza em todos os seus sentidos, significados, extensão e intensidade. Nasce dessa constatação um ímpeto para a busca de alternativas, todavia sem renunciar às contribuições do conhecimento, da tecnologia e dos direitos humanos e da terra.

Este texto teve sua ideia originária vinculada à interrogação sobre o significado do desenvolvimento da produção ecológica no seio da agricultura familiar ordinariamente considerada de perfil tradicional (Ruscheinsky, 2004). Além do mais, pensa-se que tal iniciativa possibilitará novas formas de articulação com atores sociais peculiares, formando uma rede de informações que se caracteriza como educação ambiental.

Apesar de usos especializados em que se distinguem os termos, neste texto nem sempre se prima pela precisão dos termos: de um lado a agroecologia como uma iniciativa científica que se dedica aos princípios mais coerentes com a sustentabilidade do ecossistema (Caporal e Costabeber, 2004) e da produção agropastoril, de outro lado a agricultura orgânica se distinguiria como um modelo de produção que aplicaria princípios ecológicos. Nesse sentido, em uma acepção ampla "o objetivo principal dos sistemas agroecológicos consiste em integrar componentes de maneira que a eficiência biológica global seja incrementada, a biodiversidade preservada, e a produtividade do agroecossistema e sua alta capacidade de se sustentar sejam mantidas" (Altieri e Nicholls, 2003, p. 146).

A reforma agrária pode ser compreendida como política de governos democráticos na circunstância da vigência do Estado de direito, da consolidação de uma esfera pública com negociação de demandas sociais e da aplicação do princípio republicano de direitos iguais e sociais. Democratizar o acesso à posse ou propriedade da terra é apenas um dos requisitos para uma sociedade democrática como acesso aos bens da natureza.

Assim, no processo das lutas sociais no campo importa destacar um novo foco ou desvendar os nichos do mercado em que será possível um caminho de sucesso: a adoção de tecnologia diferenciada como a agroecologia e uma produção distinta em relação ao agronegócio. Por isso cresce a relevância de consolidar a referência aos nichos de mercado com a produção diferenciada ou a agroecológica. Os resultados observados até o momento têm sido favoráveis, merecendo maiores análises e estudos como espaço alternativo de resistência porque se pretendem construir novas formas de relação, baseadas na cooperação, na solidariedade e no respeito à vida.

A propósito do sucesso, aos assentados a agricultura ecológica parece uma interessante opção porque permite aproveitar a mão de obra familiar, diminui os custos de produção, aumenta as possibilidades de comercialização direta, melhora a saúde dos consumidores e traz consideráveis benefícios à biodiversidade. Assim, aglutinam-se, em um só movimento, duas dimensões relevantes para o futuro da justiça socioambiental: a agroecologia e a reforma agrária. Com essa aglutinação, criam-se as condições de vir a fortalecer ambas, aproveitando a ascensão da noção de riscos.

Dentro de uma lógica utópica, é perfeitamente plausível afirmar que a reforma agrária e a agroecologia apresentam maior possibilidade de obterem sucesso se uma estiver acompanhada da outra. A produção agroecológica exige uso relativamente intenso de mão de obra e, ao mesmo tempo especial, conhecimento e especialização, claro, se comparada à produção convencional. Por meio de um projeto consistente de reforma agrária é possível dar outro destino histórico à população empobrecida da periferia urbana, bem como por meio da agroecologia dar novos rumos aos empreendimentos da agricultura familiar.

Por sua vez, a educação ambiental aprimora a percepção dos elementos fundantes de sustentação da vida cotidiana (água, ar, terra, energia, etc.) usualmente velados nas referências ao ambiente. Nesse sentido, contribuiria no alargamento do olhar sobre a integração entre sociedade e ambiente e colaboraria com a construção de uma sociedade mais justa. Por isso, Mauro Schorr[9] declara que, "na moderna educação ambiental, valoriza-se muito a integração da agroecologia, com a nutrição integral e vital e a medicina natural. Outra questão é no âmbito do aproveitamento das sementes e produtos agrícolas, onde destacamos a importância do artesanato, da arte popular, e de sua geração de renda...".

De outro lado, a agricultura ecológica, bem como a agroecologia, se apresenta como uma opção com aspectos inovadores de produção no campo brasileiro. Vem-se expandindo entre setores bem específicos, nos quais se descortina outra perspectiva a propósito do meio ambiente. A difusão se deve principalmente ao agravamento dos problemas ambientais, ao debate proporcionado por setores sociais que priorizam questões do meio ambiente e às novas exigências dos consumidores.

Para que se possa alargar a experiência agroecológica, existe uma necessidade imperiosa de ampliar o capital cultural, de criar mecanismos de circulação e de conquistar consumidores para incrementar a demanda. Cumpre destacar, no entanto, que a demanda por produtos ecológicos parece ter crescido substancialmente na última década, o que é possível comprovar por meio do incremento da comercialização direta produtor/consumidor através das feiras ecológicas que se espalharam por centenas de municípios brasileiros. Novos, exigentes e especializados consumidores podem estar em busca de fornecedores de produtos ecológicos. Existe uma extensa reflexão sobre o nexo entre consumidores e cidadãos (Canclini, 1995; Portilho, 2005).

Em algumas regiões do Brasil é possível verificar alguns resultados na medida em que se assimilou a nova ótica e incorporou novas técnicas ecológicas. A agroecologia é um espaço alternativo de resistência porque pretende construir novas formas de relações sociais, baseadas na cooperação, na solidariedade e no respeito à vida. Com isso, fica evidenciado que a agroecologia rima com rompimento dos laços da pobreza política, da subalternidade e da submissão aos padrões tecnológicos correntes.

A agroecologia tem maiores condições de ser aplicada junto a comunidades formadas por agricultores familiares, porque se apoia na articulação de vários sistemas produtivos e não na expansão daquele cultivo que permite somente aumentar a renda econômica. A agricultura familiar, por suas características, apresenta-se mais ajustada à oferta de produtos de consumo interno e atividades que privilegiam a biodiversidade, minimizam os riscos médios e valorizam o adequado aproveitamento dos recursos internos (Melgarejo, 2001).

Destacamos que os assentados constituem o grupo ecológico mais organizado dentro do segmento da agricultura familiar. Por essa razão, de acordo com Vargas (2003), possuem condições de liderar a implementação de formas produtivas ecológicas, gerando referências a serem seguidas pelos demais.

Ao destacar uma nova vertente – a produção agroecológica – parece fundamental uma referência expressa e explícita às mudanças, não só no horizonte da produção econômica, mas também no campo da cultura. A agroecologia remete, portanto, à ótica cultural que se caracterizará como crítica e alternativa à ênfase do domínio e destruição da natureza. Além do mais, nada permite entender que setores populacionais tendam a reter a perspectiva ecológica, recentemente em expansão, pelo simples fato de se encontrarem em contato com a natureza de maneira imediata no cotidia-

Educação ambiental **171**

no. A título de exemplo, no manejo tradicional não é recomendável o uso das queimadas, entre outras técnicas perniciosas (Ruscheinsky, 2004).

Como compreender os debates e os conflitos sociais que envolvem a educação ambiental contemporânea sem levar em consideração a configuração atual dos conflitos em torno da economia,[10] da cultura política, do Estado? Parece quase impossível compreender o significado do ambientalismo, dos movimentos inovadores sem prestar atenção e incluir nas ponderações o confronto vigente entre interesses privados e regulamentação estatal, entre sociedade de consumo e sustentabilidade, entre usufruir da natureza e preservá-la (Dias, 1998; Veiga, 2007). A capacidade de difundir o saber a propósito de novas formas de produção na perspectiva ecológica vem ressaltar uma empreitada em termos de atores sociais, consequentemente também em uma prática pedagógica (Noma e Lima, 2010). Isso porque uma experiência isolada dará poucos efeitos, daí o recurso às noções de redes sociais, de complexidade, de reflexividade e de interdisciplinaridade.

A solução ampliada da reforma agrária e da produção agroecológica não se caracteriza apenas como um programa emergencial, porém se desdobra na ótica dos programas estruturantes de emprego e renda, cruciais em face da questão social brasileira (Ruscheinsky, 2008). Agora, a disputa ultrapassa em muito as dimensões do acesso à terra, mas uma disputa de modelo de produção, de uso dos bens da natureza e de uma sociedade sustentável.

No setor ambientalista, dentro do qual também se situa a agroecologia, o intuito da educação ambiental se torna manifesto no significado atribuído à solidariedade em meio ao confronto com os poderes político, tecnológico e econômico. Entretanto, é fundamental uma nova forma de solidariedade, entre produtor familiar e consumidor, que se faz sentir especialmente sob a ótica de construção do saber que reverta também em qualidade de vida, do discurso mediador para a demanda de uma vida com qualidade ambiental.

Além da desapropriação de latifúndios improdutivos está posto o desafio da mudança cultural, na qual a educação ambiental ocupa um lugar peculiar para um novo olhar sobre o uso dos bens naturais por uma tecnologia menos agressiva aos direitos da terra. Ao lado disso, envolve e demanda a atualização ou mudança do paradigma tecnológico, a produção de alimentos sadios, sem agrotóxicos, porém para cujas óticas se requer nexos com redes sociais e com determinados atores sociais. Demanda ainda uma combinação de distribuição de terras com agroindústrias nos assentamentos na forma cooperativa, voltada especialmente ao nicho do consumo orgânico (Noma e Lima, 2010). A nova matriz tecnológica baseada nos conhecimentos da agroecologia reporta a uma mudança social ou apropriação de capital cultural para o manejo dos bens naturais. Para enfrentar esse desafio, a alfabetização de adultos[11] e o acesso escolar em todos os níveis são fundamentais, mas ao mesmo tempo insuficientes para uma democratização do saber abarcado pela proposição agroecológica. Esses desafios requerem a costura de alianças nos espaços do conhecimento, na universidade, nas redes sociais e até nos meios de comunicação.

DESAFIOS DA AGRICULTURA ECOLÓGICA

A agricultura convencional de alta produtividade, por vezes também chamada de agricultura moderna, usa como fundamental a energia vinda de fora de suas fronteiras para produzir, necessitando de uma considerável quantidade de combustível e de maquinário elétrico. Para auxiliar e subornar o meio ambiente, também utiliza grande quantidade de adubo químico e de agrotóxicos para combater as adversidades do cultivo em grande extensão e da monocultura. Por ironia da perspectiva ecológica, a multiplicidade de pesticidas, fungicidas, herbicidas e outros também é denominada pelo eufemismo "remédios", maneira de suavizar a expressão de uma ideia adversa à vida, substituindo a expressão própria por outra mais agradável, mais polida. No atual contexto de crise de recursos naturais – se ainda não patente a escassez ela está por se avistar – parece pouco viável ou condizente uma agricultura que precise de tantos insumos ou modifique tão agressivamente o meio ambiente.

Considerando-se assim, que está em curso um esvaziamento da população do campo no Brasil, não só em decorrência da tecnificação da produção de escala, mas também pelo alargamento da vulnerabilidade de famílias que produzem para o próprio consumo, por vezes espremidas em meio a áreas montanhosas ou diminutas ou de difícil acesso para escoar a produção e distantes das cidades que ofertam os serviços das políticas públicas. Nesse sentido, o que se convencionou chamar de agricultura de subsistência, progressivamente se torna insustentável na medida em que é foco de vulnerabilidade social e território para as políticas sociais compensatórias.

Da literatura existente, poderíamos destacar diversas concepções de uma nova vertente de produção denominada agroecológica. Um conceito de agricultura ecológica ou agroecologia que se aplica bem ao caso brasileiro é de Altieri: "A agroecologia tem sido difundida na América Latina, e no Brasil em especial, exatamente como esse padrão técnico--agronômico (assentado em pesquisa científica, por certo), capaz de orientar as diferentes estratégias de desenvolvimento rural sustentável, avaliando as potencialidades dos sistemas agrícolas por meio de uma perspectiva social, econômica e ecológica" (1998, p. 7). Ora, a primeira conclusão é que tal compreensão revela uma complexidade e riqueza de conexões.

Entre as características da agricultura ecológica, destaca-se o intuito de prescindir do emprego de fertilizantes químicos ou agrotóxicos. Fertiliza a terra predominantemente com matéria orgânica e adubação verde, respeita o ciclo dos nutrientes no solo, usa igualmente ferramentas e tecnologia que diminuam o peso sobre o trabalho humano, portanto energia e maquinário em termos comedidos. O conjunto do seu empreendimento possui entre suas prerrogativas e de seus objetivos aumentar a interação da biodiversidade dos agroecossistemas (agroecossistema é um local de produção agrícola – compreendida como um ecossistema) a fim de que sejam alcançadas autorregulação e sustentabilidade. Essa história começa a brilhar com o conjunto dos relacionamentos mútuos entre a flora, a fauna, os microrganismos que nele habitam de maneira concomitante com o ser humano. A agroecologia pretende coordenar e articular os fatores da conexão entre aspectos geológico, atmosférico, meteorológico, biológico, humano e social.

As experiências inovadoras na agroecologia se proliferam como uma nova cultura e visão de mundo e possuem, entre outras prioridades: o sustento do próprio agricultor e a produção para o mercado interno; o trabalho geralmente possui um caráter associativo e cooperativado; por meio de uma rede associativa a comercialização via de regra se efetua diretamente com o consumidor; combina eficiência e eficácia.[12] Em uma pesquisa regional, Abreu e colaboradores (2009) demonstram que se destina à exportação a maior parte do volume da produção orgânica em terras brasileiras.

Cabe destacar que o caráter associativo, mesmo considerando os inúmeros obstáculos, possui diversos méritos e benefícios para o incremento da agroecologia. De um lado como maneira própria de difundir o ideário configurado como uma abordagem política, social, ambiental e econômica e, de outro, para a consolidação de uma rede em diversos níveis visando contornar os dilemas e as ambiguidades da concorrência no mercado. Concordando com Almeida (2004), apresenta-se relevante interrogação sobre a conexão da agroecologia como nova ciência, alternativa técnico-produtiva e movimento social, pois parece-nos ser ao mesmo tempo amparada nesse tripé.

Na agricultura convencional não se considera em alta estima as regras da vida do solo como fonte na qual a flora bebe ou retira o seu sustento. A alimentação da planta recebe uma elevada contribuição por via artificial, por exemplo, adubos químicos, agrotóxicos, homogeneidade e transgenia. Assim sendo, a planta não está mais no seu ambiente natural, sofrendo, portanto, um desequilíbrio à medida que são alteradas as relações entre os diversos seres vivos no solo e a própria planta. Então, aparecem sempre novos problemas: fungos, insetos, enfraquecimento do solo e diluição da biodiversidade. Todavia, nesse debate podem ocorrer enganos a partir da leitura que se orienta pelas aparências ou que peca pela ignorância. Quando alguém vai à feira ou ao mercado para comprar frutas e legumes, se não observar com cautela, ficará provavelmente tentado a sucumbir diante do reluzente e vigoroso. Entretanto, podem estar agregadas mais substâncias nocivas à saúde e ao meio ambiente.

Na agricultura ecológica, por outro lado, considera-se muito a vida do solo, evitando tanto o seu esgotamento pelo uso intenso ou pela falta de cuidado de repor a fertilidade quanto à sua contaminação com agrotóxicos.[13] Além do mais, o alimento produzido orgânica e ecologicamente tem maior valor biológico. Entre os principais problemas da agricultura ecológica, hoje ainda parece estar a capacidade de fazer circular a produção junto aos consumidores, bem como a sua disponibilidade ao longo do ano todo.

Todas as vantagens expostas nos levam a concluir que a agricultura ecológica possui as características que condizem com o paradigma e com os princípios da sustentabilidade socioambiental, pois se apresenta economicamente factível, ecologicamente apropriada e socialmente justa (Gadotti, 2000, p. 235). Ora, com isso, o autor insiste que a agricultura ecológica proporcionará a médio prazo os seus resultados profundos à medida que implicar o estabelecimento de novas relações sociais e não apenas mais um produto na concorrência do mercado.

Tendo por base a experiência descrita por grupos e entidades que trabalham, faz algum tempo, com a produção ecológica – como, por exemplo, os ecologistas de alguns municípios do Rio Grande do Sul (Antônio Prado, Ipê, Novo Hamburgo, Pelotas) e as diversas cooperativas gaúchas de produção ecológica (Coolméia, ARPASul, Sulecológica, entre outras) –, é possível levantar alguns benefícios que essa opção pode gerar nos assentamentos resultantes da reforma agrária:

a) Nos casos em que a terra se apresenta em condições de degradação, destaca-se a possibilidade mais efetiva de recuperação da fertilidade na área adquirida pela reforma agrária por meio de técnicas como rotação de culturas, curvas de nível, plantio direto, adubação orgânica.

b) Benefícios ao solo, aos cursos d'água e à vegetação nativa, mesmo em áreas não degradadas, pois a agricultura ecológica procura preservar os recursos naturais, especialmente porque difunde o saber a respeito dos limites dos recursos e de certos processos irreversíveis que implicam em destruição da natureza.

c) Custo menor de produção porque utiliza os recursos naturais obtidos na própria região. Isso se constitui em um fator fundamental, tendo em vista a escassez de capital, predominante em alguns assentamentos, especialmente os recém-criados, bem como implica uma menor dependência de fatores econômicos externos.

d) Aproveitamento da mão de obra familiar e incentivo ao trabalho cooperativo ou ao sistema de mutirão, uma vez que dispensa o uso de mecanização intensiva, em cujas medidas se sustenta a predominância do bem-estar e do trabalho sobre a reprodução do capital.

e) Valorização das experiências de comercialização direta, por meio de redes de solidariedade, opostos à exclusão, faculta à agricultura ecológica o estabelecimento de relações mais pessoais entre os assentados e os consumidores, eliminando barreiras e proporcionando uma maior integração.

f) Interferência positiva na saúde dos consumidores, seja ela dos próprios assentados ou não, porque o alimento produzido é mais saudável, sem contaminação com produtos químicos – ao mesmo tempo em que os agricultores se preservam do risco decorrente da manipulação de agrotóxicos.

g) Criação de territórios nos quais se constroem limites e alternativas aos riscos que permeiam as relações do que compreende a sociedade de riscos – não se eliminam os riscos que uma vez instaurados se tornam relativamente democráticos, já que atingem toda a população.

No que diz respeito aos assentamentos, a agricultura ecológica e o associativismo como condição de sucesso, não é unanimidade, já que parcela dos assentados prefere cultivar da forma convencional. Tal fato revela o quanto importa a difusão de uma nova cultura, de uma ação pedagógica, da alteração da visão de mundo, do nexo entre interesses econômicos e concepções de vida. Ou, ainda, para além de outras circunstâncias, vale o embate para ganhar o debate com informações[14] preciosas ou a peleja das ideias.

Ancorado na perspectiva de que um processo de travessia em meio às águas caudalosas que assinalam tensões, Ruscheinsky (2008, p. 12) aponta para uma transição paradigmática em que vicejam as incertezas. O campo do ambientalismo está desafiado tanto pelas inovações tecnológicas e seus riscos, quanto pela dialética contemporânea de agregar aos direitos de cidadania também os emergentes direitos ao e do meio ambiente. Por fim, existe um amplo esforço despendido para forjar multiplicadores ou agentes de educação ambiental. No entanto, convém interrogar o quanto de cuidado efetivo ou envolvimento subjetivo e políticas eficientes têm tido pleno sucesso ante o imaginário do consumo e ante a crise ambiental.

A partir das evidências que não se apresentam tão contundentes para todos da mesma forma, a agroecologia facilita a tomada de consciência por parte dos assentados de que seu trabalho faz parte de um conjunto maior, de uma sociedade à procura de futuro, na qual o bem-estar socioambiental se faça presente como primordial. Ao mesmo tempo, permite a melhoria da sua autoestima à medida que se percebem como pertencentes a um grupo no qual exercem uma tarefa social fundamental.

Biotecnologia: uma forma de dominação e resistência

Desde os primórdios da agricultura ou da domesticação de plantas há um empenho incessante no sentido de obter espécies vegetais mais produtivas, nutritivas ou resistentes às doenças ou aos agentes climáticos adversos. As grandes modificações foram alcançadas por meio de experiências de cruzamentos dirigidos, os quais demandaram gerações ou séculos.

A tecnologia do DNA recombinante se propõe a superar alguns problemas, pois com ela pode-se agora interferir diretamente no material genético de qualquer ser vivo. De acordo com Gander e colaboradores (1996), o conjunto de técnicas e métodos da combinação de material genético de diferentes espécies de seres vivos é a tecnologia do DNA recombinante ou Engenharia Genética. Esta já ocupa posição importante na agricultura praticada no planeta e os produtos dessa tecnologia saem ao mercado com passo firme.

A biotecnologia, todavia, exemplifica um grande paradoxo da ciência: numerosas possibilidades e riscos difíceis de avaliar coexistem lado a lado.[15] Tal fenômeno social possui profundas implicações para a educação em uma sociedade de riscos ambientais (Jacobi, 2007). No Brasil, existe pouca análise de riscos sobre a saúde e o meio ambiente pela adoção das novas tecnologias biológicas, como no caso de cultivos transgênicos, ainda sendo um risco de desfecho imprevisível. Houve muitas discussões e intrigas para adotar o princípio da precaução, antes de liberar esses cultivos.

Se na Revolução Verde a justificativa ou o discurso era aumentar a produção de alimentos para "acabar com a fome", a biotecnologia se utiliza da retórica do esverdeamento, da responsabilidade ambiental, para respaldar o domínio das multinacionais sobre o agronegócio no Brasil. Esse é o entendimento de Canavesi (2011, p. 76):

> Há, por trás do desenvolvimento das novas tecnologias na era da Biorrevolução, uma ambientalização do discurso das corporações que se beneficiam dessas tecnologias e as justificam como forma de responder aos desafios atuais de uma demanda social de "sustentabilidade ambiental".

A modernização agrícola ganha reforços por meio da Biorrevolução, mas melhor seria denominá-la evolução, pois as grandes corporações revigoram os mecanismos de dominação e de concentração de poder. Estes podem ser exemplificados pela Monsanto, principal empresa no ramo de sementes,[16] aglomerado de 28 empresas e que detêm atualmente 50% das linhagens de soja, milho e algodão liberadas para comercialização no Brasil. Essas corporações argumentam que a implementação da biotecnologia induziria ao menor uso de agrotóxicos devido à resistência das plantas transgênicas às pragas. No entanto, não se observa essa redução; pelo contrário, no Brasil se registra o aumento do uso de herbicidas, de acordo com dados da ANDEF (Associação Nacional de Defesa Vegetal).

Verificam-se operações de "cerco" tecnológico dos agentes da modernização que vão expandindo o seu território e seu poder.[17] De acordo com Canavesi (2011, p.107), "a agricultura de corporações que se consolida no século XXI coloca em questão a própria pertinência legítima dos camponeses no agro, entendidos como uma categoria política contraposta às corporações". O Estado brasileiro enfrenta o paradoxo de apoiar duas formas de empreendimentos: o agronegócio e a agricultura familiar. Esse fato pode ser constatado na existência de dois ministérios: um para o agronegócio – Ministério da Agricultura – e outro para a agricultura familiar – Ministério do Desenvolvimento Agrário.

De acordo com Canavesi (2011), com o avanço das grandes corporações, uma série de conflitos se instala à medida que os pequenos agricultores sofrem ameaça de perda da terra e demais meios de produção (e reprodução). Tem-se observado, dessa forma, a expansão das desigualdades no acesso à produção, com a destruição de formas não capitalistas de posse da natureza.

178 Aloisio Ruscheinsky (org.)

A agricultura familiar se fundamenta no trabalho familiar e na baixa utilização de insumos externos aos agroecossistemas. Um aspecto importante a ser destacado é no sentido de que a Agricultura Orgânica não deve ser considerada sinônimo de Agroecologia, uma vez que a primeira frequentemente se mantêm por meio de um pacote tecnológico proveniente do agronegócio, apenas com substituição por insumos mais "esverdeados". A Agroecologia valoriza os conhecimentos locais, disseminados pelas trocas de informação. É o que diz em outras palavras Costa Neto (2008, p. 71):

> A agroecologia social não se restringe a um receituário de aplicação de técnicas alternativas na agricultura, mas vai além, no sentido de se definir sociocultural e politicamente em direção a determinada opção de desenvolvimento rural. Algo semelhante ocorre com relação ao agronegócio de produtos orgânicos. A diferença essencial entre agronegócio e agroecologia não reside, a nosso ver, em determinadas referências tecnológicas, mas na opção, diametralmente oposta entre elas, de desenvolvimento rural no país.

Entretanto, cumpre destacar a resistência às novas formas de dominação das corporações, em especial, por intermédio das Associações e das Cooperativas de Produtores, em particular na medida em que compreendem que endossam uma nova ciência com sua respectiva técnica e ao mesmo tempo reforçam um movimento social (Almeida, 2004). Por meio do associativismo se torna possível juntar forças, visando as condições de acesso a financiamentos, assistência técnica e mercados consumidores. Nesse sentido, somam-se como estratégias de resistência as ações do MPA (Movimento dos Pequenos Agricultores), uma entidade nacional cuja proposta é defender os interesses mais imediatos. Além do MPA, os assentados em projetos da reforma agrária – com a estratégia de resistência – buscam articulação por meio de outros movimentos que os representam em nível nacional ou até mundial, o MST e a Via Campesina.

EDUCAÇÃO AMBIENTAL: SOLIDARIEDADE E RECONHECIMENTO

A Constituição do Brasil afirma que "todos têm o direito a um ambiente ecologicamente equilibrado". No entanto, na realidade de persistentes e emblemáticas desigualdades, o que se percebe é um flagrante desrespeito a esse direito, especialmente no tocante aos setores vulneráveis, que, muitas vezes, residem em áreas degradadas e em condições sub-humanas de subsistência. Por mais relevante que seja, não basta um direito estar assegurado em lei, cabe o seu cumprimento efetivo ou garantia, rompendo com as relações sociais desiguais e excludentes.

A realização do direito a um ambiente ecologicamente equilibrado, além de cada indivíduo fazer a sua parte como compromisso no sentido de contribuir para a proteção e qualidade do meio ambiente, requer também despertar o desejo de participar na construção da cidadania, levando os indivíduos e os grupos a perceberem a relevância de ação imediata para o encaminhamento das demandas relativas ao meio ambiente. A cidadania, em todas as suas dimensões, possui uma conotação de conquista, e a efetivação se reporta sempre à capacidade de organização e mobilização da sociedade civil. Ferraro e Sorrentino (2011) afirmam que essas são tarefas primordiais que têm na educação ambiental um instrumento importante para que sejam alcançadas.

Concordamos plenamente com a ênfase afirmando a participação e a iniciativa dos indivíduos em particular e da sociedade civil em geral, pois nestas a ação do Estado em relação à educação ambiental será muito limitada (Gadotti, 2000; Ferraro e Sorrentino, 2011). Aqui destacamos a relevância da sociedade civil para a realização do espírito inovador da educação ambiental, embora as brechas da institucionalidade também devam ser buscadas, compreendidas e aproveitadas. Os organismos da sociedade civil podem proporcionar ações pedagógicas relevantes para o processo de educação informal e devem atuar nesse aspecto de forma organizada ou sincronizada. Um bom exemplo dessa atuação da sociedade civil é o trabalho desenvolvido por algumas ONGs ambientalistas de contestação e de proposição.

No panorama delineado neste capítulo, parece se localizar uma extrema dificuldade, se não impossível de fato, em conciliar a promoção da vida, da sustentabilidade socioambiental e da solidariedade planetária com o atual modelo de produção capitalista. Este último, apesar da imensa expansão da produção de alimentos e bens, exclui amplas parcelas da população da possibilidade de acesso ao emprego e de satisfação das suas necessidades básicas e, ao mesmo tempo, aguça a degradação do meio ambiente e o esgotamento dos bens materiais naturais do planeta.

A perspectiva da agroecologia e do desenvolvimento sustentável se coloca como fundamental à qualidade do ser solidário. Para a solidariedade entre a sociedade e o meio ambiente, é condição básica a reconstrução de vínculos recíprocos entre indivíduos, grupos sociais, nações e meio ambiente. A crise civilizatória ensejada pela crise ambiental remete ao significado moral que vincula os indivíduos à vida, aos interesses e às responsabilidades sociais de uma nação, do reconhecimento dos direitos e do próprio meio ambiente.

A solidariedade orgânica significa a adesão e o apoio a uma causa, com princípios éticos e projeto político, com relação de responsabilidade coletiva. A emergência de interesses comuns – ofuscados ou destruídos na sociedade concorrencial – pode despontar na perspectiva da compreensão da dependência recíproca entre sociedade e meio ambiente.

A proposta da educação ambiental para uma sociedade sustentável caminha nesse sentido, ou seja, busca mudar as relações sociais e ambientais. Sendo assim, de acordo com Gadotti: "A educação ambiental, também chamada de ecoeducação, vai muito além do conservacionismo. Trata-se de uma opção de vida por uma relação saudável e equilibrada com o contexto, com os outros, com o ambiente mais próximo, a começar pelo ambiente de trabalho e pelo ambiente doméstico" (2000, p. 240). Significa a reconstrução da solidariedade e dos compromissos mútuos. Algo similar ao vínculo jurídico entre os credores e devedores, só que no presente caso ambos possuem a mesma obrigação e cada um deles possui um conjunto de direitos e compromissos integrais.

A visão distendida, ampliada em diversos sentidos e que perpassa relações cotidianas e sociais se expressa como condição básica para se atingir uma educação ambiental adaptada à realidade local. O compromisso essencial consiste em estabelecer um novo relacionamento com o ambiente mais próximo, a começar pelo ambiente de trabalho e pelo ambiente doméstico (como a energia e os resíduos), bem como o nexo com as dimensões ambientais globais. Muitas vezes, preocupamo-nos somente com grandes questões globais, como o buraco na camada de ozônio, o efeito estufa, as queimadas em parques ou na Amazônia, e nos esquecemos dos problemas que estão em nosso meio, esperando uma resolução.

Para atingir os objetivos de uma educação ambiental crítica, requer se considerar que o ser humano comparece como central entre os componentes do ambiente. Ao longo do tempo fomos perdendo, paulatinamente, a compreensão de que estamos integrados como um dos elementos que formam a cadeia alimentar. Passamos, com isso, a destacar uma visão antropocêntrica que destaca como um ser ao mesmo tempo separado do meio ambiente ou superior a tudo.

O mito antropocêntrico – que considera o homem o centro ou a medida do universo, sendo-lhe por isso destinadas todas as coisas – possui origem também nos princípios básicos das grandes religiões. Da compreensão de que a divindade criou todos os bens naturais para propiciar bem-estar, a modernidade emendou o princípio de dominar, perscrutar, exaurir, esgotar e degradar. Portanto, o feitio e os componentes do mito antropocêntrico sofreram significativas alterações na história.

Os riscos socioambientais que presenciamos e ainda temos dificuldade de mensurar resultam desse mito antropocêntrico que pode ser responsabilizado pelo desequilíbrio ambiental. Para mudar isso, seria preciso investir na mudança do modo de pensar e agir, libertando da "prisão cultural" do progresso a qualquer custo, para construir uma nova compreensão de si mesmos e dos relacionamentos sociais e reposicionar os valores dominantes na sociedade atual. Nesse sentido, os nexos entre teoria e práticas sociais, entre a dimensão objetiva e subjetiva alçam um papel central na consolidação de uma ação comunicativa.

A identificação das vias para amparar uma perspectiva crítica e de resistência aos desdobramentos do imaginário subserviente implica pensar os obstáculos e as potencialidades das teorias, das ideologias e das ações humanas.

> A construção desse significado é plural, objeto de disputas de significados sobre o que é ciência e como esta se relaciona com os demais conhecimentos produzidos culturalmente. Por sua vez, a educação socioambiental se apropria desses diversos sentidos e deve responder a eles, de uma maneira adequada, segundo as diversas concepções teóricas que inspiram a noção de "sociedade sustentável". (Floriani, 2008, p. 88)

O autor ressalta que o conhecimento ao lado da coerência teórica e metodológica faz a diferença. Por todas as razões apontadas, a educação ambiental, não só parece importante, como também indispensável para um posicionamento adequado dos assentados nos projetos de reforma agrária, em relação ao meio ambiente. A educação ambiental pode levá-los a contribuir ativamente para a proteção e qualidade do meio ambiente, por meio de uma ação pedagógica que desperte a sensibilidade e leve a perceber riscos e responsabilidades. A educação ambiental pode também ajudá-los a tomar consciência de que meio ambiente possui abrangência tanto local quanto global. Portanto, diz respeito a todos os cidadãos, embora os efeitos tendam a atingir de maneira diversa os indivíduos na sociedade de risco (Jacobi, 2007). A educação pode ainda capacitar tecnicamente os assentados para a superação dos problemas ambientais.

A sustentabilidade ecológica caminha no sentido de conservar, manter, repor, recuperar, agregar, remanejar a base de recursos naturais locais que alimentam o funcionamento dos ecossistemas. Para que esse objetivo possa ser alcançado, antes de mais nada cabe reunir, agregar, articular e associar sujeitos interessados na sustentabilidade. No processo de construção do saber se juntam técnicos, pesquisadores e assentados,

FINALIZANDO: POSSÍVEL CONEXÃO E COMPLEMENTARIDADE

Em um país que apresenta tamanha concentração da propriedade da terra, com extensas áreas subutilizadas, alternativas diferentes podem ser delineadas: para produzir alimentos em quantidade suficiente bastaria elevar a produtividade e melhorar a distribuição de forma mais equitativa; para empregar mão de obra e distribuir renda tudo indica como primordial realizar uma ampla reforma agrária para propiciar condições de sobrevivência aos milhões de famílias de agricultores sem-terra. A reforma agrária atende aos princípios da Declaração Universal dos Direitos Humanos porque tenta oportunizar uma vida mais digna, com trabalho, saúde, participação e bem-estar. A produção diversificada de alimentos mais saudáveis para o consumo interno é incentivada, podendo resultar em alternativa para o padrão de vida da população e, mais do que isso, implementar a preservação ambiental.

Atualmente, a agricultura, que ainda passa por intensas modificações, se encontra diante de grandes desafios, entre os quais se adaptar à recessão econômica, à crise energética e às novas exigências dos consumidores. Aspecto fundamental é que os agricultores e a sociedade civil se organizem para dirigir o rumo dessas mudanças, tornando-se protagonistas na construção de um modelo social mais justo e ecologicamente coerente.[18] Diante do advento de riscos atemorizadores, tudo indica que é indispensável deixar de lado a agricultura convencional e caminhar em direção a uma agricultura sustentável e menos agressiva à natureza. A agroecologia se apresenta como um espaço em construção que pode trazer amplos benefícios para quem produz, para quem consome e para o conjunto do meio ambiente.

Essa técnica alicerçada em saberes seculares e na ciência moderna possui significados novos e interessantes como opção, porque permite aproveitar melhor a mão de obra familiar, diminui os custos de produção, aumenta as possibilidades de comercialização direta, considera básica a saúde dos consumidores, agrega novos valores de solidariedade e traz consideráveis benefícios para a sociedade e a natureza.

No entanto, diante do discurso do esverdeamento e da responsabilidade ambiental, parcelas dos agricultores familiares, em especial os assentados, buscam resistir às novas formas de dominação. Nesse sentido, a promoção de uma agricultura mais ecológica nos assentamentos rurais afirma uma forma de reunir, em um só momento, dois elementos indispensáveis para o futuro do país: a agroecologia e a reforma agrária.

Com isso, ao que tudo indica, estaremos, por intermédio de um processo pedagógico inerente, fortalecendo ambas. Todavia, como projeto de preparação intelectual e de viabilidade concreta cabe investigar com maior profundidade alguns aspectos mencionados no presente capítulo, de tal forma a confirmar os argumentos sobre os nexos ensejados pela ótica ambientalista.

A educação ambiental tem uma importante função a desempenhar no sentido de colaborar para uma maior integração e solidariedade dos assentados com o meio ambiente, contribuindo para a melhoria das condições de vida, para a consolidação dos mesmos como sujeitos sociais e para a construção de uma sociedade mais justa e sustentável.

NOTAS

1 Sobre a transição tecnológica para a agroecologia, consultar os Cadernos de agroecologia que publicam os textos dos eventos da Associação Brasileira de Agroecologia. Disponível em: http://www.aba-agroecologia.org.br/ojs2/index.php/cad/issue/archive. Além disso, em especial Almeida, Jalcione. Da ideologia do progresso à ideia de desenvolvimento (rural) sustentável. In: Almeida, J. e Navarro, Zander. *Reconstruindo a agricultura: ideias e ideais na perspectiva do desenvolvimento rural sustentável*. Porto Alegre, Editora da UFRGS, 3ª ed., 2009, p. 33-55. Pacífico, Daniela; Dal Soglio, F.K. Transição para agricultura de base ecológica: um processo social. *Revista Brasileira de Agroecologia*, v. 5, 2010, p. 50-64.

2 O embate pela reforma do código florestal é sintoma da correlação de forças políticas e persistência histórica de um movimento conservador que se refaz e se reforça até pela incapacidade de os movimentos sociais transporem barreiras políticas e de superarem a legitimidade da modernização técnica.

3 Convém aludir ao fato, para não se iludir, se é terra improdutiva pode ser terra cansada e portanto exigir elevados investimentos em insumos e tecnologia para gerar uma produtividade esperada. Alguns assentamentos no sul do país têm fracassado literalmente por essa razão.

4 O emprego, nas cidades, exige uma qualificação que muitas vezes o agricultor não possui, por isso se vê forçado a aceitar um subemprego e a residir precariamente em favelas. Se bem que ao longo do texto argumentamos que as práticas da agroecologia exigem igualmente uma qualificação ou apropriação de capital social que incorpore não de forma residual, mas enfatize as questões ambientais.

5 Entre eles, o Movimento dos Trabalhadores Rurais Sem Terra (MST), nascido das lutas que os trabalhadores rurais foram desenvolvendo, no intuito da conquista da terra, a partir do final da década de 1970, na região Sul. O Brasil vivia a abertura política, e diversos setores se mobilizaram e foram às ruas, já no ocaso do regime militar.

6 A expressão convencional é usada aqui de forma a se distinguir da agricultura tradicional, que é aquela que se desenvolveu em épocas e locais onde não havia disponibilidade de outros insumos além do trabalho humano e dos recursos locais, como é o caso, por exemplo, da agricultura colonial há cerca de cem anos no estado do Rio Grande do Sul. A agricultura convencional recebe esse nome por ser o modelo adotado na maior parte das terras do planeta e foi também chamada de "moderna", ou passou pelo processo de modernização a partir da tecnologia e do uso de produtos industriais.

7 A gestão integrada dos conflitos ambientais e a participação em instâncias decisórias se reportam à capacidade de articular conhecimentos. Confira sobre essa ótica o artigo "Capital social e educação ambiental: mecanismos de participação na gestão de recursos hídricos". REMEA p. 106-122, 2010. Disponível em: www.remea.furg.br/edicoes/vesp2010/art8vesp2010.pdf.

8 De acordo com João Pedro Stédile, existem cerca de 4 milhões de pobres que vivem no campo e que poderiam ser potenciais beneficiados pela reforma agrária. E que de fato agora estão adormecidos pelo Programa Bolsa Família, que favorece as cerca de 60 mil famílias acampadas. Pela Constituição e pela Lei Agrária Complementar, todas as propriedades improdutivas estão nos critérios para serem desapropriadas e suas terras distribuídas.

9 Mauro Schorr. A crise ambiental traz uma imensa crise de escassez para a humanidade. Entrevista a IHUonline. 23/1/2009. Disponível em: www.ihu.unisinos.br. O autor afirma: "o novo paradigma da era holística e sustentável, uma abordagem inter e transdisciplinar entre agroecologia, permacultura, biodinâmica, nutrição vital e integral, medicina natural, energética e espiritual, educação ambiental, ecológica, transpessoal, arte e espiritualidade harmônica, ou seja, uma nova cultura sustentável surge, e muito desafiante."

10 José Eli da Veiga afirma que "o crescimento não resolve todos os males do Brasil" e ao mesmo tempo assevera que "separar economia do meio ambiente é não entender nada"; todavia o Brasil carece de "um sistema de ciência e tecnologia na rota de tornar-se em pouco tempo mais competitivo na linha da sustentabilidade, que é o elemento decisivo neste século". Disponível em: http://www.ihu.unisinos.br. E outros textos relevantes em sua página na internet: http://www.zeeli.pro.br Por sua vez, Ricardo Abramovay afirma necessidade de "reduzir a desigualdade entre os indivíduos para combater o aquecimento global". *In Boletim da Sociedade Brasileira de Economia Ecológica,* nº 23/24, Janeiro a Agosto de 2010.

11 Mesmo que se considere que o letramento não seja condição indispensável para a adoção do novo paradigma da agroecologia, o fato de cerca de 40% dos sem-terra se encontrarem na condição de analfabetos parece um dado significativo da pobreza e da vulnerabilidade de capital cultural.

12 Talvez seja menos eficiente em termos de produção (em quilocalorias por hectare), porém mais eficiente quanto ao retorno por unidade de energia no que diz respeito ao seu dispêndio (portanto, maior possibilidade de se confirmar como sustentável a longo prazo).

13 O alimento em cuja produção foi usado adubo químico e agrotóxicos possui uma quantidade maior de água não metabolizada, por vezes sendo mais atraente, mas comprovadamente muito menos nutritivo. Nesse caso não vale o ditado de que a beleza é um aspecto fundamental, senão que vale mais a essência do que a aparência.

14 A reportagem de Pedro Carrano, publicada pelo Brasil de Fato em 29-07-2010, informa que: "a alimentação dos brasileiros está cada vez mais envenenada". O brasileiro ingeriu, em média, 3,7 quilos de agrotóxicos em 2009. Com isso, o país ergue a taça de campeão mundial em uso de agrotóxicos e bateu o recorde ampliando o uso, de acordo com relatórios da Agência Nacional de Vigilância Sanitária, apontado que 15% dos alimentos pesquisados têm taxa de resíduos de veneno em um nível prejudicial à saúde. Os milhões de toneladas são comercializadas por cerca de seis corporações transnacionais, pelo *lobby* do agronegócio, razão pela qual controlam toda a cadeia produtiva, da semente ao agroquímico. Entre os agricultores familiares estão sob o risco de serem reféns do "pacote tecnológico". Diversas informações similares no *site* www.unisinos.br/ihu. Outra indicação é o filme documentário "O veneno está na mesa", disponível na *web*.

15 A este propósito é relevante também o debate sobre o nexo entre a noção de biopolítica e uso da biotecnologia, como ferramenta interpretativa acerca da ressignificação de referências de identidades nas sociedades contemporâneas. Neste caso, mesmo diante das análises dos riscos vige um jogo de significados na retórica do poder as biotecnologias e que podem simbolizar a certeza, a objetividade e das verdades pautadas da ciência, frente às amplas controvérsias. Confira a discussão em Adriano Premebida; Jalcione Almeida. Biotecnologias, biopolítica e novas sociabilidades. Disponível em: http://www6.ufrgs.br/pgdr/arquivos/749.pdf

16 As empresas transnacionais controlam a produção de insumos, sementes, agrotóxicos no mercado nacional e internacional e as empresas de mídia. Este setor faz do Brasil o campeão no uso de agrotóxicos de elevado impacto ambiental e contaminação humana. "Um crescente uso de agroquímicos que fazem do Brasil hoje o campeão no uso de agrotóxicos, com um grau cada vez mais intenso de contaminação dos alimentos que ingerimos." (Paulo Alentejano. Entrevista é de Raquel Júnia, publicada pelo sítio da Escola Politécnica de Saúde Joaquim Venâncio, Fiocruz, em 30-08-2010. Disponível em: http://www.ihu.unisinos.br)

17 Para tais empresas, o território é visto fundamentalmente como recurso econômico e como meio de produção para expansão do capital. Os argumentos utilizados pelos agentes dessa forma de produção para justificá-la passam pelas teses do "atraso da agricultura familiar" ou do "agronegócio como fonte de captação de divisas para o país." Os empreendimentos das empresas multinacionais – empresas monopolistas e globalizadas – visam, em geral, à produção em larga escala destinada à exportação.

18 As dificuldades de um modelo ecologicamente coerente também afetam o sistema de ensino, que é um dos espaços de práticas de Educação Ambiental. A esse propósito, ver o artigo de Ludmila O. H. Cavalcante, "Das políticas ao cotidiano: entraves e possibilidades para a educação do campo alcançar as escolas no rural." *Ensaio: Avaliação e Políticas Públicas em Educação*, Set 2010, vol. 18, n. 68, p. 549-564. Disponível em: www.scielo.br/pdf/ensaio/v8n68/08.pdf

REFERÊNCIAS

ABREU, L. S. et allii. Trajetória e situação atual da agricultura de base ecológica no Brasil e no estado de São Paulo. *Cadernos de Ciência & Tecnologia*, Brasília, v. 26, n. 1/3, p. 149-178, 2009

ALMEIDA, J. Agroecologia: nova ciência, alternativa técnico-produtiva ou movimento social? In: RUSCHEINSKY, A. (org) *Sustentabilidade: uma paixão em movimento*. Porto Alegre: Sulina, 2004, 88-101

ALTIERI, M. *Agroecologia: a dinâmica produtiva da agricultura sustentável*. Porto Alegre: Ed. Universidade, 1998.

ALTIERI, M.; NICHOLLS, C. Agroecologia: resgatando a agricultura orgânica a partir de um modelo industrial de produção e distribuição. *Ciência & Ambiente*, nº 27, p. 141-152, 2003.

CANAVESI, F. de C. *Tecnologias para quê e para quem?: um estudo da relação entre tecnologia agrícola e poder em assentamentos rurais no norte do Espírito Santo* – Tese (doutorado) – UFRJ, 2011.

CANCLINI, N. G. *Consumidores e cidadãos*. Rio de Janeiro: Ed. UFRJ, 1995.

CAVALCANTE, L. O. H. Das políticas ao cotidiano: entraves e possibilidades para a educação do campo alcançar as escolas no rural. *Ensaio: Avaliação e Políticas Públicas em Educação*, Set 2010, vol.18, n.68, p.549-564. www.scielo.br/pdf/ensaio/v18n68/08.pdf

CAPORAL, F. R; COSTABEBER, J. A. Agroecologia: aproximando conceitos com a noção de sustentabilidade. In: RUSCHEINSKY, A. (org) *Sustentabilidade: uma paixão em movimento*. Porto Alegre: Sulina, 2004, 46-61

COSTA NETO, C. Relações entre agronegócio e agroecologia no contexto do desenvolvimento rural brasileiro. In: FERNANDES, B. (Org.) *Campesinato e agronegócio na América Latina: a questão agrária atual*. São Paulo: Expressão Popular, 2008.

FERRARO J., L. A.; SORRENTINO, M. Imaginário político e colonialidade: desafios à avaliação qualitativa das políticas públicas de educação ambiental. *Ciências e Educação*. Bauru, vol.17, n.2, 2011, p.339-352. http://www.scielo.br/pdf/ciedu/v17n2/a06v17n2.pdf

FLORIANI, D. Obstáculos e potencialidades para a construção de uma sociedade sustentável, na perspectiva da educação e da prática sócio-ambientais. *REMEA*, FURG, Rio Grande, v. especial, dezembro de 2008, p. 88-103

GADOTTI, M. *Perspectivas atuais da educação*. Porto Alegre: Artmed, 2000.

GANDER, E. S.; MARCELLINO, L. H.; ZUMSTEIN, P. *Biotecnologia para pedestres*. Brasília: EM-BRAPA – SPI, 1996.

JACOBI, P. R. Educar na sociedade de risco: o desafio de construir alternativas. *Pesquisa em Educação Ambiental*. v.2, n.2, 2007, pp. 49-65.

MELGAREJO, L. O desenvolvimento, a reforma agrária e os assentamentos. *Rev. Agroecologia e Desenv. Rural Sustentável*. Emater: Porto Alegre: v.2, n. 4, p. 58-67, Out/dez 2001.

NAVARRO, Z. Sete teses equivocadas sobre as lutas sociais no campo, o MST e a reforma agrária. *São Paulo em Perspectiva*, São Paulo/ Fundação SEADE, v. 11, n. 2, 1997. http://201. 55.54.204/produtos/spp/v11n02/v11n02_10.pdf

_____. Mobilização sem emancipação. As lutas sociais dos sem-terra no Brasil. In: SANTOS, B. S. (org.) *Produzir para viver: os caminhos da produção não capitalista*, Rio de Janeiro: Civilização Brasileira, 2002, p.189-232.

NOMA, A. K.; LIMA, A. C. Política educacional no e do campo: práticas educativas em agroecologia no MST-PR. *EccoS – Rev. Cient.*, São Paulo, v. 12, n. 1, 2010, p. 141-158. http://redalyc.uaemex. mx/redalyc/pdf/715/71518577008.pdf

PORTILHO, F. *Sustentabilidade ambiental, consumo e cidadania*. São Paulo: Cortez, 2005

RUSCHEINSKY, A. *Terra e política*: a luta social do MST pela reforma agrária no sul do país. Rio Grande: Editora da FURG, 2000.

_____. (org). *Sustentabilidade:* uma paixão em movimento. Porto Alegre: Sulina, 2004.

_____. Atores sociais no campo: mesclando acesso à terra e à água. *VII ALASRU*. Quito, Ecuador, 20-24/11/2006. http://www.alasru.org/wp-content/uploads/2011/07/10-GT-Aloisio-Ruscheinsky.doc.

_____. Atores socioambientais. In: *Encontros e Caminhos*: formação de educadoras(es) ambientais e coletivos educadores. Brasilia: MMA, v. 2, 2007a, p. 21-34. http://www.mma.gov.br/estruturas/educamb/_publicacao/20_publicacao13012009 094643.pdf

_____. Conflitos e mediações: pode a questão ambiental esverdear direitos?. *Revista Es-paço Acadêmico*, v. 71, p. 65-71, 2007b. http://www.espacoacademico.com.br/arquivo/ruscheinsky.htm

_____. As travessias as travessuras da educação para sociedades sustentáveis. *REMEA*, v. especial, FURG/Rio Grande, 2008, p. 12-27. http://www.remea.furg.br/edicoes/volesp08/art2vesp.pdf

_____. Capital social e educação ambiental: mecanismos de participação na gestão de recursos hídricos. *REMEA* p. 106-122, 2010. *www.remea.furg.br/edicoes/vesp2010/art8vesp 2010.pdf*

SAITO, C. H.; RUSCHEINSKY, A.; BASTOS, F. P., NUNES, J. B. A.; SILVA, L. F.; CARVALHO L. M. Conflitos Socioambientais, Educação Ambiental e Participação Social na Gestão Ambiental. *Sustentabilidade em Debate* - Brasília, v. 2, n. 1, p. 121-138, 2011

STÉDILE, J. P. (org.). *A reforma agrária e a luta do MST.* Petrópolis: Vozes, 1997.

_____. O MST muda o foco. Entrevista a Soraya Aggege. Carta Capital, 29/07/2011. Disponível em http://www.cartacapital.com.br/destaques_carta_capital/o-mst-muda-o-foco.

TOURNEAU, F.-M.; BURSZTYN, M. Assentamentos rurais na Amazônia: contradições entre a política agrária e a política ambiental. *Ambiente & sociedade*, vol. 13, n. 1, Cam-pinas, 2010

VARGAS, S. H. N. de. *A educação ambiental em assentamentos de reforma agrária*. Dissertação em Educação Ambiental. Rio Grande: FURG, 2003.

VEIGA, J. E. da. *A emergência socioambiental*. São Paulo: Ed. Senac, 2007

VIEIRA, P. F. *Meio ambiente, desenvolvimento e cidadania*. Florianópolis: Cortez/Ed. UFSC, 1995.

VIOLA; N. CEBRAP, Integrando direitos humanos e meio ambiente. *Novos Estudos*, n.40, p.171-184, 1994.

9

Do treinamento à capacitação
a integração da educação ambiental ao setor produtivo

Dione Kitzmann e Milton L. Asmus

Apesar das diferenças inerentes aos seus contextos de ação, é possível traçar um paralelo entre as atividades de educação ambiental exercidas nas escolas e comunidades e aquelas de treinamento e capacitação[1] de empresas e indústrias, à medida que todas atuam sobre o mesmo sujeito (ser humano) e buscam transformar as mesmas variáveis (conhecimentos, habilidades e atitudes).

A educação ambiental é definida como um conjunto de processos a partir dos quais os indivíduos e a coletividade constroem *valores sociais, conhecimentos, habilidades, atitudes* e *competências* (Art. 1º da Política Nacional de Educação Ambiental – PNEA). Segundo Guimarães (2007), a educação ambiental é a busca da transformação de valores e atitudes pela construção de novos hábitos e conhecimentos. Para Edwards (1994), na educação ambiental o conhecimento é a educação *sobre* o ambiente, enquanto os valores e as atitudes positivas são uma educação *para* o ambiente.

Na visão de especialistas em recursos humanos ou, utilizando uma expressão mais atual, gestão de pessoas (Chiavenato, 2010), o treinamento se constitui em um meio de desenvolver a força de trabalho dentro de cargos particulares, sendo "o processo educacional de curto prazo aplicado de maneira sistemática e organizada, por meio do qual as pessoas aprendem *conhecimentos, atitudes* e *habilidades* em função de objetivos definidos" (Chiavenato, 1994). Segundo Kubr e Prokopenko (1989), a área de gerenciamento empresarial considera o *conhecimento* a informação retida sobre fatos, conceitos e inter-relações. Já a *habilidade* é a capacidade de fazer coisas e aplicar efetivamente, em situações de trabalho, os conhecimentos e as *atitudes* pessoais. Essas atitudes refletem os valores que uma pessoa possui, que são moldados pela experiência de vida e pela socialização nos ambientes familiar, escolar, social, étnico, cultural e de trabalho.

No entanto, apesar das semelhanças, a educação ambiental e o treinamento no setor produtivo diferem em seus objetivos finais. Enquanto a educação ambiental, para ser efetiva, "deve promover, simultaneamente, o desenvolvimento de conhecimentos, de atitudes e de habilidades necessárias à preservação e à melhoria da qualidade ambiental" (Dias, 2004), as atividades de treinamento são voltadas à adequação do ser humano ao sistema produtivo, via minimização das causas dos problemas de *performance*. Nesse contexto, os meios acadêmicos fazem críticas severas aos sistemas de treinamento tradicional, denominando-os "reducionistas" e "imediatistas" (Régnier, 1995), "adestradores" (Brügger, 1994; Cattani, 1997) e "tecnicistas" (Plantamura, 1995; Cattani, 1997).

Devido à convergência de atuação sobre o mesmo sujeito, há contextos nos quais as iniciativas de educação ambiental e de treinamento podem atuar em conjunto. Atualmente, há uma crescente demanda pela incorporação da dimensão ambiental nos setores produtivos, tendo em vista a necessidade de adequação à regulamentação ambiental e ao interesse crescente pelas certificações ambientais. No entanto, ao não incorporar os princípios, conceitos e práticas da educação ambiental, esse processo se resume ao "adestramento ambiental" de Brügger (1994), sem compromissos com o trabalhador e o ambiente. Assim, a educação ambiental poderá utilizar o espaço de treinamento já existente nas indústrias e empresas, aprimorando-o pela integração das dimensões ambiental, social, cultural e de cidadania. Iniciativas como o programa desenvolvido por Abreu (1997), que utiliza a educação ambiental como um suporte básico para a implementação da ISO 14.000 em indústrias, demonstram que há espaço e novas formas de atuação junto aos setores produtivos. No entanto, de acordo com Fritzen (2004), nesse contexto "algumas organizações não avançam para além do repasse de informações, limitando-se a comunicarem ao público interno sobre como se engajar no processo", com treinamentos baseados em palestras expositivas, teóricas e comportamentais, não contribuindo para a transformação de comportamentos e valores (Fritzen e Molon, 2008).

Sendo assim, apesar de representar importante forma de integração, as iniciativas de educação ambiental não devem ficar restritas às questões operacionais, técnicas e de segurança, em uma visão setorial e segmentada dos problemas ambientais. É preciso desenvolver uma ação mais abrangente, que incorpore a educação ambiental como valor cultural das empresas e da sociedade como um todo.

Essa abordagem abrangente da educação ambiental ainda não é regra geral, havendo apenas tendências, observadas em setores produtivos que passaram a desenvolver ações ambientais, seguindo internamente o processo identificado por Barbieri (2007) como uma evolução da integração de *práticas de gestão ambiental* nas empresas, indo de situações de controle da poluição já gerada (abordagem reativa), para situações de prevenção (abordagem proativa), chegando até a incorporação dos temas ambientais na estratégia empresarial.

Nesse contexto, também Callenbach e colaboradores (1993) observaram dois tipos de posturas. Em uma primeira, a administração ambiental é caracterizada como defensiva e reativa, buscando apenas observar as leis e melhorar a imagem da empresa. Já a administração ecológica (ou gerenciamento ecológico) apresenta uma postura ativa e criativa que substitui a ideologia do crescimento econômico pela ideia da sustentabilidade ecológica. Está baseada no princípio de que os problemas ecológicos não são isolados, mas interligados e interdependentes, necessitando, para sua compreensão e solução, de um novo tipo de pensamento (sistêmico), com novos valores e práticas. A partir dessa nova cultura empresarial, o gerenciamento ecológico poderá "minimizar o impacto ambiental e social das empresas e tornar todas as suas operações tão ecologicamente corretas quanto possível" (Callenbach et al.,1993).

A motivação para tão grande mudança pode encontrar respaldo nos princípios da *administração enxuta e limpa*, de Romm (1996), que considera a poluição um indicador da ineficiência e a sua prevenção um fator gerador de lucros e aumento da produtividade, e na *abordagem revisionista*, ou "hipótese de Porter" (Young e Lustosa, 2001), ao considerar que a imposição de padrões ambientais estimula a busca de inovações tecnológicas para melhor utilização (e reutilização) dos insumos (matérias-primas, energia e trabalho). Em ambas as abordagens, as empresas se tornam mais competitivas pela redução de custos obtida com o melhor aproveitamento dos recursos naturais e energéticos e pela eliminação dos desperdícios. Inovações tecnológicas têm permitido o uso mais eficiente de insumos, o que compensaria os custos com a proteção ambiental, contribuindo para derrubar o "velho paradigma" de que a responsabilidade ambiental corrói a competitividade (Maimon, 1996). Para alcançar os objetivos da administração enxuta e limpa, Romm (1996) recomenda o treinamento dos trabalhadores, considerando-o um dos principais componentes do processo.

Ao tratarmos de capacitação ambiental de adultos trabalhadores, é imperativo discutir três importantes questões. A primeira é sobre "recursos" humanos e ambientais, ou seja, tudo o que é tratado como mercadoria mas que não foi produzido para tal. A segunda são os pressupostos que devem ser levados em conta na capacitação de adultos, que está à mercê de dois equívocos, relacionados à utilização de técnicas pedagógicas de aprendizagem e a um treinamento adestrador, limitado a enfatizar o saber-fazer e não o saber-pensar. A terceira questão, mais abrangente, está relacionada aos espaços da *gestão ambiental* nos quais ocorrem essa capacitação e os limites e as possibilidades que a educação ambiental ali encontrará.

"RECURSOS" HUMANOS E AMBIENTAIS

A produção, entendida como atividade econômica fundamental, depende da mobilização de um conjunto de cinco recursos, denominados *fatores de produção*, que são: as reservas naturais (ou fator terra), os recursos humanos (ou fator trabalho), os bens de produção (ou fator capital), a capacidade tecnológica e a capacidade empresarial (Rossetti, 1997).

Os *recursos ambientais* (ou *reservas naturais*) constituem a base sobre a qual se exercem as pressões e as atividades dos demais recursos.[2] A sua disponibilidade depende não só dos seus níveis e das dimensões de suas ocorrências, mas também da interação com os demais fatores, principalmente a tecnologia (Rossetti, 1997), o que está previsto na Política Nacional de Meio Ambiente (PNMA), a qual visa a "o desenvolvimento de pesquisas e de tecnologias nacionais orientadas para o uso racional de recursos ambientais" (Inciso IV, Art. 4º) e "à preservação e restauração dos recursos ambientais com vistas à sua utilização racional e disponibilidade permanente, concorrendo para a manutenção do equilíbrio ecológico propício à vida" (Inciso VI, Art. 4º).

Em termos de aproveitamento econômico, a fixidez, ou seja, o caráter limitado dos recursos naturais, pode ser considerada sob dois pontos de vista. Existem condições que expandem a oferta de tais recursos (estágio do conhecimento humano e uso de tecnologias de extração, renovação, reposição e reciclagem), mas também há condições que restringem a ação humana sobre os recursos naturais (níveis de exaustão das reservas minerais, ameaças de extinção de espécies, consciência preservacionista, restrições legais) (Rossetti, 1997). A partir dessas condições, é possível deduzir que a lógica exploratória irá continuar enquanto houver a ilusão de que a tecnologia permitirá o melhor (re)aproveitamento dos recursos naturais e a minimização dos seus efeitos poluidores, o que determinaria a expansão da ação humana sobre a natureza. Por sua vez, as ações restritivas têm a ver com mudanças que dependem de opções de cunho político-cultural, enfatizadas tanto por autores como Gonçalves (1989), Layrargues (1998), Leff (2001) e Loureiro (2007), oriundos das ciências sociais e humanas, quanto por aqueles das ciências naturais como Hardin (1968), Odum (1986) e Odum e Barrett (2008) e Tyler Miller (2008).

Dependendo do balanço entre essas condições (forças), são ou não viáveis os modelos de aproveitamento sustentável do fator terra. De acordo com Schmidheiny (citado em Rossetti, 1997), estamos vivendo mais das dotações do planeta do que de seus rendimentos. As evidências do declínio ambiental deveriam conduzir aos modelos sustentáveis, nos quais se deve satisfazer as necessidades presentes sem comprometer a capacidade das futuras gerações de atenderem às suas demandas.

Os *recursos humanos*[3] são caracterizados, em termos econômicos, com base na faixa etária apta para a atividade de produção. Assim, a população total é dividida em população economicamente mobilizável (ativa ou inativa), que se encontra entre 15 e 60 anos, e população não mobilizável economicamente (pré ou pós-produtiva) (Rossetti, 1997). Nos dois extremos dessa faixa etária existem distorções, com graves consequências sociais. Por um lado, há a mobilização da porção pré-produtiva (menos de 16 anos pela legislação trabalhista brasileira), caracterizando o trabalho infantil. Por outro, os trabalhadores com 40 a 45 anos têm dificuldades de inserção no mercado, sendo jogados prematuramente na porção pós-produtiva. A população economicamente mobilizável também sofre pressões, tendo de se adaptar a um modelo produtivo que procura, cada vez mais, a qualidade e não a quantidade no que se refere à mão de obra. Como consequência, essa população deve aumentar a sua escolaridade e desenvolver novas qualificações (para atingir maior qualidade), buscando fugir do desemprego crescente (resultante da necessidade de menor quantidade), em face dos novos processos produtivos.

Frigotto (2000) identifica essa visão econômica dos seres humanos como decorrente da teoria do capital humano[4], na qual:

> A ideia-chave é de que a um acréscimo marginal de instrução, treinamento e educação corresponde um acréscimo marginal de capacidade de produção. Ou seja, a ideia de capital humano é uma "quantidade" ou um

grau de educação e de qualificação, tomado como indicativo de um determinado volume de conhecimentos, habilidades e atitudes adquiridas, que funcionam como potencializadoras da capacidade de trabalho e de produção.

A teoria do capital humano está relacionada com uma visão reducionista de educação e ensino, ao defender a existência de uma relação linear entre maior qualificação da mão de obra, que levaria a uma maior produtividade e a um maior desenvolvimento, além da superação da desigualdade social (Frigotto, 2000).

Essa aparente linearidade, que interliga qualificação e justiça social, na verdade se torna circular, pois é quebrada à medida que a escola não é universalizada. Essa circularidade leva à questão das relações de causa-efeito. A educação gera capital humano, que gera crescimento e poder econômico, ou será este último que determina o grau de educação, já que é a causa do não acesso à educação pelos pobres? O sistema educacional seria mantenedor das diferenças sociais, na medida em que só tem acesso a ele quem tem recursos, gerando um círculo vicioso difícil de romper, no qual, segundo Gadotti (1992), a desigualdade social determina a desigualdade escolar e a desigualdade escolar reforça a desigualdade social.

A partir da teoria do capital humano, as pessoas passaram a ser vistas como bens de produção (ou fator capital), no contexto identificado por Layrargues (1998) como a *sociedade industrial de consumo* e por Bauman (2008) como a *sociedade de consumidores* (sucessora da sociedade de produtores), cuja característica mais proeminente e encoberta é a transformação dos consumidores em mercadorias. Isso se comprova no espaço do trabalho, onde o sujeito trabalhador deve ser atualizado, flexível e multifuncional, para se manter como um objeto com valor de troca no mercado de trabalho.

Chiavenato (1994) já reforçava esse entendimento ao considerar que, no âmbito das organizações, as pessoas podem ser avaliadas como *pessoas*, dotadas, portanto, de individualidade, personalidade, aspirações, valores, atitudes, motivações, mas também como *recursos*, quando consideradas as suas habilidades, capacidades, destrezas e conhecimentos. No entanto, todas essas características não estão dissociadas, pois as pessoas, apesar de complexas, são únicas. De acordo com Frigotto (2000), a aquisição de habilidades e conhecimentos depende tanto de características pessoais, tais como aspirações e motivações, quanto das condições materiais, as quais podem ser limitantes.

A natureza, como recurso, também é vista de duas formas. Pode ser um bem de uso público, por exemplo, como espaço de lazer (de acesso livre ou não), que traz conforto por meio do aproveitamento da paisagem. No entanto, é considerada um bem que pode ser apropriado para uso privado, agravado pelo fato de que as externalidades negativas decorrentes desse uso são disseminadas para toda a sociedade.

Segundo Gilpin (1996), recurso é um termo geral para qualquer coisa que possa ser usada para satisfazer as necessidades humanas. Para o autor, enquanto os fatores trabalho e capital incorrem em vários tipos de custos, o fator terra (recursos naturais) não tem custos de produção. Isso explica por que é permitido o livre acesso aos recursos de uso comum, definidos por Gilpin como atributos naturais (atmosfera, cursos d'água, pescarias, vida selvagem, propriedades visuais da paisagem), que são valorizados pela sociedade, mas dos quais ninguém é dono, não fazendo, portanto, parte do mercado de trocas e do sistema de preços. Ao não ter preço, o acesso é entendido como livre (sem custos e compromissos com o futuro), resultando na apropriação e espoliação de bens que devem ser de uso comum, aspecto discutido mais amplamente por Hardin (1968).

Os conceitos de recursos humanos e ambientais envolvem uma dupla exploração, ou seja, aquela em que o homem explora o seu semelhante e aquela em que a natureza é explorada. Nesse sentido, Santos (1995) considera que o capitalismo seria constituído por duas contradições:

> A primeira contradição, formulada por Marx, e simbolizada na taxa de exploração, exprime o poder social e político do capital sobre o trabalho. [...] A segunda contradição envolve as chamadas condições de produção, ou seja, tudo o que é tratado como mercadoria apesar de não ter sido produzido como mercadoria, por exemplo, a natureza. [...] À luz dessa dupla contradição o capital tende a se apropriar de modo autodestrutivo, tanto da força do trabalho, como do espaço, da natureza e do meio ambiente em geral.

A sociedade industrial desenvolveu uma grande capacidade de interferência nas dinâmicas naturais, no que está incluído o próprio ser humano, à medida que, ao vender a sua força de trabalho, tem como retorno salário insuficiente, doenças, incapacitações, envelhecimento precoce, morte prematura. Na busca de maiores lucros, o ritmo de produção é constantemente acelerado, intensificando-se a exploração da força de trabalho e das matérias-primas transformadas em produtos industriais (Carvalho, 1994). Thurow (1997) demonstra tal ligação entre recursos humanos e ambientais a partir de um trabalho desenvolvido pelo Banco Mundial, que realizou uma estimativa da riqueza produtiva *per capita* de países industrializados, comparando extensão territorial (na verdade, disponibilidade de recursos naturais), população, nível de educação e renda. Países grandes com populações pequenas, bem educadas e de alta renda *per capita*, como Austrália e Canadá, têm maior riqueza produtiva. A maior parte se deve à terra e aos recursos naturais, enquanto as habilidades pessoais representam somente 20% da riqueza produtiva. Em países como o Japão, de menor disponibilidade de recursos naturais e maior população relativa, mais de 80% da riqueza produtiva está sob forma de habilidades e de conhecimentos humanos. Assim, o autor previu que, no futuro, o valor da riqueza sob a forma de recursos naturais irá cair, e o valor da riqueza sob a forma de recursos humanos irá subir.

Tal previsão poderá se concretizar em razão da esperada exaustão e degradação dos recursos naturais (o "capital físico"), sob os quais o sistema produtivo está baseado, ou em função da crescente valorização das habilidades, formação escolar e conhecimento (o "capital humano"), que já se observa no setor produtivo em geral, caracterizando o que Frigotto (2000) denominou como o "rejuvenescimento da teoria do capital humano". Essa realidade é também preconizada por Toeffler (1995), que considera que já vivemos na sociedade do conhecimento, na qual o poder está no conhecimento, ou seja, nas pessoas. Sachs (1993), no entanto, coloca o conhecimento dentro de um contexto maior, ao considerar que:

> O ecodesenvolvimento é, intrinsecamente, um processo intensivo em conhecimento, que depende em grande parte de opções inovadoras – baseadas na harmonização de objetivos sociais, ecológicos e econômicos –, de tecnologias ambientalmente favoráveis, de arranjos institucionais adequados e de pacotes de políticas públicas.

Assim, o conhecimento não deve ser um fim em si mesmo (a teoria do capital humano), mas fazer parte de um processo e de um contexto maiores, representados pelo *ecodesenvolvimento*, considerado por Sachs (1993) sinônimo de desenvolvimento sustentável. Segundo esse autor, há uma tendência em considerar que o ajuste tecnológico será capaz de superar tanto a escassez física dos recursos como as consequências do lançamento de dejetos na biosfera, esquecendo-se de que existem limites para a substituição do capital "natural" pelo capital "construído pelo homem".

Ao tratar os seres humanos e a natureza como mercadoria (recursos), os setores produtivos não têm respeitado os limites e as possibilidades tanto da força de trabalho quanto do meio ambiente. Os limites ambientais dizem respeito à capacidade de suporte do meio, tanto para suprir as nossas (discutíveis e crescentes) necessidades de consumo, quanto para receber os resíduos da produção. Já os limites humanos no trabalho estão relacionados a práticas equivocadas de gestão de recursos humanos, que não levam em conta as aspirações, os valores e as motivações dos trabalhadores, nem mesmo como forma de potencializar sua capacidade produtiva, o que deveria ser o objetivo máximo do empregador.

O paradigma referido ainda impera em grande parte dos setores produtivos, mas as possibilidades, tanto dos recursos ambientais quanto das pessoas que trabalham, tendem a ser valorizadas em setores que já estão incorporando modernos conceitos de gestão, no bojo de fenômenos que podemos chamar de "ecologização"[5] da produção e de humanização do trabalho.

O primeiro caso está relacionado com a aplicação dos princípios da *administração enxuta e limpa*, de Romm (1996), e do *gerenciamento ecológico*, de Callenbach e colaboradores (1993), já referidos anteriormente. Suas ações variam desde o controle ambiental reativo ou de "fim de linha" (instalação de chaminés, filtros, estação de tratamento de efluentes), em que se polui para depois despoluir, até o comportamento proativo, que incorpora o controle ambiental nas práticas e processos do sistema produtivo, diminuindo ou eliminando possíveis impactos.

A humanização do trabalho pode ser sintetizada por um conjunto de medidas que visam ao bem-estar e à satisfação do trabalhador, a fim de garantir maior qualidade e produtividade. Esse fenômeno pode ser exemplificado por três abordagens: 1) o movimento Qualidade de Vida no Trabalho (QVT), implementado nas empresas pelos programas que buscam melhorias no ambiente de trabalho, lazer, estilo de vida, atendimento a reivindicações e ampliação dos benefícios aos trabalhadores, estando "intimamente ligado à democracia industrial e à humanização do trabalho" (Fernandes e Rendón, 1992); 2) a norma de certificação de Sistemas de Gestão da Saúde e Segurança (OHSAS 18001), que visa à redução dos riscos ambientais e à melhoria contínua do desempenho em saúde ocupacional e segurança dos colaboradores da empresa; e 3) a Responsabilidade Social Empresarial (RSE), forma de gestão que busca uma relação ética e transparente da empresa com todos os públicos com os quais ela se relaciona, estabelecendo metas empresariais que impulsionem o desenvolvimento sustentável da sociedade (Instituto Ethos, 2011).

Apesar dos benefícios que propiciam, a *ecologização da produção* e a *humanização do trabalho* são fenômenos motivados muito mais por razões econômicas do que por preocupações humanitárias, sociais ou com a preservação do ambiente. Representam, acima de tudo, uma adequação às leis de mercado e à legislação trabalhista e ambiental, além de uma resposta à pressão dos consumidores, cada vez mais conscientes dos danos de determinadas práticas produtivas e comerciais. Assim, devemos ter presente que ainda serão necessários muitos ajustes para que se alcance um estágio satisfatório nas relações de trabalho e com o meio ambiente, a partir da superação de velhos conceitos de gestão, baseados no desrespeito ao trabalhador e ao meio ambiente.

CAPACITAÇÃO DE ADULTOS TRABALHADORES

As atividades de capacitação de adultos que trabalham geralmente ocorrem no próprio ambiente de trabalho, podendo ser concomitantes a este, quando a aprendizagem ocorre durante o desenvolvimento das tarefas (*training on the job*), ou em atividades específicas, que reproduzem as situações produtivas e operacionais.

O perfil do adulto aprendiz, no tocante à idade, experiência de vida, motivação e ao interesse em aprender, tem características muito diversas do apresentado por crianças ou, mesmo, jovens estudantes. Ademais, o conteúdo a ser ensinado aos adultos é voltado para adequar os trabalhadores a cargos e funções, dentro de uma estrutura produtiva existente, sem um caráter de formação escolar propriamente dito.[6] As mesmas técnicas com as quais se ensinam crianças não podem ser utilizadas, por exemplo, para repassar informações sobre o funcionamento de um determinado sistema produtivo a um trabalhador de 40 anos, com ensino médio completo e preocupado em se qualificar para uma futura promoção. Assim, as técnicas de ensino-aprendizagem devem ser adaptadas ao público adulto, respeitando as suas necessidades e interesses de capacitação.

Nesse sentido, destacam-se as ideias da andragogia,[7] teoria de educação de adultos, desenvolvida inicialmente pelo educador norte-americano Eduard Lindeman (na década de 1920) e, posteriormente, por Malcolm Knowles (nos anos de 1950 a 1970). A andragogia leva em conta que o adulto é o sujeito da educação, e não objeto da mesma, fazendo duras críticas à aplicação de técnicas e premissas pedagógicas no ensino de adultos.[8]

A questão não é colocar a ideia da andragogia como uma antítese à pedagogia, mas como forma de ajudar na superação de um modelo equivocado de educação, a "educação bancária", no qual o professor é a principal referência da relação de aprendizagem, sendo a fonte do conhecimento a ser depositado no reservatório do aprendiz (Freire, 1987). Assim, muitos dos pressupostos da andragogia deveriam ser os da educação em geral, da mesma forma que, se a educação cumprisse sua função de formar sujeitos conscientes e participativos, ela já teria incorporado a educação ambiental.

Mesmo que venham a respeitar as características dos aprendizes adultos, as atividades de treinamento desenvolvidas nas empresas e indústrias ainda precisam superar outras deficiências. Tais atividades estão baseadas no simples repasse de informações, em busca do "saber fazer". Segundo Cattani (1997), predomina um caráter estritamente técnico, de adestramento da mão de obra, com conteúdos limitados, que preparam para a execução de tarefas predefinidas, sem enfatizar o "saber-pensar" e o "aprender a aprender", defendidos, entre tantos autores, por Régnier (1995).

Tal situação ocorre porque toda a ação educativa irá refletir o contexto no qual está inserida. Como no setor produtivo predomina a visão econômica de recursos humanos, a formação (escolar e profissional) passou a seguir os pressupostos da teoria do capital humano, respondendo aos interesses imediatos e unidimensionais do mercado, levando a uma formação humana instrumentalista, dualista, fragmentária, imediatista e interesseira (Frigotto, 2000).

Os sistemas de treinamento tradicionais enfatizam a divisão do trabalho, ou seja, a separação entre o trabalho intelectual (saber) e o manual (fazer), porque são as características do sistema produtivo do qual fazem parte. Assim, o treinamento se torna fragmentado, tecnicista e adestrador, ao enfatizar o "saber-fazer" e a destreza manual. Cabe ressaltar que o modelo produtivo baseado nas características tayloristas-fordistas de produção e consumo em massa, no qual esse tipo de treinamento está inserido, encontra-se superado. Resta saber se o novo modelo, anunciado como um novo paradigma, o da *produção flexível* ou *toyotismo* (Régnier, 1995; Cattani, 1997), no qual se está inserindo a preocupação ambiental, propiciará a formação integral do trabalhador, que passa a ser denominado "cidadão produtivo" (Frigotto e Ciavatta, 2006), em substituição ao "operário-padrão" do modelo anterior.

As atividades de treinamento podem se tornar um processo educativo integral, caso venham a priorizar outras dimensões do trabalhador, como homem e cidadão, considerando-o em sua totalidade e complexidade, podendo, a partir daí, ser chamado de capacitação, processo mais completo de formação profissional.

Isso pode ser atingido com a integração da educação ambiental aos sistemas de treinamento já existentes, o que é corroborado pelas recomendações da Conferência de Tbilisi,[9] ao considerar que "o meio de trabalho constitui o meio natural de aprendizagem de grande parte da população adulta, sendo, portanto, um excelente ponto de partida para a educação ambiental de adultos" (Recomendação nº 15) bem como pela Agenda 21, que considera que o treinamento se embasa na ação, além de tê-lo como um de seus objetivos[10], respectivamente:

> O treinamento é um dos instrumentos mais importantes para desenvolver recursos humanos e facilitar a transição para um mundo mais sustentável. Ele deve ser dirigido a profissões determinadas e visar preencher lacunas no conhecimento e nas habilidades que ajudarão os indivíduos a achar emprego e a participar de atividades de meio ambiente e desenvolvimento. Ao mesmo tempo, os programas de treinamento devem promover uma consciência maior das questões de meio ambiente e desenvolvimento como um processo de aprendizagem de duas mãos. (Agenda 21, Cap. 36.12)

> Promover uma força de trabalho flexível e adaptável, de várias idades, que possa enfrentar os problemas crescentes de meio ambiente e desenvolvimento e as mudanças ocasionadas pela transição para uma sociedade sustentável. (Agenda 21, Cap. 36.13.b)

Um exemplo da integração da educação ambiental no contexto do sistema produtivo é a área de segurança e saúde dos trabalhadores. Esse é um espaço muito importante para ações de educação ambiental, já que os impactos sobre os trabalhadores irão repercutir sobre o meio ambiente circundante, ao mesmo tempo em que um ambiente contaminado afetará os trabalhadores.[11] Ambas as áreas têm muitos pontos em comum, uma vez que se preocupam com o indivíduo de forma integral (condições de trabalho e de vida). Dessa forma, têm sido a principal porta de entrada para a implantação da educação ambiental nos sistemas produtivos em geral.

A GESTÃO AMBIENTAL COMO ESPAÇO DE EDUCAÇÃO AMBIENTAL

A educação ambiental no setor produtivo emerge da confluência entre três diferentes áreas – o meio ambiente, a educação, o trabalho. As inter-relações entre as mesmas vêm a constituir os contextos da Educação Ambiental, da Educação Profissional[12] e da Gestão Ambiental (Figura 9.1).

Figura 9.1 As três áreas (Educação, Trabalho, Ambiente) e os seus contextos pedagógicos (Educação Profissional, Educação Ambiental e Gestão Ambiental).

A educação ambiental de adultos trabalhadores, por envolver um novo contexto, que emerge da interação entre essas três diferentes áreas, exige uma abordagem que leve em conta as novas peculiaridades. Sendo assim, consideramos que os *contextos pedagógicos* da Educação Profissional, Educação Ambiental e da Gestão Ambiental devem se transformar em *contextos ecopedagógicos* (âmbitos de ensino-aprendizagem que incorporam a dimensão socioambiental) por meio de uma *abordagem ecossistêmica*, conceito utilizado por Minayo (2007) para indicar estratégias transdisciplinares, participativas e integradoras no trato de problemas ambientais. Em um paralelo com o que a autora considera para o pensamento sistêmico, podemos dizer que a abordagem ecossistêmica, não sendo uma técnica, é uma visão epistemológica que permite usar os recursos da ciência tradicional, mas com uma abordagem diferente, pois nega a visão unidimensional, a mente compartimentalizada e as regularidades e normas, ressaltando as interações, a comunicação entre oposições e as transformações (Minayo, 2007).

A partir da discussão das temáticas que interligam educação e trabalho, é importante estabelecer as inter-relações entre os contextos da educação ambiental e da gestão ambiental, considerando esta última um espaço privilegiado para a educação ambiental de adultos trabalhadores.

Um dos princípios a serem atendidos para que a Política Nacional do Meio Ambiente (PNMA) alcance os seus objetivos é a "educação ambiental a todos os níveis de ensino, inclusive a educação da comunidade, objetivando capacitá-la para participação ativa na defesa do meio ambiente" (Lei 6.938/81, Inciso X, Art 2º). A necessidade dessa participação é evi-

200 Aloisio Ruscheinsky (org.)

dente, considerando-se que o poder de decisão e de intervenção na transformação do ambiente, assim como os benefícios e custos decorrentes estão distribuídos de modo assimétrico na sociedade, onde os detentores de poder econômico e político possuem maior capacidade de influenciar na transformação da qualidade do meio ambiente (Quintas, 2007).

A *participação* é definida por Loureiro, Azaziel e Franca (2003) como "um processo social que gera interação entre diferentes atores sociais na definição do espaço comum e do destino coletivo", devendo ser individual e coletiva, permanente e responsável, como previsto na Política Nacional de Educação Ambiental (Inciso IV, Art. 5º da Lei 9.795/99). Essas características estão presentes nos conceitos de gestão ambiental e de educação ambiental, que são, respectivamente,

> um processo de articulação das ações dos diferentes agentes sociais que interagem em um dado espaço com vistas a garantir a adequação dos meios de exploração dos recursos ambientais – naturais, econômicos e socioculturais – às especificidades do meio ambiente, com base em princípios e diretrizes previamente acordados/definidos (Almeida, 2009);

> uma práxis educativa e social que tem por finalidade a construção de valores, conceitos, habilidades e atitudes que possibilitem o entendimento da realidade de vida e a atuação lúcida e responsável de atores sociais individuais e coletivos no ambiente (Loureiro, Azaziel e Franca, 2003).

A partir desses conceitos, ficam evidentes as conexões entre a gestão ambiental e a educação ambiental, sendo aquela um espaço que exige e ao mesmo tempo propicia condições para o desenvolvimento de processos educativos ambientais.

Tais processos estão condicionados aos espaços nos quais se desenvolvem a gestão ambiental, quais sejam, o público, exercido pelo poder público, e o da gestão ambiental privada, exercido pelo setor produtivo.[12] O âmbito da gestão ambiental pública tem sido avaliado por Quintas (2002; 2004; 2007), Uema (2006), Layrargues (2002), Loureiro (2009), todos articulando esse espaço aos processos da educação ambiental. A gestão ambiental na esfera da atividade produtiva é configurada por Layrargues (2003) e Pedrini e colaboradores (2008), que avaliam os limites e as possibilidades da educação ambiental nesse espaço.

A partir desses referenciais, fica evidente o principal papel da gestão ambiental pública, que deve mobilizar para a *ação participativa*, desenvolvendo conhecimentos, habilidades e atitudes que fortaleçam as comunidades que sofrem efeitos ambientais adversos ou que podem ser afetadas pelos mesmos. Por sua vez, a educação ambiental de âmbito empresarial apresenta grandes desafios ao atendimento dos princípios e objetivos da educação ambiental expressos, respectivamente, no Art. 4º e no Art. 5º da Lei 9.795/99.

Apesar dos principais documentos que traçam a política pública nacional em educação ambiental, como a PNEA (Lei 9.795/99) e o Programa Nacional de Educação Ambiental (PRONEA), identificarem espaços da educação ambiental junto às empresas (âmbito não formal), ainda há resistências a ocupá-los, em especial por parte do meio acadêmico, mais ligado ao âmbito da educação ambiental escolar (âmbito formal) e pela ideia de que a ecologização do setor empresarial é um mero mecanismo de autorregulação para evitar o aprofundamento da crise ecológica (Layrargues, 1998), limitando com isso o papel da educação ambiental nesse contexto.

No entanto, assim como a escola não deve ser espaço da reprodução das relações materiais e sociais de produção, conforme evidenciado por Althusser (1989), da mesma forma, empresas e fábricas não devem ser locais de trabalho alienado e nem fonte de impactos, na dupla exploração do ser humano e da natureza. Ambas, escolas reprodutivistas e corporações poluidoras, são instituições que não cumprem o seu papel adequadamente. Sendo assim, é exatamente por isso que devem receber todas as atenções para a superação dessas insuficiências.

O desafio é levar em conta os diferentes espaços e tempos de se fazer educação ambiental, sem relativizar discursos e práticas de acordo com a situação e os interesses que possam estar em pauta. Esse desafio é maior quando se trata de ações de educação ambiental (não formal) desenvolvidas no e pelo âmbito empresarial, situação onde ficam mais evidentes os conflitos entre crescimento econômico (visto como sinônimo de desenvolvimento) e a base natural e social que lhe dá sustentação. Nesse contexto, as ações de educação ambiental podem ser apropriadas e servirem de instrumento de justificativa e validação de práticas socioambientais injustas e impactantes. Identificar tais práticas, evitando atuar junto às mesmas, é outro desafio dos educadores ambientais comprometidos com os princípios da educação ambiental que vêm sendo construídos desde a Conferência Intergovernamental sobre Educação Ambiental (em Tbilisi, 1977), e que estão consolidados na Política Nacional de Educação Ambiental (PNEA).

CONSIDERAÇÕES FINAIS

Os trabalhadores são, ao mesmo tempo, agentes e vítimas das situações de impacto ambiental. Pela falta de preparo e por não disporem de informações adequadas para o desenvolvimento de suas atividades, são potenciais responsáveis por impactos ambientais. Mas também sofrem a ação dos impactos ambientais, de forma direta, por estarem expostos a estes, e, de forma indireta, na medida em que tais impactos representam perdas tanto para o sistema produtivo quanto para o ambiental, dos quais os trabalhadores dependem e fazem parte.

Sendo assim, mostram-se importantes as tendências de "ecologização" da produção e de humanização do trabalho, tendo em vista que contribuem para a incorporação da dimensão ambiental no treinamento desenvolvido nas empresas e indústrias, colaborando para transformá-los em *contextos ecopedagógicos* que não podem ser desconsiderados. Somente a partir da integração da educação ambiental é que ocorrerá a transformação do *treinamento adestrador de "recursos" humanos* para uma realidade de *capacitação de pessoas que trabalham*. Somente se respeitar trabalhadores e ambiente, o sistema produtivo poderá ser economicamente viável, ambientalmente correto e socialmente justo, sendo a gestão ambiental e seus *contextos ecopedagógicos*, que ainda devem ser apropriados pela educação ambiental, um meio que pode colaborar para esse fim.

NOTAS

1 A expressão *treinamento* não tem um sentido de ação educativa abrangente, sendo mais restritiva que *capacitação*. Entretanto, ela será utilizada quando nos referirmos a textos da área empresarial, que segue a escola norte-americana, na qual o termo *to train* é largamente utilizado.

2 Segundo a Política Nacional do Meio Ambiente (Lei 6.938/81), são *recursos ambientais* "a atmosfera, as águas interiores, superficiais e subterrâneas, os estuários, o mar territorial, o solo, o subsolo, os elementos da biosfera, a fauna e a flora" (redação dada pela Lei 7.804/89). Da visão econômica, trazemos o conceito de *reservas naturais*, que são: as reservas minerais metálicas e não metálicas; o clima e a pluviosidade; os solos, os recursos hídricos; os recursos da fauna e da flora e os fatores extraplanetários (energia do sol) (Rossetti, 1997).

3 Vasconcellos e Davel (1995), ao justificarem o uso da expressão *"recursos" humanos*, destacam que se deve "fugir de uma preocupação única e central com rentabilidade ou instrumentalidade, visão que reduz o ser humano ao estado de engrenagem ou recurso, para lançar olhares (multidisciplinares) sobre o ser humano subjetivo e complexo que dinamiza o mundo organizacional". Seguindo essa ideia, ao utilizarmos a expressão *recursos humanos* estamos nos referindo a tal dimensão, subjetiva e complexa, das *pessoas* que trabalham e não à visão econômica que as considera simples fatores de produção.

4 Essa teoria foi desenvolvida nos EUA por Theodoro Schultz, na década de 1950, ao investigar o fator que explicava o desenvolvimento desigual entre os países. Por esses estudos, Schultz recebeu o Prêmio Nobel de Economia de 1968 (Frigotto, 2000).

5 De acordo com Ribeiro (2000), *"Ecologizar*, verbo que ainda não existe em dicionários, expressa a ação de introduzir a dimensão ecológica nos vários campos da vida e da sociedade".

6 A não ser no caso de cursos como os de Educação de Jovens e Adultos (EJA), algumas vezes realizados no próprio local de trabalho, que buscam a melhoria da escolaridade dos trabalhadores.

7 A andragogia é "a arte e a ciência de ajudar adultos a aprenderem" (Knowles, 1984). A etimologia da palavra é grega: *agogus*, que significa educar, e *andros*, que significa homem (indicando um sexismo na linguagem, já que o correto seria a utilização de um prefixo relativo a *adulto*).

8 Segundo Knowles (1984), alguns dos fundamentos da andragogia são parte da moderna teoria da educação de adultos, tendo como premissas: 1) o *autoconceito* (com o amadurecimento, o ser humano passa de uma personalidade dependente para uma autodirecionada); 2) a *experiência* (o aprendiz adulto tem experiências acumuladas, o que é parte central na aprendizagem); 3) a *prontidão para aprender* (o adulto se dispõe a aprender o que decide aprender, negando-se a aprender o que lhe é imposto); 4) a *orientação para a aprendizagem* (o adulto busca aprender o que tem imediata aplicação na solução de problemas, e não para reter conteúdos para futuras aplicações); 5) a *motivação* (os adultos aprendem a partir de uma motivação de origem interna, que não está em estímulos externos, como notas de professores e avaliação de superiores).

9 A Conferência Intergovernamental sobre Educação Ambiental, ou Conferência de Tbilisi, realizou-se em 1977, nesta cidade da Geórgia, ex-URSS. Patrocinada pela Organização das Nações Unidas para a Educação, a Ciência e a Cultura – UNESCO em cooperação com o Programa das Nações Unidas para o Meio Ambiente – PNUMA definiu objetivos, funções e estratégias para a educação ambiental em todos os níveis (Barbieri, 1997).

10 A Agenda 21, um programa de ação para implementar o desenvolvimento sustentável, é considerado o mais importante documento oficial aprovado durante a Conferência das Nações Unidas sobre Meio Ambiente e Desenvolvimento – CNUMAD realizada no Rio de Janeiro em 1992 (Barbieri, 1997).

11 Exemplos de entidades do poder público são aquelas integrantes do SISNAMA (Sistema Nacional de Meio Ambiente), em nível federal, estadual e municipal. O setor produtivo é aquele que desenvolve atividades no setor primário (agricultura, pecuária, pesca, extrativismo vegetal, mineração), no setor secundário (indústrias, construção civil) e no setor terciário (comercialização de produtos e oferta de serviços).

12 Aqui discutimos a formação (capacitação) profissional de um modo geral. De uma forma mais ampla, a Educação Profissional está relacionada com a Rede Federal de Educação Profissional, Científica e Tecnológica, instituída pela Lei n° 11.892 (29/12/2008).

REFERÊNCIAS

ABREU, D. Sem Ela nada feito! Uma abordagem da educação ambiental na implantação da ISO-14001. Salvador: *ASSET, Avaliações e Negócios Corporativos*, 1997. 133p.

ALMEIDA, J. R. de. *Gestão Ambiental para o desenvolvimento sustentável*. Rio de Janeiro: Thex, 2009, 2ª reimpressão, 566 p.

ALTHUSSER, L. *Aparelhos ideológicos de estado: nota sobre os aparelhos ideológicos de estado*. 4. ed. Rio de Janeiro: Graal, 1989, 127p.

BARBIERI, J. C. *Desenvolvimento e meio ambiente*. As estratégias de mudanças da Agenda 21. Rio de Janeiro: Vozes, 1997. 156p.

204 Aloisio Ruscheinsky (org.)

BARBIERI, J. C. *Gestão ambiental empresarial:* conceitos, modelos e instrumentos. 2. ed. São Paulo: Saraiva, 2007, 382p.

BRASIL. MINISTÉRIO DO MEIO AMBIENTE. Diretoria de Educação Ambiental; MINISTÉRIO DA EDUCAÇÃO, Coordenação de Educação Ambiental. *Programa Nacional de Educação Ambiental – ProNEA.* Brasília: Ministério do Meio Ambiente, 2005. 3ª edição, 102p.

BAUMAN, Z. *Vida para consumo:* a transformação das pessoas em mercadoria. Rio de Janeiro: Zahar, 2008, 199 p.

BRÜGGER, P. *Educação ou adestramento ambiental?* Florianópolis: Letras Contemporâneas, 1994. 142p. (Coleção Teses.)

CALLENBACH, E.; CAPRA, F.; GOLDMAN, L.; LUTZ, R.; MARBURG, S. *Gerenciamento ecológico – EcoManagement. Guia do Instituto Elmwood de auditoria ecológica e negócios sustentáveis.* São Paulo: Cultrix, 1993. 203p.

CARVALHO, M. de. *O que é natureza.* 2.ed. São Paulo: Brasiliense, 1994. 85p. (Coleção Primeiros Passos).

CATTANI, A.D. (org.). *Trabalho e tecnologia: dicionário crítico.* Petrópolis/Porto Alegre: Vozes/ Ed. Universidade, 1997. p. 94-99.

CHIAVENATO, I. *Recursos humanos.* 3. ed. São Paulo: Atlas, 1994. 525p.

CHIAVENATO, I. *Gestão de Pessoas.* Rio de Janeiro: Elsevier, Campus, 3. ed. rev. atual., 2010, 579 p.

DIAS, G. F. *Educação ambiental.* Princípios e práticas. 9. ed. São Paulo: Gaia, 2004. 551p.

EDWARDS, J. Citizenship and environmental education. In: GOODALL, S. (Ed.). *Developing environmental education in the curriculum.* London: David Fulton Publishers Ltd., 1994. 138 p.

FERNANDES, E. C.; RENDÓN, J.V. Sondagens de opinião interna como instrumento de informação. *Revista de Administração da USP,* São Paulo, v. 27, n.1, jan./mar. 1992.

FREIRE, P. *Pedagogia do oprimido.* 17. ed. Rio de Janeiro: Paz e Terra, 1987. 184p.

FRIGOTTO, G. *Educação e a crise do capitalismo real.* 4. ed. São Paulo: Cortez, 2000. 231p.

FRIGOTTO, G; CIAVATTA, M. C. (Orgs.). *A formação do cidadão produtivo:* a cultura de mercado no ensino médio técnico. Brasília: Instituto Nacional de Estudos e Pesquisas Educacionais Anísio Teixeira, 2006, 372p.

FRITZEN, F. M. *Responsabilidade e educação ambiental: o processo de treinamento para a ISO 14001- um estudo de caso na Refinaria de Petróleo Ipiranga, Rio Grande (RS).* Dissertação (Mestrado em Educação Ambiental). Universidade Federal do Rio Grande, Rio Grande do Sul, 2004.

FRITZEN, F.M.; MOLON, S.I. Educação ambiental e a norma ISO 14.001: o processo de capacitação sob a perspectiva do público interno. In: PREDRINI, A.G. (Org.). *Educação ambiental empresarial no Brasil.* S. Carlos: RIMA Ed., 2008.

GADOTTI, M. *A educação contra a educação.* 5. ed. São Paulo: Paz e Terra, 1992. 172p.

GILPIN, A. *Dictionary of environment and sustainable development.* England: J. Wiley & Sons Ltd., 1996. 247p.

GONÇALVES, C. W. P. *Os (des)caminhos do meio ambiente.* 6. ed. São Paulo: Contexto, 1998. 148p.

GUIMARÃES, M. *A dimensão ambiental na educação.* Campinas: Papirus, 2007, 8. ed, 107p.

HARDIN, G. *The tragedy of the commons.* Science, New Series, Vol. 162, No. 3859. (Dec. 13, 1968), pp. 1243-1248.

INSTITUTO ETHOS. http://www1.ethos.org.br/EthosWeb/pt/29/o_que_e_rse/o_que_e_rse. aspx. Acesso em: 31.07.11

KNOWLES, M. *Andragogy in action. Applying modern principles of adult education.* San Francisco: Jossey Bass, 1984.

KUBR, M.; PROKOPENKO, J. Diagnosing management training and development needs. Concepts and techniques. Geneva: International Labour Office. *Management Development Series* No. 27. 1989. 304p.

LAYRARGUES, P. P. *A cortina de fumaça. O discurso empresarial verde e a ideologia da racionalidade econômica.* São Paulo: Annablume, 1998, 236p.

LAYRARGUES, P. P. Educação para a gestão ambiental: a cidadania no enfrentamento político dos conflitos socioambientais. In: LOUREIRO, C. F., LAYRARGUES, P. P.; CASTRO, R. S. de. (orgs.) *Sociedade e meio ambiente: educação ambiental em debate.* São Paulo: Cortez, 2002. 183p. (87-155).

LAYRARGUES, P. P. O desafio empresarial para a sustentabilidade e as oportunidades da educação ambiental. In: *Cidadania e meio ambiente.* Salvador: Centro de Estudos Ambientais, 2003, 168 p.

LEFF, E. *Saber ambiental:* sustentabilidade, racionalidade, complexidade, poder. Rio de Janeiro: Vozes, 2001, 343 p.

LOUREIRO, C. F. B. Emancipação. In: FERRARO JR, L. A. *Encontros e caminhos:* Formação de educadoras(es) ambientais e coletivos educadores. Brasília: MMA, Diretoria de Educação Ambiental, 2007. Vol. 2, 352 p (159-171).

LOUREIRO, C. F. B.; AZAZIEL, M.; FRANCA, N. (Orgs.). *Educação ambiental e gestão participativa em unidades de conservação.* Rio de Janeiro: Ibase: Ibama, 2003, 43 p.

LOUREIRO, C. F. B. (Org.) *Educação ambiental no contexto de medidas mitigadoras e compensatórias de impactos ambientais: a perspectiva do licenciamento.* Salvador: IMA, 2009, 158 p. Série Educação ambiental, vol. 5.

MAIMON, D. *Passaporte verde. Gestão ambiental e competitividade.* Rio de Janeiro: Qualitymark Editora, 1996. 120p.

MINAYO, M. C. *O desafio do conhecimento. Pesquisa qualitativa em saúde.* 10. ed. São Paulo: Hucitec, 2007, 406 p.

ODUM, E. P. *Ecologia.* Rio de Janeiro: Guanabara, 1986, 434p.

ODUM, E. P.; BARRETT, G. W. *Fundamentos de ecologia.* São Paulo: Cengage Lear-ning, 2008, 612 p.

PEDRINI, A. G. (Org.). *Educação ambiental empresarial no Brasil.* São Carlos: RiMa Editora, 2008, 246p.

PLANTAMURA, V. A questão do trabalho no SENAC e a compreensão de mundo. Rio de Janeiro, RJ: *Boletim Técnico do SENAC.* 21(1):23-35. Jan/Abr. SENAC. Departamento Nacional, 1995.

QUINTAS, J. S. *Pensando e praticando a educação ambiental na gestão do meio ambiente.* Brasília: Ed. Ibama, 2002.

_____. Educação no processo de gestão ambiental: uma proposta de educação ambiental transformadora e emancipatória. In: MMA. DEA. *Identidades da educação ambiental brasileira.* Layrargues, P.P. (Coord). Brasília: Ministério do Meio Ambiente, 2004, 156 pg. (113-140).

_____. Educação na gestão ambiental pública. In: FERRARO JR, L. A. *Encontros e caminhos: Formação de educadoras(es) ambientais e coletivos educadores.* Brasília: MMA, Diretoria de Educação Ambiental, 2007. Vol. 2, 352 p (131-142).

RÉGNIER, E.M. Educação/formação profissional: para além dos novos paradigmas. *Boletim Técnico do SENAC,* Rio de Janeiro, v.21, n.1, p.3-13, jan./abr. 1995.

RIBEIRO, A. *Ecologizar: pensando o ambiente humano.* 2. ed. Belo Horizonte: Rona, 2000. 398p.

ROMM, J.J. *Um passo além da qualidade. Como aumentar seus lucros e produtividade através de uma administração ecológica.* São Paulo: Futura, 1996. 245p.

ROSSETTI, J.P. *Introdução à economia.* 17. ed. São Paulo: Atlas, 1997. 922p.

SACHS, I. *Estratégias de transição para o século XXI: desenvolvimento e meio ambiente.* São Paulo: Studio Nobel, 1993. 103p.

SANTOS SOUZA, B. de. *Pela mão de Alice: O social e o político na pós-modernidade.* 2.ed. São Paulo: Cortez, 1995. 348p.

SCHMIDHEINY, S. *Mudando o rumo: uma perspectiva empresarial global sobre desenvolvimento e meio ambiente.* Rio de Janeiro: FGV, 1992.

THUROW, L.C. *O futuro do capitalismo. Como as forças econômicas de hoje moldam o mundo de amanhã.* Rio de Janeiro: Rocco, 1997. 456p.

TOEFFLER, A. *Powershift: as mudanças do poder.* 4. ed. Rio de Janeiro: Record, 1995. 613p.

TYLER MILLER, G. Jr. *Ciência Ambiental.* São Paulo: Cengage Learning, 2008, 123 p.

UEMA, E. E. *Pensando e praticando a educação no processo de gestão ambiental. Controle social e participação no licenciamento.* Coleção Meio Ambiente. Série Educação Ambiental, 11. Brasília: Ibama, 2006, 155 p.

VASCONCELLOS, J. G. M.; DAVEL, E. P. B. Introdução – As múltiplas dimensões organizacionais. In: DAVEL, E. P. B.; VASCONCELOS, J. G. M. (orgs.). *"Recursos" humanos e subjetividade.* Petrópolis: Vozes, 1995. 270 p.

YOUNG, C. E. F.; LUSTOSA, M. C. Meio ambiente e competitividade na indústria brasileira. *Revista de Economia Contemporânea,* Rio de Janeiro, v. 5, p. 231-259, 2001.

10

Histórias em quadrinhos
recursos da educação ambiental formal e informal

Nágila Caporlíngua Giesta

A ocupação humana dos espaços, ainda que em processos naturais, tem provocado impactos e degradação da Terra. Os modos de vida nos ambientes urbanos e rurais, a opção pela exploração de espécies e o caráter de atividades mais valorizadas nos meios econômicos e de produção tendem a promover perdas inestimáveis de qualidade de vida pelas populações.

A educação ambiental, diante dessa situação, tem sido apontada como uma possiblidade de análise e reflexão, visando a transformações em modos de ser e estar no mundo. No entanto, ainda que seja recomendada em conferências nacionais e internacionais, tanto da área ambiental como da educacional, prescrita pela Constituição e defendida como prioridade de governos em distintos âmbitos, as ações ainda carecem de características transformadoras e inerentes a processos de conscientização constante.

Iniciativas de educação ambiental são identificadas nas escolas e na comunidade, porém a repercussão e a abrangência são irrisórias frente à demanda. No Programa de Pós-Graduação em Educação Ambiental da Universidade Federal do Rio Grande – FURG, por exemplo, trabalhos acadêmicos, teses e dissertações versam sobre problemas ambientais e apontam propostas que levem a mudanças de atitudes em relação ao meio e ao tratamento desse assunto na educação escolarizada ou não. Atendem, portanto, aos princípios e objetivos traçados pela Política Nacional de Educação Ambiental (Lei nº 9795/99) que apresenta linhas de ação inter-relacionadas. Entre elas: capacitação de recursos humanos; desenvolvimento de estudos, pesquisas e experimentações; produção e

208 Aloisio Ruscheinsky (org.)

divulgação de material educativo; busca de alternativas curriculares e metodológicas de habilitação na área ambiental.

Na capacitação de recursos humanos, a referida Lei sugere a incorporação da dimensão ambiental na formação, especialização e atualização dos educadores de todos os níveis e modalidades de ensino, de forma interdisciplinar, bem como sua incorporação na formação, especialização e atualização dos profissionais de todas as áreas, visando ao atendimento da demanda dos diversos segmentos da sociedade no que diz respeito à problemática ambiental.

Portanto, conta-se com uma Política Nacional de Educação Ambiental que precisa ser conhecida, analisada, discutida e vivenciada por todos. Desta feita, atividades de pesquisa, ensino e extensão assumem grande importância na tarefa de buscar e divulgar informações, promover debates e esclarecimentos à população quanto a atitudes e valores assumidos no ambiente, e a educação escolarizada é um veículo importante na socialização das ideias e na sua divulgação.

CONCEPÇÕES INERENTES À EDUCAÇÃO AMBIENTAL: IMPORTÂNCIA DE SUA EXPLICITAÇÃO

O desenvolvimento de hábitos, atitudes e conhecimentos que leve a uma mudança de posicionamento dos cidadãos no/ao ambiente natural é objetivo da educação ambiental. A proteção, preservação, conservação, recuperação ambiental vêm sendo defendidas como formas de amenizar danos ou desequilíbrios provocados no ambiente. Tais desequilíbrios ou alterações vêm prejudicando seres e, em alguns casos, impedem processos vitais. Concepções como essas, ainda que largamente difundidas, não chegam a transformar atitudes de respeito ao patrimônio universal – a natureza. Proteção, preservação, conservação, recuperação ambiental não têm o mesmo significado para todos os habitantes da Terra. Nem sob o ponto de vista semântico, muito menos sob o de cidadania.

A explicitação das concepções e dos significados construídos nas relações interpessoais é de inegável importância para que haja uma efetiva *comunicação*. Em um processo educativo, nas interações professor--aluno em busca da concretização do ensinar e do aprender a negociação de significados é imprescindível para que novos conceitos sejam aprendidos; na pesquisa qualitativa o esclarecimento das concepções teóricas é primordial na fundamentação do estudo e, frequentemente, constitui o próprio problema da investigação, caracterizando uma pesquisa de base a outras. Dessa forma, quando existe a pretensão de mudanças de atitudes, hábitos e construção de conhecimentos se faz necessária definição dos termos abordados, para que mais facilmente se caracterize a abordagem teórico-metodológica escolhida.

Assim, termos como *ambiente* e *educação ambiental* podem ser citados em variadas conotações. Mesmo porque, tais conceitos ainda vêm sendo construídos, não havendo unanimidade em sua definição. A visão de *ambiente* em uma tecedura mais complexa e global abrange aspectos físicos, químicos e biológicos, associados a fatores sociais e econômicos. Nesse enfoque, *educação ambiental* deve, segundo o UNESCO-PNUME (Programa das Nações Unidas para o Meio Ambiente), "facilitar uma tomada de consciência da interdependência econômica, política e ecológica do mundo moderno, de forma que estimule o sentido da responsabilidade e da solidariedade entre as nações" (Informe Final da Conferência de Tbilisi, 1997).

A educação formal, não formal e informal pode participar em mudanças sociais considerando que "o ambiente é o objeto indireto de nossas ações e que nossa matéria prima são as relações e as representações sociais que as pessoas e as comunidades humanas estabelecem sobre o ambiente" (Meira Cartea, 2005).

A EDUCAÇÃO AMBIENTAL NOS CURRÍCULOS ESCOLARES

Nos debates em variadas instâncias sobre ações de educação ambiental nos currículos escolares com abordagem disciplinar, interdisciplinar, temas transversais, entre outras propostas, provocam controvérsias que, em muitos casos, evidenciam pressupostos teóricos pouco ou nada consistentes na argumentação e planejamento. Importante, porém, é que esse tema, de valor inestimável para todos, permeie as discussões escolares e acadêmicas, nas diversas áreas de estudos.

A escola brasileira, na opinião de Libâneo (1998), não pode se desfazer ainda de um papel provedor de informações, porém necessita também estar comprometida em se tornar um lugar em que os alunos aprendam a razão crítica, de modo a poderem atribuir significados às mensagens e informações recebidas das mídias, multimídias e formas de intervenção educativas urbanas. Assumindo uma função que possibilite reestruturação e organização da informação e aportes culturais recebidos, poderá facilitar a síntese entre a cultura formal e a cultura experienciada. Para tanto, essa instituição precisa propiciar aos estudantes o domínio de linguagens para busca de informação, bem como para a criação, articulando capacidades receptivas com possibilidades emissoras. Tal tarefa da escola requer uma renovada atitude de docentes e discentes diante da tecnologia da informação e da comunicação.

O ato interativo envolve comunicação de uma intenção particular a ser compartilhada, possibilita melhor conhecimento do outro e dos significados que ele atribui na construção de seu conhecimento e nas relações que estabelece com o meio. Provocando, dessa forma, um processo relacional com vistas a uma transmissão de informação ou modificação do ponto de vista do outro (Charlot, 2005; Bruner, 1997; Perret-Clermont, 1994; entre outros) compreendendo que certas ações e concepções podem ser influenciadas e orientadas pela cultura, pelo contexto espaço-temporal, pela comunicação interpessoal. Isso gera construção de conhecimentos, transformando capacidades intelectuais que resultam na assimilação consciente de conhecimentos e habilidades.

Nesse entendimento, a leitura como atividade cotidiana na escola merece ser considerada atividade de interação, provocadora de novas relações com o mundo. A sociedade é cada vez mais escrita, organizada pelo poder de modificar as coisas e as estruturas a partir de modelos escritos sejam eles científicos, econômicos, políticos, mudadas aos poucos em "textos" combinados de cunho administrativo, urbano, industrial ou outros, conforme pondera Michel de Certeau (1994). Para ele, o poder instaurado pela vontade de "refazer a história graças a operações escriturísticas" (p. 263) tem como corolário uma intensa troca entre ler e escrever. Alerta que a criança escolarizada aprende a ler paralelamente à sua aprendizagem de decifração e que "ler o sentido e decifrar letras correspondem a duas atividades diversas, mesmo que se cruzem" (Certeau, 1994, p. 263). Assim, explica que somente uma memória cultural, adquirida por tradição oral, permite e enriquece as estratégias de interrogação semântica, favorecendo a decifração de um escrito, onde a significação, gerada na expectativa e na antecipação, constitui o "bloco inicial" da decodificação e serve para dar lugar a diversas leituras de um texto. Portanto, a leitura não pode ser obscurecida, como comumente ocorre, por uma relação de forças entre professores e alunos, na qual se permite levantar entre texto e seus leitores uma fronteira, os quais para ultrapassá-la precisam transformar suas leituras em uma "literalidade" ortodoxa que reduz as outras leituras, também legítimas, a serem hereges destituídas de sentido. Acredita esse pensador que a autonomia do leitor depende de uma transformação das relações sociais sobredeterminadas na relação com os textos.

Em paralelo às iniciativas de educação formal via currículo escolar, iniciativas de educação informal vão ganhando corpo. Textos propagando mensagens de atenção ao meio ambiente, no que se refere à proteção, preservação, conservação, recuperação ambiental são cada vez mais presentes em reportagens, propagandas, letras de músicas, embalagens de produtos industrializados, histórias em quadrinhos, e tantos outros "portadores de textos". Portanto, tendo em vista um estudo sobre mensagens que contribuam para a educação ambiental, é pertinente que se analise o conteúdo, a linguagem utilizada e o objetivo, por exemplo, de histórias em quadrinhos que abordem esse tema, divulgando ideias acerca da atenção ao ambiente.

HISTÓRIAS EM QUADRINHOS: RECURSOS DE EDUCAÇÃO AMBIENTAL FORMAL E INFORMAL

As histórias em quadrinhos têm provocado questionamentos, têm sido tema de teses e dissertações acadêmicas, constituindo objeto de estudo em áreas de conhecimentos, como educação e comunicação, bem como recurso pedagógico em aulas nos diversos níveis de escolaridade. Universidades vêm incorporando assinaturas permanentes de alguns títulos de histórias em quadrinhos em seu acervo nas bibliotecas. Como expresso no *site* http://unisinos.br/blog/biblioteca/2011/07/22/comics-mangas-gibis-historias-em-quadrinhos-ou-simplesmente-hqs/: "Independentemente do leitor a que se refere ou da multiplicidade de tipos, essa literatura fascina, ainda hoje, adultos e crianças e representa uma leitura ágil e interessante, com um público cada vez mais exigente e em busca de novidades." Também o Ministério da Educação, tendo em vista que na última década houve aceitação crescente dos quadrinhos nas salas de aula e por julgar ser este um bom meio para desenvolver a leitura na infância, tem nos últimos anos ampliado a distribuição para as escolas públicas do país.

Uma significativa divulgação de trabalhos e pesquisas utilizando histórias em quadrinhos como recurso didático pode ser constatada em periódicos ou anais de eventos acadêmicos. Observam-se pelo menos dois enfoques nessa utilização: como leitura de materiais veiculados em revistas, jornais ou livros didáticos; como produção dos próprios alunos ou de professores, individualmente ou em equipes, por vezes, contando com apoio institucional e financeiro, em uma ação integrada com especialistas gráficos. Uma breve síntese, feita a partir da identificação de trabalhos publicados que tratam de histórias em quadrinhos, ilustra a inserção desse material como recurso ou objeto de estudo no meio acadêmico e escolar.

Caruso, Carvalho e Freitas (2005), por exemplo, fundamentados em uma pedagogia de inspiração bachelardiana, desenvolveram o projeto oficina de "Educação de Ciências através de Histórias em Quadrinhos" – EDUHQ. Objetivam, com a formação de uma rede de pesquisadores, professores, alunos de graduação e alunos de ensino médio dedicada à produção de novas tecnologias educacionais, incentivar os alunos participantes a traduzirem em linguagem artística (tirinhas e charges) os conteúdos trabalhados pelos professores em sala de aula e na referida oficina. Integrados a esses fundamentos, Caruso e Silveira (2009) trabalham, por meio de histórias em quadrinhos, conceitos de ciências, saúde, história, sociologia, linguagem, entre outros, com jovens de escolas públicas de ensino médio do Rio de Janeiro. Afirmam que o trabalho contribui para ampliar a autoestima do aluno, sua motivação nos estudos, seu processo criativo e valorização do espírito crítico na releitura e "traduções de um novo mundo construído de ciências, de sonhos e de imagens, que se concretizam em tirinhas, algumas das quais ilustram o texto" (Caruso; Silveira, 2009, p. 217).

Três coleções didáticas de Ciências Naturais e Língua Portuguesa destinadas ao ensino nos anos iniciais do ensino fundamental foram analisadas por Kamel e La Rocque (2006), salientando formas com que os autores dessas coleções utilizam tiras e histórias em quadrinhos para abordar tópicos curriculares. As autoras dizem que sua prática pedagógica já evidenciava e o estudo sublinhou que, entre as inúmeras publicações nacionais e estrangeiras, é possível encontrar histórias em quadrinhos que sirvam para focalizar conteúdos de Ciências Naturais e Língua Portuguesa no ensino fundamental. Ressaltam que, mesmo que algumas dessas histórias apresentem erros conceituais, servem como excelentes materiais de discussão e reflexão em sala de aula, e que usar histórias em quadrinhos, principalmente nos livros didáticos, legitima a diversidade textual, "passível de ser potencializada não somente como leitura, mas também como processo de sistematização de conceitos" (Kamel e La Rocque, 2006, p. 10).

Estudo de Pizarro (2009) envolveu análises de artigos em periódicos nacionais e internacionais, bem como dissertações e teses provenientes de programas de pós-graduação nacionais que apresentassem histórias em quadrinhos como material didático, de pesquisa, divulgação e promoção da Ciência. Pizarro (2009) considerou que as histórias em quadrinhos como linguagem e recurso didático evidenciam características que contribuem nas discussões em sala de aula, promovendo "a reflexão acerca das temáticas em Ciências nos diversos níveis da Educação Básica, aproximando saberes acadêmicos e escolares aos interesses dos alunos e motivando-os a desenvolver e expressar competências" (Pizarro, 2009, s/p). Ressaltou o papel do professor no trabalho de análise, triagem e uso desse material, de modo a desenvolver também nos alunos atitudes de avaliação crítica dos textos lidos, evitando aceitação passiva de informações estereotipadas e, por vezes, equivocadas que permeiam histórias em quadrinhos.

A pesquisa desenvolvida por Bari e Vergueiro (2009) salienta a importância das histórias em quadrinhos na formação do gosto pela leitura; a proficiência na compreensão das mensagens transmitidas, tanto pelo código escrito quanto pelo visual, portanto, dos elementos constituintes do letramento; e as possibilidades de inserção dos produtos da linguagem gráfica sequencial nas práticas de bibliotecas e pedagógicas. Aponta que, ao possibilitar a familiarização, repetição, formação de hábitos e obtenção de prazer no ato de ler, as histórias em quadrinhos podem ser relevantes na formação do leitor, e que referências culturais do fenômeno social da leitura e do letramento indicam efetividade das histórias em quadrinhos na formação de leitores, tanto no contexto da Biblioteconomia quanto no contexto da Educação. Os autores consideram, entre outros itens, que: o vínculo com a leitura, profissional ou de entretenimento, é precedido pela familiarização, repetição, formação de hábitos e obtenção de prazer, processos que podem ser potencializados pela leitura de histórias em quadrinhos; estas, além da facilidade da veiculação de conteúdos complexos aos leitores novatos, favorecem, também, a relação emocional entre o leitor e a sua leitura. Vergueiro, fundador e coordenador do Observatório de Histórias em Quadrinhos, membro do conselho consultivo e colaborador dos periódicos especializados International Journal of Comic Art e Revista Latinoamericana de Estudios de La Historieta é organizador do livro *Como usar as histórias em quadrinhos na sala de aula*. Sua inserção no estudo das histórias em quadrinhos, orientações de pesquisas acadêmicas e variadas formas de divulgação do conhecimento motivou a criação do *site* http://www.eca.usp.br/gibiusp/acervos.asp, no qual disponibiliza informações acerca de publicações, eventos, *links*, acervo, matérias relativas ao tema, etc.

Considerando as histórias em quadrinhos um material com o qual o aluno já é familiarizado, por ser acessível e em padrões linguísticos que visam à "queda do estresse por parte do leitor", mas também instigantes ao desafio em sua narrativa e ao estabelecimento de forte ligação com o cognitivo do leitor, Testoni (2010) divulga a análise da inserção das histórias em quadrinhos nos principais materiais didáticos utilizados pelos professores de Física. Seleciona formas como as histórias em quadrinhos se inserem em livros didáticos categorizando-as de acordo com seu objetivo pedagógico. Listou, então, quatro funções didáticas para as histórias em quadrinhos: ilustrativa, motivadora, explicativa e instigadora.

As histórias em quadrinhos há alguns anos vêm sendo também propagadas e/ou produzidas em outros veículos, além das revistas e jornais impressos, promovendo desencadeamento de processos comunicativos e criativos ainda mais intensos, expandindo/suprimindo fronteiras geográficas. Alguns exemplos são resumidos a seguir.

Ao considerar as histórias em quadrinhos um recurso pedagógico explorado há muito tempo, o Curso de Pós-Graduação Especialização em Tecnologias da Informação e da Comunicação na Promoção da Aprendizagem, promovido pela UFRGS, na disciplina "Blogs e Flogs na Educação", pesquisou o recurso *Stripcreator*. Deu início, então, a uma trajetória de descoberta do *site* e das ferramentas disponíveis, bem como a aplicação pedagógica em trabalho de sala de aula (Laboratório de Informática da Escola). O *Stripcreator*, segundo informações expressas no *site* http://hagaques.blogspot.com, permite a criação, oferecendo diversos planos de fundo para vários personagens, assim como a possibilidade de acrescentar balões de fala e narração na história em quadrinhos. Ao gravar no espaço no *site*, de qualquer computador conectado à Internet é possível acessar o espaço com os dados cadastrais, apreciar a história e comentar em fórum.

As mais diversas iniciativas têm originado *blogs* tematizando histórias em quadrinhos e gerando grupos de discussões. Dentre esses, o *blog* da Gibiteca, da Escola Municipal Judith Lintz Guedes Machado, no município de Leopoldina/MG. A Gibiteca, inaugurada em 2007, vem sendo ampliada a cada ano, desenvolvendo atividades com os alunos e professores da escola e em outros contextos e tem como coordenadora a professora de História Natania Nogueira. O *blog* www.gibitecacom.blogspot. com socializa atividades do projeto *Gibiteca na Escola*, informações gerais sobre ensino e quadrinhos, assim como divulga eventos, publicações, artigos, textos, cursos, trabalhos, pesquisas, experiências pedagógicas, concursos, premiações, *links*, discussões *on-line*, entre tantas outras abordagens referentes a histórias em quadrinhos.

Ainda em fase inicial mas com desenvolvimento bastante desejado é a veiculação das histórias em quadrinhos em *tablets* e celulares. Novos programas tornam as histórias em quadrinhos mais acessíveis, com a possibilidade de incorporar recursos multimídias. As histórias em quadrinhos no *tablet* precisam conquistar os usuários tradicionais e serem adaptadas para esse uso.

Educação ambiental está presente nas pesquisas em histórias em quadrinhos, bem como em proposições em *sites* específicos voltados à educação ambiental, tanto na análise de conteúdos de histórias publicadas quanto na representação gráfica por alunos expressando concepções acerca da temática ambiental. Lisbôa, Junqueira e Del Pino (2007), por exemplo, analisam estratégias de linguagem (imagens, palavras e signos) utilizadas em histórias em quadrinhos de Mauricio de Souza, que podem ou não promover uma sensibilização ou conscientização do leitor sobre temáticas socioambientais, reveladas por meio das concepções que os personagens trazem de meio ambiente ou natureza. Esses autores julgam que os conteúdos são focalizados superficialmente, mas que podem sensibilizar o leitor, trazendo novos conceitos sobre natureza para o leitor e fazendo com que o mesmo se veja como parte integrante do ambiente que o cerca.

A convergência dos pressupostos teórico-metodológicos e dos achados dos estudos e atividades sintetizados acima corresponde à ideia de que as histórias em quadrinhos combinam imagem e texto escrito, constituindo um código específico, procurando a participação ativa do leitor por via emocional, anedótica, assistemática, concreta (Kaufman e Rodriguez, 1995). Em muitos casos, as historietas assumem função apelativa, especialmente quando expressam instruções para melhorar uma atitude, adquirir um hábito, alertar para perigos iminentes, e outras. São recursos que atingem também pessoas que não são hábeis em leitura, provavelmente porque utilizam símbolos convencionais para expressar sentimentos, efeitos de ações, emoções. Construções gramaticais específicas são empregadas nessas histórias, de modo a expressar ironia, duplo sentido, humor, sarcasmo...

Portanto, como Kaufman e Rodriguez (1995) afirmam, não se pode ignorar a riqueza imaginativa, a beleza da linguagem figurativa, a ambiguidade fascinante dos textos, usando-os como fonte de informação. Esses componentes valorizam a ação exercida pelas histórias em quadrinhos, estimulam a curiosidade e o interesse acadêmico em analisar o teor das mensagens e a qualidade da abordagem, pois, ainda que nelas não haja interesse didático explícito, podem atingir mais e/ou diferentes pessoas, do que a educação escolarizada. Essa, porém, não é a única justificativa para uma investigação que tenha como objeto de estudo conteúdos de histórias em quadrinhos, porquanto, dada a importância desse veículo de informação, podem e devem ser explorados profissionalmente e com competência pelo professor, nos mais variados graus de ensino e fora dos muros escolares.

HISTÓRIAS EM QUADRINHOS COMO OBJETO DE ESTUDO – RELATO DE UMA PESQUISA

Diante desses pressupostos, foi realizada uma pesquisa tendo como problema central analisar a repercussão que o conteúdo das mensagens sobre ambiente veiculadas em histórias em quadrinhos pode ter no currículo escolar e na formação continuada de professores dos anos iniciais do ensino fundamental. Ela visava contribuir tanto na formação inicial e continuada de docentes, quanto na abordagem da educação ambiental; e apoiar ações avaliativas e críticas construtivas aos meios de comunicação que têm a preocupação em focalizar temas objetivando o zelo ao meio e à manutenção de condições de vida saudável às próximas gerações.

Na primeira etapa da pesquisa foi utilizado para a coleta de informações registro de análise de documentos, tais como: revistas em quadrinhos e tiras com histórias em quadrinhos publicadas em jornais. Nas etapas seguintes, interagindo com dez docentes atuantes em quatro diferentes escolas públicas localizadas em bairros distintos do município do Rio Grande/RS foram realizadas: entrevistas semiestruturadas, buscando conhecer opiniões, conceitos, conhecimentos; entrevistas coletivas que oportunizaram a socialização e discussão das informações coletadas na análise das histórias pelas pesquisadoras e professoras, bem como as possibilidades de utilização desse recurso em suas aulas e na reflexão acerca do conhecimento que veiculam. Na entrevista individual, houve o intuito de tornar essa reflexão mais aprofundada, encaminhando a síntese conclusiva do estudo, baseada na crença de que a realidade se explicita na consciência individual e na história pessoal dos sujeitos, sendo importante para o investigador, portanto, interligar a dimensão individual com a social.

A educação ambiental informalmente desenvolvida por meio de histórias em quadrinhos, portanto, deu suporte ao estudo, justificado na crença de que as pesquisas, a educação formal e a informal podem contribuir na formação de cidadãos e de docentes mais informados e comprometidos com ações que promovam a conscientização da preservação, conservação, recuperação ambiental como formas de garantir às gerações futuras desenvolvimento com qualidade de vida. Objetivou analisar mensagens de educação ambiental difundidas em revistas em quadrinhos; identificar conceitos de energia, ambiente, desenvolvimento sustentável, proteção, preservação, conservação, recuperação ambiental implícitos nas histórias em quadrinhos; identificar crenças e estereótipos sobre ambiente, presentes nas histórias em quadrinhos; favorecer o debate das mensagens implícitas ou explícitas nas revistas, acerca da natureza sócio-político-pedagógica e o uso de diferentes recursos, visando à identificação de efeitos na organização da formação docente e na construção do conhecimento do aluno.

AS MENSAGENS DE EDUCAÇÃO AMBIENTAL NAS HISTORINHAS ANALISADAS

A análise da revista *Chico Bento* nº 81, de Mauricio de Souza, publicada pela Editora Globo, apontou para mensagens importantes de preservação, recuperação ambiental e sustentabilidade.

Na capa da revista vê-se ao fundo a bandeira brasileira tendo seu "verde" sendo completado pelo personagem Chico Bento, molhando uma plantinha recém-plantada. Sem palavras, mas usando recurso visual, sugere que é importante plantar novas árvores para *proteger* o verde de nossas matas, que estão representadas no verde da bandeira brasileira. No conteúdo dessa gravura analisada está implícito o conceito de *recuperação ambiental*, que envolve restabelecer as características ambientais originais.

A primeira história dessa revista tem como título *Amor verde* e focaliza um rapaz que aprecia cuidar das plantas e é mandado pelo pai a aceitar um emprego de lenhador em uma madeireira, uma vez que constitui a possibilidade de receber um bom salário. O rapaz resiste a essa ideia se referindo às perdas que sofrem as florestas e a humanidade. O pai rebate explicando que "ideias ecológicas não pagam estudos". Então, o filho, a contra gosto, se dirige ao novo emprego. De posse do machado analisa a árvore que deverá derrubar e considera sua beleza e tempo de existência, mas é exigido pelo patrão que faça seu trabalho. Desculpando-se com a árvore, trata de executar sua tarefa e na primeira machadada faz cair em sua cabeça um ninho com ovos e logo vê outro ninho com aves recém-nascidas alimentadas pela mãe com minhocas retiradas da terra. Entendeu que derrubando a árvore não só a mataria, como também estaria interferindo na vida de outros seres, quem sabe até levando-os também à morte. Diante disso, mesmo com a ordem já exasperada do patrão, nega-se a cortar a árvore e ainda se posiciona contra o patrão que passa a fazer o trabalho em seu lugar e ele sai a recolher os demais instrumentos de corte de árvores da madeireira (serras e machados) em mãos de outros empregados da madeireira. Evidencia-se, então o conceito de *preservação* – proteger contra a destruição. O patrão chama a polícia que repreende o rapaz e ameaça prendê-lo. Há aqui a explicitação do conceito de *sustentabilidade*, onde se confronta o modelo econômico com a necessidade vital de conservação do meio. Assim, o jovem, ao entender que não poderia impedir o desmatamento, se propõe a plantar uma árvore a cada derrubada. O que identifica o conceito de *recuperação* – restituir às condições originais do ambiente. Faz isso, então, ao longo de sua vida e divulga a ideia de que "se as pessoas pensassem mais no mal que fazem a si mesmas destruindo a vegetação, o mundo seria melhor". Abordando, assim, a noção de que, nas questões ambientais, ações locais e globais têm efeitos recíprocos.

Portanto, em apenas uma revista e a partir da observação atenta da sua capa e da primeira história nela narrada é possível apreender vários conceitos inerentes à educação ambiental. Foi provocada a reflexão sobre as necessidades econômicas do trabalhador, os interesses também econômicos (mas em diferente perspectiva) do proprietário da madeireira e o contexto mais amplo da sociedade perante seus comprometimentos político-sociais.

Em uma tira com histórias em quadrinhos, publicada no *Jornal Zero Hora* do dia 13/09/2001, de autoria de Thaves, visualiza-se em uma nuvem dois "santos" (Frank e Ernest – personagens desse autor) olhando para o planeta Terra (de onde saem foguetes e giram outros tantos objetos lançados pelos seus habitantes) e falando com Deus a quem dizem: "Devíamos ter aplicado agrotóxicos na árvore do conhecimento..." Emergem, aí, várias interpretações como: (a) se tivessem colocado agrotóxicos, poderiam evitar a proliferação de ervas daninhas, evitando também maiores prejuízos à humanidade; (b) com a colocação de agrotóxico poderiam minar seu crescimento e com isso evitar exageros decorrentes da evolução vertiginosa do conhecimento; (c) outras formuladas pelo leitor, fazendo associações com informações que possui, elaborando conceitos e opiniões a respeito. De qualquer forma, o autor estimulou a reflexão, envolvendo representações e emissão de juízo acerca de agrotóxico e a analogia com o desenvolvimento humano.

No mesmo jornal no dia 14/09/2001, *Os Bichos,* de Fred Wagner, apresentam um casal de aves mostrando ao filho a árvore em que nascera, mas ao repararem que todas as árvores foram cortadas, ficando apenas os tocos, comentam: "Claro que era mais alta..." Há nessa tira o conceito de *degradação* – impactos ambientais que geram alterações e desequilíbrios que impedem processos vitais – implícito na mensagem da história. Com a derrubada das árvores, ocorre morte ou mudanças no *habitat* dos seres, transformando também modos de vida daqueles que habitam a Terra.

São mensagens importantes a todas as pessoas de qualquer lugar e em contextos educativos variados. As tiras analisadas foram publicadas dias após o ataque às torres gêmeas nos Estados Unidos, uma delas faz referência a esse caso e a outra trata do desmatamento, mas nos dias de hoje seriam lidas ou interpretadas relacionadas a fatos atuais, pois se mantêm a violência e a depredação geradas por questões políticas, religiosas, ideológicas, econômicas, sociais que desrespeitam direitos humanos e as vidas dos seres. Entretanto, não se pode deixar de considerar que políticas de sustentabilidade e de busca de dignidade na qualidade de vida são praticadas com significativas diferenças em cada espaço/tempo. Na opinião de Mattos (1997), é praticamente impossível que ideias de desenvolvimento sustentável se imponham com a mesma intensidade em todos os lugares. Por isso, aconselha que se comece a avançar nos lugares em que isso seja possível e no grau que lhe permitem as condições ali imperantes, conhecendo como se processam as práticas sociais e a gestão pública. Há governos que aderem à voracidade do fluxo do capital e temem que qualquer iniciativa de preservação à integridade do entorno natural possa influir na competitividade para investimentos. Mas esse autor acredita que com avanços e recuos, gradativamente, serão buscadas estratégias de sobrevivência. Ao longo desse tempo, a crença e a esperança de que o ambiente seja valorizado e respeitado em sua totalidade se fortalecem.

A escola, ao se comprometer com a educação ambiental e o desenvolvimento de atitudes transformadoras, pode ser geradora de estratégias significativas de mudança em práticas sociais. A educação escolarizada pode possibilitar a "busca e a desconstrução de clichês e *slogans* simplistas sobre as questões ambientais e a construção de um conhecimento mínimo (ou representações sociais qualitativamente melhores) sobre temas complexos e desafiadores" (Reigota, 1999, p. 83). Com a educação ambiental, no entender de Reigota (1999), é possível também colocar em nova situação a escola, os conteúdos e o papel do professor, dando ênfase ao uso que se faz do conhecimento e à sua importância para a participação política cotidiana. Ele aponta como um desafio à educação ambiental a discussão da complexidade da problemática ambiental global, desconstruindo as representações solidificadas e reconstruindo relações em novas bases sociais, culturais, ecológicas e políticas, mas sugere que isso seja feito com certa dose de humor, para que não tenha efeito desmobilizador diante da enormidade e circunstâncias que contextualizam o problema.

É aí, então, que Reigota (1999) indica o maior desafio ao educador, quando precisará saber selecionar imagens que falem por si, podendo ser entendidas em diferentes lugares do mundo, divulgando a mensagem de necessidade de intervenção cidadã, em ações locais na busca de alternativas a problemas globais, lançando mão de conhecimentos específicos, desconstrução de representações e reconstrução de uma melhor visão de mundo com possibilidades de ação.

Nesse intuito, são valorizados processos educativos que aliam saberes e práticas sociais cotidianas de intervenção na realidade local, que ao inserir "noções de comunidade, de espaço público, sujeito e aprendizagem social, potencializam ações coletivas na constituição de protagonistas e na sua capacidade de diálogo, reflexão e ação" (Jacobi, Tristão e Franco, 2009, s/p). Para esses autores, a educação ambiental, assumindo a problemática socioambiental como eixo do trabalho pedagógico, pode eliminar fronteiras entre escola e comunidade. Assim, defendem que nos componentes pedagógicos sejam contempladas temáticas ambientais, focalizando identidades dos sujeitos locais e constituindo fatores relevantes na construção de práticas educativas e criação de situações de aprendizagens. Enfoque que implica levar em conta espaços e tempos educativos, integrando acontecimentos intra e interescolares, "essencial para a criação de processos colaborativos de resolução de problemas locais, em um movimento essencial em sintonia com temas da contemporaneidade, associados com a crise ambiental em escala planetária" (Jacobi, Tristão e Franco, 2009, s/p).

O ambiente escolar oportuniza enriquecimento na relação com o saber, permitindo que se faça constantemente sua análise, mesmo sendo pouco presente tal procedimento de forma explícita. Leituras ou traba-

Educação ambiental **221**

lhos teóricos ou práticos constituem tarefas a serem cumpridas no atendimento a programas curriculares, porém o ambiente natural e social que constitui a escola em seus aspectos físicos, sociais, políticos e institucionais está impregnado de sentimentos, ares, sons, luzes e cores que precisam ser sentidos, identificados, integrados nessa relação, de modo a torná-la mais afetuosa e próxima a uma convivência sadia de valorização do meio e da alegria da convivência.

ALEGRIA, AFETO, SABER NA VEICULAÇÃO DE INFORMAÇÕES

A importância do lazer no estímulo à inteligência visando ao desenvolvimento humano, bem como as possibilidades de procedimentos didáticos sortidos que convidem o aluno a manifestar suas ideias, fantasias, histórias, emoções, sentimentos, conhecimentos, utilizando para isso recursos e linguagens variadas, são preconizadas na formação inicial e continuada de professores. Como sugerem Colomer e Camps (2002), é preciso estabelecer um marco em que se articulem e se superem dicotomias que opuseram e desvirtuaram a complexidade das relações entre *aprender a ler* e *ler para aprender*, decifrar e compreender, forma e conteúdo, texto literário e outro tipo de texto... As histórias em quadrinhos na educação informal e na formal se apresentam como uma via de grandes possibilidades na organização do conhecimento.

Com essa tônica, nos procedimentos de coleta de informações da segunda etapa da pesquisa havia atividades em que as docentes discutiam os conceitos implícitos nas historietas. Assim, elas refletiam sobre seu aproveitamento na escola, apontavam sugestões de atividades em uma troca com as pesquisadoras, que também apresentavam propostas e divulgavam suas experiências, a princípio sem a preocupação em desvelar os pressupostos teóricos, políticos e pedagógicos, o que foi sendo modificado gradativamente, ao longo dos encontros.

As docentes pesquisadas reconhecem que se aprende por meio do lazer e que em aulas esses procedimentos podem tornar seu ensino mais atraente e significativo. Têm a convicção de que práticas pedagógicas menos rotineiras podem mostrar que a inteligência se manifesta não só completando exercícios escolares padronizados; tacitamente consideram que ensinar a ler se fundamenta no conhecimento do "processo leitor" (Colomer e Camps, 2002) e que ao falar, escutar, ler e escrever, a criança aprende a usar a linguagem em sua ferramenta de comunicação entre as pessoas e as culturas, o que justifica a ênfase em ler e escrever textos diversos em diferentes contextos, com variedade de intenções e com diferentes destinatários (Carvajal Pérez e Ramos Garcia, 2001). Isso constituiu conteúdos de seus cursos de formação inicial; entretanto, para as professoras pesquisadas, desenvolver ações compatíveis a essas concepções no contexto da instituição escolar em que atuam se torna mais complicado do que a defesa calorosa dessas ideias.

CONCEPÇÕES DE EDUCAÇÃO AMBIENTAL: IMPORTÂNCIA DE SUA EXPLICITAÇÃO

Essa desarticulação entre teoria e prática pode ser justificada na consideração de Santos (2000) ao julgar que as tarefas emancipatórias envolvidas em uma transição paradigmática exigem subjetividades individuais e coletivas com capacidade e vontade de realizá-las. Nas práticas sociais, as subjetividades individuais e coletivas nunca se esgotam em uma única unidade de prática ou de organização social (Santos, 2000).

Essas considerações se fazem necessárias na defesa da análise de concepções como recurso para motivar a autoavaliação, o conhecimento de si, a identificação de saberes, suas construções e ideologias implícitas em atitudes que promovem melhorias ou retrocessos nas relações entre os seres. Tais informações podem, ainda, auxiliar quem promove ensino formal, informal e não formal, tomando-as em conta ao elaborar projetos educativos e de formação inicial ou continuada de professores.

Esse conhecimento também se torna pertinente se o professor tiver implícita em sua prática educativa o propósito de promover autênticas habilidades cognitivas que se concretizem em vontade de se informar sempre mais sobre o mundo, a vida, a Terra, os homens e demais seres, sobre si e sobre os outros integrantes de contextos históricos, entranhados em espaços e circunstâncias que provocam reações afetivas, sociais e políticas diferenciadas, que merecem ser analisadas e compreendidas.

A educação ambiental, portanto, nesse contexto assume importância significativa e se insere na formação de estudantes, professores e demais trabalhadores, pois como expressa a Lei nº 9795/99 em seu Art. 1º: "Entende-se por educação ambiental os processos por meio dos quais o indivíduo e a coletividade constroem valores sociais, conhecimentos, habilidades, atitudes e competências voltadas para a conservação do meio ambiente, bem de uso comum do povo, essencial à sadia qualidade de vida e sua sustentabilidade." Nesse enfoque, educação ambiental visa favorecer aquisição de conhecimentos que permita tomada de consciência da interdependência econômica, política e ecológica do mundo, da responsabilidade e da solidariedade entre os seres.

Educação Ambiental *formal, não formal* ou *informal*, portanto, se caracteriza pela implementação de ações que representam resposta a uma reivindicação construída social e historicamente como produto de movimentos sociais, demandas de mercado, ideologias e aportes da legislação. Estudos acerca de ambiente e educação que tenham a intenção de desenvolver hábitos, atitudes e conhecimentos que propiciem a formação de uma cultura ativa na defesa do meio ambiente saudável e do uso racional dos recursos não renováveis consideram o processo de desenvolvimento econômico-tecnológico-social e as condições ambientais socionaturais. No caso da educação escolarizada, consolida-se a importância de um novo paradigma, como aponta Tristão (2007), investindo na formação crítica e emancipadora, expressa na atuação de professores em práticas educativas comprometidas com o meio e com "a sustentabilidade local e planetária, menos dogmática ao analisar o meio ambiente e mais coletiva nas intervenções, desenvolvendo um trabalho educativo para um saber solidário do conhecimento-emancipação" (Tristão, 2007, p. 16). Nesse contexto, emerge a exigência de um saber abrangente estruturado em conhecimentos oriundos de diversas áreas, articulados em um eixo que subsidiem respostas a questões do cotidiano.

DOCÊNCIA E EDUCAÇÃO AMBIENTAL: CONCEPÇÕES E AÇÕES DOS PARTICIPANTES

Dez professoras atuantes em quatro diferentes escolas públicas localizadas em bairros distintos do município do Rio Grande/RS participaram da pesquisa. Quatro professoras têm mais de quinze anos de magistério, e seis têm menos de seis anos de práticas docentes. Seis docentes são formadas em Pedagogia, três em Letras e uma possui curso de licenciatura mas não especificou o curso. Quanto à escolha da carreira docente, a maioria das participantes disse que acredita tê-la escolhido por vocação e/ou identidade com a profissão. Acreditam também terem tido influência da família, amigos e de seus professores em sua infância nessa escolha. Para elas, a profissão magistério representa realização pessoal, exercício de cidadania, busca de alternativas para a construção de um mundo melhor. O magistério tem adicionado experiências significativas para suas vidas pessoais. As respostas apontam para relações pessoais aí desenvolvidas, como um ingrediente que traz satisfação no exercício da profissão.

A maioria das professoras ressaltou que a sua formação pedagógica inicial foi muito importante para suas ações docentes e que ela as incentivou na busca de conhecimento, unificando teoria e prática, trazendo habilidades de pensar sobre educação. Elas consideram importante ter um bom embasamento teórico para fundamentar suas práticas, por isso procuram continuar sua formação, por meio de leituras, cursos, palestras, encontros e trocas de experiências. Foi possível observar, nas visitas, que poucas escolas de fato têm o espaço para tais atividades. Algumas delas consideram que a formação continuada é imposta, fazendo com que não se sintam motivadas. Emerge aí a contradição na profissão docente, pois ao mesmo tempo em que há a denúncia de falta de iniciativa do empregador, governos municipais ou estaduais no caso do sistema público de ensino, qualquer proposta de atividade visando à atualização ou qualificação é rejeitada (Giesta, 2005) antes mesmo de ser analisada sua pertinência.

A respeito das questões relacionadas à educação ambiental e ao ambiente, as professoras acreditam que se refira a tudo que envolve o sujeito, como o eu interior, a sociedade e a natureza, como "tudo o que nos rodeia e nos possibilita viver melhor". Reportando às seis concepções paradigmáticas listadas por Sauvé (1997), há uma tácita convergência às concepções de *ambiente como natureza*, para ser apreciado, preservado e respeitado; *ambiente como biosfera*; *ambiente como projeto comunitário*, onde somos envolvidos, onde vivemos juntos. Pode-se afirmar que corroboram com ideias de Guimarães (1995, p. 914) entre outros autores que afirmam que: "A Educação Ambiental centra seu enfoque no equilíbrio dinâmico do ambiente, em que a vida é percebida em seu sentido pleno de interdependência de todos os elementos da natureza". Nas respostas aos questionários, as professoras não emitiram conceitos referentes à conservação, preservação, sustentabilidade, proteção, degradação e recuperação ambientais.

As docentes envolvidas na pesquisa indicaram não possuir muitos conhecimentos sobre esses termos, apesar de afirmarem ter consciência da importância do tema ambiental no currículo escolar e de participarem de discussões e reflexões críticas com os colegas sobre suas práticas em algumas das escolas. Evidenciaram inconsistência teórica tanto em suas declarações, como nas práticas pedagógicas referentes ao tema ambiente. Conforme declarações feitas, elas ouvem falar sobre determinados assuntos em reuniões, palestras, aulas, conversas informais com colegas, entretanto não buscam aprofundamento do conteúdo.

A abordagem de temas ambientais não se atém a focalizar um assunto de forma fragmentada. Exige conhecimentos de várias áreas e posicionamento político definido em favor da coletividade e do bem comum, assim como atitude de promover ações que melhorem as relações entre os seres, no modo de ser e estar no mundo. A educação escolarizada é mais diretamente atingida por essas questões, passando a lidar com conflitos afetivos, cognitivos, comportamentais que afetam o equilíbrio psicológico do indivíduo, suas visões e reações em micro e macrossociedades.

As aceleradas mudanças no mundo provocadas pelos contínuos avanços da ciência e da tecnologia, logo divulgados por diversificados órgãos de comunicação têm feito com que pessoas fiquem marginalizadas, por vezes imobilizadas tentando entender o que está ocorrendo e qual a maneira de melhor se adaptar a esse repentino novo mundo. Outras pessoas, não chegam a procurar entender o que está se passando e se deixam levar pela rotina e pela opinião alheia, considerando que as coisas são assim porque são e o importante é sobreviver; outras ainda procuram estar presentes, atualizadas, inseridas para evitar uma queda brusca ou uma perda irreversível de qualidade de vida natural, afetiva, social. Reações como essas ocorrem também no exercício do magistério e investimento na formação docente (Giesta, 2008, 2003).

Quanto à importância da implantação do tema meio ambiente trabalhado de maneira transversal no currículo, somente duas professoras responderam que não concordavam. Apesar de respostas negativas, elas concordam com a educação ambiental e o tratamento de questões relativas ao ambiente, discordam é de que estes sejam considerados temas transversais, em vez de centrais. Entretanto, o que importa é a contextualização do tema, atribuindo significado diretamente relacionado à vida dos seres, respeitando aspectos econômicos, políticos, sociais, naturais e culturais.

Autores citados nas leituras por elas realizadas nos últimos três anos na época da pesquisa foram: Freire, Marx, Rubem Alves, Snyders, Cagliari, Possenti, Alvarenga, Magda Soares, Moll, Regina Leite Garcia, Demo, Werneck, Foucault. Utilizaram apostilas com textos variados, tópicos, depoimentos de especialistas em revistas, bem como livros sobre avaliação e sexualidade, revista Nova Escola, livros sobre educação infantil e alfabetização. Aqui foram indicadas leituras feitas em cursos de graduação e pós-graduação, mas também há interesse em ter a leitura como elemento da atualização profissional e propulsora de práticas pedagógicas alicerçadas em pressupostos teóricos selecionados.

Quanto às leituras sobre educação ambiental, apenas duas disseram que não fizeram leituras sobre esse assunto para estimular suas ações pedagógicas. O motivo apresentado foi "por falta de tempo". Evidenciaram prioridade em vencer o conteúdo estabelecido no programa do ano escolar. Seis das dez professoras responderam que trabalham educação ambiental em sala de aula com alguma frequência, as demais trabalham sistematicamente. Aquelas enfocam temas ambientais menos regularmente e afirmam ser por carência de embasamento teórico. Quanto às questões ambientais trabalhadas, responderam que focam lixo e cuidados com o planeta. Fazem isso de *forma crítica*, por meio da conscientização e de estímulo à reflexão; de *forma casual e natural*, a partir do lugar onde moram, com temas específicos, com leituras, cuidados com a escola, preservação e respeito; por meio de pesquisa partindo da realidade da comunidade.

Há, portanto, nas atividades desenvolvidas, abordagens diversificadas que atingem níveis também diversificados na formação de atitudes em prol do ambiente saudável, assim como algumas respostas reproduzem falas padronizadas sobre ações didáticas. Há práticas que indicam um caminho construtivo, mesmo tendo superficialidade em seus embasamentos teóricos. As avaliações da aprendizagem dos alunos em educação ambiental representam para esse grupo de professoras um processo de conscientização e mudança de comportamentos, o que contribui para melhores resultados para a construção de um novo modelo de sociedade. Entretanto, é preciso que seja ressaltado que a atitude das pessoas em relação ao mundo depende dos valores por elas atribuídos e da cultura do grupo social em que vivem, influenciando e sendo por ele influenciadas.

É importante, para entender o homem, que se entenda como suas experiências e seus atos são modelados por seus atos intencionais e que a forma desses estados intencionais se realiza pela participação em sistemas simbólicos da cultura. A cultura dá significado à ação, situando estados intencionais subjacentes em um sistema interpretativo, impondo padrões inerentes aos sistemas simbólicos da cultura, sua linguagem e modos de discurso, as formas de explicação lógica e narrativa e os padrões de dependência mútua da vida comum (Bruner, 1997). Também as emoções são constitutivas do viver humano, como disposições corporais que definem diferentes domínios de ação, no entender de Maturana (1998). Para ele, o peculiar do humano está na linguagem e no seu entrelaçamento com o "emocionar", que exalta o entrelaçamento da razão e da emoção.

Em relação à formação continuada das professoras participantes da pesquisa, há quem busque espaço e instrumentos para trabalhar com a temática ambiental. Três dessas professoras não responderam a esta questão. Uma delas cita que não existe fácil acesso a bibliografias sobre esse tema, prejudicando a busca de informações.

Assim, o docente reage diversamente diante de sua formação e profissão; ele pode se assumir como sujeito de seu crescimento pessoal, profissional, cívico (Giesta, 2008) ou atribuir a outros os empecilhos para suas realizações. O sujeito investe em um mundo que, para ele, é espaço de significados e valores. Essa dinâmica, conforme Charlot (2005) leva a reconhecer que este vive em um mundo no qual tem acesso à ordem do simbólico, à da lei e à linguagem e se constrói por meio de identificação e desidentificação com o outro, na apropriação de um patrimônio humano, pela mediação do outro. A escola pública deve fortalecer o direito dos alunos de apropriação efetiva de saberes que fazem sentido e esclareçam o mundo; o direito à atividade intelectual, à expressão, ao imaginário, à arte, ao domínio de seu corpo, à compreensão do meio natural e social; o direito às referências que permitam construir suas relações com o mundo, com os outros, consigo mesmo (Charlot, 2005). Esse autor utiliza o conceito de "mobilização" como propulsor da reflexão docente, visando a um movimento interno do estudante. Aliada à dinâmica do "desejo", Charlot (2005) embasa o sentido e o significado, permitindo interpretar o mundo. Julga que o problema do sentido e do prazer aparece como problema fundamental na escola e sustenta que as práticas pedagógicas precisam ser analisadas e revigoradas por uma transformação, que implica profunda transformação da formação dos professores, inserindo aí a pesquisa.

AS HISTÓRIAS EM QUADRINHOS E A FORMAÇÃO DO PROFESSOR

Diante dessa análise, é possível avaliar as possibilidades das histórias em quadrinhos como recurso no currículo escolar. Seu conteúdo favorece a educação ambiental informal. Por meio dessas histórias, são veiculadas informações pertinentes e que podem contribuir na conscientização de pessoas, desvinculadas de graus de escolarização ou inseridos em variados contextos socioeconômicos, desde que tenham acesso a elas.

Também podem servir aos professores como recurso a ser utilizado em sala de aula ou em tarefas para casa, oportunizando a análise e a reflexão acerca das temáticas abordadas. Assim, o educador vai precisar estar munido de um saber que lhe permita extrair mensagens, aprofundar conteúdos, estimular a discussão de assuntos que circundam o cidadão e o comprometem com a vida no planeta.

A prática docente no cotidiano escolar é pressionada pelo conteúdo programático a ser desenvolvido durante o ano letivo. Questionar o meio escolar, natural e social, assim como os procedimentos pedagógicos vigentes e se dispor a apresentar sugestões para a construção coletiva de propostas pedagógicas não estão ainda impregnados à cultura institucional.

Dessa feita, Flecha e Tortajada (2000) defendem a transformação da escola em comunidade de aprendizagem de modo que esta possa acompanhar a transformação social. Para tanto, é necessário o engajamento no conceito de educação integrada, participativa e permanente. *Integrada* por se basear em ação conjunta intentando oferecer respostas às necessidades educativas dos alunos; *participativa* "por depender cada vez menos do que ocorre na aula e cada vez mais da correlação entre o que ocorre na aula, em casa e na rua" (Flecha e Tortajada, 2000, p.34); *permanente* porque a população recebe constantemente, de todas as partes e em todas as idades, muita informação, de tal modo que a seleção e o processamento exigem formação contínua.

Pensar sobre as decisões pedagógicas tomadas na concretização do currículo escolar pode assumir dimensões além de pessoais, profissionais, sociais e/ou políticas (Giesta, 2005). É uma responsabilidade a ser assumida pelo docente, profissional dotado de uma formação especial para o exercício do magistério. Portanto, o enfoque de questões que envolvam assuntos relativos a ambiente, ética, saúde, entre outros temas de relevância para a melhoria das condições de vida dos seres, não pode ser fragmentado, descontextualizado, artificial.

O tratamento dessas questões merece conhecimento sólido, atitude aberta e sem preconceito na busca de aprofundamento e esclarecimento de dúvidas. Requer, então, educadores abastecidos de uma formação embebida no gosto pela aquisição de novos conhecimentos, impregnada por constantes interrogações e dispostos a utilizar metodologias instigantes de ensino que promovam a discussão, a pesquisa, a explicitação dos conhecimentos prévios dos alunos articulados a conceitos científicos a serem estudados, a confrontação de pontos de vista, a elaboração e análise de propostas, e a avaliação constante de fatos observados no cotidiano, baseados em pressupostos teóricos que o abasteçam de argumentos para emitir juízos e sugestões... Enfim, procedimentos que orientem os estudantes a se tornarem capazes de, com autonomia, assumir atitudes e desenvolver ações de cidadania.

AS HISTÓRIAS EM QUADRINHOS PROVOCANDO TROCA DE INFORMAÇÕES E EXPERIÊNCIAS ENTRE PROFESSORAS E INVESTIGADORAS: CONSIDERAÇÕES FINAIS

Todo o processo de coleta de informações deste estudo foi permeado de sugestões de leituras e discussão de atividades envolvendo histórias em quadrinhos e outros portadores de textos como recurso em sala de aula, para trabalhar questões relativas ao ambiente. O reconhecimento da educação informal favorecida pelas histórias em quadrinhos fez com que as docentes percebessem o espaço ocupado por outros setores da sociedade de maneira eficiente e bem aparelhada técnica, política e cientificamente. Vários conceitos e situações são apresentados nessas histórias, que podem ser trazidas para a sala de aula para discussão e trabalho mais aprofundado, ou permanecerem no pressuposto ideológico que as originou.

A partir da leitura dessas histórias, é possível desenvolver atividades, destacando esse material como fonte rica para o trabalho docente e para auxiliar estudantes a analisarem criticamente aquilo que estão lendo e desenvolverem também uma atitude crítica e de transformação em relação ao seu entorno. Portanto, a problematização e a crítica serão sempre pontos fortes e importantes para se analisar nessas mensagens. Esse tipo de atitude deve ser tanto por parte do docente como do discente, impulsionando o planejamento de sua autoformação.

É importante e mesmo urgente que a escola como um todo e o educador em particular adotem uma metodologia destinada a ensinar a criança, o jovem e/ou o adulto a entender que vive em uma comunidade universal, a qual reserva direitos e deveres a cada ser nela inserido. A ideia de que o planeta é uma totalidade na qual tudo está conectado desencadeia a compreensão de que ações locais têm respostas globais, evidenciando preocupações com as futuras gerações não só as próximas de si, situadas no lugar onde vivem, mas as existentes em tempos e espaços diferenciados.

A partir das histórias em quadrinhos analisadas por pesquisadoras e professoras participantes da pesquisa, foram listadas atividades como: debates sobre assuntos tratados na escola, a mudança do final das histórias para uma mais condizente com aquilo que o leitor ou leitores considerarem mais adequado, escrita de cartas para os personagens falando sobre o que os alunos acharam da atitude destes, organização de campanhas na escola sobre educação ambiental ou atitudes que devem mudar partindo das histórias, realização de "tribunais" a fim de defender ou culpar personagens sobre as ações que realizaram nas histórias, dramatizações de histórias lidas, confecção de cartazes divulgando mensagens extraídas das leituras feitas, escrita da história em quadrinhos em forma de prosa, representação de história em forma de *cartoon*, elaboração de texto como se fosse a Terra dizendo que não está gostando daquilo que estão fazendo com ela, escrita de uma carta ao futuro dizendo como gostariam que ele fosse; e outras atividades atrativas e ricas para o trabalho da educação ambiental sem ser artificial, tal como por vezes é trabalhada nas escolas, nas quais o meio ambiente é concebido como algo fora, longe, separado dos seres humanos e sendo algo sempre bom e bonito. É importante que se considere a faixa etária dos alunos para evitar a infantilização, a superficialidade e a hipocrisia de procedimentos didáticos. O nível de exigência realça e valoriza o desenvolvimento potencial individual e grupal dos estudantes no que concerne a seu pensamento e linguagem, na forma de expressão de seus saberes, afetos e ideias.

Portanto, o educador que visa à participação do cidadão na solução de problemas ambientais não é um professor com características especiais ou que precise acumular conhecimentos sobre ambiente. Esse profissional precisa ser capaz de buscar informações e utilizar metodologias que permitam a ele e ao aluno questionar dados e ideias, analisar situações e consequências, propor soluções e apresentá-las para discussão em grupos que possam ampliar as considerações feitas. Esse é um método ativo de se trabalhar com educação ambiental, abordando aspectos naturais e sociais.

Ser educado em uma sociedade é se caracterizar como pessoa, cidadão, profissional, estudante disposto e apto a: resolver problemas postos pelo cotidiano; tomar decisões embasadas em conhecimentos construídos individual ou coletivamente; continuamente aprender, além de se sentir responsável por sua atitude diante do mundo, nos aspectos político, social, econômico e natural. Entretanto, ninguém pode considerar que essa educação resulte apenas de processos escolarizados, ou que sabe tudo em sua área de conhecimento ou de atuação. Os novos achados na ciência e na tecnologia e sua divulgação são imprevisíveis, mas é preciso que se considere também que, a partir de sua prática e dos conhecimentos que já possui, o educador valorize o saber que aprimore o seu trabalho. Para tanto, é imprescindível estar livre de preconceitos, de estereótipos, de apego à rotina, de receio da desacomodação e da mudança.

Portanto, o desenvolvimento da cidadania e a formação da consciência ambiental têm na escola um local adequado para sua realização, assim como histórias em quadrinhos publicadas em revistas e jornais promovem educação informal tratando questões ambientais, em uma perspectiva crítica, analisando temas que permitam enfocar as relações em ambientes sociais e naturais, reivindicando ações transformadoras.

REFERÊNCIAS

BARI, V. A.; VERGUEIRO, W. Biblioteca escolar, leitura e histórias em quadrinhos: uma relação que se consolida. *X ENANCIB - Encontro Nacional de Pesquisa em Ciência da Informação*. Programa de Pós-Graduação em Ciência da Informação da Universidade Federal da Paraíba. Associação Nacional de Pesquisa e Pós-Graduação em Ciência da Informação. João Pessoa/PB, out. 2009. (versão *on line*)

BRASIL, *Lei nº 9.795/99 de 27 de abril de 1999*. Dispõe sobre a educação ambiental, institui a Política Nacional de Educação Ambiental e dá outras providências. Brasília: Diário Oficial - Imprensa Nacional.

BRUNER, J. *Atos de significação*. Porto Alegre: Artmed, 1997.

CARUSO, F.; SILVEIRA, C. Quadrinhos para a cidadania. *História, Ciências, Saúde – Manguinhos*, v.16, n.1, Rio de Janeiro, jan/mar. 2009, p.217-236.

CARUSO, F.; CARVALHO, M.; FREITAS, M. C. S. Ensino não formal no campo das ciências através dos quadrinhos. *Ciências e Cultura*. v.57, n.4, São Paulo, out./dez. 2005. (versão *on line*)

CARVAJAL PÉREZ, F.; RAMOS GARCIA, J. Ensinar ou aprender a ler e escrever? In: CARVAJAL PÉREZ, F.; RAMOS GARCIA, J. (Org.) *Ensinar ou aprender a ler e a escrever?* Aspectos teóricos da construção significativa, funcional e compartilhada do código escrito. Porto Alegre: Artmed, 2001.

CERTEAU, M. de. *A invenção do cotidiano: 1. Artes de fazer*. Petrópolis: Vozes, 1994.

CHARLOT, B. *Relação com o saber, formação de professores e globalização questões para a educação hoje*. Porto Alegre: Artmed, 2005.

COLOMER, T.; CAMPS, A. *Ensinar a ler, ensinar a compreender*. Porto Alegre: Artmed, 2002.

FLECHA, R.; TORTAJADA, I. Desafios e saídas educativas na entrada do século. In: IMBERNÓN, F. (Org.). *A educação no século XXI: os desafios do futuro imediato*. 2. ed. Porto alegre: Artmed, 2000.

GIESTA, N. C. *Professores do ensino médio em escolas públicas: o gosto pelo que sabem e fazem na profissão docente*. Araraquara/SP: Junqueira & Marin Editores, 2008.

_____. *Cotidiano escolar e formação reflexiva do professor: moda ou valorização do saber docente?* 2. ed. Araraquara/SP: Junqueira & Marin Editores, 2005.

_____. O saber na escola: implicações na formação do professor In: OSÓRIO, A. M. N. (Org.) *Trabalho docente*: os professores e sua formação. Campo Grande/MS: Ed. UFMS, 2003.

GUIMARÃES, M. *A dimensão ambiental na educação*. Campinas: Papirus, 1995.

JACOBI, P. R.; TRISTÃO, M.; FRANCO, M. I. G. C. A função social da educação ambiental nas práticas colaborativas: participação e engajamento. *Caderno CEDES*. v. 29, n.77 Campinas, jan./ab. 2009. (versão *on line*)

KAMEL, C.; LA ROCQUE, L. de. As histórias em quadrinhos como linguagem fomentadora de reflexões – uma análise de coleções de livros didáticos de ciências naturais do ensino fundamental. *Revista Brasileira de Pesquisa em Educação em Ciências*. v. 6, n. 3. 2006. (versão *on line*)

KAUFMAN, A. M.; RODRIGUEZ, M. E. *Escola, leitura e produção de textos*. Porto Alegre: Artmed, 1995.

LIBÂNEO, J. C. *Adeus professor, adeus professora? Novas exigências educacionais e profissão docente*. São Paulo: Cortez, 1998.

LISBÔA, L. L.: JUNQUEIRA, H.; DEL PINO, J. C. A temática ambiental e seu potencial educativo nas histórias em quadrinhos de Mauricio de Souza. *Anais VI Encontro Nacional de Pesquisa em Educação em Ciências – ENPEC*. Florianópolis, nov/dez, 2007. (versão *on line*)

MATTOS, C. A. de. Desenvolvimento sustentável nos territórios da globalização: alternativa de sobrevivência ou nova utopia? IN: BECKER, Bertha K.; MIRANDA, M. *A geografia política do desenvolvimento sustentável*. Rio de Janeiro: Ed. UFRJ, 1997.

MEIRA CARTEA, P. A. Educación ambiental en tiempos de catástrofe: la respuesta educativa al naufragio del Prestige. *Educação e Pesquisa*. v.31, n.2, São Paulo, mai/ag. 2005. (versão *on line*)

MATURANA, H. *Emoções e linguagem na educação e na política*. Belo Horizonte: Ed. UFMG, 1998.

PERRET-CLERMONT, A.-N. Interações sociais no desenvolvimento cognitivo: novas direções de pesquisa. In: TOSCHI, E. (Org.). *Abordagem psicossociológica do desenvolvimento humano*. Porto Alegre: FACED/UFRGS, p. 07-27, 1994.

PIZARRO, M. V. As histórias em quadrinhos como linguagem e recurso didático no ensino de ciências. *– Anais VII Encontro Nacional de Pesquisa em Educação em Ciências - ENPEC*. Florianópolis, nov. 2009. (versão *on line*)

REIGOTA, M. *A floresta e a escola: por uma educação ambiental pós-moderna*. São Paulo: Cortez, 1999.

SANTOS, B. de S. *A crítica da razão indolente:* contra o desperdício da experiência. São Paulo: Cortez, 2000.

SAUVÉ, L. Educação ambiental e desenvolvimento sustentável: uma análise complexa. *Revista Educação Pública* v.6, n.10, jul/dez, p. 72-103, 1997.

TESTONI, L. A. Histórias em quadrinhos nos livros didáticos de Física: uma proposta de categorização. *XII Encontro de Pesquisa em Ensino de Física*. Águas de Lindóia/SP, out. 2010. (versão *on line*)

TRISTÃO, M. A educação ambiental e os contextos formativos na transição de paradigmas. In: *Reunião Anual da ANPEd, Anais*. 30. Caxambu: Associação Nacional de Pesquisa e Pós-Graduação em Educação, 2007. (versão *on line*)

UNESCO. *Intergovernmental Conference on Environmental Education:* Tbilisi – Final Report. Paris: ED MD, 1978. Disponível em <http://unesdoc.unesco.org>.

11

As dimensões e os desafios da educação ambiental na contemporaneidade

Martha Tristão

A educação ambiental entendida, de modo geral, como uma prática social transformadora, comprometida com a justiça ambiental e com o respeito às diferenças culturais e biológicas, enfrenta alguns desafios nesse início de século. Pretendemos tecer alguns comentários e destacar aqueles que vêm adquirindo mais visibilidade nas sociedades contemporâneas.

O momento atual suscita uma articulação dos princípios teóricos filosóficos da educação ambiental de forma contextualizada e congruente com o pensamento contemporâneo. O respeito às diversidades cultural, social e biológica é o fio condutor das relações estabelecidas com o contexto contemporâneo, seja esse momento de transição paradigmático considerado uma nova fase do modernismo, seja uma outra realidade denominada pós-modernidade ou modernidade tardia.

Falar sobre os desafios da educação de modo geral é falar, também, sobre os desafios do educador ou da educadora. Compete a nós, educadores, discutir com seriedade os valores éticos que sustentarão a educação deste século. Serão preocupações e interesses eminentemente econômicos, visando à manutenção da lógica insustentável de mercado, ou, aproveitando o momento de transição paradigmática na sociedade contemporânea, poderemos promover valores conectados com a produção de saberes sustentáveis em uma relação local/global? Necessitamos de profissionais que compreendam a complexidade dos problemas ambientais globais e que busquem soluções locais de modo dialógico e contextual.

Diante das interlocuções estabelecidas com a literatura a essas indagações com que o mundo contemporâneo nos desafia, torna-se extremamente complexo traçar um perfil do educador e de sua formação. Reconhecemos a importância da inserção da educação ambiental nos processos de formação de professores inicial e continuada, pois professores são agentes e parceiros de luta nas questões ambientais.

Para a inserção da Educação Ambiental na formação, em relação à formação inicial, ainda prevalece o argumento da criação da disciplina, e, na formação continuada, de práticas pedagógicas, cursos, projetos e materiais didáticos e educativos. Ainda assim, a polêmica em torno da criação da disciplina é paradoxal, pois a abordagem interdisciplinar e até mesmo transdisciplinar da Educação Ambiental se contrapõe a uma estrutura conceitual disciplinar de currículo. Talvez essa proposta possa ser considerada uma estratégia emergencial para efetivação da Educação Ambiental (Tristão, 2008).

As palavras *conhecimento* e *aprender* estão na ordem do dia, voltaram a ser atrativas em todas as áreas do saber. Portanto, é preciso compreender criticamente uma série de novas linguagens colocadas como desafios pedagógicos. Termos como sociedade do conhecimento (*knowledge society*) e sociedade aprendente (*learning society*) vêm se disseminando rapidamente (Assmann, 1998).

O acúmulo não significa nenhuma transformação dos valores que regem o conhecimento, principalmente se o projeto da modernidade continuar se sustentando. Refletir sobre os desafios de ser educador, de modo geral, está diretamente associado à inserção da educação ambiental na educação. Além de ser um compromisso *eticopolítico* é uma proposta educativa que se contrapõe a qualquer forma de reducionismo. Assim, tanto a racionalidade econômica quanto a racionalidade tecnológica, com base nesse projeto civilizatório, dificultam a compreensão de princípios e valores engendrados nas estratégias de uma racionalidade mais aberta, uma racionalidade complexa.

Uma ruptura, sim, com a racionalidade clássica produzindo uma outra lógica, das conjugações entre sujeito e objeto, espírito e matéria, entre processos cognitivos e processos vitais, levaria à criação de saberes prudentes e significativos, ou seja, contextualizados no conjunto planetário e global.

Essa concepção rompe com paradigmas mecanicistas da disciplinarização das mentes e corpos, pois transforma o processo de *ensinar- -aprender* em atividade de interação. A corporeidade é parte intrínseca para se desenvolver o equilíbrio dinâmico com a natureza. A solidariedade nas situações de ensino-aprendizagem representa a ruptura com a distinção mente/corpo, ou seja, marca valores pós-dualistas. Como espaço/tempo de aprendizagem, a valorização da corporeidade supera a abstração cartesiana de sujeito. No processo de aprender e ensinar, o corpo é sempre envolvido.

Dessa concepção emerge como movimento articulador entre o que era considerado disjunto, suscita a criação de novas experiências e se contrapõe à ideia de transmissão de conhecimento, bem como de uma recepção passiva pelos sujeitos aprendentes. Pressupõe, assim, uma ressignificação nas redes de significados, de produção de subjetividades e de representações dos sujeitos.

Essa lógica de dividir, reduzir do paradigma da simplificação, foi contestada desde a década de 1960. Entre os autores, destacamos Bateson (1986) que, em sua famosa obra *Mente e natureza: a unidade necessária*, se refere ao "padrão que liga" como uma característica intrínseca da natureza. O autor atribui um movimento aos padrões e se refere às relações, associações e interações que existem na natureza e nas relações humanas. Para o autor, deveríamos abandonar a maneira simplista da ciência e começar "a pensar" como a natureza.

Para tanto, esse é apenas um dos exemplos que indica as possibilidades de articulação entre diferentes níveis e dimensões da realidade. Em síntese, consideramos como o maior desafio da educação a capacidade de religar o que foi considerado disjunto. Isso só é viável com a desconstrução da lógica unidimensional, da verdade absoluta, da ciência objetiva, do controle do mundo, do pensamento unidimensional. Não é mais possível buscar uma base conceitual única para lidar com as diferenças e os antagonismos.

Uma abordagem complexa e multidimensional abre brechas para a compreensão desse debate. A complexidade ambiental vem ao encontro do pressuposto dessa análise, cujo entendimento é oriundo do conceito de diversas disciplinas, é tecido a partir da convergência, ou melhor, da convivência, do diálogo, inter, trans, pluridisciplinar (Ardoino, 1998). A disciplinaridade fechada reduz e simplifica a análise em direção à complexidade inerente a qualquer tema.

Esse contexto heterogêneo não poderia, então, ser mutilado pela análise de apenas um ponto de vista, uma referência, uma verdade. Tal concepção está aberta a uma abordagem multirreferencial[1] que se constitui em um verdadeiro entrave para os sistemas formadores produtores de conhecimentos superespecializados.

A educação ambiental é multirreferencial na sua essência, pois, na pretensão de constituir um campo, noções e conceitos podem ser originários de várias áreas do saber. No caso de efetivação das suas práticas educativas, acontece o mesmo, sua abordagem passa a ser de conhecimento "tecido" (bricolado) a partir da convergência, do diálogo, da convivência inter, transdisciplinar (Martins, 1998).

Os conceitos que trazemos para discutir os sentidos da educação ambiental, como auto-organização, complexidade, holismo e multirreferencialidade, extrapolam os limites das disciplinas que os engendraram. São transversais, pois atravessam vários campos do conhecimento.

A inserção do meio ambiente junto com outros temas de características ético-humanistas como pluralidade cultural, ética, saúde e orientação sexual nos Parâmetros Curriculares Nacionais foi um avanço para as políticas de Educação Ambiental, mas em termos epistemológicos podemos dizer que se inicia, aqui, já uma compartimentalização da Educação Ambiental. Ora, a educação ambiental abrange tanto a dimensão ética quanto a dimensão da pluralidade cultural. A pluralidade cultural, que hoje é chamada diversidade é balizadora dos fundamentos da educação ambiental, aliás, emerge como uma necessidade dessa demanda de diversidade biológica, cultural e social.

Vista dessa maneira, a educação é mediada por uma pluralidade de linguagens e de representações da leitura do mundo – das relações humanas, das formas de comunicação, de trabalho, da produção de conhecimento e das políticas sociais e econômicas locais e globais. A aprendizagem e o conhecimento extrapolam os limites da escola e estão submetidos a uma outra lógica. Está na hora de começar a mapear os novos contextos cognitivos dentro e fora da escola, promover novas situações de *ensinar-aprender* e melhorar a ecologia cognitiva ou a ecologia de saberes para possibilitar melhores interações para aflorar o sentir-se aprendendo (Assmann, 1998).

No entanto, partimos do pressuposto de que múltiplos e variados aspectos interferem no ensino-aprendizagem e convivem, ao mesmo tempo, com o caos e com a ordem, no movimento ordem/desordem/organização. Dessa maneira, é até possível dizer que a educação é autoeco-organizativa, no sentido de que uma dimensão é atravessada por várias outras dimensões, assim como o sujeito é atravessado por várias identidades.

Na *Teoria das coletividades pensantes* de Lévy (1998), os sujeitos são tão múltiplos que os indivíduos, as coletividades e as instituições produzem diferenças que os distinguem nessa rede de relações produzidas. Assim, a educação implica aprendizagens individuais e coletivas nas quais esteja embutida uma relação com as expectativas tanto individuais como coletivas.

Com efeito, compreender a autoeco-organização da educação revela toda a sua complexidade e passa a considerar o autoconhecimento, a autoaprendizagem e a autoformação inseparáveis da produção das subjetividades e integrantes de suas redes de relações. Essas produções dão sentido ao mundo, e o conhecimento concebido como rede se processa no emaranhado de contextos, situações, experiências, vivências, relações, associações e interações.

Hoje, o combate ao analfabetismo não se limita a ensinar para aprender a ler e a escrever; significa também saber compreender/refletir/problematizar sobre o tipo de sociedade em que se vive e qual desenvolvimento almejamos.

Nesse sentido, decidimos desenredar os fios que percorrem esses desafios da educação ambiental articulados com o ser educador na contemporaneidade, pontuando brevemente alguns deles. Todos esses desafios estão entrelaçados, não são generalizações lineares, e as afirmações estão abertas para o cruzamento com outras ideias.

O PRIMEIRO DESAFIO: ENFRENTAR A MULTIPLICIDADE DE VISÕES

A educação é uma área de intersecção entre múltiplos saberes. Desenvolvendo nosso pensamento a partir do que apresenta Gallo (1999), é impossível pensar os problemas híbridos, como os ambientais e os educacionais, por meio da concepção sustentada na metáfora de árvore do conhecimento, um tronco comum irradiando os galhos das várias "especializações". Embora se originem de um tronco comum, os vários campos do saber estão desarticulados na escola; nem o pensamento, nem o conhecimento podem se processar de maneira tão linear e hierarquizada como essa metáfora se propõe a compreender.

Como um sistema vivo, na natureza não acontece assim, mas essa concepção parte de uma lógica binária e dicotômica entre raiz/árvore, tronco/galhos, incapaz de alcançar a multiplicidade de visões. A vida se tece em uma multiplicidade de relações contraditórias e ambíguas e a formação profissional humana se constitui em redes de relações, em uma autoeco-organização.

Para além dos saberes disciplinares, os saberes híbridos compreendidos a partir dessa complexidade ganham uma outra metáfora, desenvolvida por Deleuze e Guatari (1996), chamada de *rizoma*. Nesse caso, a dimensão ambiental como um problema hibrído, por exemplo, está associada a todas as dimensões humanas. Assim, os conceitos estão entrelaçados, interligados, articulados, permitindo possíveis trânsitos de múltiplos saberes, sem se reduzir a nenhum.

Nesse campo que o educador deve estar preparado para tratar essa diversidade de visões, saber fazer a conexão entre vida e conhecimento e as diferentes culturas. Esse princípio se articula com um pressuposto da educação ambiental de respeitar a diversidade cultural, social e biológica. Mas como lidar com a multiplicidade do conhecimento dentro de uma estrutura disciplinar de currículo? Trata-se de ampliar a função da escola, de simples transmissão de conhecimento para estabelecimento de uma troca de comunicação com reflexão crítica, criadora de um sistema imaginativo e transformador da cultura e do ser humano.

Diante dessa concepção, dos rizomas, das redes, a escola entra como uma instituição dinâmica com capacidade de compreender e articular os processos cognitivos com os contextos da vida. Então, a educação se insere na própria teia da vida. Vida no sentido da dinamicidade, de movimento e de situação de aprendizagem. Assim, o professor que compreende a urgência contemporânea de um mundo ameaçado pela degradação da vida, transgride as fronteiras e estabelece nexos entre diferentes culturas e linguagens dos alunos, inclusive daqueles que se encontram na periferia do mapa social hegemônico e lida com o multiculturalismo e os multicontextos durante as situações de aprendizagens criadas.

Os professores, como intercessores do processo de aprendizagem, reelaboraram e ressignificaram os saberes cotidianos. O mais importante é que o aluno aprenda o significado dos saberes para sua vida cotidiana. Significados que contribuam para avaliar, por exemplo, o uso generalizado do termo "ecologia" e seus derivados "eco, ecológico, ecológica", que se transformaram em uma síntese referencial sobre tudo que envolve o meio ambiente, passando a ser utilizados de forma indiscriminada, assumindo significados diversos, ou abrangentes, ou limitados, conforme o contexto.[2]

Consideração ética sobre socioecologia e meio ambiente não é mais um tema a ser acrescentado ao currículo, torna-se uma dimensão essencial de todo processo educativo associada com o sentido mais humano do que é ser humano. Meio ambiente não é um tema, é o cotidiano, é a vida. A educação, lembrando Assmann (1998), move-se nesse campo de "construções do sentido" das realidades. Isso é concebido como uma forma de auto-organização e que determina o fato de uma realidade ser ou não significativa para o sujeito.

Entender a complexidade da dimensão ambiental é papel da educação ambiental que insiste nessa perspectiva de entendermos nossa relação com o meio ambiente, no que se refere à expressão de seus significados, fundamental para identificar conceituações, interpretações e generalizações feitas em nome do meio ambiente e da ecologia. O termo "ecologia", por exemplo, ganha uma dimensão abrangente ao ultrapassar os limites da conceituação científica tradicional, constituindo-se em uma representação social de tudo o que se refere à problemática ambiental. A educação ambiental também adquire uma dimensão elástica nas práticas educativas, dentro ou fora da escola, mas às vezes reduz o seu potencial de uma formação ético-humanista pela sua representação em conceitos de ecologia.

Na contemporaneidade, a velocidade da produção de informações toca o educador, já que a preocupação não é mais com o acesso à informação, mas como fazer escolhas e seleções de sentido ético. O processo de produção está tão acelerado e ao mesmo tempo tão especializado que fica difícil perceber a relação entre as várias áreas e as várias dimensões e fazer uma reflexão integrada e articulada sobre os sentidos produzidos favoráveis à qualidade de vida de todos os seres deste planeta. Uma saída é uma formação contínua da relação local/global com o meio ambiente, de forma que o processo educativo envolva as múltiplas dimensões, as interseções, com capacidade de não reduzir ou isolar uma parte do todo e nem as partes uma das outras.

O SEGUNDO DESAFIO: SUPERAR A VISÃO DO ESPECIALISTA

O pensamento hegemônico da ciência moderna se especializa em torno do seu objeto de tal modo que o descontextualiza. Essa visão positivista do mundo e da ciência torna a própria ciência longe da vida humana e muitas vezes a serviço da extinção da vida, segundo afirmava Nietzsche (1998) quando falava de uma Gaia Ciência.

Nessa linha de pensamento, coloca-se como segundo desafio a superação da especialização. Aí entra o papel fundamental do educador de quebrar a barreira entre o conhecimento alienante para conseguir articular saber e viver, razão e emoção.

A especialização trouxe inúmeros benefícios no campo do conhecimento; com sua visão que isola e recorta, permitiu aos profissionais desempenharem funções de alguns setores do conhecimento, principalmente as máquinas artificiais. Como consequência, essa lógica se estendeu para a educação, a sociedade e as relações sociais. Puxando um fio do pensamento de Morin (2000, p. 11): "Os mecanismos inumanos da máquina artificial com sua visão determinista, mecanicista, quantitativa, formalista que ignora, oculta ou dissolve tudo o que é subjetivo, afetivo, livre e criador".

Essa concepção separa, divide, fraciona os problemas em uma única dimensão, impossibilitando uma reflexão muldimensional e a capacidade de compreender a complexidade do mundo atual. O especialista pensa no imediatismo das situações. Ao contrário dessa postura, a questão socioecológica ambiental, como realidade vital e intrínseca à educação, permite sua contextualização e se revela como uma ação social com ressonâncias em várias gerações.

Para tanto, os professores teriam de ousar e buscar um enfrentamento epistemológico que rompesse as barreiras conceituais existentes entre as disciplinas, visando à constituição de um conhecimento que compreenda a interação e interdependência entre os diferentes níveis e dimensões da realidade, além de buscar os exercícios de práticas sociais coletivas mais flexíveis e vivenciais.

Uma das propostas para superar essa visão do especialista é a abordagem interdisciplinar, muito difundida na educação ambiental; surge para conectar os elos perdidos pela excessiva especialização, pela necessidade de interação, de cooperação, de inter-relacionamento explícito entre os saberes, as ciências, as disciplinas e, consequentemente, entre as pessoas.

Esse termo adquiriu uma conotação e passou a designar uma "educação inovadora", muitas vezes usada de forma banal, afastando-se do seu sentido real. Sem dúvida, é difícil falar de interdisciplinaridade como proposta de superação da visão do especialista em uma estrutura conceitual de currículo engaiolado que vigora na pedagogia moderna, sem articulação entre as disciplinas. Às vezes, o que acontece nas práticas pedagógicas da educação ambiental denominadas interdisciplinares não passa de muldisciplinaridade. Como as disciplinas de geografia e biologia têm uma grande afinidade de conteúdos em relação à dimensão ambiental, a inserção da educação ambiental ocorre por meio de um exercício muldisciplinar, às vezes até por meio de uma cooperação entre os conteúdos dessas disciplinas.

A partir de leituras e reflexões sobre essas terminologias, com várias representações e concepções diferenciadas entre os autores-interlocutores, começamos a perceber que a concepção do conhecimento em redes é o que, de fato, suscita uma ruptura com a estrutura disciplinar de currículo.

Desmontar tudo o que foi construído pelas disciplinas e acabar com todas as barreiras pressupõe uma mudança radical, que não acontece rapidamente. Portanto, a interdisciplinaridade pode propiciar uma organicidade, encarando as disciplinas como abertas e fechadas, ao mesmo tempo rompendo aos poucos a concepção fragmentada de conhecimento. Assim, examinamos algumas diferenças conceituais entre a inter e a transdisciplinaridade apontadas por alguns estudiosos.

Autores como Abreu Júnior (1996), por exemplo, diferenciam a inter-disciplinaridade da transdisciplinaridade. Em sua opinião, a interdisciplinaridade ainda preserva as identificações originais das disciplinas, mas, apesar de ser uma abertura para estabelecer integração de conteúdos entre as disciplinas e interações entre as pessoas, não se caracteriza como uma transformação profunda das articulações entre as várias áreas do saber, como no caso da transdisciplinaridade, que já tem um enfoque mais ousado do conhecimento. Aproxima-se da ideia de transversatilidade de conceitos, ou seja, os conceitos ficam mais soltos para estabelecerem articulações, sem territórios nem fronteiras. Nessa concepção, essa é uma proposta que se aproxima um pouco mais da grafia em rede dos saberes.

Morin (2000, p. 37) também percebe a transdisciplinaridade muito mais orgânica. Para ele, "a interdisciplinaridade controla tanto as disciplinas como a ONU controla as nações", pois cada uma ainda demarca seu território, reafirmando as fronteiras. Já a transdisciplinaridade estaria mais próxima do exercício do pensamento complexo, pois seu pressuposto é a transmigração de conceitos por intermédio das diversas disciplinas, além, é claro, do necessário diálogo entre elas.

O paradigma da complexidade, como nos sugere Leff (1999), coloca outro desafio para a educação – estabelecer um diálogo entre a certeza e a incerteza, saber lidar com a incerteza do conhecimento, quer dizer, fomentar a capacidade de ver o mundo como sistemas complexos, para compreender a indeterminação, a interdependência e a causalidade múltipla entre os diferentes processos.

Nesse caso, a educação é uma articulação dos processos subjetivos e objetivos na produção de conhecimento e de sentidos. Isso implica sua relação com as questões sociais e éticas, bem como a valorização de uma reflexão sobre uma sociedade cada vez mais pragmática e utilitarista.

O TERCEIRO DESAFIO: SUPERAR A PEDAGOGIA DAS CERTEZAS

Considerar a escola um lugar de reflexão, de prática social como parte da vida cotidiana, de vida como conhecimento e de conhecimento como vida, de uma abertura para se pensar para além da ciência positivista e para se criticar, amplia a noção de pedagogia. Ainda hoje, a pedagogia moderna é marcada pelo ideal de ciência objetivista, ou seja, de um estudo de um mundo-objeto distante, externo do sujeito-cognoscente e de uma especialização dos saberes.

Assim, a pedagogia imprimiu à educação uma tecnificação sustentada por essa pseudoneutralidade da ciência, da certeza das teorias que afasta dos envolvidos uma atitude reflexiva. Como proposta de avançar nessa perspectiva, surgiu a dialética, com a preocupação de fazer a mediação entre teoria e prática. Latour (1994) nos alerta quando diz que a dialética se enganou quanto à contradição ao tentar superar o pensamento de Kant, cuja separação entre coisas-em-si e sujeito é visível, mas não conseguiu uma ruptura com a racionalidade cognitivo-instrumental.

Diante disso, pensamos que a educação ambiental tem como aliados vários teóricos contemporâneos que se posicionam a favor dessa ruptura. Nesse sentido, remetemo-nos ao argumento de Flickinger (1997) de que uma educação ambiental não se propõe apenas a ampliar o conteúdo do processo educativo, inserindo mais um objeto denominado meio ambiente, mas implica rever os pressupostos epistemológicos da pedagogia moderna sustentada em uma razão instrumental, acrescentando a essa pedagogia a compreensão de uma sociedade diferente, múltipla, heterogênea, diversa e cheia de contradições. Para tanto, o real não pode mais ser compreendido a partir de uma referência centralizada na razão lógica, na verdade absoluta da ciência. Diante da complexidade do mundo contemporâneo e da multiplicidade da vida, a ciência moderna começou a reconhecer os seus limites de abarcar a totalidade, mesmo extraoficialmente, porque ciência significa fazer aproximações.[3]

Nesse movimento, a teoria se torna comunicativa, interativa com as práticas sociais e se aproxima da ideia dos vários fios tecidos na formação das redes de saberes, em que não há um caminho seguro e ordenado. Assim, esse pensamento põe um ponto final nas certezas, nas doutrinas e nos dogmas. Assimilar a pedagogia da incerteza pode trazer grandes contribuições no fazer pedagógico da educação ambiental, já que esta é, muitas vezes, contaminada por afirmações dogmáticas de uma concepção de natureza ordenada e harmônica ou das "verdades ecológicas" que impregnam os documentos oficiais e as narrativas da educação ambiental.

Se a lógica está a serviço do pensamento e não o pensamento a serviço da lógica, como postula Morin (1996), quando há criação é porque há transgressão da lógica. Dessa forma, os espaços pedagógicos, como as teorias, são concebidos de forma aberta no constante fluxo de produção, circulação, apropriação, reprodução e criação de saberes teóricos e práticos.

O ensino-aprendizagem, então, acontece para além da escola. A mídia se torna um canal forte de comunicação, da informação cotidiana e não pode ficar de fora do espaço/tempo das práticas escolares, das redes de relações produtoras de saberes e de produção de sentidos. É preciso evitar dois extremos: achar que o aluno, utilizando-se de sua capacidade interpretativa, não faz aquilo que quer com a mensagem recebida; e pensar no professor como o agente determinante do processo de comunicação.[4]

Antes de qualquer coisa, é preciso analisar as ressonâncias das mídias nas escolas e compreender que não existe informação desinteressada. Ela vem sempre carregada de ideologias, muitas vezes invisíveis em nossos mapas mentais. Existe em todo texto uma concepção implícita, com possibilidades de várias interpretações. Vale esclarecer a diferença entre dados, informação e conhecimento.

Os documentos produzidos na União Europeia (1997) caracterizam a *sociedade da informação*, discutem justamente o impacto das novas tecnologias no mercado de trabalho e na transformação do papel da educação. Sendo assim:

> [...] a produção de dados não estruturados não conduz automaticamente à criação de informação, da mesma forma que nem toda a informação é sinônimo de saber. Toda informação pode ser classificada, analisada, estudada e processada de qualquer outra forma a fim de gerar saber. Nessa acepção, tanto os dados como a informação são comparáveis às matérias-primas que a indústria transforma em bens. (citado em Assmann, 1998, p. 197)

Nessa concepção, a informação não é saber, mas pode ser trabalhada a fim de gerar saber. Então, existe uma correlação explícita na proposição desse documento entre dado, informação e saber. Mas a informação ocorre a partir dos acontecimentos do mundo e lida com a imprevisibilidade, com a incerteza. Então, por sua influência sobre a produção de conhecimento, este adquire um movimento, uma dinamicidade como o viver. É imprevisível, ordem e desordem se entrelaçam.

Assim, o educador precisa entender que outras linguagens são componentes da educação, compreender os significados colocados em circulação pelas relações de poder, das interações, dos contextos vividos dentro e fora da escola. Os significados, como argumenta Silva (1995), são organizados em sistemas de representações que tornam o mundo conhecível. Se não soubermos lidar com isso, corremos o risco de sermos tratados como estrangeiros nas nossas próprias salas de aula, de sermos "alienígenas" (Green e Bigum, 1995).

Diante desse cenário, muda completamente a produção do saber escolar, ou seja, o aluno de hoje traz uma outra linguagem para dentro da escola, influenciado pela televisão e pelas novas tecnologias, quando a elas tem acesso. Uma *nova ordem sociovisual* se coloca diante desse panorama. As diferentes culturas pedagógicas terão de se aproximar, por meio do diálogo e da comunicação, das realidades da vida dos alunos, extremamente influenciados pela cultura das mídias.

Mesmo em uma sociedade socialmente injusta como a brasileira, convive-se, ao mesmo tempo, principalmente no campo, com a falta de escola, com a antena parabólica e com as placas de Coca-Cola. A educação ambiental favorece o diálogo entre os diversos tipos de saberes e de um processo de ensino e aprendizagem baseado na interação, de uma ação comunicativa em que educadores e educandos travem um diálogo constante, visto que são todos educadores e aprendizes, como diria Paulo Freire.

Então, temos de repensar a dinâmica do conhecimento em seu sentido mais amplo, com educadores e aprendizes inseridos em contextos diversos, com autonomia para fazer escolhas e tecer a sua própria rede de formação.

Vivemos, no mundo de hoje, uma situação paradoxal; nunca se produziu tanta informação, tanto conhecimento, nunca o mundo foi tão rápido na disseminação da informação, e, embora com todas essas ferramentas, a degradação ambiental se apresenta como um dos mais graves problemas globais e a ciência se encontra desamparada com resultados parciais.[5]

Nenhuma linguagem formal pode atingir a perfeição a ponto de evitar as lacunas, mas o quadro profissional se apresenta ainda para o aluno como inalterável. Ele está condicionado por estruturas disciplinares e predeterminadas, que dificultam experienciar a insegurança, a incerteza ou as desorientações intelectuais que, segundo Flickinger (1997), permitiriam a descoberta dos seus próprios interesses.

Enquanto nos países desenvolvidos é necessário refletir sobre os efeitos sociais e ambientais da tecnologia desenfreada, aqui, pelo contrário, temos de pensar em como enfrentar o novo século com a falta de infraestrutura nas estradas, nas escolas, nos serviços públicos de saúde, enfim, no manejo da natureza, na circulação de informações, na comunicação, para evitar as exclusões das minorias sociais e étnicas, para lidar com novas metodologias em face da complexidade do mundo contemporâneo. Parafraseando Balandier (1997), é preciso enfrentar o caos com o espírito de enxergar as ordens parciais implícitas.

O QUARTO DESAFIO: SUPERAR A LÓGICA DA EXCLUSÃO

Por fim, diante de toda essa complexidade da sociedade contemporânea e diante do caráter integrador do meio ambiente que possibilita estudar (teoria) e buscar alternativas (prática) em todas as dimensões da sociedade, o último e grande desafio, dentro de um contexto mais amplo e, ao mesmo tempo, presente, localizado, na sociedade brasileira, é lutar contra a lógica da exclusão, é subverter a ordem vigente.

A sustentabilidade se propõe a superar a lógica da exclusão, implica a eliminação das desigualdades sociais, os povos e as nações no sentido de abolir a pobreza do mundo e de garantir um desenvolvimento onde caibam todos. Dessa forma, faz uma severa crítica às consequências ambientais e sociais provocadas pela globalização econômica.

Uma das facetas da globalização é se apoiar em tecnologias da informação e em sistemas de pesquisa e de desenvolvimento que solidarizam e excluem, ao mesmo tempo, vastas regiões do planeta. A concepção econômica, em detrimento da justiça ecológica e social, que fundamenta o desenvolvimento das sociedades, reproduz as desigualdades e consegue, no Brasil, destituir uma considerável parcela da população dos chamados bens naturais, culturais, bens materiais e muitas vezes das necessidades mais básicas.

A globalização é centrada na economia, mas a concepção de sustentabilidade supera em muito essa dimensão. O próprio Relatório Brundtland[6] já preconizava uma visão das necessidades e do bem-estar humano na perspectiva da sustentabilidade para além de indicadores econômicos, incorporando educação, saúde, transporte coletivo, água de qualidade, ar puro e áreas verdes.

Aqui entra a questão da ética social e ecológica como um conjunto de elementos significativos, envolvendo a concepção de sociedade sustentável. Ao contrário dessa postura, a globalização econômica promove uma polarização entre os países centrais e periféricos. São considerados centrais aqueles países no centro da economia mundial situados nos espaços em que ocorrem a manifestação do meio científico técnológico e informacional prevalecente em escala global, porque seus fluxos atuam com mais intensidade (Tristão, 2010).

A falta de solidariedade global exigida por esse contexto exclui a maioria. Por um lado, uma pressão violenta para uma padronização da economia e, por outro, consequentemente, uma cultura homogeneizadora dos padrões de consumo. Como consequência, os problemas sociais são mais frequentes nos países mais pobres.

Sob esse aspecto, ocorrem diferentes formas de enfrentamentos das chamadas *sociedades de risco* examinadas por Giddens e Beck (1994). Enquanto nos países centrais esse risco passa muito mais pela irreversibilidade da deterioração dos bens naturais comuns, do consumismo exagerado, conseguem proporcionar à população os serviços básicos; já os países periféricos enfrentam outro tipo de risco, a exclusão aos serviços básicos de saúde, educação, saneamento e a pobreza, fatores que aumentam a pressão sobre a natureza.

Assmann (1998) adverte que não sairemos de tais impasses enquanto não superarmos essa visão dual do mundo e da vida como a que sustenta todo o pensamento hegemônico moderno. A maioria dos autores indica que não dá mais para analisar os complexos problemas contemporâneos a partir do modelo explicativo baseado na lógica dualista e dicotômica.

Essa lógica exclui do caminho os sentimentos mais humanos do sentir, da intuição e da emoção, valores fundamentais para conectar seres humanos e natureza, de se viver uma solidariedade. Como consequência, uma insensibilidade é compartilhada em relação a uma lógica excludente. Como a produção dos sentidos é determinante nas construções da realidade, seja como realidade significativa seja como realidade insignificante, essa lógica é assimilada com certa naturalidade.

Esse paradigma explicativo comprometeu a compreensão da correlação existente entre a problemática social e a ambiental. Como os problemas ambientais surgiram na ecologia, com base disciplinar na biologia, só os cientistas naturais se interessavam pelo seu estudo, reduzindo sua abordagem. As limitações desse modelo ficaram evidentes com a expansão e a complexidade dos problemas ambientais e sociais. Assim, a ecologia se viu na obrigação de entrelaçar e estabelecer uma relação de interdependência entre os vários fenômenos a exemplo da teia da vida, relacionando os estudos da natureza com os da sociedade.

Para compreender a multicausalidade e a interdependência entre os processos de ordem natural e social que determinam as mudanças socioambientais, é necessário, como preconiza Leff (1994), constituir um saber ambiental a partir de um conjunto de disciplinas tanto das ciências naturais quanto das ciências sociais. Assim, o desafio é construir uma racionalidade orientada para um desenvolvimento com base na sustentabilidade socioambiental. O grande impasse é que muitos cientistas sociais ainda não assimilaram essa ideia em suas pesquisas e análises da sociedade.

Nesse sentido, Assmann (1998, p. 107) supõe que essa falta de consenso para resolver questões de ordem prática se deve ao fato de que as interfaces dos campos de sentido[7] da humanidade são muito precárias. Então, "os seres humanos estão longe de enxergar realidades iguais ou mesmo apenas parecidas". Assim, estamos bem longe de alcançar uma sociedade na qual caibam todos. Um tema ausente das produções de sentidos é o das características auto-organizativas das realidades.

A pedagogia se move na produção de sentidos da realidade. Se pensarmos na articulação entre conhecimento e vida, fica ainda mais claro que a aprendizagem é um processo auto-organizativo. Os professores não podem mais ser encarados como meros transmissores de configurações de saberes existentes. Eles/elas estão sempre imbricados na dinâmica do poder e do conhecimento social, político e cultural que produzem, medeiam e legitimam em suas salas de aula.

Os espaços/tempos de aprendizagens constituídos, vividos e criados, se articulados, estão abertos para possibilitar interfaces entre os vários campos do sentido. A inserção das escolas ocorre com seu papel de discutir os vários grupos étnicos, suas múltiplas diferenças culturais e distâncias e como espaço/tempo de integração, de solidariedade entre as pessoas e de sensibilidade para as grandes causas.

Para tanto, uma formação eticopolítica dos educadores e um *ensino-aprendizagem* com ênfase em temas de grande significação social, como de uma educação ambiental transformadora comprometida com a justiça social e ecológica e com a promoção de sociedades sustentáveis, são prementes para garantir a vida neste planeta.

NOTAS

1   Em entrevista concedida a Castoriadis, no livro *Multi-referencialidade nas ciências e na educação*, organizado por Barbosa (1998), Ardoino atribui ao termo a característica de ser não somente plural, mas também heterogêneo. São os referenciais de leitura, de representação, de linguagens, aceitos como plurais, até diferentes uns dos outros, mas também como uma unidade para a compreensão da complexidade de um fenômeno.

2   A pesquisa de Ramos investigou a participação da comunicação na discussão da questão ambiental. Revela o uso indiscriminado do termo "ecologia" nos jornais de grande circulação e na televisão do país (Ramos, L. F. A. *Meio ambiente e meios de comunicação*. São Paulo: Annablume, 1995).

3 Como insinua o físico Prigogine (1996) em seu ensaio "O Fim das Ciências?", teoria nunca é completa ou definitiva.

4 Nos últimos 20 anos, o conhecimento produzido foi relativamente o dobro da totalidade de conhecimentos acumulados na história da humanidade e a informação produzida diariamente supera a capacidade de assimilação de um ser humano durante toda a sua vida. Portanto, existe um quase "excesso" de informações. Temos de aprender a aprender para delimitar o tempo necessário para filtrar o que é realmente significativo para a vida (Santaella, 1996).

5 Como bem argumenta Balandier (1997, p. 61), "é impossível chegar a uma descrição absolutamente lógica da totalidade do mundo, porque uma falha estará sempre presente sob a forma de proposições indefinidas".

6 Comissão designada pela ONU, em 1987, para buscar alternativas para a globalização da economia, cujo relatório foi publicado no Brasil com o título de "Nosso Futuro Comum".

7 Campo do sentido ou campo semântico é uma transposição da teoria de campo para o funcionamento das significações nas linguagens. Os significantes das palavras (som ou grafia) têm uma certa autonomia em relação aos significados.

REFERÊNCIAS

ABREU JÚNIOR, L. *Conhecimento transdisciplinar:* o cenário epistemológico da complexidade. Piracicaba: Editora Unimep, 1996.

ARDOINO, J. Abordagem multirreferencial (plural) das situações educativas e formativas. In: BARBOSA, J.G. *Multirreferencialidade nas ciências e na educação.* São Carlos: EdUFSCar, 1998.

ASSMANN, H. *Reencantar a educação:* rumo à sociedade aprendente. Petrópolis: Vozes, 1998.

BALANDIER, G. *A desordem:* elogio do movimento. Rio de Janeiro: Bertrand Brasil, 1997.

BATESON, G. *Mente e natureza: a unidade necessária.* Rio de Janeiro: Livraria Francisco Alves Editora, 1986.

DELEUZE, G.; GUATARI, F. *Mil platôs: capitalismo e esquizofrenia.* 2.ed. Rio de Janeiro: Editora 34, 1996. 1v.

FLICKINGER, H.-G. Sociedade, educação e meio ambiente. In: *Reunião Anual da ANPED,* 20., 1997, Caxambu – MG. (Mimeogr.)

GALLO, S. Transversalidade e educação: pensando uma educação não disciplinar. In: ALVES, N.; GARCIA, R. (Orgs.). *O sentido da escola.* Rio de Janeiro: DP&A, 1999.

_____. Disciplinaridade e transversalidade. In: CANDAU, V. (Org.). *Linguagens, espaços e tempos no ensinar e aprender/Encontro Nacional de Didática e Prática de Ensino.* Rio de Janeiro: DP&A, 2000.

GIDDENS, A.; BECK, U.; SCOTT, L. *Modernização reflexiva: política, tradição e estética na ordem social moderna.* São Paulo: Editora da Universidade Estadual Paulista, 1997.

GREEN, B.; BIGUM, C. Alienígenas na sala de aula. In: SILVA, T.T (Org.). *Alienígenas na sala de aula: uma introdução aos estudos culturais em educação.* Petrópolis: Vozes, 1995.

LATOUR, B. *Jamais fomos modernos.* Rio de Janeiro: Ed. 34, 1994.

LÉVY, P. *As tecnologias da inteligência: o futuro do pensamento na era da informática.* 5.ed. São Paulo: Editora 34, 1998.

LEFF, E. Educação ambiental e desenvolvimento sustentável. In: REIGOTA, M. (Org.). *Verde cotidiano o meio ambiente em discussão.* Rio de Janeiro: DP&A, 1999.

LEFF, H. et al. *Ciencias sociales y formación ambiental.* Madrid: Gedisa Editorial, 1994. MATURANA, H. *Emoções e linguagem na educação e na política.* Belo Horizonte: Editora UFMG, 1998.

MARTINS, J. Multirreferencialidade e educação. In: BARBOSA, J. (Org.). *Reflexões em torno da abordagem multirreferencial.* São Carlos: Editora da UFSCar, 1998.

MORIN, E. *A cabeça bem-feita*: repensar a reforma reformar o pensamento. Rio de Janeiro: Bertrand Brasil, 2000.

_____. *Os sete saberes necessários à educação do futuro*. São Paulo/Brasília: Cortez/ UNESCO, 2000.

_____. *O problema epistemológico da complexidade*. 2.ed. Portugal: Publicações Europa-América, 1996.

NIETZSCHE, F. *A gaia ciência*. Lisboa: Relógio D.Água, 1998.

PRIGOGINE, I. O fim da ciência? In: SHNITMAN, D. F. (Org.). *Novos paradigmas, cultura e subjetividade*. Porto Alegre: Artmed, 1996.

SANTAELLA, L. *Cultura das mídias*. São Paulo: Experimento, 1996.

TRISTÃO, Martha. Educação ambiental e contextos formativos: uma interpretação dos movimentos na transição paradigmática. *Cadernos de pesquisa em educação: PPGE/UFES*, v. 14, n. 28, p. 122-148, jul/dez. 2008.

TRISTÃO, Martha. A educação ambiental e o paradigma da sustentabilidade em tempos de globalização. In: GUERRA, A. F.; FIGUEIREDO, M. L. (Orgs.). *Sustentabilidade em diálogos*. Itajaí: Universidade do Vale do Itajaí, 2010.

12

Os desafios contemporâneos da Política de Educação Ambiental
dilemas e escolhas na produção do material didático

Carlos Hiroo Saito

INTRODUÇÃO

Este capítulo tem o intuito de refletir sobre dilemas e escolhas suscitadas ao longo da elaboração de material didático e como na prática intelectual tentamos responder aos mesmos. Em outras palavras, este texto visa ilustrar como implementamos na prática os cinco desafios contemporâneos para a Política Nacional de Educação Ambiental descritos no Capítulo 3 deste livro (busca de uma sociedade democrática e socialmente justa, desvelamento das condições de opressão social, prática de uma ação transformadora intencional, necessidade de contínua busca do conhecimento, instrumentalização científico-tecnológica para resolução desses conflitos socioambientais). Comentaremos brevemente o processo de produção do material didático Probio-EA, nos aspectos ainda não detalhados em artigo anterior (Saito et al., 2008) que apresentou suas bases teórico-metodológicas.

O referido material didático foi produzido entre 2005 e 2006, no contexto de uma valorização crescente da temática da biodiversidade no cenário das políticas públicas com rebatimento no setor educacional (Saito e Almeida, 2006). Essa valorização se deu principalmente no intervalo de dez anos, de 1992 a 2002, tendo como marcos a celebração da Convenção sobre Diversidade Biológica (CDB), em 1992, ratificada pelo Decreto Legislativo nº 2, de 1994, e a promulgação do Decreto nº 4.339, de 22 de agosto de 2002, que institui a Política Nacional da Biodiversidade. Entre esses dois marcos, situamos o início em 1996, o projeto de Conservação e Utilização Sustentável da Diversidade Biológica Brasileira – Probio –, no âmbito do governo federal, a partir da assinatura de um acordo de doação entre o governo brasileiro e o Fundo Mundial para o Meio Ambiente. Tal acordo visava identificar ações prioritárias para a conservação e uso sustentável da biodiversidade e apoiar subprojetos que promovessem parcerias entre os setores público e privado, de modo que pudesse gerar e divulgar conhecimentos e informações sobre a diversidade biológica brasileira. Perto da finalização do Probio-fase 1, no ano de 2004, o MMA lançou carta-consulta visando selecionar um subprojeto para a produção de material educativo impresso que tratasse necessariamente dos temas e conceitos sobre biodiversidade brasileira, biomas brasileiros, as espécies da fauna brasileira ameaçadas de extinção (constantes da lista oficial), a problemática da fragmentação de ecossistemas e das espécies exóticas invasoras e a importância das Unidades de Conservação da Natureza.

A Universidade de Brasília, sob a coordenação do Departamento de Ecologia, em parceria com a UFPE, UFMT, UFSM, CDCC/USP-Campus São Carlos, UNEB-Campus Jacobina, EMBRAPA Amazônia Oriental, Projeto Lagoa Mirim/IBAMA/CSR, e mais as ONGs AQUASIS e Instituto Baleia Jubarte, assumiu então o desafio, apresentando uma proposta que foi vencedora em relação às demais concorrentes à carta-consulta. A concretização da produção desse material em 2006 originou um conjunto articulado de material didático impresso composto de portfólios com fotos e textos, um livro do professor e um jogo educativo de tabuleiro (Figura 12.1). O material referido encontra-se disponível em http://www.ecoa.unb.br/probioea/.

Durante a produção do material, alguns dilemas foram enfrentados pela equipe, dos quais selecionamos seis dentre eles, objeto aqui de análise e indicação das escolhas feitas, em face do atendimento aos cinco desafios contemporâneos para a Política Nacional de Educação Ambiental. Ou seja, procuraremos mostrar como atendemos aos desafios descritos em capítulo anterior durante as escolhas para resolver os dilemas da produção do material didático, em que os tais desafios aparecem imbricados, ora atendendo a um único desafio, ora atendendo mais de um simultaneamente, como veremos descrito a seguir.

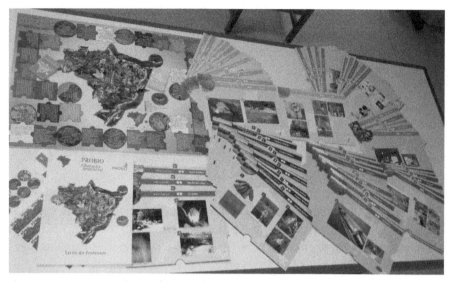

Figura 12.1 Visão geral do conjunto do material didático Probio-EA, constituído de lâminas de portfólios, livro do professor e jogo de tabuleiro.

DESVELANDO OS SEIS DILEMAS

Retomemos os cinco desafios contemporâneos para a Política Nacional de Educação Ambiental: busca de uma sociedade democrática e socialmente justa, desvelamento das condições de opressão social, prática de uma ação transformadora intencional, necessidade de contínua busca do conhecimento, instrumentalização científico-tecnológica para resolução desses conflitos socioambientais, de forma a poder cotejá-los com os seis dilemas, demonstrando como os desafios foram enfrentados e atendidos à medida que solucionávamos os dilemas na produção do material didático Probio-EA.

O primeiro dilema

Sobretudo os três primeiros desafios dão a impressão inicial de que exigiriam a presença física nossa junto às comunidades escolares, para que se materializassem em ações práticas transformadoras, a partir do desvelamento das condições de opressão social, que representariam conflitos sociais, mais precisamente socioambientais. Então, o primeiro dilema enfrentado era como produzir um material didático que chegaria nas escolas país afora, sem que estivéssemos juntos, dialogando com a comunidade escolar, tal que produzisse os efeitos desejados. Dito de outra maneira, seria possível impregnar o material didático com uma estrutura que produzisse uma ação dialógico-problematizadora entre o próprio material e o leitor (professor ou estudante)?

Para isso, conforme Saito e colaboradores (2008, p. 5), buscou-se apostar "na problematização como potencializadora para gerar e sustentar o processo educacional, por meio do reconhecimento do problema local, o interesse, o debate e a busca de sua solução, de forma conjunta, compreendendo o que existe de regular, comum e que possa ser lembrado sempre que o problema surgir".

Acreditamos que propor a via da problematização corresponderia à promoção de uma educação dialógico-problematizadora no dizer de Freire (1967). Para Fabio da Purificação de Bastos, essa estratégia se confrontaria com o cientificismo em que se busca "priorizar problemas acadêmicos, mesmo que vinculados epistemologicamente às ciências ambientais, em detrimento de situações-problema oriundas da realidade concreta" (Saito et al., 2011, p. 127). Essa problematização proposta seria provocada pela codificação de situações-problema (conflitos socioambientais) em um portfólio que portasse uma estrutura de interdependência entre foto ilustradora do conflito e texto descritivo do mesmo. A estratégia amarrada à estrutura previa estimular os estudantes, por meio de uma orientação expressa para ir e vir entre foto e texto, que desencadearia o processo de decodificação.

Além disso, pode-se dizer que o material didático Probio-EA foge de uma tendência na Educação Ambiental de produzir materiais que retratem situações fictícias ou hipotéticas à guiza de ilustração de situações ou problemas, que ainda seriam, pela natureza imaginária, ilustrados por desenhos caricaturados. A opção pela descrição de fatos reais, com indicação dos atores sociais envolvidos, nominados, datados e localizados geograficamente, no tempo e no espaço, levam a demandar uma prova material do fato ilustrado, por meio de fotografias e não de ilustrações.

O processo dialógico permitiria não apenas compreender os conflitos socioambientais e desvelar sua complexidade e os interesses envolvidos (segundo desafio – desvelamento das condições de opressão social), mas também promover uma "cultura de participação socioeducacional, em que a escolaridade venha a transpor seus muros e se envolva diretamente nos problemas da comunidade ao seu redor, e se engaje nos

O segundo dilema

O segundo dilema, ligado fortemente ao primeiro, correspondia a uma preocupação de como evitar transformar o material didático em um instrumento de mera retórica ambientalista, tal que portasse efetivamente um componente educacional consistente.

Um questionamento que poderia surgir seria o seguinte: se particularizamos tanto os conflitos socioambientais localmente, como eles se prestariam a um potencial educativo em comunidades que não correspondem às localidades mencionadas, ou seja, em uma escola distante daqueles problemas? Ao produzirmos o material didático, assumimos que a compreensão da dinâmica, magnitude e impacto dos conflitos socioambientais, mediados pelo conhecimento científico-tecnológico, apontariam para "o reconhecimento das *regularidades* [grifo do autor] presentes tanto nas ações antrópicas (causas comuns) quanto nos processos de resiliência e também de ruptura de equilíbrios dinâmicos dos ecossistemas e comunidades de seres vivos" (Saito, 2009, p. 9).

A partir dessa noção de regularidade, admite-se a possibilidade de (e assim se incentiva) que a comunidade escolar possa transportar as situações-problema retratadas para sua realidade ou vizinha que vivencie conflitos socioambientais de mesma natureza. Dito de outra maneira, o entendimento de um impacto de mineração ou de retificação de um rio em uma localidade pode servir de modelo para se analisar e supor que a dinâmica de impactação possa se repetir, dando margem para o entendimento da situação no novo local. Pode-se também esperar que a comunidade escolar possa se espelhar de alguma forma no processo de resolução do conflito socioambiental analisado, seja pela inspiração no modelo de mobilização social ou no modelo científico-tecnológico de solução. Assim, atende-se também ao quinto desafio – instrumentalização científico-tecnológica para resolução desses conflitos socioambientais –, e permite-se atender ao quarto desafio junto às comunidades – necessidade de contínua busca do conhecimento. A resolução de conflitos socioambientais constituiria, a nossos olhos, uma expressão do atendimento do primeiro desafio – busca de uma sociedade democrática e socialmente justa.

Cabe destacar que a problematização da realidade por meio de situações-problema (os conflitos socioambientais) permite mapear e explicitar os conceitos-chave e secundários necessários e operacionalizados nas soluções, que poderiam ter aplicação em situações semelhantes com base na noção de regularidade. Essa estratégia representa o que se denominou curricularmente de *simetria invertida*, ou seja, primeiro se aborda os problemas, para depois os conceitos, leis e fenômenos científicos, conforme as palavras de Fabio da Purificação de Bastos (Saito et al., 2011, p. 127). Além disso, a problematização das ações positivas (soluções dos conflitos socioambientais) permitiu ampliar a compreensão do contexto histórico e a dinâmica social, bem como o nível de desenvolvimento e acesso ao conhecimento científico e tecnológico, visto que essas soluções seriam reconhecidas como o *viável-possível* (Saito et al., 2011, p. 134).

Um aspecto importante nesse processo foi a análise das fotografias ilustrativas dos fatos narrados, sobretudo das ações positivas, para realmente caracterizá-las como tal. Isso porque muitas vezes os fatos descritos como ação positiva não passavam de mera retórica ambientalista, sem a devida base científico-tecnológica que a configurasse como ação positiva capaz de solucionar os conflitos socioambientais a que se referiam. Um fato ilustrativo ocorrido foi o plantio de açaizeiros em uma certa localidade do Pará como forma de geração de renda para as comunidades e que atenderia ao anseio de recuperação da biodiversidade por meio do uso de espécie da flora nativa. No entanto, o que aparentemente parecia uma ação positiva adequada, ficou caracterizado como uma prática ambientalmente inadequada. Isso porque, apesar de empregar espécie da flora nativa, a forma de utilização pelo plantio de várias mudas, uma do lado da outra, sem mais nenhuma outra espécie junto a estas configurava uma monocultura, que não contribuía para o enriquecimento do ambiente e, por conseguinte, da biodiversidade.

O terceiro dilema

O terceiro dilema dizia respeito a como fazer o material didático deixar de ser meramente informativo, mesmo dialogado, e contribuir para promover uma educação ambiental que faça as pessoas saírem da contemplação para a ação concreta. Esse terceiro dilema estava vinculado ao terceiro desafio (prática de uma ação transformadora intencional), que tinha sustentação na nossa Política Nacional de Educação Ambiental,

256 Aloisio Ruscheinsky (org.)

Art. 3-VI (manter atenção permanente à formação de valores, atitudes e habilidades que propiciem a atuação individual e coletiva voltada para a prevenção, a identificação e a solução de problemas ambientais) e Art. 5-IV (o incentivo à participação individual e coletiva, permanente e responsável, na preservação do equilíbrio do meio ambiente, entendendo-se a defesa da qualidade ambiental como um valor inseparável do exercício da cidadania).

Para tanto, três estratégias foram combinadas na construção do material didático. A primeira, que já comentamos, apoia-se no conceito de regularidade para que as soluções das situações-problema possam ser transpostas para uma nova situação semelhante. A segunda baseia-se no fato de que, ao nomearmos e endereçarmos de forma clara os atores sociais envolvidos na ação positiva do conflito socioambiental descrito, permitimos que essas mesmas ações sejam divulgadas, ampliamos sua visibilidade e promovemos o reconhecimento desses atores envolvidos, seja ONG, governo, setor privado ou ainda setor de ensino e pesquisa. A terceira, procura dar uma base mais sólida para a explicação das ações positivas, ancoradas no conhecimento científico-tecnológico de forma a instrumentalizar a comunidade escolar para usar as situações-problema e soluções descritas junto à sua realidade (atende-se assim ao quinto desafio contemporâneo – instrumentalização científico-tecnológica para resolução desses conflitos socioambientais).

Como exemplo, podemos citar o uso do agrotóxico para pulverização de lavouras de arroz irrigado na região da Estação Ecológica do Taim, cuja ação positiva indicada foi a produção do arroz ecológico integral "Amigos do Taim" sob a orientação e liderança do Núcleo de Educação e Monitoramento Ambiental (NEMA). Para conseguirmos entender o processo e fazer a devida menção no portfólio, contatamos o coordenador do projeto e dialogamos diversas vezes. Esse processo de conversa foi exaustivo porque, no início, o nosso interlocutor mencionava apenas que era ecológico e dispensava agroquímicos (tanto o veneno como o fertilizante químicos). Por outro lado, de nossa parte, sempre procurávamos um detalhamento maior do processo, justamente para que o aluno (quem sabe um filho de arrozeiro) pudesse chegar em casa, ou participar de uma reunião de produtores rurais (se for também um jovem ou adulto do EJA), munido de informações que o deixasse mais seguro para uma ação dialógica sem que fosse acusado de fazer mero discurso ecológico sem fundamentação. Assim, depois de muitas idas e vindas, chegamos a um texto no portfólio de ação positiva que informa que "O arroz (*Oryza sativa*) é produzido sem agroquímicos em um sistema de rodízio de parcelas de plantio alagado. Após a primeira colheita, cada parcela recebe *Azolla* sp., planta aquática nativa fixadora de nitrogênio. Utilizam-se também marrecos (*Anas boschas*), que se alimentam de sementes de plantas competidoras e de insetos. Após o segundo cultivo, são plantadas pastagens para fixação do nitrogênio e criação de bovinos e ovinos. A associação desses animais com a *Azolla* sp., no período de entressafra, contribui para a adubação do solo. Assim, a terra fica preparada para receber o terceiro plantio ou para descansar por três ou quatro anos, promovendo a conservação das Áreas Úmidas" (Saito et al., 2006, portfólio de ação positiva Temas Especiais – Áreas Úmidas).

Da mesma forma, no Livro do Professor, procuramos incluir atividades adicionais que denominamos "Sugestão de Atividade Escolar", que poderiam ser realizadas pelos alunos dentro de sala de aula ou mesmo em áreas livres, a depender da natureza da atividade proposta. Em uma dessas atividades, no capítulo referente à Mata Atlântica, buscamos integrar conhecimentos biológicos e matemáticos para orientar a delimitação de áreas protegidas voltadas para a conservação do mico-leão--dourado, a partir de dados reais. Além dos dados reais, apresentamos a forma de organização dos dados e a sequência das operações matemáticas ao professor, como guia de orientação. O texto, destacado em uma moldura com fundo de cor acinzentada, diferenciando-se do texto normal do capítulo, diz: "Peça para os alunos calcularem quanto de área é preciso para conservar o mico-leão-dourado levando em consideração que: vivem em grupo de geralmente quatro indivíduos; defendem seus territórios de 45 hectares em média, podendo chegar a 100 hectares (áreas grandes em relação à pequena biomassa de um grupo de mico-leão-dourado); 2000 é um número mínimo para garantir sua conservação. Oriente os alunos para dividir a população mínima necessária pelo tamanho do grupo (divida 2000 por 4). Peça para utilizarem o resultado dessa divisão e multiplicar pelo número mínimo de hectares que cada grupo necessita como território (multiplique por 45 hectares).

Os alunos vão obter a área mínima necessária para garantir a sobrevivência a longo prazo do mico-leão-dourado. Peça para os alunos repetirem o último cálculo feito substituindo o número mínimo de hectares que cada grupo necessita como território pelo número máximo de hectares conhecido (multiplique desta vez por 100 hectares). Os alunos vão obter a área máxima (teórica) necessária para garantir a sobrevivência a longo prazo do mico-leão-dourado. Esses valores constituem as metas de um programa de ação para conservação do mico-leão-dourado. Foi uma boa oportunidade para exercitar aritmética básica como instrumento de apoio para a conservação de uma Espécie da Fauna Ameaçada de Extinção do Bioma Mata Atlântica. Aproveite para calcular as mesmas medidas utilizando quilômetros quadrados em lugar de hectare (Saito et al., 2006, Livro do Professor, p. 53).

Dessa forma, estaremos instrumentalizando a comunidade escolar, articulando a racionalidade instrumental e o interesse emancipatório na perspectiva habermasiana. Nessa perspectiva, as ações positivas são caracterizadas como solução dos conflitos socioambientais e poderiam ser internalizadas pela comunidade escolar (quinto desafio – instrumentalização científico-tecnológica para resolução desses conflitos socioambientais). A preocupação é a de que se evite analisar as situações-problema com mero interesse teórico, possibilitando que se aponte para uma solução viável-possível no contexto histórico. Também, ao se trabalhar com a solução em sua concretude, evita-se o recurso da fuga a universos mágicos ou místicos, possível como retórica educativa, tal como criticado por Saito e Marques (2010) sobre alguns filmes apresentados no XI Festival Internacional de Cinema e Vídeo Ambiental (FICA), em junho de 2009, na cidade histórica de Goiás – GO.

O quarto dilema

O quarto dilema surgiu na produção do material didático a partir dos resultados de pesquisa preliminar promovida junto às escolas de diferentes localidades, em cada bioma brasileiro. Nessa pesquisa preliminar se constatou que os livros didáticos não valorizam igualmente os seis temas priorizados pelo Probio/MMA (biodiversidade brasileira, biomas brasileiros, espécies da fauna brasileira ameaçadas de extinção, fragmentação de ecossistemas, espécies exóticas invasoras, Unidades de Conservação da Natureza), tampouco tratam os biomas com equidade, pois em geral destacam apenas o tema biomas brasileiros e, quando falam dos biomas, citam a Amazônia, e um pouco menos a Mata Atlântica, mantendo os demais biomas no esquecimento (Saito et al., 2008, p. 9). Assim, surgiu o quarto dilema que se resumia em definir estratégias de *como promover equidade no conjunto dos temas entre si, e entre todos os biomas brasileiros, de forma que o Brasil pudesse conhecer efetivamente todo o Brasil.*

Partimos da ideia de que havia uma real possibilidade de, ainda que não propositalmente, nós mesmos cairmos no mesmo vício e reproduzirmos a hegemonia das atenções nesses dois biomas. Para fugir desse risco, optamos por construir uma matriz, com 6 linhas, cada qual representando um tema priorizado pelo Probio/MMA (biodiversidade brasileira, biomas brasileiros, espécies da fauna brasileira ameaçadas de extinção, fragmentação de ecossistemas, espécies exóticas invasoras, Unidades de Conservação da Natureza), e sete colunas, cada qual representando um bioma brasileiro (Amazônia, Caatinga, Cerrado, Pantanal, Mata Atlântica, Campos Sulinos/Pampas, e Ambientes Costeiros e Marinhos, este último por nós considerado um bioma para fins didáticos), conforme Tabela 12.1. As situações-problema (ou conflitos socioambientais), bem como sua resolução (ações positivas) eram referidas à intersecção linha x coluna, constituindo-se na articulação tema x bioma. Assim, em cada portfólio de conflito socioambiental ou ação positiva (reconhecidos fisicamente no material pela letra "C" ou "A" no alto dos portfólios, respectivamente, indicando serem pareados), garantimos que pelo menos uma situação-problema de cada tema e bioma estivesse citada e analisada.

Tabela 12.1 Estrutura matricial de organização dos portfólios, com exemplo de constituição de portfólio (conflito socioambiental e ação positiva) na intersecção linha x coluna (tema x bioma).

Biomas \ Temas	Amazônia	Caatinga	Cerrado	Pantanal	Mata Atlântica	Campos Sulinos	Ambientes Costeiros e Marinhos
Biodiversidade Brasileira							
Biomas Brasileiros							
Espécies da Fauna Ameaçadas de Extinção							
Fragmentação de Ecossistemas			Portfólios tema x bioma				
Espécies Exóticas Invasoras							
Unidade de Conservação da Natureza							

Por se tratar de uma estrutura matricial em que os portfólios são produto da intersecção, podemos dizer que cada tema é lembrado pelo menos sete vezes (em cada intersecção com cada um dos biomas) e cada bioma brasileiro é comentado pelo menos seis vezes (em cada intersecção com cada um dos temas), quando apenas uma situação problema é posta em cada portfólio. Lembramos que na maioria dos casos, duas ou três situações-problema diferentes são comentadas em cada portfólio ampliando ainda mais o conhecimento dos temas e biomas. Para completar o número de 45 pares de portfólios, propusemos mais três portfólios de Temas Especiais (Cavernas, Áreas Úmidas e Recifes de Coral), por sua singularidade, somando-se aos 42 portfólios resultantes da matriz tema x bioma. Esse número de 45 pares de portfólios nos pareceu mais razoável frente à quantidade de alunos por salas nas nossas escolas do que os 30 portfólios demandados originalmente pelo próprio Ministério, pois queríamos que cada aluno pudesse dispor de um portfólio para manusear na aula.

Esse esforço descrito permite que a comunidade escolar de qualquer parte do país possa entrar em contato com as situações-problema que envolvem os diferentes biomas brasileiros, de diferentes localidades, muitas delas tão pequenas que muitos mapas sequer as mencionam. Esse conhecimento é importante porque um país de dimensões continentais como o nosso, portando uma diversidade de ambientes e culturas, precisa ser conhecido em sua diversidade por todos. Do contrário, um material didático com função de educar poderia acabar contribuindo para formar uma visão distorcida do país, em que se veicularia uma imagem segundo a qual as questões ambientais seriam primazia e rótulo de alguns poucos biomas, e inexistente em outros. Acreditamos que assim procedendo, estaríamos atendendo ao quarto desafio – necessidade de contínua busca do conhecimento. Por meio desse conhecimento equitativo de todo o território, propiciamos "o estímulo à cooperação entre as diversas regiões do país, em níveis micro e macrorregionais, com vistas à construção de uma sociedade ambientalmente equilibrada, fundada nos princípios da liberdade, igualdade, solidariedade, democracia, justiça social, responsabilidade e sustentabilidade", conforme preconiza o Artigo 5-V da Lei 9.795/1999, visto que o conhecimento mútuo é base para uma relação cooperativa entre as regiões.

O quinto dilema

Existe uma máxima ambiental muito utilizada que diz que devemos pensar globalmente e agir localmente. Se pensarmos nessa frase com o devido cuidado, vemos que por trás dela existe uma dificuldade conceitual-operacional que se refere à capacidade (habilidade e competência cognitiva) para promover a articulação entre escalas geográficas. Considerando ser a lógica da referida frase correta e, ainda por cima, reforçada na nossa Política Nacional de Educação Ambiental, que preconiza uma abordagem articulada das questões ambientais locais, regionais, nacionais e globais (Lei 9.795/1999 Art. 4-VII), surgiu o quinto dilema que era o de *como promover a alfabetização na articulação das escalas geográficas de análise por meio desse material didático.*

Para tanto, é importante chamar a atenção para o fato de que, quando retratamos os conflitos socioambientais e ações positivas, codificadas por meio da articulação imagem-texto, estas o foram referidas à escala local, justamente para serem reconhecidos como situações locais, e pudessem se constituir como desafios à problematização (Saito, 2009). No entanto, para que essa problematização atenda ao primeiro e segundo desafios (busca de uma sociedade democrática e socialmente justa, desvelamento das condições de opressão social), é importante que os processos apresentados como situações locais possam ser analisados e compreendidos em sua relação com processos mais amplos incluindo seu papel frente à dinâmica da economia globalizada. Resulta disso a necessidade de realizar no plano cognitivo uma articulação de escalas, desenvolvendo a capacidade de transitar entre as escalas local, regional, nacional e global, o que constitui uma tarefa didática planejada com essa finalidade, de alfabetização na articulação das escalas geográficas.

Apresentamos aqui, de forma sintética e resumida, como esse material didático foi construído com vistas a atender, também, este objetivo, cuja discussão pedagógica se encontra em Saito (2009).

Os portfólios, organizados dentro da estrutura matricial na intersecção tema x bioma, se apresentam à primeira vista fragmentados e localmente aferidos e enraizados. A manipulação do par de portfólios conflito-ação e o entendimento da situação descrita e o conhecimento científico-tecnológico embutido é fundamental como ponto de partida, e consolida a visão na escala local. Para fazer a migração e articulação entre as escalas, é sugerido ao educador no Livro do Professor que realize uma dinâmica sequencial de utilização dos portfólios com os alunos em sala de aula (Estratégias 1, 2, 3 e 4, descritas em Saito et al., 2006, Livro do Professor, p. 15-18). Sugere-se que os alunos sejam organizados em grupo e em um primeiro momento trabalhem com os portfólios de um mesmo bioma (significando que terão nas mãos os portfólios de diversos temas daquele bioma). Busca-se assim estabelecer as conexões (interdependências) entre os temas dentro do bioma (será que os conflitos socioambientais de um tema o atravessam e acabam invadindo e afetando outros temas?). Nessa atividade, os alunos estarão construindo uma visão de escala regional, saindo da visão de escala local.

Em um segundo momento, os alunos novamente em grupo se organizam para receber os portfólios de um mesmo tema (significando que terão nas mãos os portfólios de diversos biomas daquele tema). Nessa etapa, os alunos estarão construindo uma visão de escala nacional ou continental, saindo da visão de escala regional. A quarta atividade sugere que os alunos montem um painel na parede, colando os portfólios de conflito socioambiental com fita adesiva (pode-se fazer também um grande fundo de papel pardo com recortes ou cantoneiras para encaixar os portfólios), tal que nas linhas sejam representados os temas e nas colunas os biomas. Dessa forma, estarão remontando a matriz tema x bioma que deu origem aos próprios portfólios, oferecendo a todos uma visão bela e panorâmica do conjunto dos portfólios e dos conflitos socioambientais retratados.

Conforme Saito (2009, p. 9), ao fazer esse trânsito entre as escalas, busca-se adicional e complementarmente "explicitar o reconhecimento das regularidades presentes tanto nas ações antrópicas (causas comuns) quanto nos processos de resiliência e também de ruptura de equilíbrios dinâmicos dos ecossistemas e comunidades de seres vivos. Além disso, busca-se um novo olhar para os processos e suas dinâmicas, com a emergência de novas propriedades (informações, no caso) inerentes à nova escala de análise". Essas mudanças de escala de análise também contribuem para promover uma compreensão da dualidade-particularidade, que contribui para desenvolver o conhecimento e o respeito à pluralidade e diversidade biológica e cultural, identificando particularidades regionais em meio às regularidades de padrões nas dinâmicas de conflitos socioambientais e na busca de suas soluções. O destaque dado à literatura de cordel, que problematiza as questões sobre o acesso aos recursos hídricos no semiárido é um exemplo da diversidade cultural e da possibilidade de desenvolver práticas educativas na perspectiva da multi e interdisciplinaridade.

Finalmente, esses exercícios de migração entre escalas de análise "permitem alterar o foco de análise e desenvolver processos de distanciamento da realidade que levam a uma melhor articulação de conceitos, e a inserção crítica pela compreensão de processos macroestruturais, fundamental para o exercício da cidadania plena" (Saito, 2009, p. 11). Assim, cumprimos o primeiro desafio de busca de uma sociedade democrática e socialmente justa.

O sexto dilema

O sexto dilema por nós identificado, que vale a pena mencionar aqui, dizia respeito a como permitir que o professor atuasse por meio do material didático. Em outras palavras, a questão era *como continuar valorizando o papel do professor como um mediador pedagógico, guardando a centralidade do seu ofício*, mesmo em face de um material didático preparado em minúcias para instrumentalizar científica e tecnologicamente o aluno.

Nesse sentido, a centralidade do papel docente e o trabalho de mediação pedagógica deveria ocorrer no manuseio dos portfólios, uma vez que estes eram o centro do material didático Probio-EA. Não poderíamos, de forma alguma, restringir o papel do professor à mera consulta do livro do professor que integrava o material, para que ele pudesse apenas tirar dúvidas dos alunos.

Para tanto, introduzimos uma diferenciação na linguagem dos materiais, em que o portfólio de conflitos socioambientais (que seria o primeiro a ser manuseado pelos alunos) tivesse uma linguagem simples, do cotidiano, sem termos ou conceitos científicos explícitos. No entanto, no portfólio de ação positiva, essa linguagem científica mais elaborada deveria se fazer presente, para que o aluno ascendesse a esse novo patamar comunicativo. Mas para isso, a passagem de um nível de linguagem para outro, de um portfólio para outro, deveria ser feita por meio da mediação do professor em sala de aula, trabalhando os conceitos e termos científicos.

Portanto, não se produziu um material didático pensando que ele seria utilizado sozinho, a despeito do professor. Muito pelo contrário, ele seria utilizado com o professor e pelo professor junto aos alunos, dentro de estratégias pedagógicas claramente estabelecidas, como por exemplo a da articulação de escalas geográficas, mencionada anteriormente por ocasião do dilema anterior.

Apenas para ilustrar, mostramos a seguir dois trechos distintos da introdução do mesmo portfólio, um de conflito socioambiental e outro de ação positiva, para exemplificar a diferença de linguagem e a introdução dos termos científicos e o conceito científico associado a esse termo.

"A segunda maior formação vegetal brasileira, o Cerrado, está sofrendo crescentes perdas e se tornando cada vez mais reduzida. As áreas naturais de Cerrado estão cada vez mais isoladas e menores, e aquelas que ainda não sofreram redução, correm o risco de serem alteradas, mesmo quando protegidas" (portfólio de conflito socioambiental, tema Fragmentação de Ecossistemas, Bioma Cerrado). "Cerca de 80% do carvão vegetal consumido no Brasil vêm das árvores do Bioma Cerrado. A segunda maior formação vegetal brasileira vem sofrendo crescentes perdas em sua cobertura original, submetendo-se à Fragmentação dos Ecossistemas. Em função disso, o Bioma Cerrado é, hoje, considerado um dos 25 *Hotspots*[1] do mundo" (portfólio de ação positiva, tema Fragmentação de Ecossistemas, Bioma Cerrado).

Como se pode observar, as expressões Fragmentação e Bioma não são empregadas no portfólio de conflitos socioambientais, apesar de a ideia estar presente no discurso apresentado em linguagem mais coloquial. No entanto, aparece no portfólio de ações positivas, em que os termos são apresentados sempre de forma completa e repetida, para fins de fixação da aprendizagem. Inclusive os nomes científicos das espécies são apresentados somente no portfólio de ação positiva, crendo que o professor tenha exercido seu papel de mediação pedagógica tal que possa introduzir a noção de nomenclatura dos seres vivos. Enfim, o material didático foi pensado para que o professor possa explorá-lo durante um longo período de aulas, dentro de um planejamento pedagógico que permita intercalar o uso direto dos portfólios com outras aulas complementares.

CONSIDERAÇÕES FINAIS

Em torno da construção desse material didático Probio-EA muitos outros dilemas foram enfrentados e escolhas realizadas, que este espaço não nos permite descrever. Muitos outros temas foram tratados, tais como abordar o mito da ação local necessariamente positiva por ser local de forma a guardar coerência dialógico-problematizadora, a preocupação em integrar conhecimento científico-tecnológico e os saberes tradicionais, a relação entre sustentabilidade e inclusão social, o diagnóstico participativo como motor das ações positivas, sem confundir participação social com substituição do papel do Estado, e a necessidade de resolver conflitos socioambientais pela perspectiva da negociação social, em que o *empowerment* e o interesse emancipatório possam se fazer presentes apoiados na instrumentalização científico-tecnológica de comunidades. O próprio jogo de tabuleiro, concebido nos marcos de um jogo cooperativo em que os valores são trabalhados pedagogicamente, também não cabe ser aqui tratado. Esses aspectos se encontram descritos ainda que superficialmente no próprio livro do professor (Saito et al., 2006), e em alguns artigos como Saito e colaboradores (2008); Saito (2009); Saito e Marques (2010) e Saito e colaboradores (2011).

Experiências com o uso do material didático têm sido relatadas nos diversos níveis de escolarização (educação infantil, ensino fundamental e ensino médio) e acompanhadas, com algumas surpresas como a experiência de Henn (2008) que utilizou o material em educação infantil, produzindo recursos e desenvolvendo estratégias complementares adaptadas a esse nível de escolarização. Outra experiência em destaque é a descrita por Nóbrega e colaboradores (2011) em que se analisam processos de reelaboração dos portfólios a partir da noção de conflitos socioambientais locais e ações positivas, em que os alunos criam novos portfólios retratando novos conflitos socioambientais localmente percebidos e propõem soluções para os mesmos, apresentando-os para a comunidade, demonstrando o potencial do material didático Probio-EA para fazer cumprir os cinco desafios contemporâneos para a Política Nacional de Educação Ambiental.

Para finalizar, cabe retomar o que já tratamos anteriormente, que esse conjunto dos desafios, articulados entre si, permitem "o desenvolvimento de uma compreensão integrada do meio ambiente em suas múltiplas e complexas relações, envolvendo aspectos ecológicos, psicológicos, legais, políticos, sociais, econômicos, científicos, culturais e éticos" (Lei 9.795/1999 Art. 5-I) e "o estímulo e o fortalecimento de uma consciência crítica sobre a problemática ambiental e social" (Lei 9.795/1999 Art. 5-IV).

NOTAS

1 O número de *hotspots* foi ampliado para 34 pela Conservação Internacional. Ver Mittermeier, R.A., Gil, p. R., Hoffman, M., Pilgrim, J., Brooks, T., Mittermeier, C.G., Lamourex, J. & Fonseca, G.A.B. 2005. *Hotspots Revisited: Earth's Biologically Richest and Most Endangered Terrestrial Ecoregions* (Cemex, Conservation International and Agrupacio´n Sierra Madre, Monterrey, Mexico, 2005).

REFERÊNCIAS

HENN, R. *Desafios Ambientais na Educação Infantil.* Dissertação (Mestrado em Educação). Universidade Federal de Santa Maria – UFSM/RS. 424f. 2008.

NÓBREGA, M. D.; FETTER, R.; GERMANOS, E.; GOMES, M. R.; HENKE-OLIVEIRA, C.; SAITO, C. H. Reelaboração de portifólios para análise de conflitos socioambientais locais baseados no material didático do Probio-EA. *Anais da 12ª Reunião Bienal da Rede de Popularização da Ciência e Tecnologia da América Latina e do Caribe.* Campinas-SP, 29 de maio a 12 de junho de 2011, disponível em http://www.mc.unicamp.br/redpop2011/trabalhos/390.pdf

SAITO, C. H. Educação Ambiental no Brasil e a crise socioambiental mundial. *Espaço em Revista* (Catalão-GO), vol.11, n.2, 2009, 1-14. Disponível em http://www.catalao.ufg.br/geografia/iisea/Anais%20eletr%C3%B4nicos%20I%20SEA/files/Conferencistas/Carlos%20Hiroo%20Saito.pdf

SAITO, C. H., et al. *Educação Ambiental PROBIO: livro do professor.* Brasília-DF: Departamento de Ecologia da Universidade de Brasília, 2006, v.1. p. 136.

SAITO, C. H. ; BASTOS, F.; ABEGG, I. Teorias-guia educacionais da produção dos materiais didáticos para a transversalidade curricular do meio ambiente do MMA. *Revista Iberoamericana de Educación* (Online), v. 45, p. 1-10, 2008. Disponível em http://www.rieoei.org/expe/1953Saito.pdf

SAITO, C. H.; MARQUES, K. Educação ambiental numa perspectiva dialógico-problematizadora e o XI Festival Internacional de Cinema e Vídeo Ambiental (FICA). *Revista brasileira de educação ambiental* (Online). , v.5, p. 104 - 112, 2010.

SAITO, C. H.; RUSCHEINSKY, A.; BASTOS, F. P. B; NUNES, J. B. A.; SILVA, L. F.; CARVALHO, L. M. Conflitos Socioambientais, Educação Ambiental e Participação Social na Gestão Ambiental. *Sustentabilidade em Debate* - Brasília, v.2, n.1, p. 121-138, 2011. Disponível em http://www.red.unb.br/index.php/sust/article/view/3910/3321

13

Paradigma da cultura de consumo
novas linguagens decorrentes e implicações para o campo da educação ambiental

Aloisio Ruscheinsky

Este capítulo põe o desafio de investigar linguagens, discursos, visões de mundo decorrentes de uma cultura de consumo e que implicam influências na construção das práticas educativas. A partir das ciências sociais, aborda diferentes linguagens presentes em uma sociedade e que por sua vez incidem seja sobre as práticas do sistema de ensino em particular, seja sobre as práticas socioambientais. Portanto, a reflexão se insere na temática dos fundamentos para compreender as possibilidades e os obstáculos sociais no campo da educação socioambiental. Muito ao contrário de uma visão da generalização ou homogeneidade de práticas de consumo, as desigualdades nesse âmbito continuam persistentes e insidiosas. Todavia, o imaginário de consumo, mesmo com suas diferenciações de sonho de consumo, campeia em todos os setores sociais.

As diferentes linguagens correspondem a circunstâncias históricas datadas e ao mesmo tempo possuem uma autonomia relativa dos respectivos contextos, o que redobra a relevância de uma abordagem a partir das ciências sociais. O objetivo é destacar as linguagens recorrentes das desigualdades e do consumo e suas implicações para o novo campo do conhecimento, o da educação socioambiental. Igualmente atenta aos mecanismos e às mediações entre os sujeitos e suas práticas discursivas em meio aos conflitos pelos bens naturais, entendendo assim os desafios de um processo de mudança social com contribuição da educação socioambiental.

Convém alertar para a complexidade no entrecruzamento de diferentes linguagens no campo da cultura de consumo, da educação socioambiental na sociedade da informação e da instrumentalização da produção de conhecimentos. É preciso reconhecer que a proposição do texto pretende uma combinação temática não usual na literatura acadêmica e como tal navega nas incertezas contemporâneas,[1] apesar de as referências consultadas serem bem atualizadas e pertinentes. Além do mais, utilizamos um conceito abrangente para tratar da educação socioambiental como um processo em curso na sociedade e seus respectivos conflitos sociais.

Em uma perspectiva cultural da linguagem ordinária do consumo, a partir de uma visão antropocêntrica, se destacam a distinção, as diferenças, os problemas ambientais, a cidadania e a qualidade de vida. A ampliação das práticas de consumo engendra diferentes linguagens e significados socialmente atribuídos, enquanto tal também consiste em um processo político de apropriação de informações, desafiando a disseminação de conhecimentos por meio da educação socioambiental. E no dizer de Tristão (2005, p. 252):

> a linguagem forma-se no seio de uma cultura, transita entre o individual/coletivo, o subjetivo/cultural, no caso da Educação Ambiental, é carregada de sentidos e de significados de um paradigma emergente, de novos modos de sensibilidades entre utopistas e utopias.

Ao problematizar as questões ambientais, atentamos para os entrelaçamentos entre consumo e distinção social, entre público e privado, entre a cultura informada e a linguagem cotidiana da lógica do consumo (Ruscheinsky, 2010a). Parece normal esquecer a força das estratégias de consumo, os mecanismos de convencimento ou os apelos exteriores às mercadorias na formação e mudança de valores e práticas sociais. Na análise das linguagens emergentes[2] a partir do consumo, inquieta o pesquisador compreender o modo de produção das práticas socioculturais e a aproximação de outras interfaces.

As lentes do investigador, enquanto no campo de uma ciência social, exigem tanto a movimentação de técnicas de pesquisa quanto uma sistematização do conhecimento, desvendando relações veladas pela aparência dos fenômenos. Ao longo do texto se realiza um esforço intelectual não para uma abordagem normativa da realidade, mas para apontar fundamentos das ciências sociais a fim de elucidar as linguagens que incidem na educação socioambiental em face da aderência à lógica do consumo. Uma preocupação tanto quanto possível e realista, colocando sob a mira da análise o imaginário de que no contexto do consumo é possível emergir uma linguagem para a educação socioambiental, ou ainda uma leitura crítica com relação à publicidade. Nesse sentido, frequente em abordagens, o dever ser é entendido também como uma incerteza em face da capacidade de consumir, ao mesmo tempo a possibilidade de compreender de forma criadora o conteúdo da publicidade.

As ciências sociais podem fornecer instrumentos para analisar a cultura de consumo de um segmento social como um comportamento que mantém mistérios e recria mitos, somente perceptíveis para quem examina funções latentes. O olhar sobre a cultura do consumo[3] observará outros elementos do espaço, além da circulação de mercadorias e de atribuição de sentidos aos bens, pois existe uma complexidade de articulações entre consumidores e as respectivas mercadorias, entre a dimensão material e imaterial, com atribuições de diferentes significados por meio da linguagem (Miller, 2007).

O capítulo se divide em quatro partes, nas quais as dimensões a partir da ótica das ciências sociais se destacam como temáticas que se traduzem em novos desafios recorrentes à educação ambiental e pertinentes a gênese e circunstâncias atuais da gestão de diferentes linguagens de uma cultura do consumo emergente. O cenário da emergência do tema da cultura do consumo, sem menosprezar as dimensões relevantes da produção de mercadorias, especialmente em uma perspectiva em que se ratificam a distinção, a ostentação, o entretenimento, bem como as desigualdades, as exclusões e o endividamento. O alargamento do consumo se coaduna com a emergência de uma nova linguagem de proteção do consumidor, sobretudo a dimensão da institucionalização, bem como a dubiedade da expressão interrogando-se se a proteção é prioritariamente para o cidadão ou para manter níveis de concorrência. A linguagem apropriada para tratar das mercadorias pela publicidade ou destas na sua aparência e materialidade para com o destinatário geram tensões junto ao consumidor pela ambiguidade em relação à cidadania e às desigualdades. A ampliação da satisfação de necessidades como condição de qualidade de vida introduz mudanças de linguagem no relacionamento entre homem e natureza, ao mesmo tempo em que se expandem as tensões entre ampliação do consumo e a segurança socioambiental, razão pela qual se justifica atentar para as diferentes linguagens de uma cultura do consumo emergente em concomitância com uma gestão tensa da educação ambiental em uma sociedade com desigualdades persistentes.

A CULTURA DE CONSUMO E A LINGUAGEM DA DISTINÇÃO

A forma do consumo se tornou uma das questões-chave para compreender os processos sociais, assim como as possibilidades da educação socioambiental e as subjetividades.[4] Tais processos possuem uma conotação individual e coletiva, complexa e multifacetada, cultural e econômica, são tanto impostos ou desagregadores quanto escolhidos ou inclusivos. A cultura de consumo pode ser abordada como um espaço de negociação, de formulação de diferentes linguagens, como um conjunto de rituais ou ainda como significados socialmente compartilhados, correspondendo à dimensão material e imaterial da vida cotidiana.

É primordial compreender que o estatuto do saber na sociedade pautada pelo consumo também se situa sob o desafio de se subordinar à lógica da mercantilização de todas as coisas. Com a proliferação das informações pelos novos instrumentos da informática, o saber científico e acadêmico enfrenta a concorrência de outros tipos de discurso ou técnicas da linguagem, pois emerge uma nova e sôfrega forma de consumo imaterial, especialmente com um inusitado alargamento do imaginário.[5] Nesse mesmo processo social ocorre a ressignificação por meio de novos artifícios da linguagem de todas as coisas ou dimensões da vida, em particular pelas novas gerações.

Alguns fenômenos tecnológicos da modernidade são basilares para a construção da reflexão sobre cultura de consumo na contemporaneidade, ou esferas que ganham relativa autonomia: a proeminência atribuída ao indivíduo sobre a coletividade e como fundamento dos direitos, pois cada indivíduo se constitui como uma totalidade cabal de sentido, gerando a ideologia do individualismo; o Estado de direito onde supostamente cada indivíduo é sujeito de direitos e gerencia suas capacidades e posses de forma desvinculada da sociedade como um todo, configurando aspectos centrais do mundo social; a construção dos direitos de cidadania com um largo espectro, mesmo em nações com desigualdades persistentes, em um paradoxo de igualdade e diferença (Lavalle, 2003); a relativa autonomia da economia em face das determinações políticas e éticas, bem como recentemente em relação aos territórios nacionais.

A sociedade segregada não se dilui com a ampliação do consumo, senão que se ratificam novos espaços de diferenciação ou a invenção de outras maneiras de distinção, razão pela qual a defesa da pluralidade e do direito às diferentes linguagens pode contrariar o intuito de promover a cidadania. Os elementos relevantes do percurso de construção da sociedade de consumo tanto aludem ao consumo sob a ótica da produção quanto da explosão da cultura, mas não podem ser tidas como óticas que se sucedem no tempo e no espaço. Ao longo do século XX se consolidam abordagens concomitantes no tempo, ora a teoria social enfatiza a conexão do consumo com a economia e a massificação ou indústria cultural (teoria crítica), ora a sociabilidade construtora de identidades, de escolhas ou a cultura da emancipação.

Alguns autores apontam os obstáculos para que a ascensão dos direitos à diferença se tornasse referência normativa para um consenso sobre diferentes linguagens que ordenam as relações sociais. Em um contexto de conflitos, a expressão "do consenso ao dissenso" (Oliveira e Rizek, 2007, p. 7) parece uma expressão adequada para descrever as consequências em face dos conflitos pelo uso de diferentes linguagens e que ultrapassam reformas educacionais. A educação socioambiental poderia apostar nos desdobramentos da cidadania ativa, capaz de se confrontar com a pobreza política efetivamente vigente. A pobreza política antes há de ser combatida, mas não propriamente acomodada, como apregoa a publicidade e a prédica da felicidade pelo consumo.

O percurso das teorias sociais alicerça a interrogação sobre as diferentes linguagens do consumo ao longo do tempo, descortinando a reconstrução de significados. As análises contemporâneas sob o viés da pós-modernidade, na medida em que operam uma discussão com o escopo das teorias sociológicas, permitem apresentar argumentos sobre a centralidade da economia e da cultura: os argumentos desse viés explicitam a impossibilidade de realização de algumas angústias, paradoxos ou projetos da modernidade, entre os quais a formalização de uma linguagem de comunicação universal. De fato existem alguns fenômenos da modernidade ou da pós-modernidade conectados aos efeitos da ciência, do progresso, da tecnologia, do imperativo do individualismo, da cultura do consumo e das obstinadas desigualdades (Ruscheinsky, 2010c). Algumas características da cultura de consumo possuem raízes, porém poucas vezes destacadas, junto aos desdobramentos da livre concorrência na sociedade capitalista e a reconstituição de desigualdades.

A lógica da expansão do consumo a qualquer custo também está conectada à oposição competitiva entre corporações, sejam elas identificadas com as fronteiras nacionais ou de âmbito global, bem como ao suposto anacronismo de guerras que se sucederam ao longo de todo o século XX. Além disso, a atribuição de significado, socialmente partilhado, faz que todo consumo abarque também a dimensão cultural. As preferências individuais, dirá Slater (2002), são construídas como necessidades do imaginário e em relação aos recursos disponíveis, como tal possuem uma característica social.

A diferenciação das linguagens se manifesta também na consideração de demandas sociais, entre necessidades, imaginário e preferências (Carosio, 2008), o que nos remete a horizontes e problemas epistemológicos entre utilitarismo e capacidade altruísta. A educação socioambiental, nesse contexto delineado, por certo se reporta a uma linguagem apropriada para não produzir os efeitos contrários à sua intenção. A ausência desse cuidado ocorre quando

> reproduz uma linguagem linear e homogênea como padrão de boa conduta ecológica, de uma arte de fazer para o bem comum, em nome da solidariedade, de uma "pregação" que se aproxima de uma educação dogmática e tradicional para além de um mero sentido comum (Tristão, 2005, p. 256).

Os desdobramentos com a expansão do consumo e a centralização das decisões na lógica do mercado (ou os monopólios) acabam ofuscando as condições do mercado livre, da concorrência e da iniciativa na criação cultural sobre as quais se baseia a noção de autonomia individual. O pensamento utilitarista e sua pedra de toque são a existência do indivíduo livre e soberano, não referenciado às classes sociais, aos esquemas de poder e aos condicionamentos históricos (Cattani e Díaz, 2005). Isso de fato é similar à proposição da emancipação por meio do processo educacional ou à liberdade de escolha em face dos bens de consumo. Assim, parece estar em curso a invenção da heteronomia, que se situa entre a individualização e a massificação. Combinam-se assim características da sociedade atual como pós-industrial e pós-moderna, bem como pós-individualista e pós-coletivista. Ao mesmo tempo, o indivíduo na perspectiva da emancipação sucumbe ao consumo organizado sob o predomínio de monopólios, à publicização da intimidade ou capitulação invasiva e interiorizada, à ditadura das marcas da moda, ao império da estética dos corpos, à crise dos modelos familiares substituídos pelo fetichismo das celebridades, à permanente conexão com o mundo pelas novas tecnologias (Giddens, 2005).

Ao mesmo tempo em que se repete com frequência em meio à estima pela democracia, à saudação aos múltiplos direitos, à reflexão sobre consumo, igualmente ecoa de forma meritória o discurso sobre a queda das segmentações sociais.[6] Segregação social e discriminação cultural decorrem do ordenamento da apropriação desigual do espaço e dos bens naturais, prosseguindo no resguardo da cultura de consumo escorada em desigualdades. A ferida social e cultural pelos novos muros, os visíveis e os invisíveis, largamente abordados por Castells (2008), não é apenas um golpe nos anseios humanitários, porém uma profunda suspeita ante a universalização da cultura de consumo e desconfiança nos ideais da (pós-)modernidade, estendendo a insegurança quanto ao destino da democracia e ao futuro de um convívio social intercultural.

A LINGUAGEM DA PROTEÇÃO DO CONSUMIDOR: SEDUZIDO E DISTINGUIDO

Demonstrar o intenso relacionamento entre as linguagens do lazer, cultura e consumo (Taschner, 2009) significa reconhecer que na gênese do processo social do consumo há uma associação reiterada com distinção social em conexão com economia, cultura e política. A construção do elo entre consumo e lazer se fortalece por meio do fenômeno da cultura de massas, onde de alguma forma o espaço para o consumo se alarga dentro do tempo reservado ao lazer, cuja perspectiva pertence ou caracteriza o século XX. Todavia, há o reconhecimento das diferenças culturais, bem como as desigualdades tanto do lazer quanto do consumo. Considerando que o acesso é restrito à concretização do consumo, mesmo assim os empobrecidos também estão cingidos pela cultura de consumo, porém não alcançam um desempenho participativo, efetivo ou o seu poder real de decisão é restringido (Bauman, 1998).

Para além das virtudes da cultura de consumo, talvez convenha destacar alguns paradoxos ainda em voga ou dos quais somente uma perspectiva crítica (Loureiro, 2004) pode dar conta de explicitá-los. Vejamos algum par imperfeito: o nexo entre tempo livre e capitalismo, entre lazer, prazer e consumo, entre igualdade de acesso ao consumo e equidade social, entre cidadania e *shopping center* como catedral de adoração das mercadorias. Um dos traços característicos da cultura de consumo na atualidade se refere ao fenômeno da transformação do território de um *shopping center* em lugar mais frequentado de uma cidade, para uns será um consumo material, para outros a satisfação do imaginário.

A compreensão do consumo como cultura imaterial e material constitui de fato uma dinâmica e não somente uma oposição, assim se procura transcender a dualidade comum entre sujeitos e objetos, entre apropriação subjetiva e relações sociais (Miller, 2007). A menção remete a um olhar sobre as tensões geradas pelas novas tecnologias de comunicação, linguagens, mediações e até tendências alimentares. Uma nova forma de desigualdade e de novas linguagens ocorre no campo do acesso às inovações tecnológicas de circulação de informações, onde novas linguagens dão lugar a novos formatos de desigualdades. Nesse campo do celular e da internet, entre outros, as novas linguagens se somam com antigas desigualdades e interações sociais reforçando umas as outras (Kliksberg, 2005).

Nesse ínterim, desperta a relevância de situar as contingências do sujeito nas controvérsias e circunstâncias na capacidade de conviver com a tensão entre a pertença a grupos e à história. "O sujeito é o movimento pelo qual buscamos nosso caminho em direção a nós mesmos em meio à desordem e à confusão das situações sociais, das ideologias e dos discursos (Touraine, 2009, p. 168).

Os bens consumidos reforçam a compreensão do valor de troca e correspondem à definição de necessidades historicamente postas, onde qualidade de vida equivale ao usufruto da diferença, bem como onde o imaginário pode se expandir de maneira extraordinária. Negar o nexo entre consumo e meio ambiente, produção e cultura, entre entretenimento e endividamento como processos imbricados significa se fragilizar para entender a complexidade, as contradições e as ambiguidades do presente (Ruscheinsky, 2009). A dinâmica da expressão da insatisfação corresponde a uma lógica da sociedade contemporânea em que o imaginário da premente satisfação das necessidades se resume acima de tudo à lógica social da diferenciação.

A emergência socialmente reconhecida do consumidor, associada ao direito de proteção social, se dá na circunstância histórica em que se pode atribuir a característica do consumo à sociedade ou do consumo em massa, onde o olhar imediato já não basta (Botto, 2008). A proteção ao consumidor busca no espaço concorrencial abolir por força de lei a concorrência desleal e assim informa que a satisfação do consumidor possui oposição e contestações. Em suma, a emergência do consumidor no espaço público implica um alargamento progressivo de áreas e mercadorias regulamentadas, o que por sua vez se dá em consonância com maior intervenção do Estado na economia.

Entre as contribuições principais de políticas nacionais da proteção do consumidor está o fato de servir de mecanismo suplementar para expandir as corporações,[7] deter formas de concorrência e somar lucros controlando a qualidade das mercadorias em circulação (Taschner, 2009; Botto, 2008). De fato, o código do consumidor não possui eficácia em outros setores sociais, pois há reconhecidamente uma produção de bens com qualidades distintas para usos em uma sociedade desigual, bem como as populações em busca de proteção às culturas tradicionais, sendo inoperante na dependência e pobreza.

A abordagem da democratização do consumo enseja alguns paradoxos (Ruscheinsky, Calgaro e Augustin, 2010): o entrelaçamento progressivo entre entretenimento e consumo, com mudanças de visual e rompimento de barreiras entre consumidor e os respectivos bens, acirrando o processo de mercantilização; a democratização faz reinventar novas formas de distinção, pois pela própria dinâmica a difusão dos bens lhes retira a capacidade distintiva e seu poder de sedução ao diferente. A ampliação do acesso aos bens socialmente produzidos convive com as desigualdades, pois a concentração do poder não se desmanchou por simpatia ao consumidor. Em um contexto de desigualdades gritantes, em alguns segmentos sociais o consumo de um item necessariamente ocorre em detrimento de outros, ou a sedução pelas mercadorias pode significar o abandono de um projeto político, como afirma Carosio (2008, p. 25): "los lenguajes de la seducción, con su consiguiente despolitización de la esfera social, hacen crisis y se revela su incapacidad para construir comunidades signadas políticamente por una determinada concepción de futuro. Se forman ciudadanos sin ninguna preocupación social y pública".

Na lógica da cultura de consumo existe uma confluência entre o emaranhado das novas tecnologias, a cultura pautada pelo individualismo, a geração continuada de riqueza concentrada e a depreciação dos bens ambientais. A degradação ambiental, até certo ponto, constitui uma consequência inevitável ou uma externalidade cujo ônus tende a ser transferido para toda a sociedade. O combate à cultura do desperdício por segmentos ambientalistas e ao consumo desigual na sociedade brasileira permanece focado em questões periféricas, como o efeito perverso dos combustíveis fósseis ou agroindustriais, ou o depósito adequado dos resíduos no espaço urbano, mas não atenta para as causas sociais dos respectivos problemas.

Observando o cenário, fica evidenciado que são frágeis os atores sociais que questionam radicalmente os efeitos perversos da forma desigual em que se mantém a cultura de consumo em uma sociedade desigual. A parcialidade ou parcimônia no acesso ao consumo, por ironia dos argumentos ambientalistas, se é profundamente injusta do ponto de vista social, poderia ser largamente desejável para equacionar o assédio desmedido aos bens naturais (Sato e Carvalho, 2005).

Os movimentos sociais explicitam por meio de suas ações os conflitos culturais e políticos, inclusive a tensão entre valor de uso e valor de troca. Estes em suas aporias ilustram a capacidade de desenvolver uma autonomia em face ao poder constituído por conta da publicidade para o consumo e, ao mesmo tempo, a sua difusão como um ator no mercado que busca formas de proteção (Botto, 2008). A cultura de consumo engendra protagonistas que entram em campo para o surgimento da sociedade de mercado ou para alargar os quesitos da sociedade de direitos.

Como se articulam os mecanismos para agregar atores sociais, bem como articular entre si a crítica socioambiental, a resolução urgente dos problemas e o encantamento com perspectivas alternativas? (Ruscheinsky, em Saito et al., 2011, p. 133)

Ao leitor atento chama a atenção que a proteção ao consumidor está atravessada por um discurso ambíguo: o centro da questão pode ser o consumidor ou o enquadramento da concorrência. Isto é, está posto o dilema entre medidas para delimitar a circulação de mercadorias e os direitos de cidadania.[8] A inabilidade de gerenciar riscos e incertezas fabricadas dentro das relações concorrenciais ou o descrédito ante as esperanças em soluções de mercado para os problemas dos consumidores faz emergir a legislação de proteção ao consumidor.

As garantias em face dos produtos mostram a tendência de considerar incertezas e perdas do consumidor, ou uma tensão permanente entre o campo da produção e dos usos culturais, bem como tensões contemporâneas entre público e privado (Dupas, 2003). O sistema de consumo requer acima de tudo um conjunto de informações pelas quais se comunicam as qualidades dos produtos do mercado a serem consumidos. Decorre dessa circunstância a emergência da legislação sobre o campo do consumo: visa à regulação das relações de concorrência, bem como entre a produção e o consumo. Enfim, resulta na proteção do consumidor, todavia cuja ótica difere em grande medida dos requisitos da educação socioambiental.

A LINGUAGEM DAS MERCADORIAS E A TENSÃO DO CONSUMIDOR

É possível estabelecer nexos entre a cultura do consumo e a questão do fetichismo,[9] pois ambos remetem à emergência de um espaço social com imagens e símbolos acoplados socialmente aos bens de consumo e à conversão do valor de uso em valor de troca, para robustecer os atrativos da aparência e para difundir a crença de que os mesmos são efetivamente qualidade de vida. Da mesma forma é possível aludir ao fetiche da escolha individual como mecanismo para ampliação e intensificação da lógica do consumo. Todavia, o consumo somente como armadilha aparece como a etapa derradeira do círculo da produção e circulação, pois a sina para o descarte é hoje socialmente reconhecida como o destino final dos bens e não a permanência sob a guarda dos consumidores.

A ideia de fetichismo das mercadorias vem do fato de serem revestidas de um caráter mítico ou tratadas como bens de consumo destinados prioritariamente para a qualidade de vida: as mercadorias ocultam o esforço do trabalho e na mesma medida carregam consigo as relações sociais que se estabelecem no campo da produção (Castells, 2008). A compra com valor de troca torna os próprios consumidores intercambiáveis com as mercadorias ou similares e volúveis como estas. Nesse sentido, cultura de consumo também é uma forma de suavizar o processo da sociedade das mercadorias ou a instauração de um espaço mágico da troca de mercadorias ou em que tudo se converte em mercadoria. A relação pessoa-mercadoria-pessoa se torna o trinômio mercadoria-consumidor-mercadoria.

Os avanços tecnológicos assumem a forma de constante metamorfose própria do capitalismo em sua capacidade de reverter as oposições ou de inventar linguagens de legitimação ou de camuflar a persistência das desigualdades. Neste sentido, cabe suspeitar da naturalização de processos sociais, por isso para Ramos-de-Oliveira (2001, p. 21), "comportamentos que encontravam protestos em um período vão se instalando e adquirindo garras nos períodos seguintes. Tudo se revoluciona nos movimentos do capital. Tudo se torna simples mercadoria, pronta para consumo, mas destituída de traços realmente significativos".

O alargamento do consumo para outros ou todos os segmentos sociais pode ser de todo desejável para ampliar as condições de efetivação da cidadania, rompendo com a lógica das desigualdades e de gritantes diferenças (Lavalle, 2003). Todavia, a gestão responsável do ponto de vista ambiental questiona não somente a matriz do uso da energia, bem como entende que expandir o consumo em termos de qualidade de vida inexoravelmente atua sobre a qualidade da água e do espaço, mas também abre o consumo geral de energia.

A possibilidade distintiva dos bens diminui quanto mais cresce o número de consumidores, mas a dinâmica das desigualdades destaca novos bens para a sobrevida da distinção e a disparidade social é retida. A linguagem do consumo funciona em uma dinâmica performativa e de códigos compartilhados. Nesse argumento, não há possibilidade de nexo significativo entre consumo e cidadania, a não ser por razões estritamente externas ao campo do consumo (Ruscheinsky, Calgaro e Augustin, 2010). Além do mais, a produção de resíduos em fartura representa o oposto da racionalização econômica, bem como um possível risco para os direitos de cidadania. A abundância do descartável, socialmente consolidada, convive com frágeis mecanismos para a resolução de problemas com o destino final, como o reúso ou reciclagem.

As estratégias de políticas públicas ambientais centradas no consumo enchem de intrigas as interpretações das ciências sociais: compreendem uma forma de enfraquecimento dos atores sociais em sua ação política contemporânea; consistem na redução do cidadão à esfera de sua capacidade de consumo; expressam a gênese de uma cultura política emergente com nexo entre democracia, informação e meio ambiente (Barboza, 2008; Castells, 2008). As tensões permanecem sobre a ponderação das questões ambientais nas práticas sociais do consumo, se fortalecem ou se depreciam o ímpeto para com a cidadania, como ação política para efetivar direitos. A análise sociológica de Portilho (2005) aborda as contingências para a possível emergência de atores sociais em torno do consumo, bem como uma eventual centralidade das abordagens a partir do discurso em oposição ao consagrado campo da produção e do trabalho.

A ambiguidade acompanha a questão da cultura de consumo, por vezes em confronto, outras em fomento à cidadania, especialmente na medida em que se situa na lógica da igualdade e da diferença (Lavalle, 2003). Sob o olhar da crítica, a categoria de cidadão se diferencia da qualidade de consumidor, que por sua vez se restringe a todo indivíduo dotado de poder aquisitivo diante das mercadorias ofertadas; existe um intercâmbio entre fetiche e subjetividade.[10] Movida pelo discurso mediático, predomina no mercado uma concepção de que ser cidadão se transmuta na condição de ser um consumidor e, como tal, a participação no consumo conduz à inserção social e política. Esse fenômeno levou Canclini (1996) a cunhar a expressão "cidadãos do século XIX e consumidores do século XXI".

Tanto o nexo entre consumo e cidadania quanto entre cultura e entretenimento são questionados pelo endividamento como um fenômeno social relevante. A educação socioambiental, ancorada na retórica da cidadania, está acuada entre a estética do reencantamento dos bens da natureza e da estética pautada pelas aparências que guia o consumo material e simbólico, de si e dos outros. Sem dúvida, está em curso uma estetização da vida cotidiana como fenômeno marcante da cultura de consumo. Ante a energia que fustiga mentes e corações na era contemporânea, interroga-se sobre a linguagem que possa transgredir as fronteiras estéticas, seja dos corpos, seja dos produtos, alicerçadas no sensível e na aparência dos fenômenos.

A cultura de consumo se forja igualmente na ampliação do acesso ao crédito, alargando comprometimentos com a sua lógica, de alguma forma na mesma medida em que tal prática implica em uma forma de inclusão social. Em uma sociedade insatisfeita, mas que busca suprir um imaginário de necessidades, os indivíduos sinalizam no consumo uma centralidade da vida,[11] suposta fonte de realização de sonhos e de felicidade. Na cultura de consumo, os cidadãos compram como uma forma de lazer, em especial com a possibilidade de passear em meio às mercadorias, abrigado do sol, da chuva ou do frio.

A junção entre entretenimento e endividamento dilui fronteiras ou o contínuo ímpeto ao consumo no sentido compulsivo pode até gerar uma desestabilização financeira. O consumo como lazer, distinção social e endividamento pode afetar todos os segmentos sociais ou faixas de renda, pois se trata de um fenômeno característico de uma sociedade em tempo de possibilidades ou saciedade ilimitada. Os apelos à população para que se arrisque consumindo é inclusive justificado como solução para uma sociedade em que o sistema produtivo e a circulação estão em crise, dessa forma desqualificando as armadilhas da irracionalidade desse empreendimento em decorrência da degradação de recursos naturais (Bosi, 2010).

A lógica social que sustenta a cultura de consumo relega a terça parte da América Latina vivendo abaixo da linha de pobreza e permite que outro tanto sobreviva no horizonte de satisfação de necessidades básicas. A lógica capitalista requer a sobreposição da ideia da abundância sem igual e ao mesmo tempo a destruição permanente de bens para criar escassez, de modo que a linguagem da publicidade exerce um papel preponderante. Na lógica da eficiência de uma nova cultura do consumo, torna-se igualmente relevante alimentar permanentemente a ideia da escassez acoplada à especificidade da multidão dos bens a serem absorvidos. Os bens de consumo podem ser naturalmente ineficazes para conseguir fornecer a satisfação almejada, tanto mais quanto o imaginário se sobrepõe à dimensão do valor de uso.

Na cultura de consumo de bens imateriais ou de expansão do imaginário, também pode se verificar as consequências do excesso de sons e imagens, ou o sucumbir ao excesso de informação, mesmo com malabarismos; tal realidade vem mudando a visão de mundo e as práticas sociais, bem como influenciando a capacidade de concentração, a excitação e a criatividade (Ruscheinsky, 2010b). A situação inversa a esse estresse é o tédio proporcionado pelo silêncio, detestado por quem sucumbiu à linguagem sonora e informacional. A atração pela estimulação informacional pode beneficiar a aprendizagem, com mais eficiência para encontrar informações ou acuidade visual, mas tende a ser contraproducente ao valorar informações irrelevantes ou se viciar em jogos eletrônicos.

A cultura caracterizada pelo binômio consumo e qualidade de vida possui uma desconexão ou um desencaixe com as causas enfocadas pela crise ambiental. Os dilemas apresentados junto ao nexo entre consumo e cidadania se referem fundamentalmente à ausência de movimentos sociais para realizar mudanças radicais econômicas, sociais, políticas e ecológicas para situar em outro patamar o mesmo nexo. O cenário convive com múltiplas formas de reformismo ecológico ou de capitalismo verde, que se constituem em práticas sociais ou proposições paliativas ante as causas profundas da crise ambiental.

AS MUDANÇAS DE LINGUAGEM E AS TENSÕES ENTRE CONSUMO E SEGURANÇA

A análise das mudanças do perfil das classes sociais brasileiras nos últimos anos se refere à queda suave ou redução da desigualdade de renda; possui como consequência uma influência sobre os padrões de consumo ou ampliação do acesso aos bens industriais. O que era tido outrora como privilégio da classe média se expande praticamente no imaginário de toda a população, tendo como desdobramento a difusão e a adesão também valores tais como a ambição de ascender socialmente, a aspiração a produtos de última geração tecnológica, a valorização da escolaridade, o reconhecimento do mérito e do desempenho individual.

Entre as principais mudanças nos últimos anos, encontra-se uma aproximação de expectativas no que diz respeito em termos de consumo de bens e de acesso aos serviços públicos. Ocorre também um sentido de desilusão ou desconfiança dos segmentos pobres nas organizações sociais ou de outros delineamentos que se dedicam ou prometem diminuir as desigualdades pela via coletiva. Nesse setor, está em declínio a confiança que se restringe predominantemente aos familiares, poucos vizinhos ou amigos de trabalho ou lazer, bem como se estende a dependência de políticas sociais (Paugam, 2003; Castro et al., 2009). Esse fenômeno explica os extensos e volumosos obstáculos para a formação e o prosseguimento de formatos associativos com os trabalhadores informais na área da reciclagem.

Além desses fatores mencionados, a violência, factual ou imaginária, está mudando o comportamento social de praticamente todos os segmentos sociais, inclusive na carruagem da defesa de direitos, seja a ampliação para uma agenda difusa, seja ao gozo da vida em conjugação perversa com a violência. De fato, existe uma onda de visibilização das vítimas de violência de diversos tipos, tendo como consequência dessa vitimização o crescimento das formas de segurança privada. As reações à violência, real ou fictícia, implicam em mudanças de comportamento e em inovação na linguagem dos relacionamentos: seletividade das saídas noturnas e das formas de lazer, proteção dos domicílios com alarmes, redes elétricas ou contratação de segurança privada. Algumas expressões podem provir do campo da ciência política como a ideia de construir um contrato social intergeracional ou um pacto de tolerância e de compromisso ético mútuo.

Diante da globalização emergem novas linguagens com uma sociedade evidentemente assimétrica, com sacudidas recursivas de crises intermitentes e com a difusão de riscos e formas de insegurança social e ambiental (Castel, 2005). Existem pesquisas (Santos, Suehiro e Vendemiatto, 2009) que demonstram que em circunstâncias de risco social ou de deslocamento forçado os indivíduos tendem a recorrer a linguagens específicas para dar conta da leitura de uma sociedade segregada e se situar entre seu ser social de risco e os estímulos à inclusão social.

Os sentimentos de insegurança parecem transversais na medida em que se adentram em todos os segmentos sociais, mesmo em face das certezas tecnológicas. O *homo timens*, na era das incertezas e dos riscos socioambientais, se sobrepõe ao *homo economicus*, com graus de insegurança existencial significativos inclusive se apoderou do *homo sapiens*; isto devido a confrontos com um estado de incertezas dos avanços tecnológicos, fugacidade das novas identidades ou futilidade do prazer consumista.

Sob a lógica da cultura do consumo, ocorre também concomitantemente a nova hierarquização dos espaços sociais e a persistência das desigualdades ou uma cultura que ratifica a linguagem da invisibilização dos desiguais (Cattani e Díaz, 2005). Além disso, do ponto de vista do crescimento da insegurança em meio ao alargamento do consumo existe uma particularidade: o adverso pode estar visível aos olhos, todavia o tremer de medo é também acompanhado de um reforço do papel de cegos ante o desastre ambiental em curso. De outra feita, ajusta-se muito bem a questão do empoderamento como perspectiva da educação socioambiental. A crítica à visão dualista e fragmentada é um dos fundamentos da Educação Ambiental e a proximidade com os movimentos para gerar uma perspectiva em conexão com as mudanças sociais em curso (Loureiro, 2009).

Depois de transformar a questão ambiental em tema transversal, interdisciplinar e obrigatório no processo de educação de todo cidadão, ainda falta traduzir uma cultura política que compreenda problemas multicêntricos (Sato e Carvalho, 2005). Considerando a criatividade e o desenvolvimento de competências, a curiosidade exerce um papel importante na realidade gestora de múltiplas respostas. Ao contrário do que expõe Tristão (2005), a linguagem por si só não é transformadora da ação sobre a natureza, da cultura e das interações. O desencaixe ou a desadaptação criativa expressa as condições para gerar um contexto de mudanças ensejadas em relação à construção de novas perguntas para obter novas respostas ante uma necessidade de mudança nos hábitos de consumo para contornar o esgotamento de recursos naturais.

As considerações críticas feitas pelas ciências sociais dão conta da insuficiência de mapear a realidade objetiva mediante dados estatísticos que tendem a imobilizar o rosto do processo social. De acordo com entrelaçamento entre consumo e desigualdades (Ruscheinsky, Calgaro e Augustin, 2010) e pela sua contribuição relevante, o estudo sociológico da linguagem permite detectar desigualdades invisíveis e algumas tendências de comportamento no interior das classes sociais. Nesse contexto, nos desafios da educação socioambiental três dimensões se articulam de maneira abrangente e são recorrentes em uma abordagem do discurso ambiental: a dimensão ética (a solidariedade), a dimensão política (a participação) e a dimensão estética (o reencantamento) (Tristão, 2005, p. 254).

A perplexidade atual se amplia com a propagação maciça das tecnologias de difusão das ciências especialmente mediante os recursos da informática. Diante dessa linguagem parece sensato refletir sobre as motivações dos usuários, os efeitos em termos de fins, a prioridade sobre iniciativa individual, ou a possibilidade de alterar patamares de exclusão ou de subordinação. Nesse sentido, Porto (2006, p. 46) afirma que "as tecnologias põem à disposição do usuário amplo conjunto de informações/conhecimentos/linguagens em tempos velozes e com potencialidades incalculáveis, disponibilizando, a cada um que com elas se relacione, diferentes possibilidades e ritmos de ação". A busca de informações que respondam às dúvidas dos indivíduos com o grau de escolha permitido pode ser um antídoto em relação a informações manipuladas pelo poder do mercado e pode desmontar tramas seculares da ideologia de dominação (Bosi, 2010). A linguagem da informática é moeda ambígua na medida em que interesses egocêntricos, perversos ou agressivos podem gerar situações inéditas de perversidade ou correntes ideológicas antidemocráticas, desde o consumo irresponsável, a idolatria do capital até o fundamentalismo.

Com os novos canais e as novas linguagens parece que o conhecimento se resume em uma quantidade de informações e suas linguagens específicas ou códigos de interpretação. A transição ou deslocamentos dos conhecimentos sofrem os efeitos da miniaturização e disseminação de equipamentos informacionais, que aceleram a circulação do conhecimento e de mercadorias mediante os avanços na transmissão e transporte de sons e imagens.

Os mecanismos de participação política se fragilizam onde o poder de decisão se centra no poder de compra. As dinâmicas de sedução, adesão, imaginário, indução e repressão simbólica são afirmadas por Bauman (1998, p. 55): "[...] mais amplo e mais profundo é o hiato entre os que desejam e os que podem satisfazer os seus desejos, ou entre os que foram seduzidos e passam a agir do modo como essa condição os leva a agir e os que foram seduzidos, mas se mostram impossibilitados de agir do modo como se espera agirem os seduzidos". Para além da sedução que possui uma tendência universal, há que considerar que em uma sociedade desigual os setores sociais não podem agir em conformidade com os desejos induzidos, mas o seu imaginário é presenteado com o deslumbrante espetáculo da felicidade mercadológica. O consumo é a linguagem que demarca a via da qualidade de vida e do sucesso acoplado a possuir determinados objetos.

Considera-se assim, que a educação pública brasileira se ocupa em seu contingente predominante, do ponto de vista quantitativo, dos seduzidos e ao mesmo tempo frustrados ou reprimidos que possuem suas vidas relacionadas de alguma forma inversa à sociedade de consumo. A ambiguidade perpassa a busca da inclusão social, seja ao mercado de trabalho, seja ao acesso aos bens de consumo, na medida em que a educação socioambiental pretende impulsionar uma crítica à sociedade excludente (Demo, 2009). Tratando-se da ótica de alimentar o imaginário do consumidor, as mensagens tendem a ser convincentes ou de informação emotiva, ao mesmo tempo de fácil decodificação, em especial à medida que a linguagem visual se destaca e o consumidor tem acesso direto à manipulação das mercadorias.

CONSIDERAÇÕES FINAIS

Para a construção das reflexões deste texto, partimos do pressuposto teórico e metodológico de que as diferentes linguagens são economicamente escoradas, socialmente referenciadas, politicamente circunstanciadas e culturalmente legitimadas. Entre os principais aportes teóricos, foram ponderadas as circunstâncias em que a cultura de consumo constitui nexos com a formação de novas linguagens, entre as quais a proteção do consumidor seduzido pelas mercadorias e a linguagem em face dos novos riscos socioambientais. Esse contexto se traduz em novos desafios à educação ambiental para dar conta das múltiplas formas que tomam os nexos, diretos e indiretos. As interrogações se multiplicam quanto aos posicionamentos nos projetos de educação ambiental quanto às inovações das formas de expressão por meio da linguagem e que se traduzem na tensão entre acessar o consumo, efetivo ou imaginário, as desigualdades persistentes e a demanda por segurança individual.

Na atual sociedade, o sistema educacional é apenas uma das agências de informação e de reprodução/criação em face de diferentes linguagens, bem como crescentemente permeada pela transversalidade e interdisciplinaridade. O quadro se torna mais complexo quando inserido em uma sociedade da informação administrada, consumista, saturada de informações profusas, fragmentadas e desconexas. A difusão do acesso à mídia e da informática se consubstancia em um impacto no sistema educacional, com o declínio da ênfase e a preocupação com conteúdo e volume de informações, para tratar da linguagem de como acessar e organizar as múltiplas informações disponibilizadas.

A educação socioambiental se defronta com os problemas de tradução e de compatibilidade das linguagens computacionais, tanto quanto das linguagens de anseio generalizado de consumo. Pelas mudanças em curso, a característica do saber se submete a novas linguagens, novos canais e se torna operacional ou informacional. Seja com a expansão dos meios de comunicação ou da informação, seja com as novas linguagens atinentes ao consumo, verifica-se uma mudança do estatuto do saber e da transmissão de conhecimentos. As particularidades do consumo ou a expansão de suas fronteiras propiciam um fenômeno em que se pode considerar o saber ou o manuseio de informações como mercadoria.

Os indivíduos utilizam a linguagem para se relacionarem uns com os outros, usam-na para se referir aos objetos do dia a dia, mesmo que seja o desejo de possuí-los, bem como as coisas representam uma linguagem em face da influência sobre os indivíduos. A maioria dos meus alunos de graduação se espanta com a simples observação não antropocêntrica, ou seja, sobre o intercâmbio imprescindível com a natureza: cada qual possui um conjunto de bens e ao mesmo tempo é possuído pelos respectivos bens. Todavia, essa dupla posse está circunscrita pela linguagem do consumo efêmero e da dinâmica do descartável.

Entre educadores ambientais tende a ser comum se referir a práticas de consumo consciente como medida para debelar parcela importante da crise ambiental e social. Todavia, acima de tudo paira a incerteza na definição ou delimitação do que sejam efetivamente os patamares de tal consumo, considerando que a definição de necessidades se altera de acordo com o posicionamento de classe social. No campo da expressão de linguagens referentes à cultura de consumo, as conclusões se justificam a partir de fundamentadas incertezas que para serem logicamente consistentes requerem a atenta observação de mudanças emergentes.

Ao término do texto ousamos enfatizar que a abordagem tentou compreender que as diferentes linguagens correspondem a circunstâncias históricas datadas e como tal possuem uma autonomia relativa dos respectivos contextos. Alguns elementos destacados permitem referir que as diferentes linguagens representam um construto diante do qual a educação ambiental requer se prover para que seja socialmente referenciada e apropriada, politicamente circunstanciada e regulada, bem como culturalmente alicerçada e legitimada.

NOTAS

1   A abordagem da temática advém de conhecimento do autor decorrente de pesquisas empíricas sobre o nexo entre sociedade de consumo e práticas socioambientais, bem como o fato de lecionar na universidade disciplinas relativas ao nexo entre sociedade e meio ambiente ou sustentabilidade socioambiental.
2   Existem inúmeras circunstâncias em que a linguagem unificadora endossa a discriminação de gênero ou veladamente ocultam as formas de dominação. Por isso, vários autores têm acatado a recomendação da rede social de gênero, para o uso da simbologia @ tentando se desvencilhar da linguagem sexista incrustada nas abordagens.
3   Um exemplo similar, mas em outra versão teórica com visível proximidade com a antropologia, encontramos em Carvalho e Steil (2009), cuja reflexão ousa fazer o percurso do conceito campo das ciências sociais para oferecer sustentação à educação ambiental.
4   Tanto a fluidez dos apelos publicitários ao consumo, quanto os discursos catastróficos podem estar na raiz da "sensação de frustração e angústia que sentem, às vezes, pelo gigantesco ideal de reverter o quadro de destruição dos bens naturais e resgatar a relação cultura/natureza, sociedade/meio ambiente. A grande questão não é o sentimento por essa grande corresponsabilidade, mas, sim, a sensação de um peso insuportável em que responsabilidade e impotência se confrontam, quando o resultado do processo educativo não se reverte em práticas cotidianas significativas" (Tristão, 2005, p. 253).
5   Neste sentido, afirma Ruscheinsky (2010c) que "a cultura de consumo pode ser abordada como um espaço de negociação, como um conjunto de rituais ou ainda como significados socialmente compartilhados, correspondendo à dimensão material e imaterial".
6   Poderíamos dizer que a sociedade ocidental, em um momento de expansão do bem-estar proporcionado pelo consumo, se surpreendeu com o nazismo, com o muro de Berlim, com a persistência dos efeitos racistas e da discriminação étnica em diversas nações. Todavia, usualmente são omitidos outros fenômenos, por vezes similares à queda do famigerado muro de Berlim com fim do socialismo real, por isso convém mencionar novos muros para nossa memória: entre israelenses e palestinos, entre americanos e mexicanos, em favelas cariocas, em várias situações na África e na Europa, especialmente contra migrantes.
7   Dessa forma, parece evidente ao leitor que a ótica crítica deste texto se distancia do legado das possíveis conexões da educação ambiental como consumo consciente, como responsabilidade socioambiental de empresas, bem com dos diversos enfoques quanto à educação do consumidor. Por mais que uma ótica crítica no campo da educação ambiental não possa desconhecer essas reflexões e suas práticas, pondera-se as peculiaridades dos sujeitos e as lutas socioambientais.

286 Aloisio Ruscheinsky (org.)

8 Conviria tecer discussões sobre uma denominada desmercantilização das práticas socioambientais, nas quais está inclusa a educação ambiental e a formulação das políticas ambientais. Esse debate consistiria em averiguar o grau de autonomia da sua própria linguagem e de seu horizonte em relação ao mercado e à lógica de promulgação da cultura de consumo. Isso evidenciaria e enfatizaria os arranjos institucionais e os vínculos políticos e ideológicos à semelhança de outras abordagens. Ver Zimmermann, Clóvis R. e Silva, Marina C. O princípio da desmercantilização nas políticas sociais. *Cad. CRH* 2009, vol.22, n.56, pp. 345-358. Disponível em: http://www.scielo.br/pdf/ccrh/v22n56/v22n56a10.pdf

9 A crítica do fetiche da mercadoria e do consumo nos relembra Marx: se dispõem de poder aquisitivo os indivíduos, além do necessário, adoram ostentar o supérfluo. A linguagem da publicidade veio ajudar o supérfluo a se impor como necessário. A fé imprime sentido subjetivo à vida, enquanto um produto cria apenas a ilusória sensação de que, graças a ele, temos mais valor aos olhos alheios. Assim, a ética ambiental se permite a linguagem da denúncia, pois já não sou eu que faço uso dos objetos. É o produto, revestido de fetiche, que me imprime valor, aumentando a minha cotação no mercado das relações sociais. Frei Betto. *Religião do consumo*. Correio da Cidadania. Disponível em: www.correiocidadania.com.br

10 O tipo de experiência social que se identifica ao conceito de reificação diz respeito à formação de um novo tipo de subjetividade, em que os indivíduos, através da rede, da internet e das novas tecnologias já não são apenas reprodutores dos interesses produzidos pela indústria cultural, mas cumprem um papel ativo (imaterial) de produção do seu próprio processo de reificação (Amargo, 2010, p. 118).

11 A publicidade não deixa sombra de dúvida de que o consumo se tornou essencial, com um nítido atrelamento à felicidade: se os indivíduos estão tristes, um deslocamento para o imaginário do consumo pode trazer a felicidade. Os indivíduos na condição de suas posses ou endividados não consomem mais por necessidade e sim consomem por satisfação do imaginário e desejos (Ruscheinsky, A. e Galgaro, C. . Sociedade de consumo: globalização e desigualdades. In: Agostinho O. K. Pereira; Luiz F. Horn. (Org.) *Relações de consumo - Globalização*. Caxias do Sul: Educs, 2010, p. 37).

REFERÊNCIAS

AMARGO, S. Experiência social e crítica em André Gorz e Axel Honneth. *Revista Brasileira Ciências Sociais*. 2010, vol.25, n.74, pp. 107-120.

BARBOZA Fº, R. As linguagens da democracia. *Rev. bras. Ciências Sociais*. 2008, vol.23, n. 67, p. 15-37.

BAUMAN, Z. *O mal-estar da pós-modernidade*. Rio de Janeiro, Zahar. 1998.

BOSI, Alfredo. *Ideologia e contraideologia*. São Paulo: Companhia das Letras. 2010, 424 p.

BOTTO, A. *Quién defiende a los consumidores?* Buenos Aires: Prometeo Libros, 2008.

CANCLINI, N. G. *Consumidores e cidadãos - conflitos multi-culturais da globalização*. Rio de Janeiro, UFRJ, 1996.

CARVALHO, I. C. M.; STEIL, C. A. O habitus ecológico e a educação de percepção: fundamentos antropológicos para a educação ambiental. *Educação & Realidade*, UFRGS, v 34, n 3, 2009, p. 81-94

CASTEL, R. *A insegurança social*; o que é ser protegido. Petrópolis: Vozes, 2005.

CASTELLS, M. *O poder da identidade*. Rio de Janeiro: Paz e Terra, 6ªed, 2008, p 141-168

CASTRO, J. A.; AQUINO. L. M. C.; ANDRADE, C. C. (org.) *Juventude e Políticas Sociais no Brasil*. Brasília: Ipea, 2009. http://www.ipea.gov.br/sites/000/2/livros/Livro_JuventudePoliticas.pdf

CATTANI, A.; DÍAZ, L. M. (Orgs.). *Desigualdades na América Latina*; novas perspectivas analíticas. Porto Alegre: Ed. da UFRGS, 2005.

Educação ambiental **287**

CAROSIO, A. El consumo en la encrucijada ética. *Utopía y Praxis Latinoamericana*, vol.13, no.41, 2008, p. 13-45. http://www.scielo.org.ve/pdf/upl/v13n41/art02.pdf

DELORS, Jaques. *Educação: um tesouro a descobrir*. São Paulo: Cortez/UNESCO/MEC, 2004.

DEMO, P. *Educação hoje*: "novas" tecnologias, pressões e oportunidades. São Paulo: Atlas, 2009.

DUPAS, G. *Tensões contemporâneas entre o publico e o privado*. São Paulo: Paz e Terra, 2003.

GIDDENS, A. *Sociologia*. 4. ed. Porto Alegre: Artmed, 2005.

GUIMARÃES, G.; BARRETO, R. G. Linguagens na TV. *Educação em Revista*, 2008, n.47, p. 41-54.

KLIKSBERG, B. América Latina: La región más desigual de todas. *Revista de Ciencias Sociales*, vol.11, no.3, 2005, p. 411-421.

LAVALLE, A. G. Cidadania, igualdade e diferença. *Lua Nova*. São Paulo, CEDEC, nº 59, 2003, p. 75-93.

LOUREIRO, C. F. B. *Trajetórias e fundamentos da educação ambiental*. São Paulo: Cortez, 2004.

LOUREIRO, C. F. B. L. Crítica ao fetiche da individualidade e aos dualismos na educação ambiental. In.: LOUREIRO, C. F. B. (Org.). *Educação ambiental, gestão pública, movimentos sociais e formação humana: uma abordagem emancipatória*. São Carlos: RiMa Editora, 2009.

MILLER, D. Consumo como cultura material. *Horizontes Antropológicos*. v.13, n.28, Porto Alegre, 2007, p. 30-43.

OLIVEIRA, F.; RIZEK, C. S. (org.) *A era da indeterminação*. São Paulo: Boitempo, 2007

PAIVA, Â.; BURGOS, M. B. (org.) *A escola e a favela*. Rio de Janeiro: PUC-RJ e Pallas Ed., 2010.

PAUGAM, S. *Desqualificação social*; ensaio sobre a nova pobreza. São Paulo: EDUC/Cortez, 2003.

PORTILHO, F. *Sustentabilidade ambiental, consumo e cidadania*. São Paulo: Cortez, 2005.

PORTO, T. M. E. As tecnologias de comunicação e informação na escola: relações possíveis, relações construídas. *Rev. Bras. Educação*. 2006, vol.11, n. 31, p. 43-57

Programa das Nações Unidas para o Meio Ambiente (Pnuma). *Impactos ambientais do consumo e da produção*: produtos e materiais prioritários. Bruxelas, 2010. http://www.envolverde.com.br/#

RAMOS-DE-OLIVEIRA, N. Do ato de ensinar numa sociedade administrada. *Cadernos CEDES*, vol 21, n.54, Campinas, 2001, pp. 19-27.

RUSCHEINSKY, A. A política de consumo na perspectiva dos agentes sociais e a água como tema da educação ambiental In: Questões ambientais e sociabilidades. São Paulo: *Humanitas/CERU*, 2008, p. 151-166

_____. Desigualdades, meio ambiente e as mediações sociopolíticas. In MOLON, S.I. e DIAS, C.M.S. (org). *Alfabetização e educação ambiental*: contextos e sujeitos em questão. Rio Grande: Ed. Furg, 2009.

_____. Informação, meio ambiente e atores sociais: mediação dos conflitos socioambientais. *Revista Ciências Sociais*, Unisinos. 46(3), 2010a, p. 232-247. http://www.unisinos.br/revistas/index.php/ciencias_sociais/article/view/690/115

_____. Sustentabilidades: concepções, práticas e utopia. In: GUERRA, A. F.; FIGUEIREDO, M. L. (Org.). *Sustentabilidades em diálogos*. Itajaí: Univali Ed, 2010b, p. 63-86

_____. Desigualdades, capital social e desdobramentos dos conflitos socioambientais. In: LOPES, J. R.; MÈLO, J. L. B. (Org.). *Desigualdades sociais na América Latina: outros olhares, outras perguntas*. São Leopoldo: Oikos Ed., 2010c, p. 160-180

RUSCHEINSKY, A.; CALGARO, C.; AUGUSTIN, R.L. Análise sociológica das desigualdades e os entrelaçamentos entre consumo e seus reflexos socioambientais. In PEREIRA, A. O. K.; HORN, L. F. (org). *Relações de consumo*: consumismo. Caxias do Sul: EdUCS, 2010, p. 175-206.

SAITO, C. H. et al. Conflitos Socioambientais, Educação Ambiental e Participação Social na Gestão Ambiental. *Sustentabilidade em Debate* - Brasília, v. 2, n. 1, p. 121-138, 2011.

SANTOS, A. A. A.; SUEHIRO, A. C.; VENDEMIATTO, B. C. Inteligencia y comprensión en lectura de adolescentes en situación de riesgo social. *Paradígma*, vol.30, no.2, 2009, p. 113-124.

SATO, M.; CARVALHO, I. (Org.). *Educação ambiental*: pesquisa e desafios. Porto Alegre: Artmed, 2005.

SLATER, D. *Cultura do consumo & modernidade*. São Paulo: Nobel, 2002.

SOARES, M. *Linguagem e escola*. Uma perspectiva social. São Paulo: Ática, 1989.

TASCHNER, G. *Cultura, consumo e cidadania*. Bauru: Edusc, 2009, 189 p.

TILLY, C. O acesso desigual ao conhecimento científico. *Tempo social*, 2006, vol.18, n. 2, p. 47-63.

TOURAINE, A. *Um novo paradigma:* para compreender o mundo de hoje. Petrópolis: Vozes, 2006. 261 p.

_____. *Pensar outramente*. Petrópolis: Vozes, 2009.

TRISTÃO, M. Tecendo os fios da educação ambiental: o subjetivo e o coletivo, o pensado e o vivido. *Educação e Pesquisa*, vol 31, n 2, 2005, p 251-264. http://www.scielo.br/pdf/ep/v31n2/a08v31n2.pdf

14

A educação ambiental na transição paradigmática e os contextos formativos

Martha Tristão e Aloisio Ruscheinsky

A abordagem a propósito das transmutações paradigmáticas será interdisciplinar, apropriando-se de contribuições das ciências sociais, da psicologia social e da história. Ao tratar da transição de paradigmas, toma-se cuidado para que essa ênfase não seja posta na contingência e nas controvérsias de aderir a uma ótica evolucionista ou abordagem dualista ou linear.

Diversas são as possibilidades, entre elas: da ótica normativa e prescritiva da educação à ótica analítica, do diagnóstico da complexidade e da crítica; da perspectiva da especialização disciplinar à abordagem interdisciplinar, transdisciplinar e multidisciplinar; da sala de aula, do conteúdo convencional e da centralidade da informação no professor à reinvenção do processo da educação em face das novas tecnologias de informação; da elegia à ciência e à tecnologia como fio condutor da vida social às distintas abordagens e valorização dos diversos saberes; do evolucionismo e racionalismo ao relativismo e ao construtivismo; do momento epistemológico fundado na reflexão sobre a sociedade nacional às novas configurações e os movimentos de uma realidade multinacional, transnacional, mundial ou propriamente global; da naturalização e inevitabilidade ou da neutralidade da ciência e determinismo tecnológico à noção de construção social, do protagonismo das forças políticas, das relações sociais e da politização; do antropocentrismo ao holismo; da agricultura convencional à agroecologia; da livre criação e da pesquisa com compromisso social às exigências de produtividade, das competências e da excelência acadêmica.

A noção de paradigma diz respeito tanto ao fazer com certa metodologia, quanto à referência a conteúdos. De qualquer modo, a insatisfação com o padrão dominante de explicação da realidade mobiliza os esforços teóricos e práticos em direção à transição paradigmática.

Na primeira parte do texto[1] abordamos um aspecto da atualidade, pois vivemos um processo de transição paradigmática que se traduz em uma delimitação das tendências marcantes da formação dos profissionais da educação. Do ponto de vista de uma abordagem histórica não há entre as correntes a serem destacadas nem mesmo uma marca que define o início de uma e o término de outra.

O enfoque dado aqui abordará questões específicas sobre formação de professores e sua profissionalização, articulando as principais tendências que vêm marcando as principais vertentes das práticas da Educação Ambiental nessa transição paradigmática. A delimitação deste capítulo passa pelo argumento de que as concepções de conhecimento, de educação e de formação repercutem nas práticas discursivas vivenciadas pelos professores e educadores.

Na segunda parte, abordamos as contribuições que trago aqui, que foram engendradas a partir de análises e de interpretações de pesquisas realizadas sobre formação em Educação Ambiental e são complementares àquelas desenvolvidas nos Grupos de Trabalhos sobre Formação em Educação Ambiental e sobre Educação Ambiental na formação de professores, ocorridos durante o V Fórum Brasileiro de Educação Ambiental (3 a 6/11/2004) e o V Congresso Ibero-Americano de Educação Ambiental (5 a 8/04/2006).

Por fim, consideramos também para esta análise os movimentos de institucionalização das políticas de formação da Educação Ambiental, a legislação sobre formação dos profissionais da educação em geral, a legislação da Educação Ambiental, as reivindicações, as discussões e os debates realizados nesses GTs, como importantes contextos de ruptura e de continuidade de algumas tendências nessa transição paradigmática.

Para o intuito do presente texto observamos a distinção nítida entre uma noção de paradigma dominante e paradigma emergente. Ainda mais assinalamos que esta é uma antinomia frequente na larga contribuição de Boaventura de Souza Santos. O paradigma dominante, "[...] que nega o caráter racional a todas as formas de conhecimento que não se pautarem pelos seus princípios epistemológicos e por suas regras metodológicas" (Santos, 2000, p. 61), prevalecendo na ciência moderna e influenciando a educação, a Educação Ambiental e os contextos de formação. Para Santos (2000), esse é um paradigma em crise, resultado das condições sociais e teóricas da contemporaneidade.

O surgimento de um paradigma emergente apontado pelo autor é concebido por meio da relação entre o conhecimento científico (conhecimento prudente) e o conhecimento social (para uma vida decente). Essa é uma tendência em total consonância com o movimento da Educação Ambiental, com o conhecimento ético, com uma preocupação com a biodiversidade e com o futuro do planeta. Não estamos vivendo momentos nem de ruptura nem de continuidade cronológica em face dos paradigmas. Estamos no movimento entre conflitos e contradições, entre um pensamento e outro, já que vivemos povoados por ambos: ruptura e continuidade.

> São antes duas projeções, mutuamente envolventes, de uma realidade mais alta que não é nem matéria nem consciência. O conhecimento do paradigma emergente tende assim a ser um conhecimento não dualista, um conhecimento que se funda na superação das distinções tão familiares e óbvias que até há pouco considerávamos insubstituíveis, tais como natureza/cultura, natural/artificial, vivo/inanimado, mente/matéria, observador/observado, subjetivo/objetivo, coletivo/individual, animal/pessoa. Esse relativo colapso das distinções dicotômicas repercute-se nas disciplinas científicas que sobre elas se fundaram. (Santos, 1988, p. 61)

Alguns autores consideram que a ótica emergente está marcada pela imprevisibilidade, pela rapidez, pela realidade virtual, pela cultura televisiva e por uma linguagem imagética, entre outros aspectos. Morin (1977) nos convida a pensar a complexidade desse tempo e lhe confere uma característica inusitada: juntar, ligar o que esteve disjunto e fazer uma leitura multidimensional para analisar os contextos entrelaçados da complexa realidade.

Em uma publicação relativamente recente, Santos (2006) amplia a abordagem do paradigma emergente ou a transição paradigmática decorrente do esgotamento da racionalidade moderna e enfatiza a emancipação social. Entre os aspectos da transição paradigmática nessa obra, o autor se refere à sociologia das ausências e das emergências; à lógica de uma ótica da colonialidade; à construção intercultural da igualdade e da diferença; à reinvenção participativa para um Estado com a articulação de suas formas de solidariedade coletiva.

Nesse cenário, um processo educativo comprometido com a sustentabilidade e a participação podem suscitar cidadãos capazes de entender e de conduzir bem essa transição paradigmática. Aí se insere a Educação Ambiental como contribuição de pesquisadores compromissados, incluindo processos formativos fundamentados no debate e na reflexão crítica, para além do sentido do discurso atento às práticas socioambientais. Ao contrário dos discursos sobre a questão da (in)sustentabilidade do modelo econômico vigente, explicita uma visão dialógica no enfrentamento dos dilemas causados pelas escolhas de cada um e cada uma das educadoras, na atualidade e no futuro, em face dos conflitos socioambientais.

AS TENSÕES NA FORMAÇÃO DOS AGENTES DA EDUCAÇÃO AMBIENTAL

Vamos desenhar uma interpretação da confluência entre as tendências da formação docente e as vertentes da Educação Ambiental na atual crise de paradigmas. J. M. Carvalho (2004a) argumenta[2] que o confronto de paradigmas, dominante e emergente, marca na atualidade as tendências da profissionalização do professor. Ao mesmo tempo a renovação ou a revolução do sistema educacional estão lentas em comparação com a velocidade da inovação tecnológica e das informações.

Para a nossa trajetória, os paradigmas relevantes podem ser compreendidos e sintetizados por três tendências, destacando críticas ao paradigma hegemônico da modernidade como uma tendência ou como um projeto ainda vigoroso, mas também outro em gestação.

O professor como profissional competente, como profissional reflexivo[3] e como profissional orgânico-crítico marca a corrente em consonância com o pensamento moderno; o professor como profissional pós-crítico inserido em uma ecoformação se coaduna com o pensamento pós-moderno que conecta o subjetivo e o societal. Essas tendências serão analisadas e articuladas com as vertentes que marcam o pensamento e a busca de identidades para as práticas da Educação Ambiental. A intenção consiste em examinar uma tipologia, mas não é delimitar fronteiras, classificar ou rotular as diversas práticas e tendências, mesmo porque não vamos encontrar nenhuma em seu estado puro, haja vista que ora uma tendência se apresenta na outra, ora todas se apresentam em uma única. Essas tendências representam diferentes perspectivas do pensamento sócio-histórico e filosófico e, obviamente, o projeto de formação de professores em Educação Ambiental está incluso.

O paradigma dominante da modernidade possui internamente a diversidade de óticas ou tendências de acordo com o tempo e o espaço social. Segundo J. M. Carvalho (2004a), o professor como profissional competente se afina com o tecnicismo (neopositivismo) e recentemente com o neoliberalismo (competência como alternativa à qualificação, recursos humanos das grandes corporações) e tem sua influência nos repertórios interpretativos das políticas neoliberais que afetam as questões socioambientais. Essa noção parece considerar as competências e habilidades desvinculadas das dimensões do lugar, de uma inserção no meio ambiente, de tempo e espaço. Poderíamos associá-la a uma concepção pragmática e utilitarista da Educação Ambiental, deslocada do contexto histórico-social, com uma prática educativa despolitizada das questões ambientais e com a confiança de que a formação se constrói por acumulação (cursos, conhecimentos de técnicas) para um comportamento ecologicamente correto.

Como alerta Santos (2000, p. 64), "o determinismo mecanicista é o horizonte certo de uma forma de conhecimento que se pretende utilitário e funcional, reconhecido menos pela capacidade de compreender profundamente o real do que pela capacidade de o dominar e transformar." Ou seja, a ideia passa pelo domínio de técnicas na formação e o domínio da natureza no desenvolvimento.

Ainda dentro dessa tendência, uma outra explicação do professor como profissional reflexivo, de acordo com J. M. Carvalho (2004a), tem sua confluência com o vitalismo e o pragmatismo de John Dewey: devemos dar mais importância às consequências e efeitos da ação do que a seus princípios e pressupostos; o pragmatismo busca nos efeitos e consequências de uma ideia sua eficácia, seu sucesso.[4] Essa tendência considera a prática pedagógica fundamental para a formação do professor reflexivo e pesquisador, porém não a articula com outros contextos formativos, como a formação inicial ou mesmo o contexto político ou as práticas democráticas e a cultura política.

Uma característica dessa tendência, denominada *educação ambiental convencional,* apontada por Loureiro (2004, p. 80), que marca as práticas da educação ambiental, são as vivências de sensibilização que, muitas vezes, têm uma ênfase grande na mudança de comportamento pessoal, com enfoque na dimensão individual, negligenciando "[...] a ação coletiva e a problematização e transformação da realidade de vida, despolitizando a práxis educativa".

A grande referência dessa tendência, e ao mesmo tempo uma variante, encontra-se no pensamento de Donald Schön (2008), que, embora faça uma crítica à racionalidade técnica, não supera o pragmatismo de Dewey, ao reafirmar as competências profissionais e ao considerar a prática pedagógica como o único e principal lócus da formação. Concentra-se na reflexão-na-ação (simulação da prática do professor), ou seja, pensar o que fazem enquanto fazem, para interferir na ação em movimento e repensar as estratégias. A noção da prática reflexiva se centra em uma concepção de uma prática social reflexiva, e a formação do educador, de acordo com Schön (2008), se ampara em três dimensões basilares: o "conhecimento-na-ação", a "reflexão-na-ação" e a "reflexão-sobre-a-ação".

Está afinada com a abordagem convencional ou tradicional[5] da Educação Ambiental apontada por Guimarães (2004), que foca a realização da ação educativa na terminalidade da ação, compreendendo ser essa terminalidade o conhecimento retido e, no caso da formação de professores, a supervalorização da prática em detrimento dos fundamentos orientadores da política e da ética socioambiental. Essa lógica entende a sociedade e a escola como resultado da soma de elementos e de indivíduos e não como um sistema com sua dinâmica complexa em que a soma das partes não expressa as qualidades emergentes do todo. Com isso, corre-se o risco de só apreender o todo desses sistemas a partir de certas imposições, ou seja, as perdas e o empobrecimento que Morin (1977) atribui *a sujeições e restrições,* às partes, que todo sistema possui.

Essa tendência tradicional ou convencional da educação ambiental e da formação privilegia o aspecto cognitivo e prático do processo educativo, acredita que o conhecimento reflexivo do professor isolado sobre sua prática pedagógica irá repercutir sobre sua ação educativa, na escola e na sociedade. Nesse caso, é mais considerada no processo de aprendizagem a racionalidade cognitiva e instrumental do que a emoção, o conhecimento é reduzido à reflexão, sem considerar a prática socioambiental, a unidimensionalidade, em detrimento da multidimensionalidade, a objetividade com ênfase no individualismo, em detrimento da formação da subjetividade,[6] da ação coletiva e/ou da inserção política.

Por fim, algum proveito há na perspectiva de prática educativa reflexiva se e na medida em que procura compreender o contexto social e delinear um profissional compromissado com a mudança social, em cujo direcionamento teórico e metodológico envereda pelo construtivismo social (Pimenta e Ghedin, 2002). As práticas socioambientais como uma atividade crítica, dentro da perspectiva em exame, evidenciam a impropriedade de generalizações aceleradas em um campo de autores tão diversos dos estudos sobre os saberes a partir da reflexividade. Essa perspectiva teórica se proliferou em muitas direções e segue por abordagens com diferentes caminhos ou desfechos.

O professor como profissional orgânico-crítico, em suas relações com a ótica decorrente do marxismo de Gramsci e parte da teoria crítica (Escola de Frankfurt), se relaciona com uma perspectiva crítica que vem marcando a identidade da Educação Ambiental emancipatória defendida por vários autores (I. Carvalho, Loureiro, Guimarães, Layrargues, Tozoni-Reis, entre outros). A partir do referencial metodológico e teórico do materialismo dialético, Tozoni-Reis (2002) trata dos pressupostos teóricos presentes na formação dos educadores ambientais em cursos de graduação das universidades. A autora organiza a abordagem a partir dos paradigmas expressos nas concepções naturais, racionais e históricas da relação homem-natureza e da educação.

Segundo I. Carvalho (2004b), essa vertente de abordagem pelas lentes da teoria crítica possui também a respectiva diversidade e se baseia em vários teóricos, mas o que existe em comum é o princípio de fortalecer aqueles sem poder por meio da transformação socioambiental, minimizando as desigualdades e as injustiças socioambientais. Paulo Freire é o grande inspirador dessa vertente da Educação Ambiental no Brasil e em outros países. As transformações são de tal envergadura que a questão ecológica se tornou eminentemente de cunho social ou a questão social tende a ser elaborada de maneira mais adequada também como uma questão referida aos bens ambientais.

Essa tendência, denominada Educação Ambiental crítica, transmuta a orientação pedagógica em uma prática política, como sugere Giroux (2003), com uma cooperação entre educadores e outros sujeitos culturais engajados nas lutas sociais e ambientais, criando espaços críticos de aprendizagem múltiplos, buscando a interação com movimentos sociais. Assim, as mudanças não ocorrerão de cima para baixo, mas com a participação dos professores que estão diretamente ligados à realidade cotidiana e societal. As propostas curriculares, as mudanças e transformações educativas dependem daqueles envolvidos ou com comprometimento eticopolítico em seu cotidiano. O engajamento dos professores nos processos políticos de decisão intervém no seu fazer pedagógico e pode ser considerado contexto valioso de formação, também possibilidade de construção de novas formas de compreender e viver a relação saberes e fazeres, teoria e prática.

No Brasil, esses ideais foram constitutivos da educação popular, e o grande mentor foi o filósofo da educação Paulo Freire, com a ideia central de educar para transformar e com sua teoria da educação como prática de liberdade. Os princípios e as práticas da educação popular tiveram grande influência na construção histórica da Educação Ambiental a partir dos anos de 1980, pois romperam com a tendência tradicional de uma concepção tecnicista da educação, difusora e repassadora de informação e de conhecimento. Freire, na difusão da pedagogia crítica, convida a educação a assumir a mediação na construção social de conhecimentos implicados na vida dos sujeitos, a educação imersa na vida, na história e nas questões urgentes de nosso tempo.

A Educação Ambiental crítica encontra aporte nessa tendência pelos seus pressupostos teóricos e metodológicos, trazendo a sua especificidade, como alerta I. Carvalho (2004b, p. 17), "[...] da prática educativa ambientalmente orientada, de processos educativos que compreendam a interdependência entre sociedade-natureza e intervenham nos problemas e conflitos socioambientais". Essa práxis educativa propõe uma mudança de valores e de atitudes na formação dos sujeitos por meio do seu engajamento ativo. A militância aqui poderia ser considerada um contexto ativo de formação desses educadores, com uma leitura crítica, problematizada e contextualizada da realidade educativa e socioambiental. Tornar o pedagógico mais político e o político mais pedagógico é uma síntese expressiva dessa tendência.[7] Cabe aqui a responsabilidade sobre o conteúdo do que ensinam, como ensinam e o que movimenta suas lutas, superando dicotomias entre a teoria e a prática, o pessoal e o coletivo, o local e o global.

Essa tendência crítica assenta a superação do paradigma dominante como uma prioridade ordinária, como sinalização de um movimento sociocultural em meio às controvérsias e conflitos. Todavia, a ênfase insiste na ideia de superação da linearidade, da dualidade e do reducionismo causal.

> Superação, em uma perspectiva dialética, não é negar, mas avançar, ou seja, incorporar criticamente o paradigma dominante construído pela história do desenvolvimento das ciências e da organização social e ir além, construir, sobre a base histórica do pensamento científico e sobre as formas de organização sociais reais, novas formas, alternativas, de ação humana na natureza e na sociedade. Dessa forma, a utopia perde a abordagem ingênua que caracteriza o movimento de superação/negação, de volta às condições pré-científicas da relação homem-natureza, nas quais a história real, concreta e material é desconsiderada, e ganha a abordagem mobilizadora de colocar, em perspectiva histórica, a possibilidade de construção de alternativas civilizatórias para as relações homem-natureza e homem-homem. (Tozoni-Reis, 2002, p. 93)

A tendência do professor como ecoformador com a fundamentação antropológica é expressa pelo discurso político da ecoformação, uma tendência da tradição subjetivista, alicerçada em correntes sociofilosóficas do pós-crítico, pós-estruturalismo e do pós-modernismo, que aposta nos desdobramentos da subjetividade.

Vale esclarecer que não há uma relação concorrente ou antagônica com a tendência de formação sob o viés crítico ou da educação ambiental crítica e transformadora, mas uma complementaridade. Na perspectiva da ecoformação, uma rede de referenciais se associam: a inspiração nos estudos do imaginário e da subjetividade; a abordagem da transversalidade ou da transdisciplinaridade como óticas teórico-metodológicas com consequências práticas; a interculturalidade ou a diversidade cultural como fenômeno contemporâneo de discussão dos direitos à diferença; o construtivismo e a pedagogia da alternância[8] com significado polissêmico e de resistência cultural.

Essa tendência também traz em sua marca a dimensão ético-política, mas insere o professor em um cenário longe de um rótulo, em um terreno mais incerto, em uma pedagogia da incerteza, compreendido em sua incompletude (Carvalho, J. M., 2004a). Diríamos que, na educação de modo geral e nos pensadores e teóricos de currículo, encontramos no Brasil alguns adeptos dessa tendência da pedagogia da incerteza, que transforma o mito ou a ilusão da verdade inatacável da ciência em incerteza ou passível de insegurança.

Na tentativa de associar o currículo vivido com o cotidiano escolar, os fundamentos da metodologia de pesquisa do/no/com o cotidiano escolar, com suas respectivas formas de violência e insegurança, passam a ser compreendidos como espaço de enredamentos. Essa abordagem considera a subjetividade, as relações intersubjetivas e a fundamentação como um conhecimento não linear, fazendo analogia com a metáfora da rede para compreender a vida e o conhecimento, expressando o sentido de entrelaçamento e de interdependência.

A ecoformação preza ou tem em elevada estima o aprendizado que traz do campo das ciências sociais, exatamente para contornar a linearidade, a dualidade ou a fragmentação:

> Uma reflexão de caráter mais epistemológico critica as análises que reforçam a ideia de uma estrutura social sem sujeitos, ou de uma ordem portadora de indivíduos liberados de constrangimentos estruturais, que são comuns a muitos dos estudos que sucederam as interpretações sociológicas sobre os movimentos sociais. (Barreira, 2010)

A formação em Educação Ambiental, então, passa a ser compreendida como uma rede de contextos que, desde a formação inicial, estendendo-se à vivência, à atuação profissional, à participação em cursos, grupos e eventos, são compreendidos como espaços/tempos de ecoformação.

Nesse sentido, há um prolongamento na formação; parece seguir a fragmentação da educação, definida como atuação das gerações adultas sobre a dos jovens para ficar coextensiva à vida, o que nos remete a pensar em uma formação permanente. A formação, hoje, impõe-se como uma função vital a ser permanentemente exercida, e Pineau (2003, 2006) convida-nos a pensar a formação como um devir dos protagonistas em uma pesquisa-ação-formação existencial.

> Emergência de novas práxis socioformadoras projetando, nas fronteiras das instituições, novos interlocutores em busca de novas situações de interlocução e de escritura, para tratar seus problemas vitais pós-modernos de orientação e de formação profissional e também existencial. (Pineau, 2006, p. 333).

Para o autor, a concepção fixista do permanente é substituída por uma dialética permanente de mudança. Na formação permanente, a mudança e o movimento contínuo é que são permanentes. Esse autor pensa a formação em três movimentos e em dois tempos, criando os conceitos de auto-, hetero- e eco-formação. O emprego desses prefixos, segundo o autor, se inscreve no movimento *transdisciplinar de tentativa de tratamento da multicausalidade* (Pineau, 2003, p. 156) em que o individual ou social, o cultural ou ambiental trazem uma forte influência no exercício da ecoformação. A autoformação foi o primeiro movimento a aparecer, pela sua característica e pela abordagem dos protagonistas, evoluindo para uma compreensão de que estes estão em permanente relação com as múltiplas relações societárias, nas quais emerge a heteroformação.[9] O movimento seguinte, a ecoformação, de acordo com Pineau (2003, p. 158), é o mais "[...] esquecido, até mesmo rejeitado pela interlocução tagarela dos outros dois". E acrescenta o autor: "[...] o termo ecoformação assume importância com o movimento ainda restrito de educação para o meio ambiente. Esse termo ecoformação pretende dar destaque à reciprocidade da formação do meio ambiente".

Essa concepção traz implícito um processo que envolve uma reforma do pensamento e das estruturas, da existência e dos condicionamentos. Os caminhos e as ideias se tornam desafiantes e imprecisos, envolvendo a complexidade da Educação Ambiental e de seus contextos formativos. O pensamento de Morin (1977) é bastante expressivo dessa tendência de formação do professor como profissional da diversidade e na incerteza, embora alguns autores o associem à tendência crítica, o que é compatível com o pensamento complexo que nos propõe trabalhar com aspectos complementares, concorrentes e antagônicos ao mesmo tempo. Sugere, também, não tentar superar as contradições, mas reconhecê-las, ou seja, sair do pensamento de uma só via alternativa. Essa maneira de pensar a pesquisa, a educação e a formação envolve a subjetividade em conexão com o teórico, em um movimento permanente e contínuo, recursivo do processo permanente de ecoformação.

É uma lógica que rompe com o conhecimento "engaiolado", pois tem o respeito à diversidade biossociocultural como princípio e a sustentabilidade como ação. Em última análise, diante dessas interpretações: Qual formação defendemos para os profissionais da educação comprometidos com uma prática educativa ambientalmente orientada? No mínimo, uma formação que possibilite ao profissional contatar ou se inserir nas tendências delineadas de ecoformação. Além disso, na formação permanente a partir de orientações que se filiam a um diálogo entre as tendências críticas e pós-críticas desafiadas para uma ruptura paradigmática com as narrativas redentoras (Fischman e Sales, 2010).

UM RESUMO DOS MOVIMENTOS DE INSTITUCIONALIZAÇÃO DA FORMAÇÃO EM EDUCAÇÃO AMBIENTAL – INDÍCIOS DE UM PARADIGMA DOMINANTE

A legislação ambiental existente obteve nas articulações da sociedade civil uma inspiração e uma importância fundamental para as políticas públicas da educação e da Educação Ambiental; assim, não questiono os méritos dessas leis. Aqui farei uma breve análise dessas propostas, das articulações entre lutas socioambientais e as leis, das tendências marcantes de formação para os profissionais da educação e, consequentemente, de uma formação em Educação Ambiental. A intenção não é fazer uma análise da normatividade e documentos existentes; mesmo porque se deixa de incluir documentos e programas também importantes.

As políticas de Educação Ambiental reforçam a abordagem interdisciplinar, evoluindo para a compreensão do meio ambiente como tema transversal, assim como sugerem as diretrizes elaboradas pelo Ministério da Educação em 1997: os Parâmetros Curriculares Nacionais (PCNs), bem como a Política Nacional de Educação Ambiental.

300 Aloisio Ruscheinsky (org.)

Desde a Constituição Federal de 1988, já era mencionada como necessária a abordagem interdisciplinar da Educação Ambiental em todos os níveis de escolaridade. Os PCNs estipulam diretrizes para a educação infantil, o ensino fundamental e o ensino médio, e a Educação Ambiental, entre outros temas de características ético-humanistas, entra como tema transversal. O que muitas vezes ocorre é um distanciamento entre as propostas firmadas no ordenamento legal, as condições das escolas, a jornada de trabalho dos profissionais e as práticas interdisciplinares, ou seja, entre a atuação dos professores e essas propostas. Além disso, ocorre um estranhamento por parte dos professores, já que não foram envolvidos ou ouvidos durante sua produção e elaboração, o que, muitas vezes, não repercute em um engajamento político ou mesmo em um sentimento de responsabilidade na implementação de seus conteúdos e objetivos.

A Lei nº 9. 394, de 20 de dezembro de 1996, a nova Lei de Diretrizes e Bases, que incide sobre a educação básica e a educação profissional, não menciona em seu texto a Educação Ambiental e a profissionalização docente, e a reforma educacional é sustentada, em seu texto, pela noção de competência. A tendência do professor como profissional competente é explicitamente marcada tanto na LDB como nos PCNs. O argumento desses documentos passa pela habilidade da produção empírica, de resultados desejáveis e aprovados socialmente, com otimização máxima de recursos humanos e materiais. Na concepção de J. M. Carvalho (2004a), o profissional só é competente quando atinge objetivos sob certas condições; a fixação de competências, o acompanhamento e a avaliação são normas inerentes ao perfil almejado.

O Conselho Nacional de Educação – Parecer 009/01, que deliberou sobre as Diretrizes Curriculares para formação de professores da educação básica, em curso de nível superior, curso de licenciatura de graduação plena, também não faz nenhuma menção à Educação Ambiental.[10]

Podemos inferir que essas legislações sugerem implicitamente aquele velho argumento de que toda educação é ambiental ou de que toda educação ambiental é educação. Ora, como sugere I. Carvalho (2004b), esse tipo de argumento parece jogar água fria no que historicamente foi construído e conquistado pela Educação Ambiental com uma especificidade que garanta uma prática educativa ambientalmente orientada e não diluída no marco geral da educação.

A Lei nº 9.795, de 27 de abril de 1999, que institui a Política Nacional de Educação Ambiental, não faz menção à nova LDB. Em seu Art. 8º § 2º determina:

Educação ambiental **301**

A capacitação de recursos humanos voltar-se-á para: I - a incorporação da dimensão ambiental na formação, especialização e atualização dos educadores de todos os níveis e modalidades de ensino; II - a incorporação da dimensão ambiental na formação, especialização e atualização dos profissionais de todas as áreas; [...].

Observamos ainda, um desencontro entre as leis que tratam da educação de modo geral e as da Educação Ambiental. Uma não faz referência à outra. As leis que regem a Educação Ambiental não se inserem nas leis da educação e vice-versa.

Esses documentos prescritivos, mesmo da Educação Ambiental, trazem repertórios que às vezes estão fora de uma ruptura almejada com a linearidade formal e instrumental da formação, ou mesmo de uma tendência tecnicista da Educação Ambiental. Por exemplo, a formação entendida como Capacitação de Recursos Humanos pode contribuir por "ressemantizar" os sentidos para atender ao pragmatismo dominante de um conhecimento-regulação em vez de um conhecimento-emancipação, como nos convida Santos (2000). Não seria muito mais interessante uma referência à formação em vez de à capacitação?

Para Santos (2000), o paradigma da modernidade comporta duas principais formas de conhecimento: o conhecimento-emancipação e o conhecimento-regulação. O conhecimento-emancipação é a progressão de um estado de ignorância, que o autor chama de colonialismo, para um estado de saber, designado solidariedade. Já o conhecimento-regulação é uma trajetória entre um estado de ignorância, designado caos, e um estado de saber, denominado ordem. Franco e Leal discutem as insuficiências do planejamento em função do campo de visão dos profissionais:

> Três ordens de preocupações se colocam ao debate. A primeira incide na possibilidade de identificar correlações entre o conceito de *realidade imaterial* e a *realidade incorpórea*, trazendo, para a atualidade, preocupações já postas pelos pensadores de outrora, com a potência do *não visível*. A segunda visa problematizar os vários entendimentos que surgem a partir dos conceitos de técnica e de tecnologia, que instauram vozes dissonantes a respeito do impacto provocado pelos mesmos na sociedade contemporânea. Por último, busca analisar esses aspectos no interior do debate curricular quando o mesmo se depara com as alterações e as mudanças nas novas formas de seleção, armazenamento e produção de conhecimento. (Franco e Leal, 2011, p. 218)

As reformas educacionais impregnaram as políticas educacionais de vários países. A proposta seria interessante se considerássemos como pano de fundo uma nova abordagem de desenvolvimento[11] e de se repensar a educação. Só que, ainda assim, a tendência seria pragmática, pois parece considerar as competências e habilidades desvinculadas das dimensões do lugar, do meio ambiente, dos espaços/tempos. No caso da vertente da própria Educação Ambiental, poderíamos relacioná-la mais com uma concepção pragmática e utilitarista, deslocada do contexto histórico-social dos sujeitos aprendentes. Obviamente, como são diretrizes curriculares, no caso dos PCNs a saída é o envolvimento de professores e educadores no debate sobre essas propostas, superando qualquer monopólio interpretativo.

Apesar desses desencontros e das tendências pragmática e técnico-profissionalizante na formação, podemos afirmar a existência de um movimento de institucionalização de uma formação em Educação Ambiental, destacando a necessidade de maior atuação e de investimento na formação de professores e de educadores. Nossa tese é de que há uma rede de contextos contribuindo para essa formação, inserindo-se aí os encontros e eventos como espaços/tempos de formação (Tristão, 2008).

ENCONTROS E EVENTOS COMO ESPAÇOS/TEMPOS DE FORMAÇÃO DE UM PARADIGMA EMERGENTE

No caso de uma questão tão híbrida, como a da formação em Educação Ambiental, não basta sentir que estamos em crise, que as políticas públicas não atendem às nossas expectativas e que a mercantilização domina o mundo; temos de encontrar brechas e apoios para acreditar na possível mudança. Nessa perspectiva, trago alguns movimentos marcantes de encontros e eventos de Educação Ambiental como espaços/tempos de aprendizagens, de formação crítica e de criação. Para Santos (2000), as comunidades interpretativas ocorrem quando há uma ampliação do discurso argumentativo nos auditórios relevantes da retórica que associo aos encontros e eventos.

A formação pelo viés da educação ambiental na transição paradigmática por certo não pode se furtar de um diálogo intenso com as inovações das ciências e das tecnologias, bem como um encantamento com uma sociedade priorizando a justiça ambiental, de inspiração democrática e de equidade. Sob essa lógica, "nos referenciais teóricos presentes nas atividades de formação dos educadores ambientais, identificam-se sinais de transição de paradigmas. Isso, se problematizado e potencializado nas discussões e práticas acadêmicas, tende a gerar novas formas e conteúdos para a formação dos educadores ambientais nos cursos de graduação" (Tozoni-Reis, 2002, p. 94).

Tratamos os encontros e eventos de Educação Ambiental dentro de um sentido educacional e ambiental que eles podem ter, entrecruzando-se com situações e acontecimentos fazedores de história, como contextos educacionais de comunidades interpretativas e de solidariedade ao movimento ambientalista, e destes à sociedade. São também iniciadores de formação em Educação Ambiental para pessoas que se sensibilizam, se mobilizam e participam desse debate. Assim, esses encontros e eventos, como contextos formativos, se constituem em espaços/tempos de aprendizagem, que trazem vivências e desdobramentos, para além do que se poderia defini-los por sua possibilidade instrumental ou pragmática (Tristão e Fassarela, 2007). Esses acontecimentos ampliam o monopólio de interpretação, e, como bem argumenta Santos (2000), as comunidades interpretativas são verdadeiras comunidades políticas.

Como primeiro movimento, reporto-me a um grupo constituído de professores pesquisadores de universidades brasileiras,[12] redes de Educação Ambiental e movimentos sociais, reunido durante o V Fórum Brasileiro de Educação Ambiental, realizado de 3 a 6 de novembro de 2004, na cidade de Goiânia/GO. No ensejo do momento de mudanças e de adequações dos cursos de graduação às Diretrizes Curriculares para formação de professores da educação básica determinadas pelo Conselho Nacional de Educação (CNE, Parecer 009/01), esse grupo se articulou para um manifesto[13] reivindicando ao Ministério da Educação a inserção explícita da Educação Ambiental nos Cursos de Formação de Professores. A proposta apresentada na forma de um abaixo-assinado era para que as 400 horas de Prática de Ensino, previstas no Inciso I do Art. 1º da Resolução do CNE/CP-2/2002, estivessem direcionadas à inserção dos temas transversais nas disciplinas específicas, com enfoque ambiental, atendendo assim aos pressupostos dos PCNs, e para que se fizesse a utilização pedagógica das tecnologias na educação.

O argumento era de que essas 400 horas, distribuídas ao longo dos cursos, com ênfase em Educação Ambiental, com o significado de uma educação pública e emancipatória, agregando em seu bojo os outros temas transversais propostos pelos PCNs, a dimensão ambiental, a ética, a pluralidade cultural e a saúde, poderiam contribuir para a vivência e a formação crítica do professor, possibilitando a prática interdisciplinar no seu cotidiano profissional. Quer dizer, esse seria um movimento marcado por uma tendência explicitamente crítica da formação e da educação ambiental.

Um outro movimento interessante ocorreu durante o V Congresso Ibero-Americano de Educação Ambiental, realizado na cidade de Joinvile, Santa Catarina, em abril de 2006, no GT "EA e formação de professores", em que se reuniu um grupo de mais de 65 educadores interessados em discutir a temática. As discussões iniciais partiram de algumas preocupações e contradições sobre uma formação em Educação Ambiental. Entre as questões significativas levantadas, pode-se mencionar: "Como evitar o reducionismo da dimensão ambiental e a fragmentação do conhecimento nos processos formativos?" As discussões e análises foram realizadas em torno do que considero algumas problemáticas do processo de formação.

As reflexões que giraram em torno da primeira problemática estariam relacionadas com a falta de politização e falta de conhecimentos atualizados e adequados pelos professores, com a insuficiência da formação continuada; em torno da segunda, as relacionadas com a criação de uma disciplina de Educação Ambiental nos cursos de graduação, o que, por sua vez, iria ao encontro das abordagens fragmentadas e reducionistas; em torno da terceira, as relacionadas com a formação de professores formadores, articulando a formação inicial e a formação continuada; por fim, em torno da quarta problemática, reflexões relativas à falta de apoio político e econômico para a pesquisa e para a implementação de programas de Educação Ambiental, à escassa produção e distribuição de materiais educativos, à ausência de mecanismos de avaliação, intercâmbio e comunicação no contexto ibero-americano.

Após amplo debate acerca dessas problemáticas, as produções coletivas desse GT resultaram na concordância de que seria preciso:

a) conduzir a formação de professores em Educação Ambiental dentro de uma perspectiva crítica/emancipatória/libertadora;

b) conduzir a formação ambiental nos diferentes cursos de formação de professores de modo transversal;

c) envolver as entidades formadoras (instituições de ensino superior) e as entidades contratantes (escolas, secretarias, instituições não governamentais e outras) para que se comprometam com os processos de Educação Ambiental, em um movimento de articulação entre a formação inicial e a formação continuada;

d) tratar a Educação Ambiental como política pública e não como política de governo: as políticas públicas devem ser vinculadas aos processos de formação continuada de professores, de acordo com as demandas e especificidades regionais e locais;

e) garantir que os espaços para a formação continuada de professores em Educação Ambiental contribuam para o empoderamento dos grupos/coletivos de professores para o resgate da profissionalização docente.

Mais recentemente, com certeza, se incluiria a ética do cuidado de si e do outro como a arte da existência socioambiental, mas que requer a produção ética e estética da existência material e imaterial, bem como a reinvenção do currículo no cotidiano escolar alicerçada por uma ampla capacidade de estranhamento.

Vale destacar que uma das questões bastante polêmicas do grupo foi a inserção da Educação Ambiental na formação inicial, evitando incorrer no risco do reducionismo com a criação de uma disciplina específica. Essa discussão sobre a criação ou não de uma disciplina específica para os cursos de formação de professores se tornou uma questão paradoxal, por um lado para aqueles e aquelas que concordavam que uma disciplina específica garantiria o lócus da formação e, por outro, para aqueles e aquelas que pensavam que uma disciplina não contribuiria por si só para uma mudança de paradigma e, talvez, reafirmasse a concepção de um paradigma dominante de currículo que fraciona, divide e aprisiona o conhecimento em gaiolas.

> A tendência à superação de paradigmas identificada nas representações dos professores dos cursos estudados sinaliza um movimento de procura e transição de paradigmas científicos e, de certa forma, socioculturais. Esse movimento diz respeito à superação do paradigma dominante, principalmente nas ciências naturais. No entanto, as análises das falas revelaram uma ideia de superação que se aproxima da ideia de negação. (Tozoni-Reis, 2002, p. 93)

Na tentativa de ampliar essa análise, oportunamente apliquei um questionário aos participantes desse GT, sugerindo que respondessem às perguntas: Qual a importância da inserção da Educação Ambiental na formação de professores? Como a Educação Ambiental pode estar inserida nos processos de formação? E pedi que dissessem o que sabiam sobre as políticas de formação de professores em Educação Ambiental em instituições da América Latina e Caribe.

No que se refere à importância de sua inserção, nem a pergunta nem os participantes fazem alusão ao momento ou ao espaço/tempo em

306 Aloisio Ruscheinsky (org.)

que isso ocorreria. Os participantes enfatizam, em sua maioria, a necessidade de uma formação interdisciplinar para o conhecimento integrado e articulado da dimensão ambiental com questões sociais mais amplas, reconhecendo mecanismos e condicionantes. A abordagem crítica da formação docente em uma ótica transformadora e emancipadora da Educação Ambiental se alicerça em uma reconfiguração dialética[14] das mediações e, nessa medida, se delineia como possibilidade de superação das práticas educativas tradicionais ou circunstanciais.

Nas respostas sobre a inserção da Educação Ambiental na formação, em relação à formação inicial prevalece ainda o argumento da criação de uma disciplina obrigatória nos cursos de graduação e na formação continuada por meio de cursos, projetos e materiais didáticos e educativos. Ainda assim, na minha compreensão, a polêmica em torno da criação da disciplina é paradoxal, pois vários participantes reafirmam a abordagem interdisciplinar e até mesmo transdisciplinar da Educação Ambiental. Talvez essa proposta possa ser considerada uma estratégia emergencial para efetivação da Educação Ambiental, mesmo contradizendo a transversalidade, a inter e a transdisciplinaridade. As instituições de ensino superior são consideradas as grandes responsáveis pelos processos de formação inicial, e um investimento efetivo na formação continuada, como a grande e real possibilidade dessa inserção.

No que se refere às políticas de formação, a maioria desconhece o assunto e os raros que se manifestaram indicam algumas ações pontuais e isoladas e, no caso do Brasil, mencionam a formação continuada realizada pelo Ministério da Educação.

Para não cair em uma armadilha paradigmática, como nos alerta Guimarães (2004), de um caminho único ou de uma limitação compreensiva, após um debate profundo, o grupo avança na proposta de uma disciplina fora dos mesmos moldes das disciplinas tradicionais de currículo. O autor advoga a transmutação.

> Propiciar uma formação político-filosófica (além de técnico-metodológica), para transformá-lo em uma liderança apta, pela ruptura da armadilha paradigmática, a contribuir na construção de ambientes educativos, em que ele se apresente como um dinamizador de um movimento conjunto, capaz de criar resistências, potencializar brechas e construir, na regeneração, a utopia como o inédito viável da sustentabilidade. (Guimarães. 2004, p. 141)

A preocupação com a armadilha paradigmática também está em Rodrigues e Guimarães (2010) como limitação compreensiva, incapacidade discursiva e uma recorrência a práticas ambientais. O diferencial para uma abordagem interdisciplinar estaria na ideia de um projeto de aprendizagem com objetivos comuns, trabalhado por dois ou mais professores de diferentes áreas de conhecimento sob diferentes ângulos de análise. No caso dos cursos de licenciatura com base comum, a oferta ocorreria simultaneamente para cursos de diferentes áreas. As trocas e os embates de ideias criados pelas diferentes áreas podem favorecer a compreensão integrada de conhecimento, a interdependência e inter-relação de uma realidade complexa como a da dimensão ambiental.

CONSIDERAÇÕES FINAIS

Concluímos este texto com a certeza de que muitos outros aspectos compreendem a transição paradigmática da Educação Ambiental: o ser humano está delineado constitutivamente para mudar continuamente. Existe uma tensão ofuscada frequentemente e que consiste na aparente fixidez da biodiversidade com a fluidez da experiência humana ou um cenário móvel da história em oposição ao repetitivo dos outros elementos da natureza. Essa tensão também diz respeito ao nexo entre ser, ter e imaginário.

Se a história é amplamente conectada à natureza, esta por sua vez é largamente modificada pela cultura ao longo da história. Todavia, estamos diante dos cruzamentos que nos confrontam ou do retorno às antinomias que estruturaram os saberes: moderno e pós-moderno, reversível e irreversível, humanismo e pós-humanismo, crítico e pós-crítico,[15] criatividade e determinação ou domesticação, público e privado, preservação e mudança, ação e prescrição, espírito e corporalidade, natureza e história, exclusão e inclusão ambiental, causalidade e imprevisibilidade, direitos humanos e a declaração universal dos direitos da terra, cidadão e consumidor, políticas econômicas e políticas socioambientais, as esperanças suscitadas pela expansão e efetivação de direitos e a lógica excludente de modernizações.

Podemos observar a grande pressão social sobre a educação e o professor, sendo sua formação considerada alvo predileto como facilitador das reformas na dinâmica da sociedade tecnocrática e competitiva ou como a chave que por si só seria desencadeadora das transformações sociais e ambientais almejadas. A Educação Ambiental propõe a quebra de fronteiras entre as disciplinas e subverte a lógica dicotômica que separa a cultura popular de cultura de elite, a cultura da natureza, a cultura da política e outras disjunções do pensamento moderno. Assim, convida-nos a pensar nos múltiplos espaços/tempos de formação em que o saber é construído.

No entanto, não podemos responsabilizar apenas o professor pela sua formação, considerando só a autoformação na tríade com a hetero- e a eco-formação. Às vezes corremos um sério risco de rotular ou desqualificar o profissional professor, simplificando uma análise da sua formação ou atuação entre o que seria uma boa ou má formação e atuação. Portanto, é mister analisar sempre o contexto sócio-histórico, econômico e cultural das crescentes condições de empobrecimento do professor no Brasil para podermos compreender de modo mais complexo e profundo os contextos formativos desses profissionais.

Tenho observado, em vários encontros com professores e educadores ambientais, uma sensação de frustração e angústia por essas cobranças, somadas à responsabilidade de lidar com jovens e adolescentes inseridos em uma sociedade com inúmeros problemas cotidianos desagregadores da autoestima, do afeto e da solidariedade. Além disso, os profissionais engajados ainda têm como meta a grande função da Educação Ambiental como elemento de religação com valores da coletividade, da cultura/natureza, da sociedade/meio ambiente.

Nosso argumento se articula com a compreensão para uma formação do professor como profissional dentro de uma concepção pós-crítica articulada com a reflexão crítica da política e da ética, ao longo da formação permanente. Essa formação de professores ocorre a partir de uma rede de relações, de contextos que contribuem para um *continuum* na formação, sem considerar ou deixar de responsabilizar as instituições formadoras.

Observando os resultados do debate ao longo dos últimos anos e de pesquisas articuladas em Educação Ambiental, considera-se que no tempo e espaço vigora a diversificação teórica e metodológica. A propósito de predominância nas abordagens, fica evidenciado o paradigma emergente que pondera as questões socioambientais, a metodologia qualitativa, a visão crítica (até mesmo da EA) e a ênfase na educação formal.

Esse debate afeta diretamente a universidade e a educação no que se refere tanto à crise de conhecimento ou de paradigmas como às dificuldades para a inserção da Educação Ambiental. Os contextos formadores instituídos, como a universidade, ainda não atentaram para a importância dos processos de grupos, para a formação de grupos de trabalho permanente, para a elaboração de projetos de aprendizagem visando promover participação política e reflexão coletiva. A formação de grupos nesses contextos acontece normalmente como mera função de distribuição de tarefas, fragmentando, fracionando o conhecimento e as pessoas.

Nesse caso, defendemos a emergência de um novo paradigma para uma formação crítica e emancipadora, racionalmente menos exigente, mais expressiva na atuação de professores e educadores em práticas educativas comprometidas com o meio ambiente, com a sustentabilidade local e planetária, menos dogmática ao analisar o meio ambiente e mais coletiva nas intervenções, desenvolvendo um trabalho educativo para um saber solidário do conhecimento-emancipação.

> Viva a preguiça, viva a malícia que só a gente é que sabe ter
> Assim dizendo a minha utopia eu vou levando a vida
> Doido pra ver o meu sonho teimoso, um dia se realizar
> (Milton Nascimento)

NOTAS

1   Uma versão anterior sobre a temática em questão foi apresentada por Martha Tristão no GT 22 da ANPED em 2007 e publicada no caderno de pesquisa do PPGE/UFES. Esta é uma versão revisada e amplamente modificada.

2   Esta autora trabalha com currículo e formação de professores, mas não podemos dizer que ela trata diretamente da EA. Essas tendências aqui apontadas foram inspiradas em um texto dela sobre profissionalização do profissional da educação.

3   Convém atentar para a diversidade atribuída à dimensão reflexiva no campo da educação. Entre as publicações conferir Jomara Brandini Gomes; Lisete Diniz Ribas Casagrande. A educação reflexiva na pós-modernidade: uma revisão bibliográfica. *Revista Latino-Americana de Enfermagem*. UNESP, Ribeirão Preto, v. 10, n. 5, 2002.

4   As conexões entre discursos contemporâneos sobre formação de professores e a ótica da Escola Nova destacam as implicações da política de profissionalização docente, ao mesmo tempo a pedagogia das competências articula-se com o poder da discursividade e com a destinação da educação como arte de governar para cuja finalidade engendra-se o campo da formação de professores. Conferir Karyne Dias Coutinho; Luis Henrique Sommer. Discursos sobre formação de professores e arte de governar. *Currículo sem Fronteiras*, v. 11, n. 1, 2011, p. 86. Disponível em: www.curriculosemfronteiras.org

5   A explicitação de conceitos fundamentais por vezes não está presente nos textos relativos à formação acadêmica e prática em educação ambiental. Um exemplo disso ocorre em Tozoni-Reis (2002, p. 83) quando afirma que "a análise dessas tendências revela um movimento de superação dos paradigmas tradicionais presentes na organização curricular na universidade", todavia ao longo do texto não evidencia claramente as características.

6   Crescentemente a dimensão da complexidade é um paradigma em ascensão: "Visto desde la ótica del cuerpo político las relaciones de propiedad y no sólo las de poder traspasan nuestro cuerpo. Nuestra vida, nuestro cuerpo, nuestra subjetividad y nuestras emociones han pasado al terreno de la mediación" (Trujillo e Lara, 2010, p. 86).

7   Essa práxis educativa em que a conscientização é compreendida como uma reflexão-ação supera os ideais de conscientização ecológica do ambientalismo dos anos de 1970, em que práticas educativas eram instrumentos de suas ações, com a ideia central de "conhecer para preservar".

8 Sobre o significado e abrangência dessa ótica de compreensão, conferir Teixeira, Edival S.; Bernartt, Maria de L. e Trindade, Glademir A. Estudos sobre Pedagogia da Alternância no Brasil: revisão de literatura e perspectivas para a pesquisa. *Educação & Pesquisa*, vol. 34, nº 2, 2008, p. 227-242.

9 O autor tem relacionado o primeiro (auto) com a noite e o segundo (hetero) com o dia. A noite como sendo o espaço/tempo privilegiado da autoformação, e o dia pelas imposições que oferece à heteroformação.

10 Para ilustrar essa breve análise, a interpretação feita pela Associação Nacional pela Formação dos Profissionais da Educação (ANFOPE) sobre as Diretrizes Curriculares corrobora essa tendência: "[...] uma formação técnico-profissionalizante, que tem como princípio a noção de competência como eixo definidor tanto da proposta pedagógica quanto da organização institucional, o que reforça a formação tecnicista" (Associação Nacional pela Formação dos Profissionais da Educação. Análise da versão preliminar da proposta de diretrizes para a formação inicial de professores da educação básica. In: Fórum dos Diretores das Faculdades de Educação das Universidades Públicas Brasileiras (FORUMDIR). 2001, p. 2-3).

11 Apesar da larga trajetória, a noção de desenvolvimento sustentável contém um enigma fundamental que ainda está por ser dissecado ou resolvido em meio aos conflitos socioambientais. Em sua trajetória e em seus significados polissêmicos engendra outras denominações, como sustentabilidade socioambiental ou sociedade sustentável, para dar conta de especificidades, tanto desafios de justiça socioambiental quanto utopias para o século XXI. Ver o debate em Pires, Mauro Oliveira. A trajetória do conceito de desenvolvimento sustentável na transição de paradigmas in Duarte, Laura Maria Goulart e Braga, Maria Lúcia de Santana, Tristes Cerrados – sociedade e biodiversidade, Brasília, Paralelo 15, 1998. Conferir igualmente interessante abordagem sobre as controvérsias em A. F. S. Guerra e Mara Figueiredo. *Sustentabilidade ou Desenvolvimento Sustentável? Da ambiguidade dos conceitos à prática pedagógica em Educação Ambiental.* In: Guerra, Antonio F. S. e Figueiredo, María L. (org). *As sustentabilidades em diálogos.* Itajaí: UNIVALI. 2010.

12 Por sua vez, em seu texto, Pato, Sá e Catalão (2009) configuram o cenário das pesquisas apresentadas na área de Educação Ambiental da ANPED (GT 22), no período de 2003 a 2007, elucidando as tendências temáticas, teóricas e metodológicas e enfocando a diversidade que constitui esse campo de investigação e de ação pedagógica.

13 Esse abaixo-assinado foi encaminhado pelo MEC às universidades e, em algumas delas, chegou justamente no momento da elaboração do Projeto de Reformulação Curricular das Licenciaturas para atender a Resolução do CNE, o que foi decisivo para dar visibilidade à Educação Ambiental e à dinâmica do seu movimento.

14 A atividade ou a interação dialética nas práticas pedagógicas implica em dinâmicas capazes de alcançar a cumplicidade entre educador e educando com a aprendizagem. Ver José Pedro Boufleuer; Paulo Evaldo Fensterseifer. A re-configuração da dialética pedagógica com vistas a uma formação emancipadora. *Currículo sem Fronteiras*, v.10, n.2, 2010, p.259-267. Disponível em: www.curriculosemfronteiras.org/vol10iss2articles/boufleuer-fensterseifer.pdf

15 A noção de crítica exige um centro, um ponto estável, uma referência certa. Ora, é justamente a possibilidade de existência de um tal centro, de um tal ponto, de uma tal referência, que é colocada em questão pelas perspectivas, vá lá, "pós-críticas". Nesse sentido, elas claramente não têm nada de "críticas", pois o que elas colocam em questão é precisamente a própria noção de "crítica". Agora, supor que dizer isso significa afastar qualquer possibilidade de pensamento ou de ação política significa aceitar simplesmente as definições de pensamento e de política explícita ou implicitamente formuladas pelas chamadas teorias críticas, as quais, supõem, precisamente, aquele ponto de apoio, aquele centro – firme, estável e certo (Gandin, 2002, p. 10).

REFERÊNCIAS

BARREIRA, I. A. F. Cidade, atores e processos sociais: o legado sociológico de Lúcio Kowarick. *Revista Brasileira de Ciências Sociais*. vol.25, n.72, 2010, p. 149-159.

CARVALHO, J. M. Do projeto às estratégias/táticas de professores como profissionais necessários aos espaços/tempos da escola pública. In: _____. *Diferentes perspectivas da profissão docente na atualidade* (Org.). 2.ed. Vitória: EDUFES, 2004a. p. 10-44.

CARVALHO, I. Educação ambiental crítica: nomes e endereçamentos da educação. In: LAYRAR-GUES, P. (Org.). *Identidades da educação ambiental brasileira*. Brasília: Ministério do Meio Ambiente/Diretoria de Educação Ambiental, 2004b.

FISCHMAN, G. E.; SALES, S. R. Formação de professores e pedagogias críticas: é possível ir além das narrativas redentoras?. *Revista Brasileira de Educação*. vol.15, no.43, 2010, p.7-20.

FRANCO M.; LEAL, R. Currículo imaterial & capitalismo cognitivo: hipóteses da relação entre o campo do currículo e da tecnologia informacional. *Currículo sem Fronteiras*, v.11, n.1, 2011, p.218-231. www.curriculosemfronteiras.org

GANDIN, L. A.; PARASKEVA, J. M.; HYPÓLITO, Á. M. Mapeando a [complexa] produção teórica educacional – Entrevista com Tomaz Tadeu da Silva. *Currículo sem Fronteiras*, v.2, n.1, 2002, p.5-14.
http://www.curriculosemfronteiras.org/vol2iss1articles/tomaz.pdf

GIROUX, H. *Atos impuros: a prática política dos estudos culturais*. Porto Alegre: Artmed, 2003.

GUERRA. A. F. S.; FIGUEIREDO, M. L. (org). *As sustentabilidades em diálogos*. Itajaí: UNIVALI. 2010

GUIMARÃES, M. Educação ambiental crítica. In: LAYRARGUES, P. (Org.). *Identidades da educação ambiental brasileira*. Brasília: Ministério do Meio Ambiente/Diretoria de Educação Ambiental, 2004.

LOUREIRO, C. F. B. Educação ambiental transformadora. In: LAYRARGUES, P. (Org.). *Identidades da educação ambiental brasileira*. Brasília: Ministério do Meio Ambiente/Diretoria de Educação Ambiental, 2004.

LOUREIRO, C. F. B. et al. Contribuições da teoria marxista para a educação ambiental crítica. *Cadernos CEDES*, vol.29, no.77, 2009, p.81-97.

JACOBI, P., TRISTÃO, M.; FRANCO, M. I, G. C. A função social da educação ambiental nas práticas colaborativas: participação e engajamento. *Cadernos CEDES*, vol. 29, n. 77, 2009, p.63-79.

MINISTÉRIO DA EDUCAÇÃO E CULTURA. *Parâmetros curriculares nacionais: temas transversais*. Brasília: Secretaria de Educação Fundamental, 1998.

MORIN, E. *O método: a natureza da natureza*. 3. ed. Portugal: Publicações Europa-América Ltda., 1977.

PATO, C.; SÁ, L. M.; CATALÃO, V. L. Mapeamento de tendências na produção acadêmica sobre educação ambiental. *Educação em Revista*, Belo Horizonte, v.25, n.02, 2009, p.213-233. http://www.scielo.br/pdf/edur/v25n3/11.pdf

PINEAU, G. *Temporalidades na formação*. São Paulo: Triom, 2003.

_____. As histórias de vida em formação: gênese de uma corrente de pesquisa-ação-formação existencial. *Educação e Pesquisa*, São Paulo, v.32, n.2, 2006, p. 329-343
http://www.scielo.br/pdf/%0D/ep/v32n2/a09v32n2.pdf

_____. Las historias de vida como artes formadoras de la existencia. *Cuestiones Pedágogicas*, n. 19, 2008/2009, p 247-265. http://institucional.us.es/revistas/cuestiones/19/14 Pineau.pdf

PIMENTA, S. G.; GHEDIN, E. (Orgs.). *Professor reflexivo no Brasil*: gênese e crítica de um conceito. São Paulo: Cortez, 2002.

RODRIGUES, J. do N.; GUIMARÃES, M. Educação ambiental crítica na formação do educador: uma pedagogia transformadora. 33ª ANPED, 2010   http:// www.anped.org.br/33encontro/app/webroot/files/file/Trabalhos%20em%20PDF/GT22-6571--Int.pdf

SCHÖN, D. A. *Educando o profissional reflexivo:* um novo design para o ensino e a aprendizagem. Porto Alegre: Artmed, 2008.

SANTOS, B. de S. Um discurso sobre as ciências na transição para uma ciência pós-moderna. *Estudos Avançados.* vol. 2, n. 2, 1988, p. 46-71.

_____. *A crítica da razão indolente:* contra o desperdício da experiência. 2. ed. São Paulo: Cortez, 2000.

_____. *A gramática do tempo:* para uma nova cultura política. São Paulo: Cortez editora, 2006.

TOZONI-REIS, M. F. C. Formação dos educadores ambientais e paradigmas em transição. *Ciência & Educação.* vol. 08, n.1, 2002, p. 83-96. http://educa.fcc.org.br/pdf/ciedu/v08n01/v08n01a07.pdf

TRISTÃO, M. A educação ambiental e o paradigma da sustentabilidade em tempos de globalização. In: GUERRA, A. F. S.; FIGUEIREDO, M. L. (org). *As sustentabilidades em diálogos.* Itajaí: UNIVALI. 2010, p. 157-170.

_____. *A educação na formação de professores:* redes de saberes. 2.ed. São Paulo: Annablume, 2008.

TRISTÃO, M.; FASSARELA, R. Contextos de aprendizagem. In: *Encontros e caminhos:* formação de educadoras (es) ambientais e coletivos educadores – vol. 2. Brasília: MMA, 2007

TRUJILLO, M. L. N.; LARA, O. G. H. Antagonismo social de las luchas socioambientales: Cuerpo, emociones y subjetividad como terreno de lucha contra la afectación. *Revista Latinoamericana de Estudios sobre Cuerpos, Emociones y Sociedad,* Buenos Aires, n°4/2, 2010, p. 77-92. www.relaces.com.ar